**TRAUNER VERLAG**
BILDUNG

*Bildung, die begeistert!*

# Ihr interaktives E-Book in der TRAUNER-DigiB



## Das Plus zum gedruckten Buch

+ Angereichertes E-Book
+ Multimediale Inhalte
+ Vielfältige Zusatzmaterialien auf einen Blick
+ Einfache Navigation
+ Für verschiedene Endgeräte (PC, Mac, Tablet, Smartphone)

**Spannendes Lernen an jedem Ort**

## Impressum

**Kiss u. a., Volkswirtschaft V HAK**
TRAUNER-DigiBox
5. Auflage 2024
Schulbuch-Nr. 185.704
Schulbuch-Nr. E-Book 195.398
TRAUNER Verlag, Linz

### Das Autorenteam

MINISTERIALRÄTIN MAG. KATHARINA KISS
Abteilungsleiterin der pädagogischen Fachabteilung für kaufmännische Schulen im Bundesministerium für Bildung, Wissenschaft und Forschung

DR. THOMAS PÖSCHL
Professor an der Bundeshandelsschule und Bundeshandelsakademie in Hallein

MAG. MONIKA DAUTERIVE MA
Johannes Kepler Universität Linz, Wirtschaftspädagogik und Politische Bildung, Schwerpunktsetzungen in Politischer Ökonomie, Economics und Global Studies.

UNIV.-PROF. DR. MARTIN HALLA
Institut für Volkswirtschaftslehre an der Johannes Kepler Universität Linz
Leitung Abteilung für Wirtschaftspolitik

DR. CHRISTOF MORSCHER
Professor an den Bezauer WirtschaftsSchulen sowie am St. Georgs-Kolleg Istanbul

### Unter Mitarbeit von

Vielen Dank an das Team vom Institut für Volkswirtschaftslehre an der Johannes Kepler Universität Linz für ihre Artikel und Beiträge

UNIV.-PROF. DR. RUDOLF WINTER-EBMER, INSTITUTSVORSTAND
A.UNIV.-PROF. DR. RAINER BARTEL
A.UNIV.-PROF. DR. FRANZ HACKL
DR. MATTHIAS FAHN
DR. JOCHEN GÜNTNER
DR. DIETER PENNERSTORFER
THOMAS SCHOBER, PHD

Approbiert für den Unterrichtsgebrauch an:

- Bundeshandelsakademien, für den V. Jahrgang im Unterrichtsgegenstand Volkswirtschaft. Bundesministerium für Bildung, Wissenschaft und Forschung BMB-5.048/0024_IT/3/2017 vom 17. November 2017 und BMB-5.048/0046-Präs/14/2018 vom 29. November 2019 als E-Book.

Die Inhalte entsprechen dem vorgeschriebenen Kompetenzraster laut Bildungsstandards und sind laut Lehrplan zu vermitteln. Eine Auswahl bzw. Gewichtung ist nur innerhalb einzelner Kapitel (Beispiele bzw. Vertiefungsangebote) gewährleistet, nicht jedoch dürfen lt. Ministerium einzelne Kapitel oder Kompetenzbereiche ausgelassen werden.



Lektorat/Produktmanagement: Christian Grimm, MSc
Korrektorat: Dr. Anna Jungreithmayr
Grafik und Gestaltung: Bettina Victor, Sandra Bauer
Titelgestaltung: Bettina Victor
Schulbuchvergütung/Bildrechte: © Bildrecht GmbH/Wien
Gesamtherstellung: Johann Sandler GesmbH & Co KG
Druckereiweg 1, 3671 Marbach

PRINTED IN AUSTRIA

ISBN 978-3-99151-221-9
Schulbuch-Nr. 185.704

ISBN 978-3-99151-242-4
Schulbuch-Nr. E-Book 195.398

www.trauner.at

## Ziele und Aufbau des Buches

Den Schülerinnen und Schülern Volkswirtschaft lebendig, aktuell und verständlich zu vermitteln, das ist das Ziel dieses Buches. Ob in Tageszeitungen, Fernsehen oder Radio ... volkswirtschaftliche Fragestellungen und Entscheidungen begegnen den Schülerinnen und Schülern ständig im Alltag. Sie sollen daher die Hintergründe und Zusammenhänge dieser Themen begreifen.

Neben prägnantem Sachtext und vielen Übersichten, die dem Unterricht Struktur geben und systematisches Lernen ermöglichen, werden die Schülerinnen und Schüler mit Echtsituationen konfrontiert. So wird ihnen durch zahlreiche Beispiele veranschaulicht, wie und wo volkswirtschaftliche Entscheidungen Auswirkungen auf ihr persönliches Leben haben. Darüber hinaus werden Themen anhand aktueller Zeitungsartikel erarbeitet. Das soll den Schülerinnen und Schülern helfen, Wirtschaftsnachrichten und volkswirtschaftliche Zusammenhänge in Zukunft besser zu verstehen. Viele anwendungsorientierte Übungen und abwechslungsreiche Einstiege fördern zudem das Interesse für die Inhalte.

Schrittweise entwickeln die Lernenden Kompetenzen, die sie befähigen, volkswirtschaftliche Probleme zu erkennen, zu analysieren und zu lösen – nicht nur in der Theorie, sondern auch konkret in der volkswirtschaftlichen Wirklichkeit. Sie werden in der Lage sein, Ereignisse der österreichischen und europäischen Volkswirtschaft sowie der Weltwirtschaft kritisch zu hinterfragen und zu bewerten.

Viel Freude und Erfolg wünscht Ihnen das Autorenteam!

*VW Plus*

Besonders gekennzeichnete Abschnitte im Buch zeigen Ihnen Inhalte und Beispiele, die über den normalen Lehrstoff hinaus gehen. Sie geben einen spannenden Einblick in das Leben von Volkswirten und zeigen, mit welchen Fragestellungen und Methoden sie versuchen, volkswirtschaftliche Problemstellungen zu lösen und Handlungsspielräume aufzuzeigen.

## Wesentliche Elemente und verwendete Symbole

Die **Ziele kennzeichnen,** was die Schülerinnen und Schüler nach Durcharbeiten des Kapitels können sollen. Die Ziele sind farblich nach der **Kompetenzstufe gekennzeichnet.**

**Meine Ziele**

Nach Bearbeitung dieses Kapitels kann ich
- Blau (Wiedergeben, Verstehen)
- Rot (Anwenden)
- Schwarz (Analysieren und Entwickeln)

## WissensCheck, Aufgabenstellungen, Ziele erreicht?

Zur Erarbeitung der Kenntnisse und Fertigkeiten sowie zur Kontrolle des Lernerfolgs stehen den Lernenden WissensChecks, Aufgaben und Abschlusstests („Ziele erreicht?") zur Verfügung. Die Aufgabenstellungen und „Ziele erreicht?"-Aufgaben sind ebenfalls nach dem Kompetenzmodell mit den Farben Blau, Rot und Schwarz gekennzeichnet. Es wird unterschieden zwischen Aufgaben, bei denen die Schüler/innen

- die gelernten Fachinhalte verstehen und wiedergeben;
- erworbenes Wissen anwenden können;
- eigenständig Probleme analysieren und Lösungen entwickeln.

**WissensChecks** können mithilfe der Informationen aus dem Buchtext beantwortet werden.

**Aufgabenstellungen** erfordern die praktische Umsetzung des Wissens und verlangen zum Teil eigene kreative Lösungsansätze. Sie helfen den Lernenden, die Kenntnisse und Fertigkeiten zu festigen.

**„Ziele erreicht? – Aufgaben"** am Ende eines Kapitels ermöglichen den Lernenden, selbst festzustellen, inwieweit sie in ihrem Lernprozess erfolgreich waren. Der Kompetenzzuwachs wird aufgezeigt.

Folgende weitere Piktogramme unterstützen das Lehren und Lernen im Buch:

für Diskussionsaufgaben

für Wissenswertes und Tipps

„Achtung!" oder „Beachte!"

für Verknüpfungen zu anderen Gegenständen, Kapiteln oder Internetlinks

**Going international**
Die Schüler/innen werden die wesentlichen Fachbegriffe eines Kapitels auf Englisch spielerisch mit kreativen Übungen erlernen!

FILM AB! für Videos, die in der TRAUNER-DigiBox oder mittels QR-Code bzw. Link aufgerufen werden können

für Downloads aus der TRAUNER-DigiBox (www.trauner-digibox.com)

STARTEN SIE IHR DIGITALES ZUSATZPAKET ZUM BUCH!

In der TRAUNER-DigiBox (www.trauner-digibox.com) finden Sie Ihr persönliches E-Book und die Zusatzmaterialien zum Buch:

- www.trauner-digibox.com aufrufen
- Einmal kostenlos registrieren
- Ihr digitales Zusatzpaket mit **Lizenz-Key** auf der Rückseite des Buches freischalten.

# Inhaltsverzeichnis

# I Volkswirtschaftliches Basiswissen

Volkswirtschaftliche Fragestellungen und Entscheidungen begegnen Ihnen laufend im Alltag. Ob Sie die Tageszeitung aufschlagen und lesen, dass die Europäische Zentralbank den Leitzinssatz senkt, im Fernsehen Ausschnitte der Budgetrede des Finanzministers sehen oder ob Sie im Radio hören, dass die Regierung ein Konjunkturpaket geschnürt hat, um die Wirtschaft zu stützen – das alles ist Volkswirtschaft. Wäre es nicht spannend, die Hintergründe und Zusammenhänge zu begreifen? Bedenken Sie, dass diese Entscheidungen erhebliche Auswirkungen auf Ihr persönliches Leben haben. In den folgenden Kapiteln werden die relevanten Fragestellungen behandelt und Entscheidungsmöglichkeiten dargelegt. Sie werden in die Lage versetzt, Ereignisse der österreichischen und europäischen Volkswirtschaft sowie der Weltwirtschaft kritisch zu hinterfragen und zu bewerten.

# Volkswirtschaftliche Grundlagen

Eine Power-Point-Präsentation des Kapitels finden Sie in der TRAUNER-DigiBox.

Gerade in der heutigen Zeit wird durch die Verknappung der Rohstoffe die Notwendigkeit des Wirtschaftens deutlich. Ein zweiter Aspekt, der das Wirtschaften unumgänglich macht, ist die Unbegrenztheit der menschlichen Bedürfnisse. Im folgenden Kapitel werden Sie die Grundlagen des Wirtschaftens und der Volkswirtschaftslehre, ihre Grundbegriffe sowie einige interessante volkswirtschaftliche Zusammenhänge kennenlernen. Durch diesen strukturierten thematischen Einstieg werden Sie bestmöglich auf die darauffolgenden Kapitel vorbereitet.

## Meine Ziele

KOMPETENZ-ERWERB

Nach Bearbeitung dieses Kapitels kann ich

- den Begriff „Wirtschaften" erklären;
- Grundbegriffe der Volkswirtschaftslehre auf das eigene Leben übertragen;
- volkswirtschaftliche Fragestellungen erarbeiten und der Mikro- oder Makroökonomie zuordnen;
- die wichtigsten Lehrmeinungen der Volkswirtschaftslehre beschreiben und zeitlich einordnen;
- den Begriff „ceteris paribus" und die Funktion von Modellen erklären;
- entscheiden, welche wirtschaftspolitischen Ziele sich ergänzen bzw. widersprechen.

# 1 Wirtschaften

*Wir wünschen uns einen ständig wachsenden Lebensstandard und haben nahezu unbegrenzte Bedürfnisse. Demgegenüber finden wir jedoch eine Knappheit an Gütern vor. So wie jeder Haushalt mit seinem Budget versucht „auszukommen", um nach Möglichkeit alle seine Mitglieder bestmöglich zufriedenzustellen, so versuchen das auch erfolgreiche Unternehmen und jede Volkswirtschaft. Je besser Wirtschaften gelingt, desto zufriedener sind die Menschen.*

Warum gibt es eine Knappheit an Gütern? Nennen Sie Beispiele für knappe Güter!

In einer Welt mit knappen Gütern müssen die Menschen bewusst und vernünftig damit umgehen. Sie sind gezwungen, die richtige Wahl zwischen den vorhandenen Möglichkeiten im Umgang mit den Gütern zu treffen – **sie wirtschaften.**

**Wirtschaften** heißt, bewusst mit knappen Ressourcen jene Güter herzustellen, die unsere Bedürfnisse möglichst gut befriedigen.

FILM AB!

Befriedigung der Bedürfnisse: So sang Mick Jagger von den Rolling Stones schon 1969 „You can't always get what you want."
Das Video sehen Sie hier: www.trauner.at/stones

Neben dem Wirtschaftlichkeitsprinzip kennen Sie auch schon folgende Begriffe aus der Betriebswirtschaft:

- **Bedürfnis** ist das Gefühl eines Mangels, verbunden mit dem Wunsch, diesen Mangel zu beheben.
- **Bedarf** ist der Teil der Bedürfnisse, der befriedigt werden kann.
- **Güter** sind Mittel, die der Bedürfnisbefriedigung dienen.

Eine interaktive Wiederholung der Begriffe finden Sie in der TRAUNER-DigiBox.

## 1.1 Wirtschaftlichkeitsprinzip

Die Knappheit an den verfügbaren Ressourcen (Rohstoffe, Geld, Arbeitskraft, Zeit etc.) macht es notwendig, dass Menschen wirtschaftlich handeln. Dies geschieht mit dem **Wirtschaftlichkeitsprinzip** (ökonomisches Prinzip).

Wirtschaft = Ökonomie.

Das Wirtschaftlichkeitsprinzip tritt in folgenden zwei Formen auf. Es gilt sowohl für Haushalte und Unternehmen als auch für den Staat.

| Minimalprinzip | Maximalprinzip |
|---|---|
| Ein bestimmtes Ziel soll mit möglichst geringem Mitteleinsatz erreicht werden. | Mit gegebenen Mitteln soll ein möglichst hohes Ziel erreicht werden. |
| **Beispiel**<br>Ein Catering-Unternehmen hat einen Auftrag für eine Hochzeit mit 150 Gästen bekommen. Das Unternehmen versucht, mit möglichst wenig Personal auszukommen und trotzdem die erforderliche Qualität zu bieten. | **Beispiel**<br>Eine Druckmaschine einer großen Druckerei läuft im Dreischichtbetrieb (24 h/Tag) fünf Tage in der Woche. In dieser Zeit sollen möglichst viele Bögen Papier bedruckt werden. |

Der britische Ökonom Lionel Robbins hat den Kerngedanken des Wirtschaftens so formuliert:
*„Ökonomik betrachtet individuelles Handeln als Beziehung zwischen Zielen und knappen Ressourcen bei verschiedenen Verwendungsmöglichkeiten."*

## 1.2 Wirtschaftlichkeit, Produktivität und Rentabilität

Wie gut und erfolgreich gewirtschaftet wurde, kann man anhand der folgenden Kennzahlen sehen:

Wirtschaftlichkeit ist ein allgemeines Maß für **Effizienz.**

| Wirtschaftlichkeit | Produktivität | Rentabilität |
|---|---|---|
|  |  |  |
| **Wertmäßige** Gegenüberstellung von **Leistungen und Kosten.** Sie ist ein Maß für den rationalen Umgang mit knappen Ressourcen. | **Mengenmäßige** Gegenüberstellung von **Output und Input.** Die Produktivität drückt das Verhältnis der erzeugten Güter zur Menge der eingesetzten Produktionsfaktoren aus. | Zeigt die **Verzinsung des eingesetzten Kapitals.** Ein Unternehmer möchte schließlich wissen, ob sich das Geld, das er ins Unternehmen investiert, besser verzinst als auf einem Sparbuch oder mit sonstigen alternativen Anlageformen. |
| $= \frac{\text{Output (Wert)}}{\text{Input (Wert)}}$ | $= \frac{\text{Output (Menge)}}{\text{Input (Menge)}}$ | $= \frac{\text{Gewinn}}{\text{Eingesetztes Kapital}}$ |
| **Beispiel** Die Fahrt von Wien nach Graz ist mit einem Mittelklasseauto wirtschaftlicher, als würde man die Strecke in der gleichen Zeit mit einem Sportwagen zurücklegen. | **Beispiel** Drei Arbeiter am Fließband erzeugen 200 Stück pro Stunde. | **Beispiel** Die Einlage eines Gesellschafters beträgt 40.000,00 EUR. Bei der Gewinnausschüttung am Ende des Jahres bekommt er 2.000,00 EUR ausbezahlt. Die Rentabilität beträgt für diesen Zeitraum 5 %. |

Rational = vernünftig.

Die Produktivität kann steigen, während die Wirtschaftlichkeit sinkt.

**Beispiel:**
Die Druckerei im Dreischichtbetrieb arbeitet auch samstags. Die Zahl der bedruckten Bögen steigt, durch Lohnzuschläge nimmt die Wirtschaftlichkeit jedoch ab.

## 1.3 Opportunitätskosten

Die Begrenztheit der Güter bedeutet, dass man nicht „alles machen kann“, häufig muss man sich zwischen verschiedenen Optionen entscheiden.

Wirtschaften bedeutet, sich zwischen **mehreren Möglichkeiten** zu entscheiden. Dabei werden Vor- und Nachteile abgewogen, um die höchstmögliche Befriedigung der Bedürfnisse zu erzielen. Wer eine von mehreren Möglichkeiten wählt, muss wissen, dass er/sie auf den Nutzen, der sich aus der Wahl der anderen Möglichkeiten ergeben würde, verzichtet.

**Opportunitätskosten** sind der in Geld oder Mengen ausgedrückte **entgangene Nutzen oder Ertrag,** der durch eine alternative Verwendung eines eingesetzten Gutes oder Produktionsfaktors erzielbar gewesen wäre.

Doch nicht nur im wirtschaftlichen Sinne kann von Opportunitätskosten gesprochen werden. Wenn Sie sich z. B. entscheiden mit einer Freundin ins Kino zu gehen, verpassen Sie vielleicht einen schönen Tag mit Ihrer Familie beim Wandern.

**Beispiel: Opportunitätskosten des Studiums**
Die Opportunitätskosten des Studiums bestehen

- aus Büchern und Schreibwaren für das Studium,
- Fahrtkosten (z. B. Fahrt zum und vom Unigelände)
- und dem durch verminderter oder gar keiner Erwerbsarbeit entgangenen Lohn während der Studienzeit (abzüglich erhaltener Studienbeihilfen).

Davon ausgehend, dass die Kosten für Bücher, Schreibwaren, studienspezifische Unterbringungs- und Fahrtkosten (zusätzlich zu jenen einer möglichen Arbeitstätigkeit) bei 8.000,00 EUR pro Jahr liegen, sind nicht nur diese 8.000,00 EUR Opportunitätskosten, sondern es ist auch die Zeit zu berücksichtigen, die Sie für das Studium aufgewendet haben. Hätten Sie, anstatt zu studieren, gearbeitet und dabei pro Jahr 17.000,00 EUR (mehr) verdient, würden sich als Opportunitätskosten des Universitätsstudiums 25.000,00 EUR pro Jahr ergeben.

Warum können in diesem Beispiel die Kosten für Verpflegung/Nahrungsmittel nicht mit einbezogen werden?

## Opportunitätskosten in der Güterproduktion

In der Güterproduktion gilt: Die Ressourcen, die für die Produktion eines Gutes aufgewendet werden, können nicht auch für die Produktion eines anderen Gutes eingesetzt werden. Auf die Produktion des anderen Gutes muss verzichtet werden. Die **Opportunitätskosten einer Gütereinheit** sind das, worauf man verzichtet, um diese eine Gütereinheit herzustellen.

Opportunitätskosten werden auch als **Alternativkosten** bezeichnet. Denn sie entstehen immer dadurch, dass wirtschaftliche Ressourcen nur einmal verwendet und nicht gleichzeitig anderen Zwecken zugeführt werden können.

An der **Produktionsmöglichkeitenkurve** können die Opportunitätskosten abgelesen werden, wie folgendes Beispiel zeigt (Produktion von Pkw und PC). Die Volkswirtschaft kann jede Mengenkombination auf oder unterhalb der Kurve produzieren (Punkte A, B und C). Punkte jenseits der Grenze (Punkt D) sind mit den vorhandenen Ressourcen nicht möglich. Punkt B stellt ein ineffizientes Produktionsergebnis dar, da nicht alle Ressourcen eingesetzt werden.

**Beispiel: Produktionsmöglichkeitenkurve**

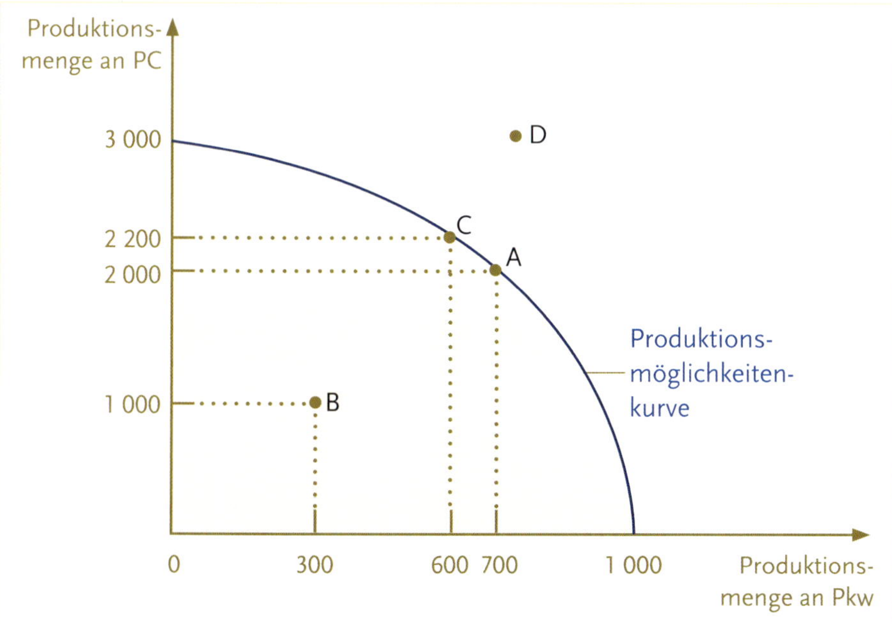


Die Produktionsmöglichkeitenkurve zeigt die **Output-Kombinationen, die in der Produktion** in einer Volkswirtschaft möglich sind. In diesem Beispiel könnte eine Volkswirtschaft bei vollständiger Nutzung der Ressourcen in der Automobilindustrie 1 000 Pkw (und keinen PC) herstellen oder umgekehrt 3 000 PC (und keinen Pkw). Die beiden Endpunkte repräsentieren den Extremfall.

Ein technischer Fortschritt, z. B. durch Digitalisierung der Arbeitsprozesse, kann zu einer Verschiebung der Kurve nach außen führen. Somit könnte eine größere Menge produziert werden.

## Aufgabenstellungen – „Wirtschaften"

**1.** Kreuzen Sie an, wer nach dem Maximalprinzip und wer nach dem Minimalprinzip handelt.

| **Beispiele** | **Maximal-prinzip** | **Minimal-prinzip** |
|---|---|---|
| a) Fritz möchte um 150,00 EUR für möglichst viele seiner Freunde Weihnachtsgeschenke kaufen. | | |
| b) Susi sucht im Internet ein möglichst günstiges Smartphone. | | |
| c) Amir plant eine Weltreise – er möchte möglichst wenig dafür ausgeben. | | |
| d) Marlena und Paul möchten eine Traum-Hochzeitsreise auf den Malediven verbringen. Ihr Reisebudget für die geplanten drei Wochen beträgt 14.000,00 EUR. | | |
| e) Christian hat 80,00 EUR zur Verfügung. Da er seine Kenntnisse in Volkswirtschaft vertiefen möchte, kauft er sich darum zwei qualitativ besonders gute Bücher. | | |

**2.** Wenn Klara Klug die Mittelschule verlässt, hat sie die Möglichkeit, entweder eine Friseurlehre anzutreten, wo sie im ersten Lehrjahr eine Lehrlingsentschädigung von 24.780,00 EUR erhält oder eine private Wirtschaftsschule zu besuchen, die 9.000,00 EUR im Jahr an Schulgeld kostet. Was sind (in EUR) ihre Opportunitätskosten im nächsten Jahr, wenn sie auf die private Wirtschaftsschule geht? Kreuzen Sie an und begründen Sie Ihre Antwort.

- ☐ 0
- ☐ 9.000,00 EUR
- ☐ 15.780,00 EUR
- ☐ 24.780,00 EUR
- ☐ 33.780,00 EUR

**3.** Lesen Sie sich nochmals das Zitat von Lionel Robbins zum Thema Wirtschaften durch:

> *Ökonomik betrachtet individuelles Handeln als Beziehung zwischen Zielen und knappen Ressourcen bei verschiedenen Verwendungsmöglichkeiten.*

Erklären Sie den darin enthaltenen Zielkonflikt und begründen Sie daraus die Notwendigkeit zum rationalen Wirtschaften.

**4.** Frau Schnell hat ein kleines Taxiunternehmen in Wien und möchte wissen, ob sie erfolgreich wirtschaftet. Geben Sie an, welche Kennzahlen (Wirtschaftlichkeit, Produktivität, Rentabilität) ihr in diesem Fall Auskunft geben können.

| | **Kennzahl** |
|---|---|
| Frau Schnell hat vier Taxis im Einsatz. Sie hat das Gefühl, dass einer der Taxilenker zu viele Pausen macht. Sie möchte nun vergleichen, wie viele Fahrten der Lenker im Vergleich zu den anderen pro Tag durchführt. | |
| Frau Schnell bietet Fahrten von Baden Umgebung zum Flughafen Schwechat zu einem Pauschalpreis von 40,00 EUR an. Sie möchte nun überprüfen, ob sie mit diesem Preis überhaupt einen Gewinn erzielt. | |
| Frau Schnell erbt von ihrer Großtante 50.000,00 EUR. Das Geld wird derzeit auf einem festverzinslichen Sparbuch mit 2,6 % p. a. verzinst. Sie überlegt, das Geld in ein weiteres Taxi zu investieren, ist sich aber nicht sicher, ob sich die Investition lohnt. | |

**5.** Ein großer Automobilhersteller in Deutschland produzierte im letzten Jahr 80 000 Autos. An der Produktion sind 6 000 Mitarbeiter/innen beteiligt. Aus dem Verkauf aller Autos ergab sich ein Erlös von 1,6 Milliarden EUR). Die Kosten lagen bei 1,1 Milliarden EUR. Berechnen Sie die Wirtschaftlichkeit und die Produktivität.

# 2 Volkswirtschaftslehre

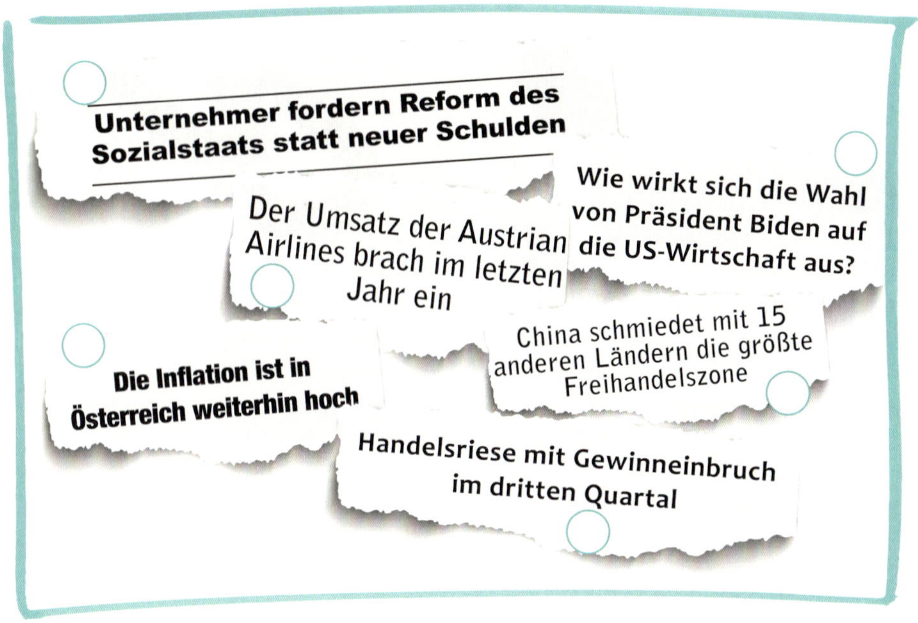


Ob es sich um betriebs- oder volkswirtschaftliche Sachverhalte handelt, ist nicht immer eindeutig. Tragen Sie mithilfe des nachfolgenden Infotextes ein, ob die nebenstehenden Schlagzeilen der Betriebswirtschaft (B) oder der Volkswirtschaft (V) zugeordnet werden können.

Die Lehre des Wirtschaftens bezeichnet man als **Wirtschaftswissenschaften.** Sie gliedert sich in die beiden Bereiche **Betriebswirtschaftslehre (BWL)** und **Volkswirtschaftslehre (VWL).**

Was versteht man unter **einer Volkswirtschaft?**

**Wirtschaftswissenschaften**

| Betriebswirtschaftslehre (BWL) | Volkswirtschaftslehre (VWL) |
|---|---|
|  |  |
| Die BWL untersucht Sachverhalte und Prozesse innerhalb eines **einzelnen Unternehmens.** Dabei werden verschiedene Unternehmensfunktionen betrachtet (z. B. Management, Marketing, Controlling, Personal). | Die VWL untersucht **einzelwirtschaftliche** (individuelles Handeln) **und gesamtwirtschaftliche** (gesamte Volkswirtschaft) Fragestellungen. |

Die Unterscheidung ist nicht immer eindeutig. Es kann zu Überschneidungen zwischen BWL und VWL kommen, vor allem dort, wo die VWL sich mit dem Verhalten von Haushalten und Unternehmen beschäftigt.

Die reale Volkswirtschaft bezeichnet man auch als **Ökonomie.** Die Volkswirtschaftslehre als Wissenschaft nennt man hingegen auch **Ökonomik.** Sie untersucht die reale Ökonomie.

Die reale Volkswirtschaft (Ökonomie)...

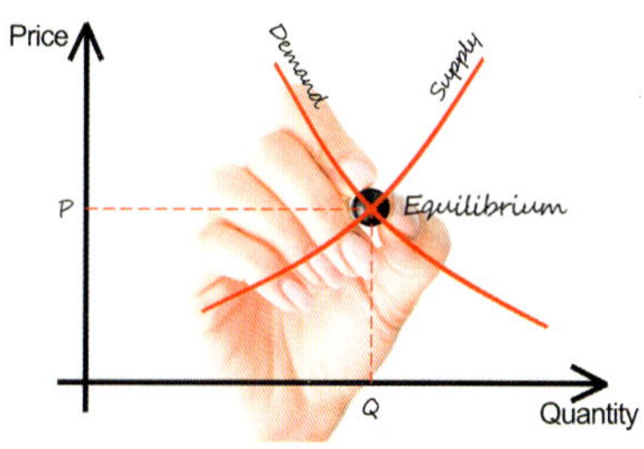


... wird durch die Volkswirtschaftslehre (Ökonomik) untersucht.

Mikros (griech.) = klein
Makros (griech.) = groß

Ob es sich um einen mikro- oder makroökonomischen Sachverhalt handelt, kann nicht immer eindeutig festgestellt werden.

Innerhalb der Volkswirtschaftslehre unterscheidet man zwischen:

| Mikroökonomie | Makroökonomie |
|---|---|
|  |  |
| Die Mikroökonomie betrachtet jede **einzelne kleinste Einheit** eines Wirtschaftssystems. Es wird das individuelle Verhalten der Wirtschaftsteilnehmer (private Haushalte, Unternehmen und Staat) untersucht. | Die Makroökonomie untersucht **gesamtwirtschaftliche Zusammenhänge.** Makroökonomische Größen erhält man durch die Addition mikroökonomischer Größen, z. B. Konsum aller österreichischen Haushalte. |

Die enge Verbundenheit von Makroökonomie und Mikroökonomie zeigt sich darin, dass man **makroökonomische Analysen selten ohne Einbeziehung der entsprechenden Mikroentscheidungen** nachvollziehen kann.

Gesamtwirtschaftliche Entwicklungen (= Makroebene) ergeben sich grundsätzlich durch zahlreiche individuelle Entscheidungen (= Mikroebene). Es gibt jedoch Fälle, wo die Entscheidungen auf einzel- und gesamtwirtschaftlicher Ebene zu unterschiedlichen Resultaten führen können.

| Mikroökonomische Sachverhalte | | Makroökonomische Sachverhalte | |
|---|---|---|---|
| **Theorien (Auszug)** | **Beispiele** | **Theorien (Auszug)** | **Beispiele** |
| ■ **Haushaltstheorie**:<br>▸ Welche und wie viele Güter werden nachgefragt? | Warum mag Lena lieber adidas als Nike? | ■ **Geldtheorie**<br>▸ Welche Faktoren beeinflussen Geldangebot und -nachfrage? | Wie wirkt sich eine Erhöhung des Zinssatzes auf die Geldnachfrage aus? |
| ■ **Unternehmenstheorie**<br>▸ Was und wie viel wird produziert?<br>▸ Welche Produktionsfaktoren werden zur Produktion eingesetzt? | Wie viele Laufschuhe kann ein Sportschuhhersteller erzeugen, wenn der Produktionsfaktor Arbeit kurzfristig erhöht wird (z. B. durch Überstunden)? | ■ **Finanztheorie**<br>▸ Welchen Einfluss hat die Staatstätigkeit auf die Volkswirtschaft?<br>■ **Beschäftigungstheorie**<br>▸ Wovon hängt das Beschäftigungsvolumen einer Volkswirtschaft ab? | Welche Folgen hat die Investition des Staates in den Bau neuer Straßen?<br>Wie wirkt sich die Erhöhung der Kollektivvertragslöhne um 3 % auf das Beschäftigungsniveau aus? |
| ■ **Preistheorie**<br>▸ Wie entstehen Preise auf einzelnen Märkten? | Wie wirkt sich eine niedrigere Nachfrage nach Sportautos auf die Preise aus? | ■ **Konjunkturtheorie**<br>▸ Was beeinflusst die gesamtwirtschaftlichen Aktivitäten? | Warum geht es einer Wirtschaft einmal besser und einmal schlechter? |
| ■ **Verteilungstheorie**<br>▸ Wie teilt sich das Volkseinkommen auf Einkommen und Gewinne auf? | Welche Möglichkeiten hat der Staat, um für eine gerechte Einkommensverteilung zu sorgen? | ■ **Wachstumstheorie**<br>▸ Wodurch ist das gesamtwirtschaftliche Wachstum bedingt? | Warum wuchs Österreichs Wirtschaft letztes Jahr um 1,4 %? |
| ■ **Wettbewerbstheorie**<br>▸ Welchen Einfluss hat die Änderung der Anzahl der Anbieter auf den Marktpreis? | Was hat es für Auswirkungen auf den Preis, wenn ein neuer Mobilfunkanbieter auf den Markt kommt? | ■ **Außenwirtschaftstheorie**<br>▸ Wie werden die Wirtschaftsbeziehungen mit anderen Staaten gestaltet? | Warum wird mit manchen Staaten Handel betrieben und mit anderen nicht? |

## 2.1 Überblick über die wichtigsten Lehrmeinungen

In den folgenden Kapiteln werden Sie immer wieder auf verschiedene Personen und Ansätze treffen, die die Volkswirtschaftstheorie in der Vergangenheit wesentlich geprägt haben. Die folgende Abbildung gibt Ihnen einen Überblick über die großen Strömungen, ihre wichtigsten Vertreter und deren ungefähre zeitliche Einordnung. Diese finden Sie auch immer wieder in Zeitungen und Zeitschriften.

Eine Timeline mit ausführlichen Infos zu den Lehrmeinungen finden Sie in der TRAUNER-DigiBox.

**Vereinfachter Zeitstrahl der Volkswirtschaftslehre**

- marktliberal
- interventionistisch
- sozialistisch (marktkritisch)

**1700**

**Physiokraten**
FRANCOIS QUESNAY (1694–1774)
JACQUES TURGOT (1727–1781)

**1780–1900**
**Zeitalter der Industrialisierung**

**Klassische Nationalökonomie**
ADAM SMITH (1723–1790)
DAVID RICARDO (1772–1823)
THOMAS ROBERT MALTHUS (1766–1834)
JEAN-BAPTISTE SAY (1767–1832)
JOHN STUART MILL (1806–1873)

**Sozialismus**
ROBERT OWEN (1771–1858)
CHARLES FOURIER (1772–1837)
KARL MARX (1818–1883)
FRIEDRICH ENGELS (1820–1895)
WLADIMIR ILJITSCH LENIN (1870–1924)

**(Alte) Neoklassik**
LEON WALRAS (1834–1910)
WILLIAM JEVONS (1835–1882)
ALFRED MARSHALL (1842–1924)

**1929**
**Weltwirtschaftskrise**

**Keynesianismus**
JOHN MAYNARD KEYNES (1883–1946)

**1973, 1979**
**Ölkrise**

**Neoliberalismus**
**Österreichische Schule**
FRIEDRICH AUGUST VON HAYEK (1899–1992)
**Ordoliberalismus**
WALTER EUCKEN (1891–1950)
**Monetarismus (Chicago Schule)**
MILTON FRIEDMAN (1912–2006)

**2007**
**Finanz- und Wirtschaftskrise**

**Ökologische Ökonomie**

**Neue Neoklassik**
GERARD DEBREU (1921–2004)
PAUL SAMUELSON (1915–2009)
ROBERT LUCAS (* 1937)

**Diese Personen treffen Sie in folgenden Kapiteln dieses Lehrbuchs wieder:**

- TURGOT: Produktionsfaktor Boden
- SMITH: Produktionsfaktor Arbeit + Wirtschaftssysteme
- RICARDO: Produktionsfaktoren + Außenwirtschaft
- MALTHUS: Produktionsfaktor Boden
- SAY: Produktionsfaktoren + Wirtschaftssysteme
- MARX: Wirtschaftssysteme
- LENIN: Wirtschaftssysteme
- MARSHALL: Markt und Preis
- KEYNES: Konjunktur und Wirtschaftswachstum
- HAYEK: Wirtschaftssysteme
- FRIEDMAN: Konjunktur und Wirtschaftswachstum

Die Volkswirtschaftslehre ist eine vergleichsweise junge Wissenschaft. Erst mit dem Entstehen der Nationalstaaten sowie der Industriellen Revolution (ab dem 18. Jahrhundert) begann man, sich mit wirtschaftswissenschaftlichen Fragen systematisch auseinanderzusetzen. Erste Überlegungen wurden jedoch schon in der Antike (z. B. PLATON) und im Mittelalter angestellt. Große Ökonomen aus verschiedenen Epochen wie ADAM SMITH, JOHN M. KEYNES und MILTON FRIEDMAN prägen mit ihren Gedanken die moderne VWL bis heute. Auch viele Politiker stützen sich auf die Erkenntnisse dieser und anderer Ökonomen.

Kennen Sie die eine oder andere der hier oder im Zeitstrahl genannten Personen schon? Wenn ja, woher?

In der folgenden Tabelle bekommen Sie einen kurzen Überblick über die in der Abbildung dargestellten Strömungen und deren Grundaussagen.

Näheres zu den Strömungen und zu den Personen finden Sie laufend in den nächsten Kapiteln und ausführlich im Kapitel „Ideengeschichtliche Grundlagen“.

| | |
|---|---|
| **Physiokraten (1750–1800)** | Auffassung, dass die Natur die Quelle aller Werte ist. Der Reichtum stammt daher nur von Grund und Boden (z. B. Landwirtschaft). Wirtschaftspolitische Forderung nach Freihandel, Aufhebung von (hohen) Zöllen und Steuern sowie Kampf gegen Handelsprivilegien. |
| **Klassische Nationalökonomie (1770er–1870er)** | Erste große ökonomische Schule. Die Vertreter beschäftigten sich mit der makroökonomischen Frage nach den Ursachen für Wirtschaftswachstum (Wohlstand) und dessen Verteilung unter den gesellschaftlichen Klassen. |
| **Alte Neoklassik (1870er–1930er)** | Löste die Klassik als dominante Schule ab. Der Fokus liegt auf Gleichgewichtsanalysen von Angebot und Nachfrage auf der Mikro- und Makroebene. Glaube, dass die Wirtschaft sich selbst regelt, verbunden mit einer skeptischen Haltung gegenüber staatlichen Eingriffen. |
| **Keynesianismus (1930er–1970er)** | Löste die Neoklassik nach der Weltwirtschaftskrise als dominante Schule ab. Vorstellung, dass die Marktwirtschaft effizient, aber instabil ist. Deswegen soll der Staat eine aktive Wirtschaftspolitik (Nachfragesteuerung, Subventionen, Förderungen etc.) betreiben. In wirtschaftlich schlechten Zeiten muss der Staat Kredite aufnehmen (Deficit-Spending), um die Wirtschaft wieder anzukurbeln. In guten Zeiten soll das Budget wieder saniert werden. |
| **Sozialistische Ideen (seit 1800)** | War in der Ökonomik niemals eine führende Meinung. Sozialisten möchten die Marktwirtschaft abschaffen, da sie ausbeuterisch und krisenhaft ist. Das Privateigentum an Produktionsmitteln soll abgeschafft werden. Realpolitisch verwirklicht in der Sowjetunion (1922–1991). |
| **Neoliberalismus (seit 1970er)** | Sammelbegriff für verschiedene wirtschaftsliberale Schulen (siehe Zeitstrahl). Eine unter Führung von HAYEK praktizierte Wirtschaftspolitik, die sich gegen Keynesianismus und Sozialismus/Kommunismus stellte. Neoliberale treten u. a. ein für Liberalisierung, Privatisierung, Geldwertstabilität und einen schlanken Sozialstaat. Der Staat soll jedoch die Rahmenbedingungen festlegen, unter denen gewirtschaftet wird. |
| **Neue Neoklassik (seit 1970er)** | Heute dominante ökonomische Schule, die – ähnlich der alten Neoklassik – stark von der Vorstellung eines automatischen Marktgleichgewichts geprägt ist und staatlichen Eingriffen eher ablehnend gegenübersteht. |

Der Ausspruch: „Laissez faire, laissez passer, le monde va de lui-même“ („Lasst es geschehen, lasst es vorübergehen, die Welt geht von selbst weiter“) geht auf den Physiokraten VINCENT DE GOURNAY zurück. Der Ausspruch wird zu einem Leitgedanken des wirtschaftlichen Liberalismus.

Auch viele Denker, Ökonomen und Wirtschaftspolitiker der heutigen Zeit berufen und beziehen sich auf die angeführten Strömungen, Lehrmeinungen und Personen.

## 2.2 Arbeiten mit Modellen

Die Welt, in der wir heute leben, ist in vielen Bereichen hochkomplex. Daher arbeiten wir oft mit Modellen. **Modelle** sind ein **vereinfachtes Abbild der Wirklichkeit.** Das bedeutet, dass ein Teil an Informationen und Einflussgrößen in einem Modell weggelassen wird, um einfacher Zusammenhänge darstellen zu können. Bei der Interpretation ist es deshalb notwendig, auch die anderen Faktoren, die das Modell beeinflussen könnten, zu berücksichtigen und zu diskutieren.

*„Ein Modell, das die ganze Buntheit der Wirklichkeit berücksichtigt, wäre nicht nützlicher als eine Landkarte im Maßstab 1:1.“*

Joan Robinson
(engl. Ökonomin, 1903–1983)

Das hört sich kompliziert an, ist es aber nicht, wie das nachfolgende Beispiel zeigen wird:

**Beispiel: Modelle im Alltag**
Im Naturwissenschaft-Unterricht haben Sie vielleicht die Anatomie des Menschen anhand von Nachbildungen des menschlichen Körpers aus Plastik erforscht. Diese Modelle enthalten die wesentlichen Organe des Menschen: Herz, Leber, Nieren etc. Sie lassen viele Details weg und jeder weiß, dass der menschliche Körper nicht so aussieht.
Trotzdem kann man gut erkennen, wie Organe, Körperteile usw. zusammenpassen.

In einem ökonomischen Modell werden bestimmte Faktoren untersucht und (grafisch) auf möglichst einfache Weise dargestellt.
Es werden nur begrenzte Informationen miteinbezogen, während weitere Einflussgrößen unverändert bleiben.

**Ökonomen (Wirtschaftswissenschaftler)** verwenden bei ihrer Arbeit ebenfalls Modelle, die nicht alle Einzelheiten und Details der Volkswirtschaft enthalten. Sie veranschaulichen jedoch ebenso das Wesentliche und helfen dabei, Vorgänge besser zu verstehen.

Sie fragen sich, wie solche Modelle in der Volkswirtschaft aussehen? Meist sind es Diagramme, Gleichungen, Graphen etc. – ein ökonomisches Modell haben Sie auf den ersten Seiten dieses Buches sogar schon kennengelernt: **die Produktionsmöglichkeitenkurve,** einen Graph, der die verschiedenen Output-Kombinationen einer Volkswirtschaft zeigt, die mit vorhandenen Ressourcen produziert werden können.

## 2.3 Ceteris paribus

**Ceteris paribus** heißt **„unter sonst gleichen Bedingungen“.** Mit diesem in der VWL üblichen Kunstgriff wird versucht, komplizierte Zusammenhänge im Wirtschaftsgeschehen vereinfacht darzustellen. „Ceteris paribus“-Annahmen sind wichtig, um volkswirtschaftliche Erscheinungen beschreiben zu können – wegen der großen Komplexität wäre das sonst kaum möglich!

Was könnten – neben dem Preis – weitere Faktoren sein, die die Nachfrage beeinflussen?

**Beispiel: „Ceteris paribus“**
Üblicherweise sinkt die Nachfrage bei steigendem Preis. Die Reaktion der Konsumenten kann aber auch anders sein, da die Nachfrageänderung nicht allein vom Preis abhängt. Mit der ceteris paribus-Annahme gehen wir bei unserer Betrachtung aber nur vom veränderten Preis aus und lassen alle anderen Einflussfaktoren außer Acht. Würden wir alle Faktoren, die auf eine Mengenänderung der Nachfrage einwirken, gleichzeitig beobachten, wäre es sehr viel schwieriger, Einsicht in die komplizierten Zusammenhänge zu gewinnen.

## Aufgabenstellungen – „Volkswirtschaftslehre“

**1.** Ordnen Sie folgende Fragen der Volkswirtschaft (Mikro- oder Makroökonomie) oder der Betriebswirtschaft zu. Kreuzen Sie richtig an!

| | VWL | | BWL |
|---|---|---|---|
| | Mikro-ökonomie | Makro-ökonomie | |
| a) Welche Faktoren beeinflussen das Wirtschaftswachstum von Österreich? | | | |
| b) Wie verändert sich das Verhalten der Käufer/innen, wenn der Preis von Butter um 5 % steigt? | | | |
| c) Wodurch entsteht Inflation? | | | |
| d) Durch welche Marketingmaßnahmen wird der Verkauf eines neuen Handys gesteigert? | | | |

Inflation = Geldentwertung bzw. Anstieg des allgemeinen Preisniveaus.

**2.** Argumentieren Sie, auf welcher ökonomischen Denkschule sich dieser Politiker bei seiner Rede stützt.

„Wir müssen die Marktwirtschaft wieder zum Laufen bringen! Der Staat muss nun Schulden machen, damit er die Nachfrage stützen kann!“

**3.** Sie haben sicher bemerkt, dass das Leben in den letzten Jahren deutlich teurer geworden ist. Wenn das allgemeine Preisniveau von einem Jahr aufs nächste ansteigt, nennen wir dies Inflation.

a) Gehen Sie davon aus, dass Sie als Haushalt für einen Laptop bei einem Unternehmen 1.000,00 EUR bezahlen müssen. Zeigen Sie die Veränderung des Preises für die nächsten vier Jahre, wenn die jährliche Inflation 2 % beträgt. Erstellen Sie hierfür mit Excel ein Modell oder fertigen Sie eine händische Skizze an.

b) Geben Sie an, welche möglichen Einflussfaktoren auf den Preis des Laptops in diesem einfachen Modell vernachlässigt wurden.

In der TRAUNER-DigiBox finden Sie eine Übung, bei der Sie aktuelle Schlagzeilen aus der Presse den wirtschaftspolitischen Zielen zuordnen können.

# 3 Ziele staatlicher Wirtschaftspolitik

*„Die Arbeitslosigkeit ist im vergangenen Jahr wieder gestiegen.“ „Experten gehen von einer steigenden Inflation aus.“ „Das Wirtschaftswachstum in Österreich bremst sich wieder ein.“ Diese oder ähnliche Schlagzeilen lesen wir regelmäßig in Tageszeitungen. So verschieden die Aussagen sind, so verschieden sind auch die Ziele, die im Rahmen der Wirtschaftspolitik verfolgt werden.*

An wirtschaftspolitischen Entscheidungen wirken viele verschiedene Akteure, Einrichtungen und Organisationen mit. Zum Teil sind sie gesetzlich dazu berufen (z. B. Nationalrat, Landtage, Gemeinden, Zentralbanken), zum Teil wirken sie freiwillig mit (z. B. Interessenvertretungen wie Wirtschaftskammer, Arbeiterkammer etc.).

Die Ziele, die in der Wirtschaftspolitik verfolgt werden, sind vielfältig und haben sich über die Jahre immer wieder verändert. Die Schwierigkeiten für Wirtschaftspolitiker und Entscheidungsträger liegen darin, von vielen möglichen Zielen bzw. Zielbündeln die richtigen auszuwählen. Die Volkswirte haben diese Ziele bzw. den dadurch entstehenden Zielbündelkonflikt in einer Darstellung zusammengefasst: im **„magischen" Vieleck.**

**Das „magische" Vieleck**

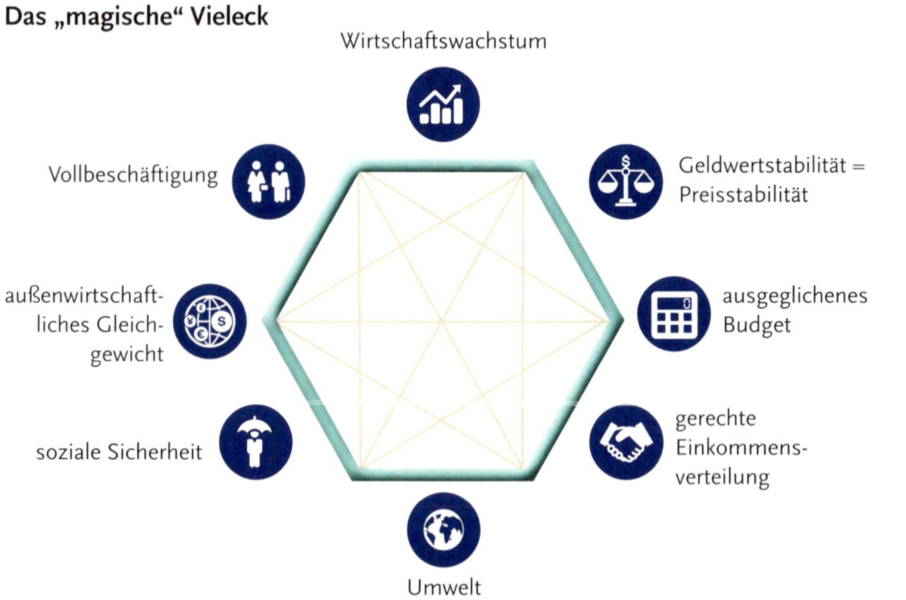


Alle dargestellten wirtschaftspolitischen Ziele sind **voneinander abhängig** bzw. stehen oftmals miteinander **im Widerspruch.** Aus diesen Gründen wurde der Begriff **„magisch"** eingeführt.

**Bruttoinlandsprodukt (BIP)** = Gesamtwert aller Sachgüter und Dienstleistungen für den Endverbrauch, die innerhalb einer Volkswirtschaft in einem bestimmten Zeitabschnitt hergestellt werden. Mehr dazu erfahren Sie im Kapitel „Volkswirtschaftliche Gesamtrechnung".

### Wirtschaftswachstum

Zunahme der wirtschaftlichen Leistungsfähigkeit einer Volkswirtschaft. Generell wird eine möglichst hohe Wachstumsrate angestrebt. Sie wird mit dem Bruttoinlandsprodukt (BIP) gemessen.

### Geldwertstabilität (Preisstabilität)

Mit Geldwertstabilität meint man, dass der Wert und damit die Kaufkraft des Geldes stabil sein soll. Wenn der Wert des Geldes sinkt, steigt das allgemeine Preisniveau in einer Volkswirtschaft. Man spricht von **Inflation.** Umgekehrt spricht man bei Sinken des allgemeinen Preisniveaus von **Deflation.** Die Europäische Zentralbank strebt eine jährliche Inflationsrate von knapp unter 2 % an.

Mehr über Inflation und Deflation erfahren Sie im Kapitel „Geld und Währung".

### Vollbeschäftigung

Ist gegeben, wenn alle arbeitsfähigen und arbeitswilligen Erwerbspersonen eine Arbeit finden. Nach der Definition der Eurostat spricht man bereits von Vollbeschäftigung, wenn die Arbeitslosigkeit **vier Prozent** unterschreitet.

**Eurostat** = das statistische Amt der Europäischen Union (EU).

### Ausgeglichenes Budget

Haushaltsplan, in dem die zu erwartenden Einnahmen eines Staates (des Bundes, der Länder und Gemeinden, sowie der EU) den geplanten Ausgaben des Staatsgebildes gegenübergestellt werden. Es ist das Ziel, ein ausgeglichenes Budget zu erreichen.

**Gerechte Einkommensverteilung**
Basierend auf einem breiten und anerkannten Wertesystem wird versucht, möglichst allen Menschen ein „gerechtes" und „angemessenes" wirtschaftliches Auskommen zu sichern.

In den letzten Jahren wird der Umweltschutz verstärkt in den Medien, der Politik sowie der Öffentlichkeit („Fridays for Future") diskutiert.

**Soziale Sicherheit**
Für wirtschaftlich und bildungsmäßig benachteiligte Menschen werden im Rahmen der Sozialpolitik Maßnahmen getroffen. Beispiele dafür sind die aktive Arbeitsmarktpolitik, der soziale Wohnungsbau oder kostenlose Aus- und Weiterbildungsmöglichkeiten.

**Schutz der Umwelt**
Durch den Einbau von Filtern, die Verwendung regenerativer Energien, Mülltrennung und sonstige wirtschafts- und umweltpolitische Maßnahmen wird z. B. versucht, die Umwelt zu schützen.

**Außenwirtschaftliches Gleichgewicht**
Im Rahmen des außenwirtschaftlichen Gleichgewichts sollte ungefähr so viel aus dem Ausland importiert werden, wie auch exportiert wird.

Die Zahlungsbilanz lernen Sie im Kapitel „Außenwirtschaftspolitik" näher kennen.

Eine Übersicht über sämtliche Geschäfte mit dem Ausland liefert die **Zahlungsbilanz.** Diese stellt sämtliche Ausgaben und Einnahmen, die sich aus dem internationalen Wirtschaftsverkehr aller Unternehmen eines Staates ergeben, einander gegenüber. Sie besteht aus verschiedenen Teilbilanzen, z. B. der **Leistungsbilanz,** deren wichtigste Teilbereiche **Handelsbilanz** und die **Dienstleistungsbilanz** sind.

Je nach politischer Grundeinstellung werden die Ziele hinsichtlich der Wichtigkeit unterschiedlich eingestuft und dabei als sehr bedeutsam oder weniger bedeutsam angesehen. **In den folgenden Kapiteln wird jedes dieser Ziele näher beleuchtet.** Dabei werden Sie immer wieder erkennen, in welchem **Zusammenhang** die Ziele zueinander stehen.

## Aufgabenstellungen – „Ziele staatlicher Wirtschaftspolitik"

1. Welche wirtschaftspolitischen Ziele könnten mit folgenden Maßnahmen verfolgt werden? (Mehrfachantworten möglich)

| Maßnahmen | Wirtschaftspolitische Ziele |
|---|---|
| a) Um die Wirtschaft „anzukurbeln", entschließt sich der Staat, verstärkt Autobahnen und öffentliche Gebäude (z. B. Schulen) zu sanieren. | |
| b) Die österreichische Bundesregierung hat ein umfangreiches Sparpaket beschlossen. Über die nächsten vier Jahre sollen zehn Milliarden Euro eingespart werden. | |
| c) Das AMS finanziert und organisiert Umschulungen und Weiterbildungen für arbeitslose Menschen. | |
| d) Mit einer Förderungsaktion für die Erneuerung der Fuhrparks (Lkw, Busse) möchte der Staat einen Beitrag zur Luftreinhaltung leisten. | |
| e) Der Staat senkt die Transferzahlungen (an Haushalte). Damit haben die Haushalte weniger Geld zur Verfügung, was eine geringere Nachfrage nach Gütern zur Folge hat. | |

2. Analysieren Sie, warum sich die wirtschaftspolitischen Ziele „Wirtschaftswachstum" und „Umweltschutz" widersprechen können.

## WissensCheck – „Volkswirtschaftliche Grundlagen“

1. Erläutern Sie das ökonomische Prinzip.
2. Erklären Sie den Begriff der Opportunitätskosten.
3. Beschreiben Sie, welches Verhältnis die Produktivität betrachtet.
4. Nennen Sie die Unterschiede zwischen Mikro- und Makroökonomie.
5. Beschreiben Sie, wann und warum man begann, Volkswirtschaftstheorie systematisch zu behandeln.
6. Charakterisieren Sie die Strömung des Liberalismus.
7. Begründen Sie, warum in der Volkswirtschaftslehre „Ceteris paribus“-Annahmen getroffen werden.
8. Charakterisieren Sie die das „magische“ Vieleck.
9. Erläutern Sie den Begriff „magisch“ in diesem Zusammenhang.

## Zusammenfassung – „Volkswirtschaftliche Grundlagen“

Speichern Sie nun das wesentliche Wissen des Kapitels „Volkswirtschaftliche Grundlagen“ in Ihrem Kopf ab. Erstellen Sie dazu eine Zusammenfassung, indem Sie

1. eine übersichtliche Struktur (Tabelle) oder
2. eine Mindmap anfertigen.

**Tipp:** Nur eine selbst erstellte Zusammenfassung ist eine gute Zusammenfassung.

## Ziele erreicht? – „Volkswirtschaftliche Grundlagen“

KOMPETENZ-ERWERB

1. Erläutern Sie die Gründe, warum wir wirtschaften müssen. Nennen Sie dafür ein konkretes Beispiel.
2. Finden Sie je ein Beispiel für das Minimalprinzip und das Maximalprinzip für die Zeit nach Abschluss Ihrer Schule.
3. Schildern Sie, welche Opportunitätskosten anfallen, wenn Sie am Samstagabend ins Kino gehen und Tickets sowie Popcorn um 22,00 EUR kaufen, obwohl Sie stattdessen bei Ihrem Nachbarn für zwei Stunden auf dessen Kinder aufpassen könnten. Ihr Nachbar zahlt Ihnen dabei 15,00 EUR in der Stunde.
4. Formulieren Sie jeweils zwei Fragestellungen für mikroökonomische, makroökonomische und betriebswirtschaftliche Sachverhalte. (Option: Mischen Sie diese durcheinander und lassen Sie Ihre Banknachbarin oder Ihren Banknachbarn zuordnen.)
5. Im magischen Vieleck finden sich die beiden Ziele Wirtschaftswachstum und Geldwertstabilität.
   a) Erklären Sie kurz die beiden Ziele.
   b) Analysieren Sie, warum sich diese beiden Ziele prinzipiell widersprechen.

6. Petra Stöger betreibt mit ihrem Bruder ein Sportgeschäft. Gemeinsam mit vier Mitarbeiterinnen und Mitarbeitern sind sie auf die Sportarten Schifahren, Tennis, Laufen und Radfahren spezialisiert. An sechs Tagen der Woche ist das Geschäft geöffnet. Formulieren Sie für diese Situation je ein Beispiel für das Minimal- und Maximalprinzip. Geben Sie zusätzlich ein Beispiel für die Kennzahlen Wirtschaftlichkeit, Produktivität und Rentabilität an.

- Minimalprinzip:
- Maximalprinzip:
- Wirtschaftlichkeit:
- Produktivität:
- Rentabilität:

7. Das deutsche Unternehmen Damhus ist auf die Herstellung von Wurst spezialisiert. Die jährliche Produktion von Hotdogs wird in der folgenden Abbildung (Angebotskurve) veranschaulicht. Zu einem Preis von 3 EUR würden 24 000 Hotdogs angeboten werden. Bei 4 EUR würden 30 000 Hotdogs angeboten werden. Bei 5 EUR steigt die angebotene Menge auf 36 000 Hotdogs an.
   - a) Erklären Sie, welcher Zusammenhang in diesem Modell dargestellt ist.
   - b) Begründen Sie, warum dieser Zusammenhang nur mit der ceteris-paribus-Annahme Gültigkeit hat.
   - c) Um welche Art der wirtschaftlichen Fragestellung handelt es sich in diesem Beispiel? Begründen Sie Ihre Antwort.

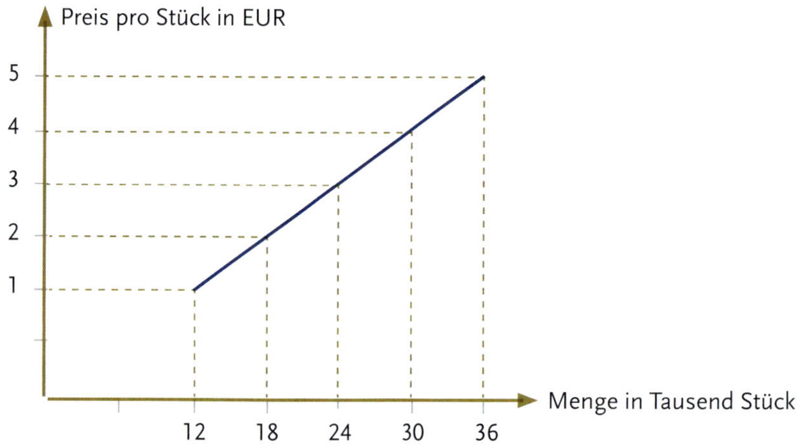


8. Lesen Sie sich folgenden Zeitungsartikel über den europäischen Automarkt durch und beantworten Sie dann die Fragen.

### Corona bescherte Autoindustrie historischen Einbruch

Die Corona-Krise zwang die Industrie in die Knie. War der Automarkt bereits 2019 von Überkapazitäten und schwächelndem Absatz geprägt, brachte die Corona-Pandemie ab 2020 die Branche kurzzeitig gänzlich zum Erliegen. Das Virus hat die gesamte Autoindustrie infiziert und am europäischen Automarkt für einen historischen Rückgang gesorgt. 270 682 neue Pkws kamen im April 2020 in der gesamten EU auf die Straßen. Die Zahlen legen Zeugnis von einer Vollbremsung ab. Die Hersteller verkauften um 76 % weniger Neuwagen als im Vergleichsmonat des Vorjahres. In den besonders stark von der Corona-Krise gebeutelten Ländern Italien (minus 97,6 %) und Spanien (minus 96,5 %) fielen die Bremsspuren besonders tief aus.

a) Stellen Sie dar, wie Vertreter der Neoklassik auf dieses Problem reagieren würden.

b) Skizzieren Sie, wie Vertreter des Keynesianismus in so einer Situation reagieren würden.

Einen interaktiven **Safety-Check** finden Sie in der TRAUNER-DigiBox.

# Produktionsfaktoren der Volkswirtschaft

Eine Power-Point-Präsentation des Kapitels finden Sie in der TRAUNER-DigiBox.

Zur Produktion von Gütern benötigt man unterschiedlichste Mittel, die als Produktionsfaktoren bezeichnet werden. Sie sind nur in beschränktem Ausmaß vorhanden und müssen daher wirtschaftlich eingesetzt werden. Es kann sich dabei sowohl um materielle als auch um immaterielle Produktionsmittel handeln. Im folgenden Kapitel werden Sie die klassischen und neuen Produktionsfaktoren der Volkswirtschaftslehre kennenlernen. Sie werden auch erfahren, wie wichtig das Zusammenwirken der Faktoren für die Wirtschaft ist.

## Meine Ziele

KOMPETENZ-ERWERB

Nach Bearbeitung dieses Kapitels kann ich

- die klassischen und modernen Produktionsfaktoren der Volkswirtschaft aufzählen;
- die Merkmale des Produktionsfaktors Boden erläutern;
- die Vor- und Nachteile der Arbeitsteilung darstellen;
- Maßnahmen zur Bekämpfung der Arbeitslosigkeit der aktiven und passiven Arbeitsmarktpolitik zuordnen;
- ableiten, welche Produktionsfaktoren heute auf- und welche abgebaut werden;
- analysieren, welche volkswirtschaftlichen Produktionsfaktoren zur Herstellung einzelner Güter benötigt werden.

# 1 Die Produktionsfaktoren der Volkswirtschaft

Finden Sie für die angeführten Produktionsfaktoren der Betriebswirtschaft ein konkretes Beispiel, z. B. anhand der Herstellung einer Jeans.

*Um Güter zu produzieren, setzen wir viele verschiedene Mittel ein. Bei der Reparatur eines Autos benötigen wir beispielsweise die Arbeitskraft eines Mechanikers, eine Werkstatt und die Geräte, die dazu notwendig sind. Den Begriff Produktionsfaktor kennen Sie bereits aus der Betriebswirtschaft. Die einzelbetriebliche Betrachtung erfordert eine genauere Begriffsdifferenzierung. So werden beispielsweise Betriebsmittel, Rohstoffe, Hilfsstoffe, Betriebsstoffe und Zukaufteile unterschieden.*

Unter den **Produktionsfaktoren** versteht man die **eingesetzten Mittel,** die für die Produktion von Sachgütern oder für die Erbringung von Dienstleistungen benötigt werden.

Die Dreiteilung der Produktionsfaktoren Boden, Arbeit und Kapital geht auf Vertreter der Klassischen Nationalökonomie (z. B. Smith, Ricardo, Say) zurück.

Die klassische Volkswirtschaftslehre unterscheidet die Produktionsfaktoren Boden, Arbeit und Kapital. Heute werden auch Bildung, Know-how, technischer Fortschritt, und unternehmerisches Denken zu den Produktionsfaktoren gezählt. Für die Herstellung von beinahe allen Gütern werden alle der angeführten Produktionsfaktoren benötigt:

Die Produktionsfaktoren sind nur in beschränktem Ausmaß vorhanden. Sie müssen daher **ökonomisch** – nach dem Wirtschaftlichkeitsprinzip – eingesetzt werden!

**Beispiel: Der Einsatz unterschiedlicher Produktionsfaktoren am Beispiel Weizen**
Mit dem Know-how und dem Arbeitseinsatz einer Landwirtin oder eines Landwirts und mithilfe von Kapitaleinsatz für Saatgut und Maschinen wird die Aussaat vorgenommen, um später Getreide ernten zu können.

In den nächsten Abschnitten werden Sie nicht nur Genaueres über die einzelnen Produktionsfaktoren erfahren. Sie werden auch sehen, welche Faktoren Einfluss auf sie nehmen und wie die Faktoren zusammenwirken.

# 2 Produktionsfaktor Boden

Der volkswirtschaftliche Produktionsfaktor Boden umfasst

- **Grund und Boden,** der als landwirtschaftlicher Anbauboden, Standort für Betriebe etc. zur Verfügung steht;
- die **Gesamtheit aller Kräfte und Stoffe der Natur,** die zur Produktion verwendet werden sowie

  **Beispiele**
  Bodenschätze (z. B. Erze, Kohle, Erdöl, Erdgas), Luft (z. B. zur Stickstoffgewinnung), Pflanzen, Tiere, Weltmeere, Sonnenlicht usw.

- die **landschaftliche Schönheit** (u. a. für den Tourismus).

Der Boden ist im Vergleich zu den anderen Produktionsfaktoren (Arbeit und Kapital) mit folgenden Merkmalen ausgestattet:

- **Unvermehrbarkeit:** Boden kann – abgesehen von wenigen Ausnahmen (Landgewinnung) – nicht vermehrt werden.
- **Unbeweglichkeit:** Boden kann nicht von Überschussgebieten in Mangelgebiete übertragen werden.
- **Unzerstörbarkeit:** Boden unterliegt keinem den anderen Produktionsmitteln vergleichbaren Werteverzehr.

**Der Boden trägt zur Güterherstellung bei**
als

**Anbauboden**

**Beispiele**
- Landwirtschaft
- Forstwirtschaft

**Abbauboden**

**Beispiele**
- Für Bodenschätze (Kohle, Erze, Erdöl, Sand, Kies etc.)
- In der Energiewirtschaft

**Standortboden**

**Beispiele**
- Betriebe
- Infrastruktur (Flughafen etc.)
- Wohnungen

Der Produzent oder Konsument kann den benötigten Boden entweder kaufen („ewiges Nutzungsrecht“) oder mieten bzw. pachten („begrenztes Nutzungsrecht“). Die **Bodenrente** ist der Preis für das befristete Nutzungsrecht und fällt entweder als **Miete** oder als **Pacht** an. Die Höhe der Rente richtet sich nach der Knappheit und nach der Verwendungsmöglichkeit des Bodens.

Die **Unzerstörbarkeit** des Bodens gilt z. B. nicht für den Bergbau und die Landwirtschaft. Zudem kann der Boden beispielsweise durch Radioaktivität, Ölverschmutzung oder durch fortschreitende Wüstenbildung für die wirtschaftliche Nutzung unbrauchbar werden.

**Bodennutzung in Österreich**

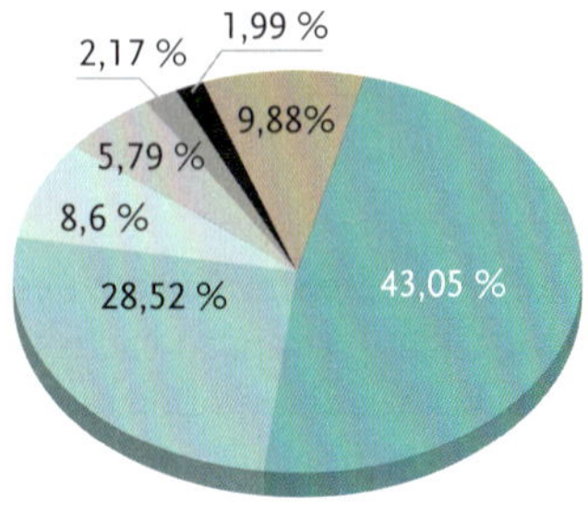


Quelle: Statistik Austria, 2020

Unter www.flaechenversiegelung.at erhalten Sie einen Überblick über die Flächennutzung und den Versiegelungsgrad in jeder Gemeinde Österreichs.

**Bodenrente** = Einkommen der Eigentümer von Grund und Boden.

Recherchieren Sie, was man unter Miete und Pacht versteht. Erklären Sie den Unterschied zwischen beiden Begriffen.

## Boden als Anbaufaktor

Diese Verwendungsform umfasst die land- und forstwirtschaftliche Nutzung des Bodens im Rahmen der Güterproduktion. Im Folgenden werden Sie mit den Gedanken und Erkenntnissen eines bekannten Ökonomen zu diesem Thema vertraut gemacht. Robert Jacques Turgot (1727–1781) formulierte eine der berühmtesten Beziehungen in der Wirtschaftswissenschaft, das **„Gesetz des abnehmenden Ertragszuwachses".**

### Das Gesetz des abnehmenden Ertragszuwachses

Das Gesetz des abnehmenden Ertragszuwachses untersucht, wie sich der Ertrag verändert, wenn zu einem konstanten Faktor Boden der Faktor Arbeit kontinuierlich erhöht wird. Stellen Sie sich hierzu eine landwirtschaftliche Fläche vor (Faktor Boden), die mithilfe von Arbeitskräften bearbeitet werden soll. Die Veränderung des Gesamtertrags verläuft dabei in vier Stufen:

| Phasen | Ertrag |
|---|---|
| Phase 1 | Wenn der unbearbeitete Boden von fünf Arbeitskräften landwirtschaftlich genutzt wird (Acker lockern und pflügen, Samen einsetzen etc.), steigt der Ertrag (Output) zunächst überproportional stark an. Das bedeutet, dass eine hohe Produktivität gegeben ist. |
| Phase 2 | Wenn der Inputfaktor Arbeit auf zehn Arbeiter verdoppelt wird, dann steigt der landwirtschaftliche Ertrag (Output) erneut, allerdings nicht mehr so stark, wie noch zu Beginn. Die Ertragszunahme ist in etwa proportional zur Inputzunahme. |
| Phase 3 | Wenn die Zahl an Arbeitskräften sich nun auf 20 verdoppelt, schwächt sich der Effekt auf den Ertrag (Output) nochmals ab. Der Ertragszuwachs fällt im Vergleich zur Inputzunahme nun sogar kleiner (unterproportional) aus. Das bedeutet, dass sich der durchschnittliche Ertrag pro Arbeitskraft reduziert. Der absolute Ertrag steigt jedoch noch an. |
| Phase 4 | Bei einer erneuten Verdoppelung der Arbeitskräfte auf 40 kommt es dazu, dass sich die vielen Arbeiter gegenseitig im Wege stehen. Die Folge ist eine Reduktion des **gesamten Ertrags.** |

Denken Sie das Gesetz des abnehmenden Ertragszuwachses nun an einem anderen Beispiel durch: Ein Dachdecker wird damit beauftragt ein neues Gebäude einzudecken.

**Generell kann man sagen:** Die Vermehrung irgendeines variablen Inputs (z. B. Arbeit), gemessen an einem anderen fixen Input (z. B. Boden), führt bei gegebenem technologischem Wissensstand zu einer Steigerung des Gesamtoutputs. Von einem bestimmten Punkt an wird jedoch der Output, der bei einer Steigerung des Inputs um gleiche Mengen erzielt werden kann, immer geringer und schließlich nimmt er sogar wieder ab. Die folgende grafische Darstellung soll das verdeutlichen:

B (Boden) = konstanter Faktor
A (Arbeit) = variabler Faktor

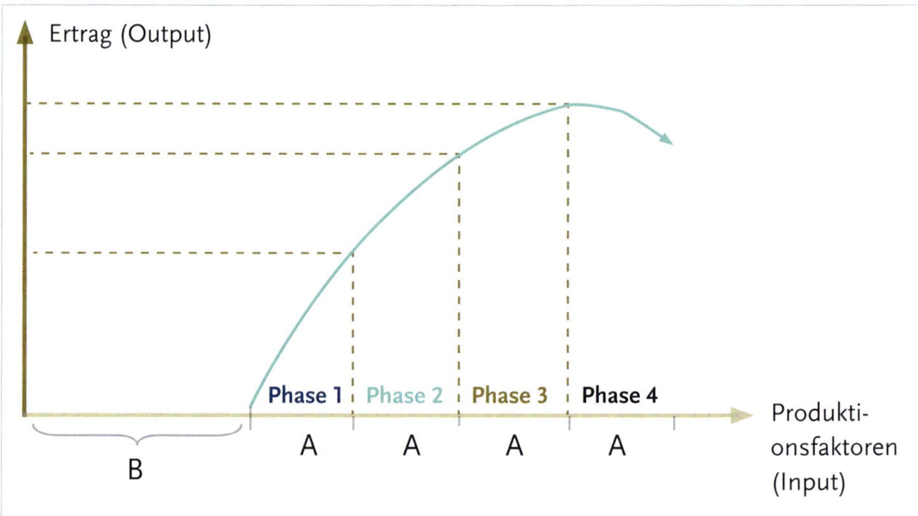

Sie sehen also, dass in Phase 1 der Output im Vergleich zum Input überproportional ansteigt. In Phase 2 ist der zusätzliche Output in etwa so groß wie der Input. In Phase 3 ist der zusätzliche Output bereits geringer als der Input. In Phase 4 schließlich nimmt der Gesamtoutput ab.

Das Dilemma – die Nahrungsmittelproduktion kann mit dem Bevölkerungswachstum nicht Schritt halten, weil die Bodenmenge begrenzt ist – war später Gegenstand der Überlegungen von THOMAS MALTHUS.

**THOMAS MALTHUS (1766–1834)**
MALTHUS bezog sich auf Beobachtungen, die BENJAMIN FRANKLIN gemacht hatte. In den amerikanischen Kolonien, die reichlich mit Produktionsmitteln versorgt waren, verdoppelte sich die Bevölkerung etwa alle 25 Jahre. Daraus zog MALTHUS den Schluss, dass eine allgemeine Tendenz der Bevölkerung bestehe, in geometrischer Reihe zu wachsen (1, 2, 4, 8, 16, 32, 64), dass sich hingegen infolge der Auswirkungen des Ertragsgesetzes die Nahrungsmittelmenge für die Menschen nur arithmetisch steigern lasse (1, 2, 3, 4, 5, 6, 7). Zwangsläufig entstünde so eine Überbevölkerung, die erst durch Krankheiten, Seuchen, Hungersnöte und Kriege wieder dem Nahrungsmittelspielraum angepasst würde. Um dieser düsteren Selbsthilfe der Natur zuvorzukommen, plädierte MALTHUS für moralische Enthaltsamkeit und sittliches Verantwortungsbewusstsein.

THOMAS MALTHUS (1766–1834)

THOMAS MALTHUS zählt zu den wichtigsten Vertretern der „Klassischen Nationalökonomie". Mehr darüber erfahren Sie auf Seite 175.

## Aufgabenstellungen – „Produktionsfaktor Boden"

1. Geben Sie an, in welcher Form der Produktionsfaktor Boden in den folgenden Beispielen zur Güterherstellung beiträgt (als Anbau-, Abbau- oder Standortboden).

| Beispiele | Boden als ... |
|---|---|
| a) Die Wasserkraftwerke (Lauf- und Speicherkraftwerke) in Österreich sorgen für ca. 61 % des Strombedarfs des Landes. | |
| b) 16 % der österreichischen Fläche werden als Agrarland verwendet. | |
| c) Die Salinen Austria AG verkauft pro Jahr rund 1,2 Tonnen Salz. | |
| d) Die Wohnungspreise in Salzburg sind in den letzten Jahren stark angestiegen. | |
| e) Das traumhafte Panorama der Alpen lockt viele Touristen an. | |

2. Haben die Theorien von THOMAS MALTHUS heute noch Bedeutung? Erläutern Sie Ihre Ansicht.

3. Bodenpreis, Geschoßhöhen und Art der Nutzung: Analysieren Sie die Grafik und erklären Sie, wie die drei Faktoren in Zusammenhang stehen.

**Bodenpreise, Geschoßhöhen und Nutzung**

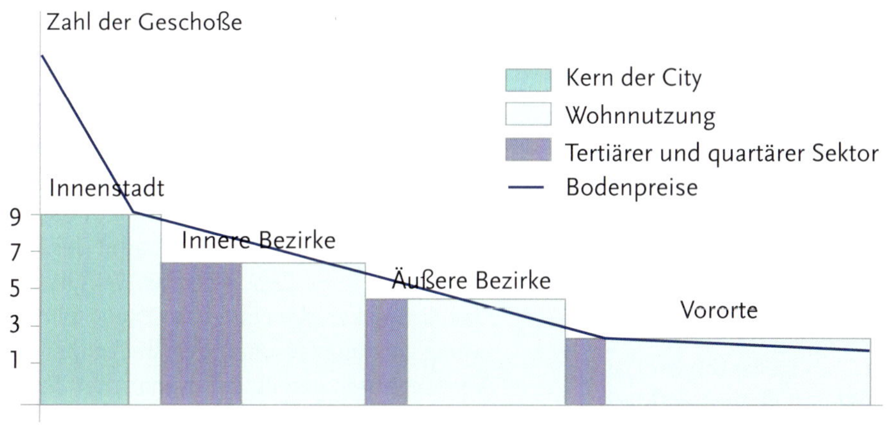

# 3 Produktionsfaktor Arbeit

Die Produktionsfaktoren **Kapital und Boden** müssen **mit Arbeit kombiniert** werden, damit sie eine Leistung erbringen können.

**Arbeit** ist definiert als zielgerichtete, planmäßige Tätigkeit zur Befriedigung menschlicher Bedürfnisse, bei der geistige und/oder körperliche Kräfte eingesetzt werden.

Dabei unterscheidet man

- **Tätigkeiten mit wirtschaftlicher Zielsetzung:** auf Bedarfsdeckung oder auf Gewinn- bzw. Einkommensmaximierung gerichtet
- **Tätigkeiten, die nicht in erster Linie wirtschaftlichen Zwecken dienen:** z. B. Erziehungsarbeit und häusliche Pflege in der Familie oder ehrenamtliche Tätigkeit im sozialen und politischen Bereich

## 3.1 Arbeitsteilung und Rationalisierung

Arbeitsteilung war ursprünglich die Folge von schwieriger werdenden Produktionsvorgängen, die von Einzelnen nicht mehr bewältigt werden konnten. Schließlich wurden Arbeitsvorgänge so weit aufgeteilt, dass für den einzelnen Arbeitenden nur noch wenige Handgriffe übrig blieben. Die **Fließbandarbeit** war geboren.

*Würde der Mensch alle Güter des täglichen Bedarfs selbst herstellen, müsste er ununterbrochen tätig sein und käme trotzdem nicht über die Stufe einer primitiven Daseinsform hinaus. Aufgrund der Spezialisierung und Arbeitsteilung ist es möglich, aus den Unterschieden in der Geschicklichkeit sowie der Ausstattung mit Produktionsmitteln Vorteile zu ziehen.*

**Arbeitsteilung** ist die Aufteilung ursprünglich geschlossener Arbeitsvorgänge auf verschiedene Personen, Personengruppen oder Wirtschaftseinheiten. Arbeitsteilung führt dabei auch zu einer Spezialisierung.

**Ziel** der Arbeitsteilung ist die Erhöhung der Produktion bzw. der Produktivität.

Adam Smith zeigte 1776 in seinem Werk „Wohlstand der Nationen" am Beispiel der Stecknadelfabrikation deutlich, wie die Arbeitsteilung die Produktivität steigern kann.

Adam Smith (1723–1790) veröffentlichte 1776 sein Werk zum „Wohlstand der Nationen" mit seinen Grundgedanken zur klassischen Wirtschaftstheorie (Markt, Preis, Produktivität, Arbeitsteilung etc.).

**Beispiel: Stecknadelfabrikation**

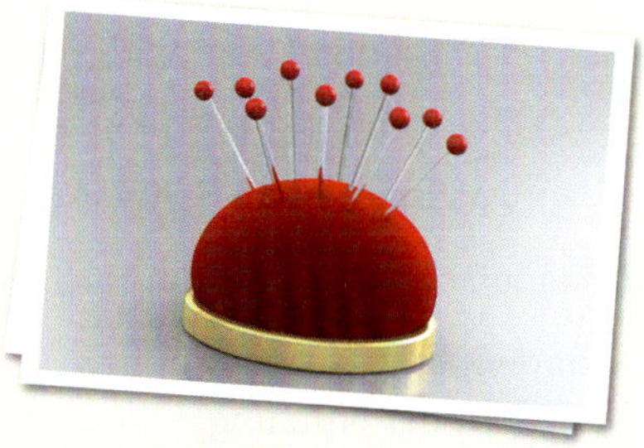

Um ein Beispiel von einem wenig belangreichen Gewerbe zu geben, bei welchem man jedoch sehr oft von der Arbeitsteilung Notiz genommen hat, nämlich von der Stecknadelfabrikation, so könnte ein für dieses Geschäft ... nicht angelernter Arbeiter, der mit dem Gebrauch der dazu verwendeten Maschine ... nicht vertraut wäre, vielleicht mit dem äußersten Fleiße täglich kaum eine, gewiss aber keine 20 Nadeln machen. In der Art aber, wie dies Geschäft jetzt betrieben wird, ist es nicht nur ein eigenes Gewerbe, sondern teilt sich in eine Zahl von Zweigen, von denen die meisten gewissermaßen wieder eigene Gewerbe sind. Einer zieht den Draht, ein anderer richtet ihn, ein Dritter schrotet ihn ab, ein Vierter spitzt ihn zu, ein Fünfter schleift ihn am oberen Ende, damit der Kopf angesetzt werde; das Ansetzen desselben ist ein Geschäft, das Weißglühen der Nadeln ein anderes; ja sogar das Einstecken der Nadeln in Papier bildet ein Gewerbe für sich. So ist das wenig wichtige Geschäft der Stecknadelfabrikation in ungefähr 18 verschiedene Verrichtungen geteilt, die in manchen Fabriken alle von verschiedenen Händen vollbracht werden, während in anderen ein einziger Mensch zwei oder drei derselben auf sich nimmt.

Ich habe eine kleine Fabrik dieser Art gesehen, wo nur zehn Menschen beschäftigt waren und manche daher zwei oder drei verschiedene Verrichtungen zu erfüllen hatten. Obgleich nun diese Menschen sehr arm und darum leidlich mit den nötigen Maschinen versehen waren, so konnten sie doch, wenn sie sich tüchtig daranhielten, zusammen 12 Pfund Stecknadeln täglich liefern. Ein Pfund enthält über 4 000 Nadeln von mittlerer Größe. Es konnten demnach diese Menschen täglich über 48 000 Nadeln machen. Da jeder den zehnten Teil von 48 000 Nadeln machte, so lässt sich's so ansehen, als machte er 4 800 Nadeln an einem Tage. Hätten sie dagegen alle einzeln und unabhängig gearbeitet und wäre keiner für dies besondere Geschäft angelernt worden, so hätte gewiss keiner 20, vielleicht nicht eine Nadel täglich machen können ...

Quelle: Adam Smith, An Inquiry into the Nature and Causes of the Wealth of Nations, 1776

Details zur Arbeitsteilung und zum Stecknadelbeispiel von Smith finden Sie in der TRAUNER-DigiBox.

Mehr über Adam Smith erfahren Sie im Kapitel „Ideengeschichtliche Grundlagen".

Arbeitsteilung bringt jedoch nicht nur Vorteile, sondern auch Nachteile mit sich:

| Vorteile der Arbeitsteilung | Nachteile der Arbeitsteilung |
|---|---|
| ■ Höherer Spezialisierungsgrad → höhere Produktivität<br>■ Kürzere Einschulungszeit am Arbeitsplatz | ■ Einseitige, monotone Arbeit → wenig Arbeitsfreude<br>■ Geringe Flexibilität<br>■ Entfremdung der Arbeit<br>■ Teilweise verringerte Möglichkeiten beim Berufswechsel |

**Entfremdung der Arbeit:** Der Bezug zum (End-)Produkt geht verloren.

**Beispiel:** Sie stricken unentwegt, sehen aber nie einen fertigen Pullover. Die Folge ist der Verlust der Arbeitsfreude und der Motivation. Dies führt zu verminderter Aufmerksamkeit und schlechter Arbeit.

Daher ist es notwendig, die Nachteile der Arbeitsteilung zu bekämpfen. So versucht man beispielsweise, durch Aufgabenerweiterung (Jobenlargement) und Aufgabenwechsel (Jobrotation) die Eintönigkeit und die daraus resultierenden Probleme zu überwinden.

Prinzipiell werden folgende Formen der Arbeitsteilung unterschieden:

**Arten der Arbeitsteilung**

| Zwischenbetrieblich – International | Zwischenbetrieblich – National | Innerbetrieblich |
|---|---|---|
| **Spezialisierung** einzelner **Länder**, z. B. aufgrund von Rohstoffvorkommen oder besonderer Eignung von Arbeitskräften | **Spezialisierung** von **Unternehmen** innerhalb einer Volkswirtschaft<br>■ **Vertikale Arbeitsteilung:** Betriebe auf unterschiedlichen Produktionsstufen teilen sich die Aufgaben<br>■ **Horizontale Arbeitsteilung:** Mehrere Betriebe auf der gleichen Produktionsstufe teilen sich die Aufgaben | **Spezialisierung** von **Arbeitskräften**<br>Verteilung der Arbeit auf verschiedene Mitarbeiter/innen und Bereiche |
| **Beispiele**<br>■ Wolle aus Neuseeland<br>■ Schuhe aus China<br>■ Pkws aus Deutschland und Japan | **Beispiele**<br>■ **Vertikale Arbeitsteilung,** z. B. Baumwollanbau, Verarbeitung zu Garn, Jeans anfertigen, Handel<br>■ **Horizontale Arbeitsteilung,** z. B. Möbelindustrie: Wohnmöbel, Büromöbel, Schulmöbel, Gartenmöbel | **Beispiele**<br>Abteilungen: Einkauf, Lager, Produktion, Verkauf, Geschäftsführung |

**Rationalisierung** bedeutet, den bestmöglichen (vernünftigsten) Einsatz der Produktionsfaktoren im Sinne einer kostenminimalen Produktion zu erreichen.

Konkret geht es um das Einsatzverhältnis der Faktoren Arbeit und Kapital. Ziel ist die Erlangung einer höheren **Produktivität.** In diesem Zusammenhang kommt es häufig zu sogenannten Rationalisierungsinvestitionen (Anschaffung von Maschinen, die eine bessere Leistungsfähigkeit haben).

**Aufgabenstellung – „Arten der Arbeitsteilung“**

- Finden Sie je ein konkretes Beispiel für die internationale, die nationale und die innerbetriebliche Arbeitsteilung.

## 3.2 Beschäftigung – das neoklassische Standardmodell

Dieses Standardmodell repräsentiert lediglich eine Sichtweise auf den Arbeitsmarkt. Vertreter/innen von anderen Denkschulen (z. B. Keynesianismus) lehnen dieses Modell ab.

In der neoklassischen Theorie geht man davon aus, dass es sich beim Arbeitsmarkt um einen Markt wie jeden anderen Gütermarkt handelt. Arbeitslosigkeit kann daher nur infolge überhöhter Reallöhne entstehen und nur durch Anpassung dieser zu hohen Löhne nach unten abgebaut werden.

Der Preis für die Arbeitsleistung ist der Lohn. Bei freiem Spiel von Angebot (an Arbeitskräften) und Nachfrage (nach Arbeitskräften) wird der Preis (Lohn) auf dem Arbeitsmarkt gebildet. In diesem Fall sorgt der Preismechanismus für Vollbeschäftigung.

Nach der **neoklassischen Beschäftigungstheorie** kann also unfreiwillige Arbeitslosigkeit nicht entstehen. Das setzt voraus, dass Arbeitnehmer zum Marktpreis, und sei dieser noch so niedrig, Arbeit annehmen. Zu Arbeitslosigkeit kommt es erst, wenn die Löhne so hoch steigen, dass es sich für Arbeitgeber nicht lohnt, Arbeitskräfte einzustellen.

Wenn sich Löhne, Zinsen und Güterpreise frei bewegen können, wird laut dem Modell **Vollbeschäftigung** immer über den Markt hergestellt.

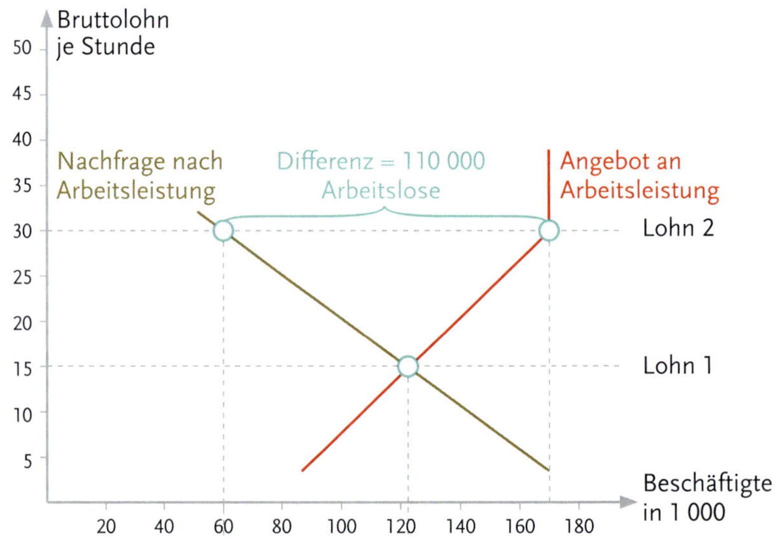


Bei einem Stundenlohn von 30,00 werden nur 60 000 Arbeitnehmer/innen beschäftigt.

Bei einem Stundenlohn von 15,00 werden 123 000 Arbeitnehmer beschäftigt, es herrscht Vollbeschäftigung.

Nach einer Lohnsenkung wird es für Arbeitgeber wieder wirtschaftlich, Arbeitskräfte einzustellen (bei hohen Lohnsätzen war es nicht möglich, die Güter mit Gewinn abzusetzen). Nun kommt es zu höherer Güterproduktion oder zur Produktion neuer Güter. In diesem Fall sind die Arbeitslosen Konkurrenten und unterbieten sich im Kampf um den Arbeitsplatz. Der Lohnmechanismus sorgt also auf einem funktionierenden Markt für Vollbeschäftigung. Mit sinkenden Lohnsätzen steigt die Nachfrage nach Arbeitskräften.

**Einschränkungen dieses Arbeitsmarktmodells**

Die neoklassische Beschäftigungstheorie **berücksichtigt nicht die Auswirkungen zu geringer Löhne auf das Wohlstandsniveau einer Gesellschaft** und die damit verbundenen Härten. Wenn Arbeitende ihren Lebensunterhalt nicht mehr bestreiten können und Arbeit um jeden Preis annehmen müssen, kommt es zu unverantwortlichen sozialen und gesellschaftlichen Auswirkungen. Es kann sein, dass einzelne Arbeitnehmer bei freier Lohngestaltung, d. h. sinkenden Reallöhnen, mehrere Arbeitsstellen annehmen müssen. Um der Entwicklung sinkender Löhne gegenzusteuern, gibt es u. a. von Sozialpartnern ausgehandelte Kollektivvertragslöhne, die nach unten starr sind. Negative Auswirkungen ergeben sich auch bei der Güternachfrage: Sinkende Löhne führen zu geringerer Nachfrage, Unternehmen vermindern die Produktion, was wiederum das Angebot an Arbeitsstellen verringert.

Die Tatsache, dass es Menschen in Industriestaaten gibt, die von ihrem Einkommen nicht leben können, auch wenn sie 40 Stunden arbeiten, ist heute unbestritten („Working Poor"). Dies ruft die Forderung nach einem **„Mindestlohn"** hervor. Auf S. 80 und im „Going-International-Teil" auf S. 170 finden Sie dazu je eine Übung.

## 3.3 Arbeitslosigkeit – Arbeitsmarktpolitik

*Arbeit ist ein zentraler Faktor in unserer Gesellschaft und trotzdem gelingt es uns nicht, dass alle Menschen, die arbeiten wollen, auch einen Arbeitsplatz finden. Arbeitslosigkeit ist eines der größten sozialen Probleme in vielen Volkswirtschaften der Erde. Sie ist neben der menschlichen Tragödie (Menschen haben das Gefühl, nicht gebraucht zu werden, Jugendliche haben keine Perspektiven usw.) auch eine Verschwendung der menschlichen Arbeitskraft, der wichtigsten Ressource, und kostet den Staat jährlich viel Geld.*

Recherchieren Sie, in welcher Form Arbeitslose in Österreich Unterstützung vom Staat erhalten.

**Arbeitslosigkeit** besteht, wenn ein Teil der arbeitsfähigen und arbeitswilligen Arbeitnehmer keine Beschäftigung findet. **Gründe** für Arbeitslosigkeit können beispielsweise eine schwache Konjunkturlage (Wirtschaftskrisen), verstärkter Rationalisierungsdruck in Unternehmen, eine strenge Sparpolitik im öffentlichen Sektor mit Aufnahmestopp oder die Verlagerung von Produktionsstätten in das Ausland sein.

Arbeitslosigkeit bedeutet eine **Unterauslastung des Produktionsfaktors Arbeit:** Das vorhandene Arbeitskräftepotenzial wird nicht vollständig zur Produktion von Gütern genutzt (Unterbeschäftigung).

**Ziel** jeder Wirtschaftspolitik (vgl. dazu das „magische Vieleck") in einem Land ist es, Vollbeschäftigung zu erreichen. **Vollbeschäftigung** ist dann gegeben, wenn alle arbeitsfähigen und arbeitswilligen Personen eine Beschäftigung finden. Eine hundertprozentige Vollbeschäftigung ist kaum zu erreichen. Laut Eurostat spricht man bei einer Arbeitslosenrate von unter 4 % von Vollbeschäftigung.

Diskutieren Sie die Gründe dafür, dass man bei einer Arbeitslosenrate von unter 4 % von Vollbeschäftigung spricht.

In der TRAUNER-DigiBox finden Sie die aktuelle Arbeitslosenquote der einzelnen Bundesländer Österreichs.

**Websites für Interessierte**
ec.europa.eu/eurostat/de/home
www.ams.at
www.statistik.at

Recherchieren Sie im Internet (z. B. auf der Website von Eurostat) die letztjährige Gesamtarbeitslosenquoten folgender Länder:

Wie hoch ist in diesem Fall die Erwerbsquote?

## Arbeitslosenrate (-quote)

Bei der Ermittlung der Arbeitslosenzahlen werden weltweit unterschiedliche Ausgangsgrößen verwendet, die die tatsächliche Situation auf dem Arbeitsmarkt nur bedingt vergleichbar machen. So ergeben sich je nach Methode verschieden hohe Arbeitslosenraten. Die Ermittlung der Arbeitslosenquote übernimmt in Österreich das Arbeitsmarktservice (AMS), in der EU berechnet dies Eurostat.

| Nationale Methode (AMS) | Internationale Methode (EU, OECD) |
|---|---|
| Basiert auf den beim Arbeitsamt vorgemerkten Arbeitslosen und den beim Hauptverband der Sozialversicherungsträger erfassten unselbstständig Beschäftigten.<br>▪ Arbeitslose werden nur den unselbstständig Beschäftigten gegenübergestellt. | Arbeitslosenquote berechnet sich nach dem prozentualen Anteil der Arbeitslosen an den Erwerbspersonen (selbstständig und unselbstständig). Sie wird durch Umfragen (in der Regel vierteljährlich) erhoben.<br><br>Als arbeitslos gelten Personen, die<br>▪ zwischen 15 und 74 Jahre und<br>▪ ohne Arbeit sind,<br>▪ innerhalb der nächsten zwei Wochen eine Arbeit aufnehmen können und<br>▪ während der vier vorhergehenden Wochen aktiv eine Arbeit gesucht haben<br>▪ eine neue Stelle innerhalb von drei Monaten antreten. |

**Arbeitslosenquote Österreich**

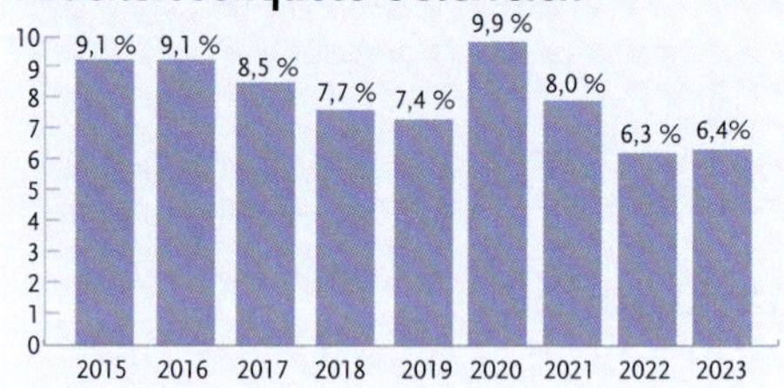


**Arbeitslosenquote Österreich**

Quelle: Statistik Austria, 2024

Im Unterschied zur Arbeitslosenquote stellt die **Erwerbsquote** den Anteil der Erwerbspersonen (Erwerbstätige plus Arbeitslose) an allen erwerbsfähigen Personen (15–64 Jahre) dar.

**Erwerbsfähige Personen (15–64 Jahre) in Österreich 2021** (in 1 000 Personen)

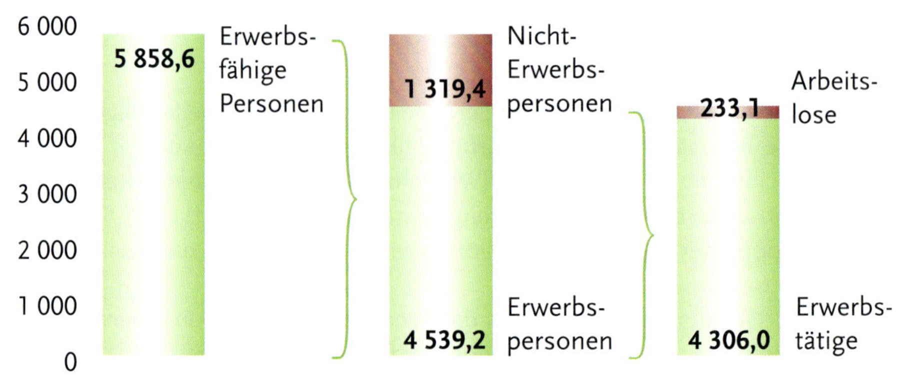


Quelle: Statistik Österreich, nach ILO-Daten, 2022

### 3.3.1 Arten der Arbeitslosigkeit

Folgende Arten der Arbeitslosigkeit werden unterschieden:

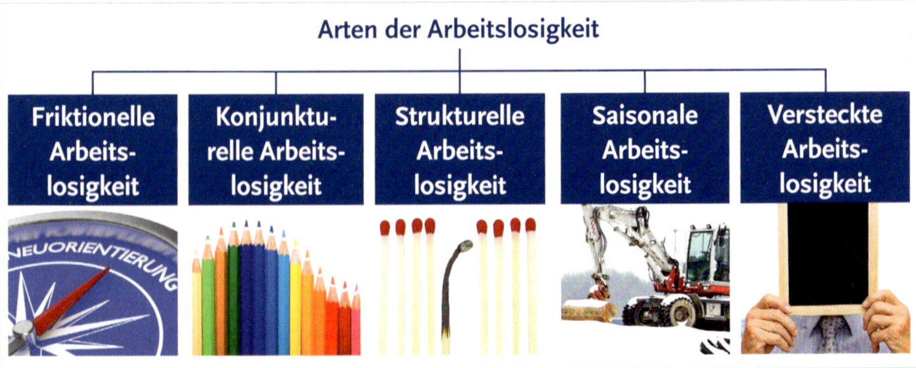

Die große Finanzkrise von 2008 sorgte für einen weltweiten Konjunktureinbruch und steigende Arbeitslosigkeit

- **Friktionelle Arbeitslosigkeit (Fluktuationsarbeitslosigkeit)**
  Wenn ein Arbeitnehmer kündigt oder gekündigt wird und eine neue Beschäftigung nicht sofort antreten kann, spricht man von friktioneller Arbeitslosigkeit. Während der Überbrückungszeiten ist der Arbeitnehmer arbeitslos.

- **Konjunkturelle Arbeitslosigkeit**
  Konjunkturelle Arbeitslosigkeit liegt vor, wenn sich die Konjunktur in einer Abschwungphase befindet und die Nachfrage sowie der Konsum zurückgehen. Unternehmen produzieren weniger Güter, müssen Kosten sparen und es kommt zur Kündigung von Arbeitnehmerinnen und Arbeitnehmern.

Konjunktur = wirtschaftliche Gesamtlage einer Volkswirtschaft. Mehr dazu erfahren Sie im Kapitel „Konjunktur und Wirtschaftswachstum“.

- **Strukturelle Arbeitslosigkeit**
  Die strukturelle Arbeitslosigkeit beruht auf Missverhältnissen zwischen Arbeitsangebot und Arbeitsnachfrage hinsichtlich Berufen, Qualifikationen, Branchen, Geschlecht und Alter in einer dynamischen Volkswirtschaft. Strukturelle Arbeitslosigkeit ist meist langfristig.

  **Beispiele**
  - Wachstumsschwächen in oder der Niedergang von einzelnen Wirtschaftssektoren (Branchen) haben die Freisetzung von Arbeitskräften zur Folge, z. B. Abwanderung der Textilproduktion nach Asien.
  - Arbeitslose erfüllen nicht die Qualifikationsanforderungen für eine bestimmte Beschäftigung, z. B. Bedarf an diplomierten Krankenpfleger/innen.
  - Technologische Entwicklung führt zum Ersatz der Arbeitskräfte durch Maschinen, z. B. vollautomatisierte Handregallager.

Diskutieren Sie mit Ihrem Banknachbarn/Ihrer Banknachbarin, welche Branchen von struktureller Arbeitslosigkeit aktuell gefährdet sein könnten.

- **Saisonale Arbeitslosigkeit**
  Saisonale Arbeitslosigkeit entsteht, wenn Produktion und Nachfrage stark von der Jahreszeit abhängen.

  **Beispiele**
  In der Land- und Bauwirtschaft oder auch im Tourismus gibt es je nach Jahreszeit starke Schwankungen bezüglich des Arbeitskräftebedarfes.

- **Versteckte (verdeckte) Arbeitslosigkeit**
  Von versteckter Arbeitslosigkeit spricht man, wenn Arbeitslose nicht in der Statistik aufscheinen, weil sie beim AMS nicht arbeitslos gemeldet sind und keine Unterstützung bekommen.

  **Beispiele**
  - Frauen, die nach längerer beruflicher Pause wieder einen Job suchen
  - Schulabgänger/innen, die noch nicht gearbeitet haben
  - Studierende, die als Flucht vor der Arbeitslosigkeit studieren

In der TRAUNER-DigiBox finden Sie eine Übung zu den Arten der Arbeitslosigkeit.

💡 In den Jahren nach der Wirtschaftskrise ab 2008 lag die Jugendarbeitslosigkeit in Spanien und Griechenland zum Teil über 50 %!

In der TRAUNER-DigiBox finden Sie eine Grafik zur Jugendarbeitslosigkeit in Europa.

Diskutieren Sie, was Sie von der Jugendgarantie halten.

NEETs = Not in employment, education or training.

FILM AB!

Eine kurze Dokumentation zur Jugendarbeitslosigkeit in Spanien finden Sie unter www.trauner.at/arbeitslos

## Aufgabenstellung – „Arten der Arbeitslosigkeit"

- Lesen Sie sich folgenden Text durch und geben Sie an, um welche Art der Arbeitslosigkeit es sich hier handelt.

Die Corona-Pandemie brachte nicht nur einen Konjunkturrückgang, sondern auch eine dramatische Lage auf dem Arbeitsmarkt: In Österreich waren im Februar 2021 insgesamt 508 923 Menschen ohne Arbeit. Besonders betroffen sind die Bereiche Hotellerie, Gastronomie und Handel.

**Jugendarbeitslosigkeit in Europa**

Vor allem in südeuropäischen Ländern ist die Jugendarbeitslosigkeit ein massives Problem und gefährdet den sozialen Frieden. Immer häufiger wird bereits von einer „verlorenen Generation" gesprochen. Zwar ist die Jugendarbeitslosigkeit, welche im Nachgang zur Finanzkrise ab 2007 deutlich anstieg, mittlerweile wieder etwas gesunken, doch ist sie immer noch auf einem sehr hohen Niveau (Spanien 40 %, Griechenland 40 %, Italien 30 %). Aufgrund der Corona-Krise ist zu befürchten, dass die Jugendarbeitslosigkeit in Zukunft wieder zunehmen wird.

Speziell um die Jugendarbeitslosigkeit zu bekämpfen, einigten sich die EU-Mitgliedsstaaten 2013 auf eine sogenannte **„Jugendgarantie".** Dabei sollen die EU-Staaten ihren Bürgern unter 25 Jahren innerhalb von vier Monaten irgendeine Form von Beschäftigung garantieren. Als Zielgruppe geht es dabei vor allem auch um Jugendliche, die sich weder in Ausbildung noch in Beschäftigung befinden (sogenannte NEETS).

Viele der Jugendliche welche aus Ländern mit hoher Jugendarbeitslosigkeit kommen, zogen zudem nach Deutschland, um dort eine Arbeit zu finden.

### 3.3.2 Ziele der Arbeitsmarktpolitik

Menschen, die keine Arbeit haben, sind nicht nur finanziell benachteiligt. Vor allem bei Langzeitarbeitslosen besteht die Gefahr der Verarmung, der gesellschaftlichen Isolation und körperlicher sowie psychischer Probleme.

Ein immer größeres Problem in unserer schnelllebigen Zeit ist die **Entqualifizierung:** Was ich heute kann und weiß, wird nach drei Jahren Arbeitslosigkeit nicht mehr viel wert sein, wenn ich mich nicht weiterentwickeln kann. Dies sind nur einige wenige der Probleme, mit denen viele Arbeitslose zu kämpfen haben.

Die Arbeitsmarktpolitik verfolgt eine Vielzahl an Zielen:

- Vollbeschäftigung soll erreicht und aufrechterhalten werden
- Ältere Arbeitnehmer/innen sollen länger im Erwerbsleben gehalten werden
- Jobs für Berufseinsteiger
- Erhöhung der Mittel für aktive arbeitsmarktpolitische Maßnahmen
- Langzeitarbeitslosigkeit soll verhindert werden

## 3.3.3 Arten der Arbeitsmarktpolitik

Zur Arbeitsmarktpolitik zählen alle Maßnahmen staatlicher Organe zur Bewältigung bzw. Verringerung des Beschäftigungsproblems. Da es nicht „die" Arbeitslosigkeit gibt, existiert auch keine allgemeine Theorie des Arbeitsmarktes oder der Arbeitsmarktpolitik. Grundsätzlich kann man unterscheiden:

**Arbeitsmarktpolitik**

**Passive Arbeitsmarktpolitik**

Alle Maßnahmen und Leistungen, die den Arbeitslosen während der Arbeitslosigkeit den Lebensunterhalt sichern sollen:

- Arbeitslosengeld und Notstandshilfe
- Bedarfsorientierte Mindestsicherung
- Insolvenzentgelt bei einer Pleite des Arbeitgebers
- Pensionsvorschuss bei älteren Arbeitnehmern
- Etc.

**Aktive Arbeitsmarktpolitik**

| für Unternehmen | für Erwerbstätige |
| --- | --- |
| ■ Aufträge des Staates an die Wirtschaft<br>■ Förderung von Unternehmensgründungen<br>■ Förderung von Betriebsansiedelungen<br>■ Etc. | ■ Weiterbildung<br>■ Umschulung<br>■ Mobilitätsförderungen<br>■ Etc. |

„Jeder, der möchte, findet auch Arbeit!" Diskutieren Sie diese Aussage mit Ihren Mitschülerinnen und Mitschülern.

## 3.3.4 Konzepte und Maßnahmen zur Verringerung der Arbeitslosigkeit

Arbeitslosigkeit verringern bedeutet unter anderem, Modelle zu finden, die es ermöglichen, mehr Menschen als bisher zu beschäftigen. Arbeitslosigkeit kann folgendermaßen bekämpft werden:

### Qualifikationsoffensive für Arbeitskräfte

Qualifikationsoffensiven gibt es regelmäßig: bundesweit oder für eine Region, für einzelne Berufe oder für den gesamten Arbeitsmarkt.
Generelle Maßnahmen hierzu können sein:

- Bedarfsgerechte Ausstattung der Menschen mit den erforderlichen Kompetenzen für die Arbeitsplätze von heute und morgen (v. a. Digitalisierung)
- Staatliche Förderung von Aus- und Weiterbildungsmaßnahmen
- Leichtere Möglichkeit von Umschulungen

**Beispiel: Europäische Kompetenzagenda**
Bei der Europäischen Kompetenzagenda handelt es sich um einen Fünfjahresplan, welcher auch als eine Reaktion auf die COVID-19-Pandemie konzipiert ist. Dabei soll bis 2025 die Teilnahme von (gering qualifizierten) Erwachsenen zwischen 25 und 64 Jahren an Bildungsmaßnahmen erhöht werden.

Mehr über die Europäische Kommission und die anderen EU-Institutionen erfahren Sie im Kapitel „Die Europäische Union".

MINT = Abkürzung für die Fächer Mathematik, Informatik, Naturwissenschaften (z. B. Physik, Chemie und Biologie) sowie Technik.

Neben der Flexibilisierung der Arbeitszeit – Stichwort „12-Stunden-Tag" – wird auch die **Reduktion der Arbeitszeit** diskutiert.

Diskutieren Sie die nebenstehenden Möglichkeiten der Arbeitszeitflexibilisierung.

Darüber hinaus soll der Anteil von Erwachsenen zwischen 16 und 74 Jahren mit (zumindest) grundlegenden digitalen Kompetenzen erhöht werden. Es wird auch eine Erhöhung der Zahl der Absolventen von MINT-Fächern angestrebt. Schließlich sollen verbesserte Rahmenbedingungen Investitionen in diese Bereiche von EU-Mitgliedsstaaten sowie privaten Akteuren fördern.

## Arbeitszeitflexibilisierung

Unter **Arbeitszeitflexibilisierung** versteht man die freie Wahl der Aufteilung der Arbeitszeit, abweichend von der üblichen Fünftagewoche. Dadurch soll die Arbeitszeit besser ausgenützt und aufgeteilt werden, d. h., Leerläufe sollen verringert werden. Flexible Dienstzeiten können sowohl dem Dienstgeber als auch dem Dienstnehmer Vorteile bringen. Folgende Möglichkeiten einer Arbeitszeitflexibilisierung sind z. B. denkbar:

- Gleitende Arbeitszeit
- Zeitausgleich
- Teilzeitarbeit mit Jobsharing
- Ungleichmäßige Arbeitszeit während eines Jahres
- Flexibler Monat (französisches Modell für Forschungs- und Entwicklungsabteilungen, in dem die Monatsarbeitszeit auf drei Wochen konzentriert werden kann)
- Dekade (Aufteilung bei Baustellen, für die längere Anreisezeiten nötig sind, z. B. zehn Tage Arbeit, fünf Tage frei)
- Erweitertes Wochenende (z. B. Freitag bis Sonntag)
- Altersteilzeit

## Kurzarbeit

Kurzarbeit ist die befristete Herabsetzung der Normalarbeitszeit. Die Kurzarbeit dient dabei der Überbrückung von wirtschaftlichen Störungen und soll verhindern, dass Arbeitnehmer/innen in länger anhaltenden wirtschaftlichen Krisenzeiten gekündigt werden. Die Mitarbeiter/innen werden mit finanziellen Abschlägen in Beschäftigung gehalten. Zwischen den für das Unternehmen zuständigen Kollektivvertragspartnern wird eine Kurzarbeitsvereinbarung abgeschlossen. Die Dauer ist zunächst auf sechs Monate beschränkt (unter bestimmten Voraussetzungen maximal auf 24 Monate ausdehnbar).

**Beispiel: Kurzarbeit in der Corona-Krise**

Wegen der Corona-Krise hat die österreichische Bundesregierung ein Kurzarbeitsmodell entwickelt, das im Laufe der Pandemie immer wieder verlängert wurde. Im Rahmen dieser Corona-Kurzarbeit wird der größte Teil der Mehrkosten, die sich für Arbeitgeber im Vergleich zur erhaltenen Arbeitsleistung ergeben, vom AMS ersetzt. Die Mitarbeiter/innen arbeiten während der Kurzarbeit durchschnittlich mindestens 30 % (in begründeten Ausnahmefällen 10 %) und höchstens 80 % ihrer Normalarbeitszeit. Dafür erhalten sie ein Mindestbruttoentgelt.

## Steuerliche Entlastung der Lohnkosten

Im Rahmen der Arbeitsmarktdiskussion wird immer wieder – insbesondere vonseiten der Unternehmen – die steuerliche Entlastung der Lohnkosten gefordert. Dadurch soll es für Unternehmen einfacher werden, (zusätzliche) Mitarbeiter anzustellen. Zudem soll der Standort Österreich gesichert und die Abwanderung von Unternehmen ins Ausland verhindert werden.

Österreich liegt im Vergleich zu anderen EU-Staaten – beispielsweise bei den Lohnnebenkosten, die Unternehmen zu bezahlen haben – im oberen Drittel (siehe dazu die nebenstehenden Beispiele). Dies führt dazu, dass eine Anstellung eines Arbeitnehmers (unter sonst gleichen Bedingungen) beispielsweise in Schweden teurer ist als in Malta.

## Änderung der gesetzlichen Bestimmungen hinsichtlich Zumutbarkeit bei der Vermittlung von Arbeitslosen

Die flexiblere Vermittlung von Arbeitslosen in Stellen, die nicht genau der Qualifikation entsprechen oder nicht am Wohnort liegen, soll der paradoxen Situation – Arbeitslosigkeit auf der einen, Arbeitskräftemangel auf der anderen Seite – entgegenwirken.

## Forcierung von Implacementstiftungen

Arbeitslose werden in einem konkreten Unternehmen an einem bestimmten Arbeitsplatz eingesetzt. Ergeben sich Wissensdefizite, werden diese durch einschlägige Kurse beseitigt. Finanzielle Beiträge leisten dabei sowohl Unternehmen als auch das AMS.

### VW Plus – Langzeiteffekte von Arbeitslosigkeit

Die Wirtschaftskrise ab 2007 hat auch in Österreich ein Allzeithoch in der Arbeitslosigkeit beschert. Ein überraschender Jobverlust ist schlimm genug, doch wie sieht es mit Langzeitfolgen der Arbeitslosigkeit aus?

Solche Effekte werden oft mithilfe von **Daten von Firmenkonkursen** untersucht. Aus Sicht der Forschung hat ein Konkurs den „Vorteil", dass er alle Beschäftigten gleichermaßen trifft. Langzeitstudien, bei denen sämtliche Konkurse der 1990er-Jahre verwendet wurden, zeigen folgendes Bild:

- Österreicher/innen zwischen 35 und 55, die von einer Firmenschließung betroffen waren, mussten starke Nachteile in Kauf nehmen.
- In den ersten fünf Jahren nach dem Konkurs sinkt die Beschäftigung von Angestellten um bis zu 20 Prozentpunkte, in den folgenden fünf Jahren um zehn Prozentpunkte.
- Arbeiter/innen sind weniger stark betroffen: nach anfänglichen Verlusten erfangen sich Arbeiter schneller als Angestellte.
- Konkursopfer, die eine Beschäftigung gefunden haben, müssen Lohneinbußen von 5 % hinnehmen.

In der folgenden Grafik sieht man, dass vor dem Konkurs die Konkursopfer und die Kontrollgruppe exakt die gleiche Beschäftigungsrate (Tage beschäftigt pro Quartal) haben. Ältere Personen verlassen den Arbeitsmarkt häufiger und gehen in Pension, aber die Effekte des Konkurses sind deutlich sichtbar.

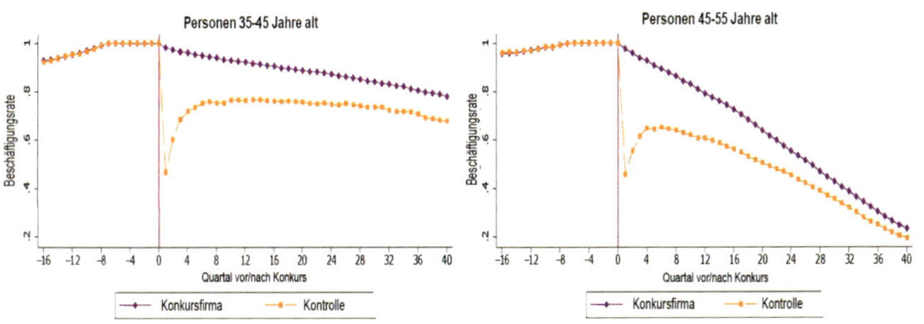


Quelle: The Journal of the Economics of Ageing, 14–29/9/2017

**Lohnnebenkosten im europäischen Vergleich (Beispiele):**

| | |
|---|---|
| Schweden | 47 % |
| Frankreich | 45 % |
| Italien | 40 % |
| Österreich | 41 % |
| Belgien | 36 % |
| Tschechische Republik | 35 % |
| Spanien | 35 % |
| **EU-Durchschnitt** | **32 %** |
| Deutschland | 27 % |
| Ungarn | 22 % |
| Slowenien | 18 % |
| Dänemark | 15 % |
| Luxemburg | 14 % |

Quelle: Statistisches Bundesamt, Deutschland, 2021

Eintritte ins Arbeitslosenregister beinhalten nämlich auch

- Personen, die freiwillig den Job aufgegeben haben,
- sowie Personen, die aufgrund von geringerer Leistung den Job verloren haben.

Darüber hinaus können statistische Kontrollgruppen gebildet werden, die den Beschäftigten in Konkursfirmen in allen messbaren Details gleichen.

Eine Erklärung zum besseren Verständnis der nebenstehenden Grafik finden Sie in der TRAUNER-DigiBox.

## Aufgabenstellungen – „Produktionsfaktor Arbeit“

**1.** Entscheiden Sie, welche Art der Arbeitslosigkeit hier gemeint ist.

| Beispiele | Art der Arbeitslosigkeit |
|---|---|
| a) Aufgrund eines Einbruchs der Konjunktur müssen viele Unternehmen einen Teil ihrer Mitarbeiter kündigen. | |
| b) Herr Viehböck kündigt mit Ende September seine Stelle bei einem großen IT-Unternehmen. Seinen neuen Job bei einem Software-Entwickler beginnt er mit 1. Dezember. | |
| c) In der Zwischensaison meldet sich die Rezeptionistin des Hotels Traumblick arbeitslos. | |
| d) Während der Wintermonate können die Bauarbeiter nicht auf den Baustellen eingesetzt werden – sie melden sich arbeitslos. | |
| e) Bojan ist in einem Unternehmen beschäftigt, welches sich auf die Produktion von Nähmaschinen spezialisiert hat. Der starke Absatzrückgang während der letzten Jahre hat zu seiner Kündigung geführt. Er ist nun arbeitslos gemeldet. | |
| f) Philipp ist mittlerweile 30 Jahre alt. Er fürchtet, dass er mit seinem Studium keinen Arbeitsplatz findet. Daher hat er beschlossen, ein zweites Studium zu beginnen. | |
| g) Herr Korhonen wurde vor drei Wochen von seinem bisherigen Arbeitgeber gekündigt. Heute hatte er gleich zwei Vorstellungsgespräche absolviert, wobei er gleich eine Zusage erhalten hat. Mit Beginn des nächsten Monats startet er in seinem neuen Job. | |

2. Lesen Sie folgenden Zeitungsartikel und beantworten Sie anschließend die Fragen.

### Sind Call-Center am Ende?

**Bei einem Call-Center-Betreiber stürzte die Aktie drastisch ab – weil Klarna, einer der größten Kunden, künftig lieber auf einen Chatbot setzt. Was bedeutet das für das Geschäftsmodell Kundenservice?**

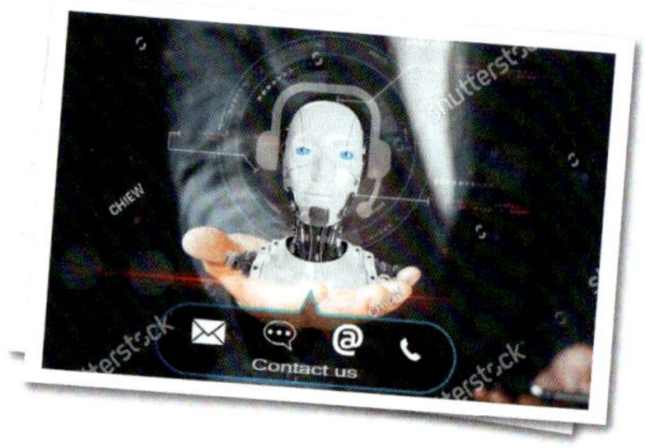


Der schwedische Zahlungsanbieter Klarna hat im Frühling 2024 seinen generativen Chatbot vorgestellt, der auf dem gleichen Sprachmodell wie ChatGPT von OpenAI basiert. Diesen Textroboter will Klarna künftig im Kundenservice einsetzen. Das löst neue Diskussionen über die Zukunft des Kundenservice aus – und ließ den Aktienkurs des französischen Call-Center-Betreibers Teleperformance um 30 Prozent einbrechen.

Der Kundenservice ist einer jener Bereiche, in denen KI die höchste Priorität hat. Zum einen seien die Bots mittlerweile in der Lage, Kunden bei einfacheren Anfragen direkt zu helfen.

Andererseits könnten sie Mitarbeitende dabei unterstützen, Anfragen schneller zu bearbeiten. Die schnelle Weiterentwicklung von KI könnte das Geschäftsmodell vieler Firmen bedrohen, die auf klassischen Kundendienst mit Servicemitarbeitern setzten.

*(Quelle: Handelsblatt 2024)*

**a)** Erläutern Sie den Begriff der „strukturellen Arbeitslosigkeit“ anhand des Artikels über Zalando.

**b)** Interpretieren Sie, welche Fähigkeiten – auch für Sie – in Zukunft wichtig werden, und weshalb.

**3.** Sehen Sie sich erneut das neoklassische Standardmodell des Arbeitsmarktes (S. 32) an. Erklären Sie, wie sich das Arbeitsangebot und die Arbeitsnachfrage verhalten würden, wenn der Bruttolohn je Stunde auf 5,00 EUR sinkt.

# 4 Produktionsfaktor Kapital

**Kapital** im volkswirtschaftlichen Sinn sind alle an der Erzeugung von Gütern beteiligten **materiellen und immateriellen Produktionsmittel (= Kapitalstock).**

Kapital kann in folgenden Formen verwendet werden:

**Geldkapital**
Finanzielle Mittel, die jederzeit in Sachkapital umgewandelt werden können

**Beispiele**
Bankguthaben, Anleihen, Bargeld

**Real- oder Sachkapital**
Materielle und immaterielle Produktionsmittel, die der weiteren Gütererstellung dienen

**Beispiele**
- Materiell: Gebäude, Maschinen, Anlagen
- Immateriell: Patente, Konzessionen, gewerbliche Schutzrechte

**Sozialkapital**
Die Infrastruktur einer Volkswirtschaft, die den Entwicklungsstand bestimmt

**Beispiele**
Energieversorgung, Straßen, Bildungswesen

Wenn das gesparte Geld den Unternehmen über die Banken in Form von **Krediten** zur Verfügung gestellt wird, **erhöht es die zukünftige Produktivität der Volkswirtschaft.** Anders ausgedrückt, ein großer Teil unseres gegenwärtigen Lebensstandards ist eine Folge der Investitionen der Vergangenheit.

Produktionsmittel = Güter, die zur Produktion benötigt werden (z. B. Gebäude oder Maschinen). In der Betriebswirtschaft werden sie auch als Betriebsmittel (Anlagevermögen) bezeichnet.

## Voraussetzungen der Kapitalbildung

Die Kapitalbildung erfordert zumindest den vorübergehenden **Verzicht auf Konsum (= Sparen).** Dadurch entstehen Ersparnisse, die entweder vom Sparer direkt zur Finanzierung von **Investitionen** verwendet werden können oder über die Banken den Investoren zur Verfügung gestellt werden.

Die Sparer erhalten für das Überlassen ihres Geldes Zinsen (Einlagezinsen). Die Unternehmer zahlen für die Kredite, die sie zum Zwecke der Investition aufnehmen, Zinsen (Kreditzinsen). Das Zinsniveau, d. h. die Höhe der Zinsen, wird durch Angebot und Nachfrage bzw. die aktuelle konjunkturelle Lage bestimmt.

Die **Notenbank** einer Volkswirtschaft versucht, durch die Beeinflussung des Zinsniveaus die Bereitschaft zum Sparen bzw. Investieren zu steuern. Mehr darüber finden Sie im Kapitel „Geld und Währung“.

## 4.1 Sparen

**Sparen** ist vorübergehender Konsumverzicht, der in Zukunft einen Mehrkonsum erlaubt.

In der TRAUNER-DigiBox finden Sie eine kurze Übung zu den Sparmotiven.

Individuelle Motive des Sparens können sein:

- Finanzierung künftigen Konsums **(Zwecksparen)**
- Schaffung einer zusätzlichen Einkommensquelle **(Ertragssparen)**
- Absicherung gegenüber unvorhersehbaren Ereignissen **(Vorsorgesparen)**

**Beispiele: Sparmotive**

- Esra möchte sich in zwei Jahren ein Auto kaufen. Dafür legt sie jeden Monat einen Teil ihres Einkommens auf ein Sparbuch (Zwecksparen).
- Stefanie braucht einen Teil ihres Geldes im Moment nicht und strebt beim Sparen möglichst hohe Erträge an (Ertragssparen).
- Um nicht später einmal von der staatlichen Pension abhängig zu sein, hat Robert nach der Matura angefangen, monatlich einen kleinen Betrag auf die Seite zu legen (Vorsorgesparen).

Mit zunehmendem Einkommen wächst die Möglichkeit zu sparen. Das heißt, gut verdienende Personen können mehr sparen als schlecht verdienende. Die individuelle Sparneigung wird zusätzlich durch Erziehung, Berufstätigkeit, Alter, Risikobereitschaft und ähnliche Komponenten geprägt. Auch die Höhe der Sparzinsen wirkt sich auf die Sparquote aus.

Sparquote = Anteil des Einkommens, der gespart wird.

Die Sparquote der Haushalte in der EU lag bis 2019 konstant bei etwa 12 %. In der Coronakrise stieg sie phasenweise auf über 20 %, da wenig Konsummöglichkeiten bestanden. 2023 liegt die Sparquote bei rund 14 %.

Die Höhe der Ersparnisse bei unterschiedlichem Einkommen wird durch die **Sparfunktion** wiedergegeben. Im Folgenden wird die Entstehung der Sparfunktion erläutert.

**Aufgabenstellung – „Produktionsfaktor Kapital"**

- Recherchieren Sie, wie hoch die Sparquote der privaten Haushalte in Österreich im abgelaufenen Jahr war, und interpretieren Sie den Wert.

## Entstehung der Sparfunktion

### 1. Ausgangssituation

Es wird eine um 45 Grad steigende Hilfslinie in das Koordinatensystem eingezeichnet (Beträge in 1.000). Es wird davon ausgegangen, dass das Einkommen für Kombinationen von Konsum und Sparen verwendet wird: Y = C + S.

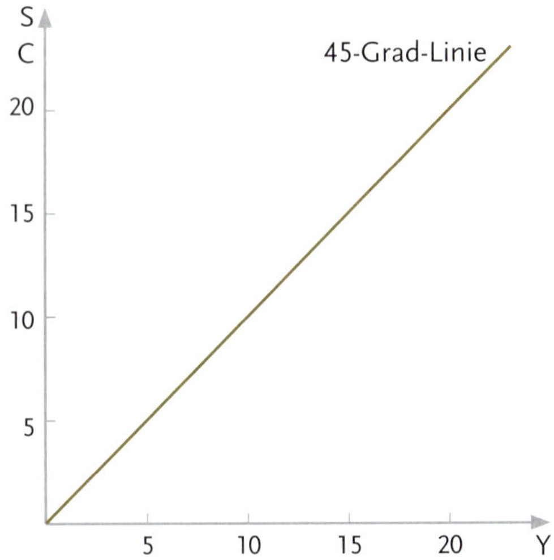


### 2. Konsumfunktion

Sie drückt aus, wie viel vom Einkommen verbraucht wird.

**Beispiel**

Herr Berger verdient 15.000,00 EUR, er verbraucht 10.000,00 EUR. Frau Mainer verdient 20.000,00 EUR und gibt davon 12.000,00 EUR aus.

$Y_B$ = Einkommen Berger
$Y_M$ = Einkommen Mainer
$C_B$ = Konsum Berger
$C_M$ = Konsum Mainer
$S_B$ = Sparen Berger
$S_M$ = Sparen Mainer

(Anm.: Um die Aussage für die gesamte Volkswirtschaft machen zu können, müssten die Einkommen aller Konsumenten in die Darstellung mit einbezogen werden.)

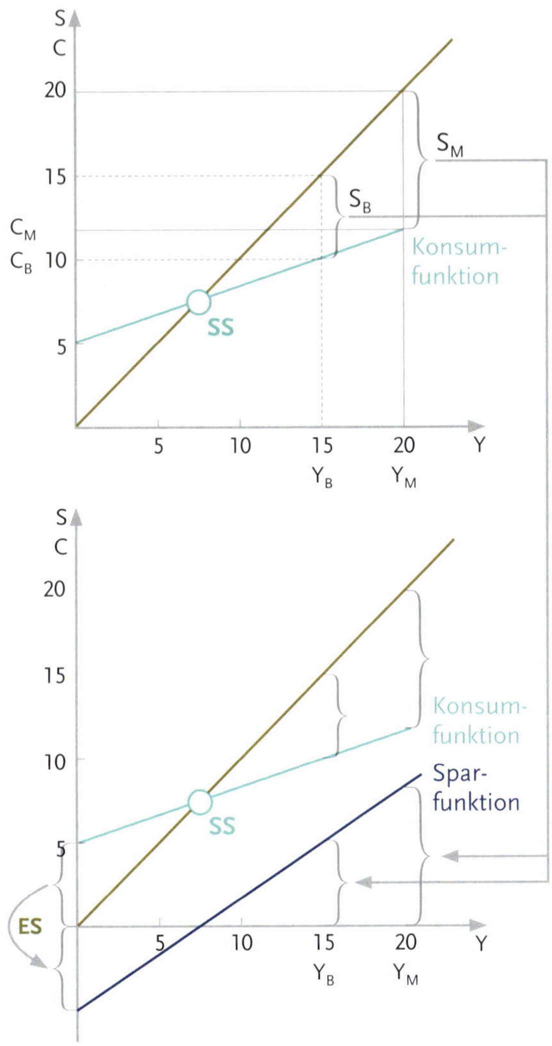


### 3. Sparfunktion

Sie zeigt, wie viel von den Einkommen gespart wird. Der Abstand der Konsumneigung zur 45-Grad-Linie ist die Sparquote. Sie beträgt bei Herrn Berger 5.000,00 EUR und bei Frau Mainer 8.000,00 EUR.

Werden die Konsum- von den entsprechenden Einkommenswerten abgezogen, erhält man die resultierende Sparfunktion.

Die 45-Grad-Linie zeigt alle möglichen Punkte, wo das Einkommen (Y) und die Konsumausgaben (C) gleich groß sind. Die Ersparnis beträgt hier 0.

S = Sparen
C = Konsum
Y = Einkommen

Die **Konsumfunktion** drückt aus, wie viel vom Einkommen verbraucht wird.

Sparschwelle (SS) = der Schnittpunkt von Konsumneigung und 45-Grad-Linie, d. h., Einkommen und Konsum sind gleich groß.

Die **Sparfunktion** drückt aus, wie viel vom Einkommen gespart wird.

Entsparen (ES) = der Verbrauch von vorhandenen Werten zum Schließen der Lücke zwischen Konsum und geringerem Einkommen.

Ab welchem Wert wird in diesem Beispiel überhaupt erst etwas vom Einkommen gespart?

## 4.2 Investitionen

**Investieren** bedeutet die **Umwandlung** des gesparten Geldes in **Produktionsmittel.** Volkswirtschaftlich spricht man auch von Bruttoinvestitionen. **Bruttoinvestitionen** bezeichnen sämtliche Investitionen in einer Periode.

**Bruttoinvestitionen**

| Erweiterungsinvestitionen | Rationalisierungsinvestitionen | Lagerinvestitionen | Ersatzinvestitionen (Reinvestitionen) |
|---|---|---|---|
| Dienen der Erhöhung oder der Vergrößerung der bisherigen betrieblichen Leistungsfähigkeit | Eine Anlage wird durch eine wirtschaftlichere ersetzt, sodass eine bestimmte Menge (Output) mit geringerem Einsatz (Input) erbracht werden kann | Zuwachs der Lagerbestände in Handel, Gewerbe, Industrie | Ersatz einer unbrauchbaren Anlage durch eine neue Anlage. Die bisherige Produktion soll aufrechterhalten werden. |

**Nettoinvestitionen**

**Nettoinvestitionen sind ein Maß für zusätzlich geschaffene Produktionskapazitäten.** Erweiterungs-, Rationalisierungs- und Lagerinvestitionen werden dann als Nettoinvestitionen bezeichnet, wenn sie über den Wertverlust (Abschreibung) des Anlagevermögens hinausgehen.

Was wird durch eine Rationalisierungsinvestition in erster Linie verbessert?
- ☐ Wirtschaftlichkeit
- ☐ Produktivität
- ☐ Rentabilität

Die verschiedenen Arten der Investitionen haben Sie bereits in den Bänden III und IV im Gegenstand Betriebswirtschaft kennengelernt.

Von **Desinvestition** spricht man, wenn der Bestand an Produktionsmitteln in einer Periode abnimmt, da z. B.
- Ersatzinvestitionen unterlassen werden oder
- sich die Lagerbestände in Handel, Gewerbe und Industrie verringern.

**Beispiel: Investitionsbeispiel der voestalpine AG**
- Die voestalpine AG baut einen neuen Elektrolichtbogenofen.
- Der alte Fuhrpark wird durch Anschaffung neuer Fahrzeuge ersetzt.
- Im Kaltwalzwerk II werden schnellere Fertigungsbänder installiert.
- Die voestalpine AG legt sich 1 Mio. Tonnen Eisenerz auf Lager.

### Multiplikatorwirkung von Investitionen

Durch Investitionen können sich Unternehmen finanzieren und damit ihre Vorhaben umsetzen. Dabei werden auch die Arbeitnehmer bezahlt, welche ihre Löhne für Konsumausgaben einsetzen und somit Nachfrage erzeugen. Diese führt wiederum dazu, dass von den Unternehmen mehr Produkte hergestellt werden. So wird der Geldkreislauf mehrmals und wiederholt im Ausmaß des Konsumgeschehens in Gang gesetzt. Die ursprünglich durch die Investition in die Wirtschaft eingebrachte Geldmenge wird, von der Wirkung her betrachtet, vermehrt.

**Wie funktioniert die Multiplikatorwirkung? – Ein Beispiel:**

| | |
|---|---|
| 1. Investition von 10 Mio. steigert das Volkseinkommen um | 10 Mio. |
| 2. 90 % davon werden zusätzlich konsumiert, das steigert das Volkseinkommen um | 9 Mio. |
| 3. 90 % davon werden zusätzlich konsumiert, das steigert das Volkseinkommen um | 8,1 Mio. |
| usw. | |
| Am Ende aller Ausgabenrunden hat sich die Investition von 10 Mio. erhöht auf | **100 Mio.** |

In diesem Beispiel wird deutlich, dass sich durch eine Erhöhung oder eine Senkung der Investitionsausgaben bzw. der Sparquote das Volkseinkommen gleich um ein Mehrfaches dieses Betrages ändert.

Volkseinkommen = Arbeitnehmerentgelt, Unternehmens- und Vermögenseinkommen. Mehr dazu erfahren Sie im Kapitel „Volkswirtschaftliche Gesamtrechnung“.

Wir dürfen allerdings nicht annehmen, dass die Ausgabenrunden immer 90 % sind. Auch den Zeitraum, in dem die Ausgaben getätigt werden, können wir nicht voraussagen. Die **Wirkung des Multiplikatoreffektes** hängt insbesondere vom Verhältnis zwischen Sparen und Konsum ab, wie nachfolgende Abbildung zeigt:

| **Grenzneigung zum Sparen oder marginale Sparneigung (s)** | + | **Grenzneigung zum Konsum oder marginale Konsumneigung (c)** | = 1 |
|---|---|---|---|
| = | | = | |
| der Teil, der von einem zusätzlichen Einkommen gespart wird, z. B. ein Zehntel wie oben | | der Teil, der von einem zusätzlichen Einkommen verbraucht wird, z. B. neun Zehntel wie oben | |

Die Wirkung des Multiplikators hängt darüber hinaus vom Entwicklungsgrad einer Volkswirtschaft, von der Umlaufgeschwindigkeit des Geldes und von Unterbrechungen durch Geldabfluss ins Ausland ab.

Der **einfache Multiplikator** entspricht immer dem reziproken Wert (Kehrwert) der Grenzneigung zum Sparen.

$$\textbf{Multiplikator} = \frac{1}{s}$$

Beide Größen, die Grenzneigung zum Sparen und die Grenzneigung zum Konsum, ergänzen sich also immer zum Wert von 1.

**Beispiel: Multiplikatorwirkung (Fortsetzung)**

Beim obigen Beispiel konnten wir eine Grenzneigung zum Sparen von einem Zehntel feststellen. Wir haben auch herausgefunden, dass der **Multiplikator in diesem Beispiel „10“** ist. 10 ist wiederum der reziproke Wert der Grenzneigung zum Sparen (ein Zehntel).

$$\text{Multiplikator} = \frac{1}{s} = \frac{1}{0{,}1} = 10$$

Die Multiplikatorwirkung ist auch die Grundidee, die hinter den sogenannten **Konjunkturpaketen** im Falle von Wirtschaftskrisen steht (Grundkonzept von JOHN M. KEYNES). Durch Konjunkturpakete wächst die Wirtschaft, wodurch mehr Menschen einen Arbeitsplatz bekommen. Nach den Vorstellungen von KEYNES kann der Staat damit seine Bürger so lange stützen, bis die Krise vorbei ist. Dies gelingt nur, wenn die Konsumenten das zusätzliche Geld ausgeben und die Unternehmen investieren. Die Gesamtnachfrage steigt dann nicht nur um den vom Staat investierten Betrag des Konjunkturpaketes, sondern um erheblich mehr.

Die Multiplikatorwirkung macht sich auch der **Staat** zunutze, wenn er die **Investitionstätigkeit** erhöht, um so die Wirtschaft in einem Land anzukurbeln. Mehr dazu und zu JOHN M. KEYNES erfahren Sie im Kapitel „Konjunktur und Wirtschaftswachstum“.

**Beispiel: Investitionstätigkeit des Staates**
Die Regierung gibt für ein neues Autobahnteilstück 100 Millionen Euro aus. Dadurch steigen die Einnahmen der Bauunternehmen und die Nachfrage nach Baumaschinen. Die Baumaschinenhersteller kaufen mehr Rohstoffe usw., dadurch steigt das Volkseinkommen um ein Mehrfaches der ursprünglichen Staatsausgaben. Wie stark der Effekt ausfällt, zeigt der **keynesianische Multiplikator,** der je nach Land unterschiedlich ist. Der Multiplikator wirkt umso stärker, je niedriger die Sparneigung ist, d. h. je mehr Geld ausgegeben wird. Abgeschwächt wird die Wirkung durch Steuern und Importe, da die Teile der zusätzlichen Einkommen, die als Steuern abgeführt werden müssen, nicht konsumiert bzw. investiert werden können. Geldausgaben im Ausland können nicht zur Ankurbelung der Wirtschaft im Inland führen.

### Aufgabenstellungen – „Produktionsfaktor Kapital"

1. Geben Sie an, um welche Investitionsarten es sich bei den folgenden Beispielen handelt.

| Beispiele | Investitionsart |
|---|---|
| a) Die Voestalpine baut am Standort Linz einen Elektrolichtbogenofen mit höherer Leistungsfähigkeit. | |
| b) Die Wiener Straßenmeisterei tauscht ihren alten Fuhrpark an Müllfahrzeugen durch neue Wagen aus. | |
| c) VW möchte ein neues Fertigungsband für die Autoproduktion anschaffen. Dadurch soll eine größere Zahl an Autos pro Tag produziert werden können. | |
| d) Das Handelsunternehmen METRO AG möchte seinen Reservebestand an Handelswaren vergrößern. | |

2. Das Land Niederösterreich investiert in den Neubau von mehreren Spitälern. Erklären Sie an diesem Beispiel die Multiplikatorwirkung.

## 5 Bildung, Know-how, technischer Fortschritt, unternehmerisches Denken

Neben den klassischen Produktionsfaktoren werden heute auch Bildung, Know-how, technischer Fortschritt und unternehmerisches Denken zu den Produktionsfaktoren gezählt.

**Bildung**
**Bildung** ist im volkswirtschaftlichen Sinne der Erwerb jenes Wissens und jener Einstellungen, die den Einzelnen befähigen,
- die allgemeinen Probleme und Hürden des Lebens besser zu bewältigen und
- die wirtschaftlichen Aufgaben besser zu erfüllen.

Die Kosten für außerhäusliche Bildungseinrichtungen hinterlassen ihre statistischen Spuren als Bildungsausgaben, die gerne für Wohlstandsvergleiche genützt werden. Bildung führt nur mittelbar zur Produktion von Gütern, sie ist daher ein – sehr produktiver – Umweg, den man sich erst leisten können muss.

**Bildung,** die im häuslichen Bereich vermittelt wird, ist für die gesamte Volkswirtschaft von grundlegender Bedeutung, wird jedoch nicht zahlenmäßig erfasst und ist daher nicht vergleichbar.

### Know-how

Unter **Know-how** versteht man das auf Forschung und Erfahrung beruhende Wissen, wie man eine Sache praktisch verwirklicht und anwendet.

Der Stand des Know-hows einer Volkswirtschaft lässt sich auch an der **Patentbilanz** erkennen. Österreichs Patentbilanz ist negativ, das heißt, insgesamt werden mehr Patent- und Lizenzgebühren an das Ausland bezahlt als von dort zufließen. Dies hängt auch mit der Möglichkeit großer Unternehmen zusammen, effiziente Grundlagenforschung zu betreiben.

2023 wurden in Österreich rund 15,5 Mrd. Euro für Forschung und Entwicklung (F&E) ausgegeben. Damit beträgt die Forschungsquote, also der Anteil der F&E-Ausgaben am nominellen Bruttoinlandsprodukt, 3,22 %.

### Technischer Fortschritt

Von **technischem Fortschritt** spricht man, wenn eine Erweiterung des technischen Wissens oder eine Verbesserung der Faktorkombination eine Erhöhung des Produktionsniveaus gestattet. Der quantitative Einsatz an Produktionsfaktoren ändert sich nicht.

Recherchieren Sie, wie viel Prozent des BIP in der gesamten EU für F&E ausgegeben wird.

Der technische Fortschritt ruht auf drei Säulen:

- **Erfindungen** sind die Grundlage des Fortschrittes, da sie den Wissensstand erhöhen.
- **Anwendung:** Die rechtliche Anwendungsmöglichkeit von fremden Erfindungen wird durch Lizenzerwerb gestaltet.
- **Nachahmung** führt zum Fortschritt, wenn an sich bekannte Dinge aufgrund der Vorbildwirkung anderer Betriebe, der Beratung oder des Konkurrenzdrucks eingeführt werden. Eine erfolgreiche Erfindung wird so lange imitiert werden, bis die Gewinne des Innovators schrumpfen, sodass die Unternehmen dazu angehalten sind, neue Erfindungen zu tätigen.

### Unternehmerisches Denken (Entrepreneurship)

Unternehmer/Entrepreneure stellen den Motor für Innovationen und Wirtschaftswachstum dar. Sie zeichnen sich durch Initiative und Problemlösungskompetenz aus und sind in der Regel innovativ, risikofreudig und flexibel.

Unternehmerisches Denken ist aber nicht nur für Unternehmer eine Eigenschaft, die im Wirtschaftsleben heute immer wichtiger wird: Auch Führungskräfte und Mitarbeiter/innen sollen darauf bedacht sein, ihre **Tätigkeiten so effizient wie möglich** durchzuführen, sich nicht scheuen, **Eigenverantwortung** zu tragen und **Initiative** zeigen. Zudem spielt dabei ein großes Maß an sozialer Kompetenz eine wichtige Rolle.

Mitarbeiter/innen, die innerhalb eines Unternehmens über unternehmerisches Verhalten verfügen, können für ein Unternehmen einen wertvollen Beitrag leisten. Sie werden auch als **„Intrapreneure"** bezeichnet.

## Aufgabenstellungen – „Bildung, Know-how, technischer Fortschritt, unternehmerisches ..."

1. Recherchieren Sie, wie viel der österreichische Staat im letzten Jahr für Bildung ausgegeben hat.
2. Einige von Ihnen werden nach der Matura ein Studium beginnen. Lesen Sie sich folgenden Text zum Thema Studiengebühren durch.

   In Österreichs Universitäten werden grundsätzlich keine Studiengebühren verlangt. Es gibt allerdings ein paar Ausnahmen: Studierende, welche die Mindeststudienzeit um maximal 2 weitere Semester überschritten haben, müssen dann pro Semester 363,36 EUR bezahlen. Ausländische Studierende aus einem Drittstaat (nicht EU-/EWR-Raum) müssen den doppelten Studienbeitrag in Höhe von 727,72 EUR pro Semester bezahlen.

   Argumentieren Sie, ob der Zugang zu Bildung an Universitäten generell kostenlos sein soll oder nicht.
3. Lesen Sie folgenden Artikel zum Thema „Digitalisierung in der Arbeitswelt" und beantworten Sie die anschließenden Fragen.

### Mehrheit rechnet wegen KI mit Veränderung ihres Jobs

**Ein Drittel sieht die Verwendung von KI als Chance, ebenso viele empfinden die Technologie jedoch gleichzeitig als Bedrohung.**

In der Arbeitswelt bleibt derzeit kein Stein auf dem anderen. Neben anhaltendem Arbeitskräftemangel spielt, getrieben durch die Verbreitung von künstlicher Intelligenz (KI), die Digitalisierung eine immer wichtigere Rolle. Laut einer österreichweiten Befragung der Unternehmensberatung Deloitte unter 500 Angestellten trifft der Einsatz neuer Technologien im Unternehmenskontext zwar grundsätzlich auf Akzeptanz, Ängste halten sich aber dennoch hartnäckig.

Mit 61 Prozent befürwortet der Großteil der Befragten eine ausgewogene Mischung aus menschlicher Interaktion und technologischer Unterstützung. Nichtsdestotrotz geht mit der fortschreitenden Digitalisierung auch Unsicherheit einher: 38 Prozent assoziieren damit etwa den Verlust von Jobs. In den heimischen Unternehmen läuft der digitale Umbruch allerdings schon auf Hochtouren. So nehmen 87 Prozent der Angestellten aktuell eine Zunahme der Investitionen in neue Technologien wahr.

**Bedeutungsgewinn von KI**

Mit der digitalen Revolution hält auch KI Einzug in die Arbeitswelt. Bei immerhin 16 Prozent der Angestellten wird die Technologie zumindest gelegentlich im Unternehmen angewendet. Zum Einsatz kommt sie dabei vor allem bei repetitiven Aufgaben und Automatisierungen (49 Prozent) sowie bei datenbasierten Entscheidungen (34 Prozent).

Jeder Zehnte steht dem Einsatz von künstlicher Intelligenz generell (eher) negativ gegenüber. Um dieser Skepsis entgegenzuwirken, ist eine aktive Auseinandersetzung mit dem Thema sowie die verantwortungsvolle Entwicklung von KI notwendig.

**Digitales Know-how wird Voraussetzung**

Durch den zunehmenden Einsatz technologischer Tools ändern sich auch die Anforderungen an die Kompetenzen der Mitarbeiter/innen. 38 Prozent gaben an, bereits neue Fähigkeiten erlernt zu haben, um mit dem digitalen Wandel Schritt halten zu können.

Künftig sehen drei Viertel vor allem technische Kenntnisse und Fähigkeiten wie Programmierung und Datenanalyse als unbedingt notwendig an. Aber auch kritisches Denken und Problemlösungsfähigkeiten (65 Prozent) sowie Kommunikationsskills und Teamarbeit (58 Prozent) gewinnen an Bedeutung.

*(Quelle: Der Standard, 2023)*

a) Lesen Sie den Artikel durch und überlegen Sie, welche Veränderungen durch Digitalisierung auf dem Arbeitsmarkt zu erwarten sind.

b) Analysieren Sie, was Sie tun können, um sich bestmöglich auf diese Veränderungen vorzubereiten.

c) Versetzen Sie sich in die Lage
- eines Bürgermeisters/einer Bürgermeisterin einer Kleinstadt
- eines Unternehmers/einer Unternehmerin (mittlere Betriebsgröße)
- eines Schuldirektors/einer Schuldirektorin

und nennen Sie jeweils zwei wichtige Maßnahmen, die Sie zur Vorbereitung auf die Zukunft vorschlagen würden.

# 6 Zusammenwirken der Faktoren

*Von Dioxin, einem Umweltgift, das bei der Papiererzeugung als Nebenprodukt ausgestoßen wird, wird befürchtet, dass es das Risiko von Krebserkrankungen erhöht. Jetzt sollte man meinen, dass der „Markt" dieses Problem löst und den Papierhersteller davon abhält, zu viel Dioxin in die Umwelt auszustoßen.*

Wie könnte der Papierhersteller gezwungen werden, den Dioxin-Ausstoß zu verringern?

Für die Erzeugung von Gütern und die Bereitstellung von Dienstleistungen ist es nicht nur wichtig, dass ausreichend Produktionsfaktoren vorhanden sind, sondern dass sie auch sinnvoll kombiniert werden.

Die Produktionsfaktoren wirken dann optimal zusammen, wenn die Veränderung des Faktoreneinsatzes das Produktionsergebnis weder verbessern noch vergrößern kann.

Das mögliche Gesamtprodukt ist nicht einheitlich, sondern ein Güterbündel, dessen Zusammensetzung in einer freien Marktwirtschaft durch das Abstimmen der Wirtschaftspläne vieler einzelner Personen oder Gruppen erfolgt.

**Der Preis bestimmt im Wesentlichen, was, wie viel und in welcher Qualität produziert wird.**

Meist erfolgt die Abstimmung der Wirtschaftspläne über den Preis.

Aktivitäten von Produzenten oder Konsumenten, die Vorteile oder Nachteile (Kosten) verursachen, die im Marktpreis nicht enthalten sind, bezeichnet man als **externe Effekte (Kosten).**

**Exkurs: Externe Effekte**
Der Preis versagt als Regelmechanismus, wenn der Konsument oder Produzent nur einen Teil der Kosten des Gutes trägt, wie dies beispielsweise bei der Entsorgung vieler Problemstoffe vorkommt. Konkret ist dies bei allen Aktivitäten von Konsumenten oder Produzenten der Fall, die zu Kosten oder Vorteilen führen, die aber im Marktpreis nicht berücksichtigt sind.

In diesem Zusammenhang spricht man von **positiven** (bei Vorteilen) bzw. negativen **externen Effekten.**

**Negative externe Effekte,** besonders von umweltschädlicher Produktion, werden beispielsweise oftmals auf die Allgemeinheit überwälzt.

**Zwei Beispiele** für negative externe Effekte:

- Beim Einkaufen wird vom Käufer ein kostenloser Plastiksack verwendet, obwohl der Konsument auf diese Verpackung ohne besondere Schwierigkeiten verzichten könnte – zu Hause stapeln sich bereits genügend Exemplare zukünftigen Mülls.
- Ein Unternehmen produziert Batterien unter starker Belastung der Umwelt. Die Einhaltung der technisch möglichen umweltfreundlichen Produktion würde durch die zusätzlichen Kosten im Unternehmen die Konkurrenzfähigkeit schmälern.

FILM AB!

Ein Video zur Erklärung finden Sie unter www.trauner.at/externe_effekte

Bei beiden Beispielen gelingt es den Umweltverschmutzern, die Kosten der Umweltbelastung auf die Allgemeinheit überzuwälzen, beispielsweise auch auf Personen, die umweltfreundlichere Papiersäcke verwenden. Die Verursacher und direkten Verbraucher müssen durch ihre Entscheidung auf nichts unmittelbar verzichten. Die scheinbare, nicht tatsächlich vorhandene Kostenlosigkeit fördert den unüberlegten Einsatz knapper Mittel.

Details zum Verbot von Plastiksackerln finden Sie in der TRAUNER-DigiBox.

**Externe Effekte** sind Ausdruck eines **Marktungleichgewichts,** da sie Wohlfahrts- und Wachstumsverluste verursachen. Externe Effekte müssen staatlich reguliert werden (z. B. Klimaschutz). Beim ersten Beispiel hat der österreichische Staat reagiert. Seit 2020 gilt ein Verbot für nicht-abbaubare Kunststofftaschen.

## WissensCheck – „Produktionsfaktoren der Volkswirtschaft"

1. Nennen Sie die drei klassischen Produktionsfaktoren der Volkswirtschaft.
2. Beschreiben Sie die Merkmale, die dem Produktionsfaktor „Boden" anhaften.
3. Erklären Sie die Verwendungsformen des Bodens als Anbaufaktor.
4. Erläutern Sie die verschiedenen Formen der Arbeitsteilung.
5. Erklären Sie die Vor- und Nachteile der Arbeitsteilung.
6. Warum kann nach der neoklassischen Beschäftigungstheorie keine Arbeitslosigkeit entstehen? Welcher Faktor wird nicht berücksichtigt?
7. Geben Sie an, ab wann man von Vollbeschäftigung spricht.
8. Nennen Sie ein Beispiel für friktionelle Arbeitslosigkeit.
9. Veranschaulichen Sie kurz die beiden Berechnungsmethoden der Arbeitslosenrate.
10. Definieren Sie den Begriff Erwerbsquote.
11. Erklären Sie die Begriffe „passive" und „aktive" Arbeitsmarktpolitik.
12. Geben Sie die Voraussetzungen für Kapitalbildung an.
13. Führen Sie einige Motive an, die die Menschen zum Sparen veranlassen.
14. Erklären Sie den Begriff „Nettoinvestitionen".
15. Erläutern Sie die Multiplikatorwirkung von Investitionen.
16. Erklären Sie den Begriff „externe Effekte".

## Zusammenfassung – „Produktionsfaktoren der Volkswirtschaft"

Erstellen Sie als Zusammenfassung des Kapitels „Produktionsfaktoren der Volkswirtschaft" eine Concept-Map.

**Hinweis:**

Eine Concept-Map unterscheidet sich von einer Mind-Map dahingehend, dass die Begriffe, die es zu ordnen gilt, nicht dem freien Lauf der Gedanken entspringen, sondern bereits im Kapitel vorkommen.

## Ziele erreicht? – „Produktionsfaktoren der Volkswirtschaft"

KOMPETENZ-ERWERB

1. Auf den Burgenländischen Rübenbauernbund entfallen rund 11 % des österreichischen Rübenanbaus. Der Großteil der geernteten Rüben wird dann an das Unternehmen AGRANA Zuckerfabriken nach Tulln oder Leopoldsdorf gebracht. Dort werden die Rüben zu Zucker weiterverarbeitet. Der hergestellte Zucker wird dann an verschiedene Lebensmittelhändler wie z. B. Spar oder Hofer verkauft. Bestimmen Sie, wie der Faktor Boden bei den Unternehmen zur Güterherstellung verwendet wird.

   Burgenländischer Rübenbauernbund:

   AGRANA Zuckerfabrik:

   Lebensmittelhändler Spar und Hofer:

2. Geben Sie an, welche Produktionsfaktoren für folgende Güter (Sachgüter und Dienstleistungen) in erster Linie benötigt werden.

| Güter | Benötigte/r Produktionsfaktor/en |
|---|---|
| a) Maschinelle Produktion von Glasflaschen | |
| b) Möglichkeit des Getreideanbaus | |
| c) Erstellung von Schulbüchern | |
| d) Ernte von Weintrauben | |
| e) Erfindung einer neuen Trägerrakete zum Mars | |
| f) Reinigung eines Gebäudes durch eine Fachkraft | |

3. Eine Stadt entscheidet sich, 20 km außerhalb der Stadt einen neuen Flughafen zu errichten. Die Kosten tragen je zur Hälfte das Land und der Bund. Angenommen, der Multiplikatoreffekt sei bekannt und würde zwei betragen. Dies bedeutet, dass jeder Arbeitsplatz am neuen Flughafen zwei weitere Arbeitsplätze im Umfeld des Flughafens schafft. Erläutern Sie die Gründe dafür.

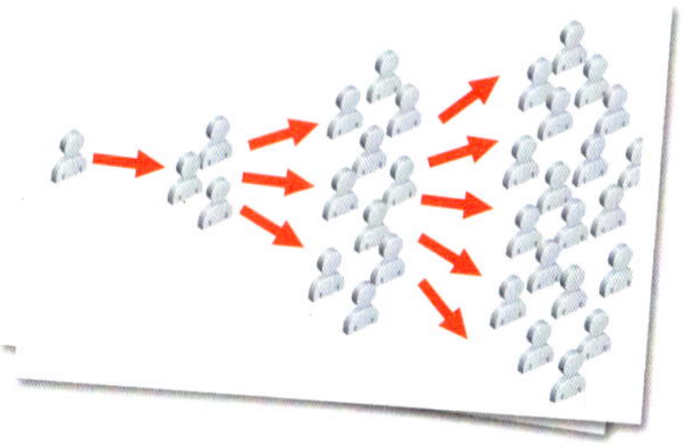

4. Entscheiden Sie, ob folgende Maßnahmen der aktiven oder passiven Arbeitsmarktpolitik zugeordnet werden können.

| Maßnahmen | Aktive Arbeitsmarktpolitik | Passive Arbeitsmarktpolitik |
|---|---|---|
| a) Arbeitslosengeld | | |
| b) Notstandshilfe | | |
| c) Vermehrter Bau von Straßen und Schulen | | |
| d) Steuerliche Vorteile bei Unternehmensgründungen | | |

5. Analysieren Sie, warum Jugendarbeitslosigkeit manchmal als „Zeitbombe" bezeichnet wird.

6. Ein Malereibetrieb bekommt den Auftrag, eine 500 Quadratmeter große Villa innen neu zu streichen. Gehen Sie davon aus, dass die Arbeit am produktivsten gemacht wird, wenn sie von vier Malern getätigt wird.

   a) Erklären Sie mithilfe des Ertragsgesetzes von TURGOT, warum vier Arbeiter für den Gesamtoutput besser sind als einer.

   b) Wie würde sich der Output verändern, wenn stattdessen 30 Arbeiter gleichzeitig die Arbeit machen würden?

7. In diesem Kapitel haben Sie zwei Beispiele für negative externe Effekte kennengelernt. Finden Sie ein Beispiel für positive externe Effekte.

8. Sehen Sie sich folgende Grafiken an:

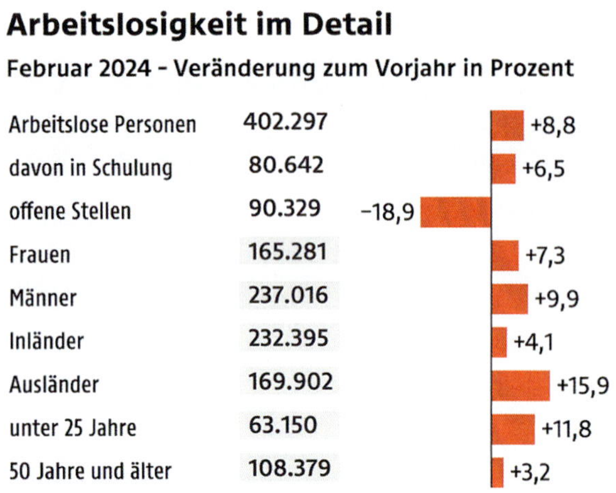


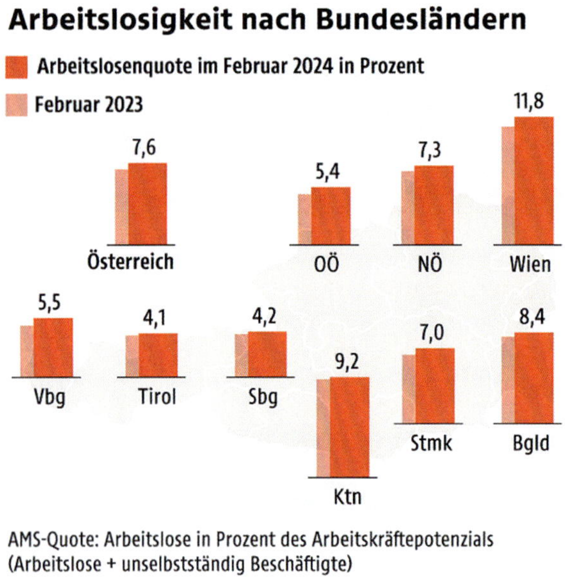


Quelle: AMS, 2024

a) Beantworten Sie anhand der Grafik folgende Fragen:

- Geben Sie an, wie viele Personen im Februar 2024 als arbeitslos gemeldet waren.
- Um wie viel Prozent hat sich die Arbeitslosigkeit im Vergleich zum Vorjahresmonat verändert?
- Innerhalb welcher Gruppe ist die Arbeitslosigkeit besonders stark gestiegen?
- Nennen Sie die drei Bundesländer mit der höchsten Arbeitslosenquote.

b) 80 642 Personen befanden sich im Februar 2024 in einer Schulung. Geben Sie an, um welche Art der Arbeitsmarktpolitik es sich dabei handelt. Begründen Sie Ihre Antwort.

c) Arbeitslose erhalten ein niedrigeres Einkommen als berufstätige Personen. Schildern Sie, wie sich der Zustand der Arbeitslosigkeit auf den Konsum auswirken wird.

9. Die Manner AG mit Sitz in Wien erzeugt Süßwaren. Finden Sie jeweils ein Beispiel für eine

- Erweiterungsinvestition,
- Rationalisierungsinvestition,
- Lagerinvestition und
- Ersatzinvestition.

Einen interaktiven **Safety-Check** finden Sie in der TRAUNER-DigiBox.

# Wirtschaftssysteme und Wirtschaftsordnungen

Eine Power-Point-Präsentation des Kapitels finden Sie in der TRAUNER-DigiBox.

Die österreichische Wirtschaft ist geprägt von den Gedanken des Liberalismus, der die Selbstständigkeit des Individuums und seine Freiheit fordert. Diese Selbstständigkeit und Freiheit ist in Österreich durch Verfassungsrecht (z. B. das Staatsgrundgesetz von 1867) und einzelne Gesetze abgesichert. Diese Grundgedanken sind aber von Staat zu Staat unterschiedlich ausgeprägt, und auch in Österreich werden die Freiheiten durch verschiedene Gesetze beschränkt. Über die unterschiedlichen Wirtschaftsordnungen und -systeme werden Sie im folgenden Kapitel mehr erfahren.

## Meine Ziele

KOMPETENZ-ERWERB

Nach Bearbeitung dieses Kapitels kann ich

- die theoretischen und praktischen Modelle von Wirtschaftssystemen angeben;
- die Merkmale einer freien Marktwirtschaft erklären;
- das System einer Planwirtschaft charakterisieren;
- erkennen, warum es sich beim österreichischen Wirtschaftssystem um eine soziale Marktwirtschaft handelt;
- ableiten, warum sich die Marktwirtschaft als vorherrschendes Wirtschaftssystem gegenüber der Planwirtschaft durchgesetzt hat.

# 1 Freie Marktwirtschaft vs. Planwirtschaft

Können Sie Michaela helfen?
- Was wissen Sie bereits über die freie Marktwirtschaft und die Planwirtschaft?
- Recherchieren Sie im Internet, was eine Sonderwirtschaftszone ist.

*Michaela soll für den Volkswirtschaftsunterricht ein Referat vorbereiten. Thema ist die Gegenüberstellung von freier Marktwirtschaft und Planwirtschaft. Als sie auf einen Zeitungsartikel über China stößt, ist sie verwirrt. In dem Artikel wird darüber berichtet, dass China nach wie vor eine Planwirtschaft ist, in Sonderwirtschaftszonen allerdings die freie Marktwirtschaft praktiziert wird.*

Damit das wirtschaftliche Leben in einer Volkswirtschaft funktionieren kann, sind Regeln notwendig. Die gesamten Regeln ergeben eine Wirtschaftsordnung. Sie ist ein Teil der gesamten gesellschaftlichen Ordnung eines Staates.

In Österreich wird dieser Rahmen beispielsweise in der Bundesverfassung, dem Allgemeinen Bürgerlichen Gesetzbuch (ABGB) oder dem Unternehmensgesetzbuch (UGB) definiert.

Die **Wirtschaftsordnung** ist der **politische und rechtliche Rahmen einer Volkswirtschaft,** innerhalb dessen Wirtschaftssubjekte tätig werden und Wirtschaftsprozesse ablaufen. Der Gesetzgeber legt in Gesetzen fest, welche Möglichkeiten und Spielräume die Wirtschaftsteilnehmer haben.

## Theoretische Grundmodelle

Wirtschaftssysteme = theoretische Ordnungsmodelle mit einheitlichen Koordinationsprinzipien bzw. Strukturmerkmalen.

Die Wirtschaftstheorie kennt zwei Grundmodelle, die in Reinkultur heute aber nirgends zu finden sind. Sie werden als Wirtschaftssysteme bezeichnet:

**Wirtschaftssysteme**
- Freie Marktwirtschaft
- Planwirtschaft (zentrale Verwaltungswirtschaft)

In der Wirtschaftsordnung wird vorgegeben, ob eine Volkswirtschaft nach **marktwirtschaftlichen** oder **planwirtschaftlichen Prinzipien** funktioniert:

| Freie Marktwirtschaft | Planwirtschaft |
|---|---|
| ■ Jeder Wirtschaftsteilnehmer plant dezentral für sich. Er wird sich bei seinen Plänen an der Angebots- und Nachfragesituation auf dem Markt orientieren. | ■ Was und in welcher Menge produziert wird, wird zentral durch eine staatliche Behörde festgelegt. |
| ■ Produkte können frei erworben werden. | ■ Produkte werden zugeteilt. |
| ■ Die Produktionsmittel stehen im Privateigentum. | ■ Die Produktionsmittel sind im Staatseigentum. |
| ■ Der Preis wird durch Angebot und Nachfrage auf dem Markt bestimmt. | ■ Der Preis für Produkte wird staatlich festgesetzt. |
| ■ Betriebe sind gewinnorientiert. | ■ In Betrieben soll nur der vorgegebene Plan erfüllt werden. |

In der TRAUNER-DigiBox finden Sie eine Übung zu den Wirtschaftssystemen.

## Praktische Grundmodelle

In der Praxis gibt es Mischformen, die entweder der freien Marktwirtschaft oder der Planwirtschaft näherstehen. Dazu zählen die **soziale Marktwirtschaft** und die **ökosoziale Marktwirtschaft.**

# 2 Freie Marktwirtschaft

*Zu Beginn des 20. Jahrhunderts war man sich sicher: Mit dem auf den Ideen und Gedanken des Liberalismus beruhenden Wirtschaftssystem, der freien Marktwirtschaft, hat man das Wirtschaftssystem gefunden, das für immerwährende Prosperität sorgt. In einem System, wo nur das Gesetz von Angebot und Nachfrage gilt und wo sich der Staat nicht in die Wirtschaftsabläufe einmischt, wird der Wohlstand der Menschen vermehrt. Die Weltwirtschaftskrise im Jahr 1929 beendete allerdings diese Illusion, dass sich das Angebot selbst die Nachfrage auf dem Markt schaffe. Die Grundgedanken der freien Marktwirtschaft und des Liberalismus sind aber auch heute noch aufrecht.*

Prosperität = Wohlstand, wirtschaftlicher Aufschwung.

Die freie Marktwirtschaft fordert das **Eigentum** als wesentliche Voraussetzung zur Wahrung privater Freiheit. Jedem Einzelnen werden Selbstverantwortung und volle Handlungs- und Entscheidungsfreiheit eingeräumt.

Die Haushalte entscheiden frei über ihren Arbeitsplatz und die Verwendung ihres Einkommens. Jeder kann am Wirtschaftsprozess teilnehmen, wenn er möchte. Der gesetzliche Rahmen muss natürlich beachtet werden. Die Produktion und Preisbildung erfolgen aufgrund von Angebot und Nachfrage auf den verschiedenen Märkten.

Nur wenn Unternehmer auch Eigentümer, z. B. der Maschinen, Anlagen, Transportmittel und des Bodens, sind, haben sie die Freiheit, über den Einsatz dieser Güter zu entscheiden.

Jedem Unternehmer muss der freie Zugang zu den Märkten möglich sein. Eine staatliche Bedarfsprüfung bei der Gründung eines Unternehmens würde die Gewerbefreiheit einschränken.

Jeder muss das Recht haben, nach freiem Ermessen Verträge abzuschließen, mit der Sicherheit, dass ihn der Staat bei der Wahrung seiner Rechte unterstützt.

Wie dem Unternehmer Gewerbefreiheit zusteht, muss der/die Arbeitnehmer/in seinen/ihren Arbeitsplatz frei wählen können.

Was wissen Sie bereits, z. B. aus dem Gegenstand „Geschichte“, über die Weltwirtschaftskrise von 1929? Welche Folgen zog die Krise nach sich?

Der **Staat** sorgt in der freien Marktwirtschaft nur für den Schutz und die Sicherheit der Bürger und ihres Eigentums. Außerdem stellt er Zahlungsmittel und ein funktionierendes Rechtssystem bereit. Ansonsten enthält er sich der Einflussnahme auf die Wirtschaft.

Welcher Staat ist ein typisches Beispiel für eine freie Marktwirtschaft?

Die Marktwirtschaft kann von verschiedenen Standpunkten aus betrachtet werden, sie hat Vor-, aber auch Nachteile:

| Vorteile | Nachteile |
|---|---|
| ■ Freiheit und Eigenverantwortung<br>■ Selbstverwirklichungsmöglichkeit<br>■ Hoher Leistungsanreiz<br>■ Privateigentum ermöglicht Vermögensaufbau<br>■ Machtstreuung | ■ Ungleiche Einkommens- und Vermögensverteilung<br>■ Großer Leistungsdruck<br>■ Konjunkturanfälligkeit<br>■ Geringe Preisstabilität<br>■ Gefahr wirtschaftlicher Konzentration (multinationale Konzerne) |

Große Unterschiede in der Einkommens- und Vermögensverteilung können zu sozialen Spannungen führen.

Um die Nachteile des freien Wettbewerbs abzufedern, tritt die freie Marktwirtschaft heute vor allem in zwei abgemilderten Formen auf: die soziale und ökosoziale Marktwirtschaft.

# 3 Soziale und ökosoziale Marktwirtschaft

In einer **sozialen Marktwirtschaft** versucht man, die Nachteile des freien Wettbewerbs mit der **Idee der sozialen Gerechtigkeit** zu verbinden.

Die Merkmale der freien Marktwirtschaft sind weitgehend aufrecht. Dort allerdings, wo die Marktwirtschaft zu sozial nicht vertretbaren Härten führt, hat der Staat prinzipiell die Aufgabe, in das Wirtschaftsgeschehen korrigierend einzugreifen.

Insgesamt gesehen dürfen die staatlichen Eingriffe jedoch das Funktionieren des marktwirtschaftlichen Prozesses nicht verhindern.

Folgende Merkmale sind für die soziale Marktwirtschaft charakteristisch und ergänzen die freie Marktwirtschaft:

Näheres zur Einkommensverteilung erfahren Sie im Kapitel „Einkommensverteilung und -umverteilung“.

Monopolkontrolle und Kartellgesetzgebung ordnen den Wettbewerb der am Wirtschaftsprozess beteiligten Personen. Versagt der Wettbewerb, muss der Staat eingreifen.

**Kontrollierter Wettbewerb**

Die Einkommensverteilung ist ungleichmäßig. Durch progressive Einkommensbesteuerung werden hohe Einkommen stärker und geringe Einkommen schwächer besteuert.

**Einkommensumverteilung**

SOZIALE MARKTWIRTSCHAFT

**Gerechte Arbeitsverhältnisse**

Mitbestimmung im Arbeits- und Tarifrecht gewährleistet in sozialen und wirtschaftlichen Belangen den gesellschaftlichen Ausgleich zwischen Arbeitgebern und Arbeitnehmern.

**Soziale Sicherheit**

Durch Grundversorgung bei Krankheit, Unfall, Arbeitslosigkeit und Alter sollen Daseinsrisiken gemildert werden. Diesem Zweck dient die staatliche Sozialversicherung.

Bei der **ökosozialen Marktwirtschaft** trifft der Staat auch Maßnahmen zum Schutz der Umwelt. Neben der marktwirtschaftlichen und sozialen Komponente wird dabei darauf geachtet, dass nachhaltige Entwicklungen eingeleitet werden. Neben Gesetzen und Verboten (z. B. im Bereich Wasserschutz) wird versucht, den Umweltschutzgedanken durch marktwirtschaftliche Prozesse zu stärken.

Einen spannenden Artikel zur ökosozialen Marktwirtschaft finden Sie in der TRAUNER-DigiBox.

## 3.1 Gestaltungsfunktionen des Staates in der sozialen Marktwirtschaft

Der Fokus staatlicher Eingriffe liegt im wirtschaftspolitischen und sozialpolitischen Bereich. Dabei übernimmt der Staat drei Hauptaufgaben: **Allokation, Distribution** und **Stabilisierung**.

**Funktionen des Staates**

**Allokationsfunktion**

**Bereitstellung öffentlicher Güter**

Aufgabe des Staates ist es, in bestimmten Bereichen für die Güterbereitstellung zu sorgen. Denn bei manchen Gütern kann es zu einem Marktversagen kommen. Insbesondere dann, wenn das Gut nur mit enormen Investitionskosten hergestellt werden kann und gleichzeitig nur geringe Renditen möglich sind. Beispiele dafür sind:

- Öffentlicher Straßenbau
- Öffentliches Gesundheitswesen
- Innere und äußere Sicherheit
- Bildung
- Energieversorgung
- Öffentlicher Verkehr

**Verteilungsfunktion**

**Sozial gerechte Umverteilung**

Der Staat sorgt für einen sozialen Einkommensausgleich. Ziel ist es, allen Menschen ein „gerechtes“ und „angemessenes“ wirtschaftliches Auskommen zu sichern.

Für wirtschaftlich und bildungsmäßig benachteiligte Menschen werden in Österreich im Rahmen der Sozialpolitik Maßnahmen getroffen, z. B. Transferleistungen, aktive Arbeitsmarktpolitik, sozialer Wohnungsbau, kostenlose Aus- und Weiterbildung.

**Stabilisierungsfunktion**

**Einfluss auf den Wirtschaftsablauf**

Eingriffe des Staatssektors in den Wirtschaftsprozess, um konjunkturelle Schwankungen auszugleichen.

Allokation (allg.) = die Zuordnung von beschränkten Ressourcen zu potenziellen Verwendern.

Wie viele der genannten Aufgaben der Staat übernehmen soll, liegt im gesellschaftspolitischen Auftrag des Staates.

Transferleistungen (-zahlungen) = Geld- oder Sachleistungen, die jemand erhält, ohne eine direkte Gegenleistung erbringen zu müssen, z. B. Notstandshilfe, Kindergeld.

## 3.2 Soziale Marktwirtschaft in Österreich

In der zweiten Hälfte des 20. Jahrhunderts kam es in Österreich zu einer starken Ausprägung dieser Wirtschaftsform. Interessenvertreter der Arbeitnehmer und Arbeitgeber übten – im internationalen Vergleich – überdurchschnittlich hohen Einfluss auf Parlament und Regierung aus.

In der Arbeitsmarktpolitik bedurfte es der Zusammenarbeit zwischen den Interessenorganisationen, der Regierung und den Parteien – in der Sozialversicherung auch zwischen den Ländervertretern und den Sozialversicherungseinrichtungen. Das Ergebnis dieser Kooperation war der Wohlfahrtsstaat Österreich, entstanden durch Marktwirtschaft mit staatlicher Globalsteuerung.

Mehr über die Interessenvertretungen erfahren Sie im Kapitel „Träger der Wirtschafts- und Sozialpolitik – die Sozialpartner“.

Durch den österreichischen Wohlfahrtsstaat wurde die soziale Sicherheit der Bevölkerung enorm erhöht

Die Entwicklung zum Sozialstaat lässt sich u. a. an den Sozialausgaben nachvollziehen. Die **Sozialausgaben** des Staates beinhalten u. a. Ausgaben für
- Krankheiten, Gesundheitsvorsorge und Invalidität,
- Alter und Hinterbliebene,
- Familien und Kinder,
- Folgen der Arbeitslosigkeit,
- Wohnen,
- Vermeidung sozialer Ausgrenzung.

**Beispiele für soziale Maßnahmen in Österreich:**
- Not leidende Menschen erhalten staatliche Geldleistungen (z. B. Notstandshilfe).
- Die ärztliche Grundversorgung ist auch für Mittellose gesichert (gesetzliche Sozialversicherung).
- Schüler erhalten Freifahrt und Schulbeihilfen, die Schulbücher bekommen Sie gratis zur Verfügung gestellt.
- Der Staat fördert Berufsausbildungsprogramme und die Schaffung von Arbeitsplätzen.

Sozialquote = der prozentuelle Anteil der Sozialausgaben des Staates am Bruttoinlandsprodukt.

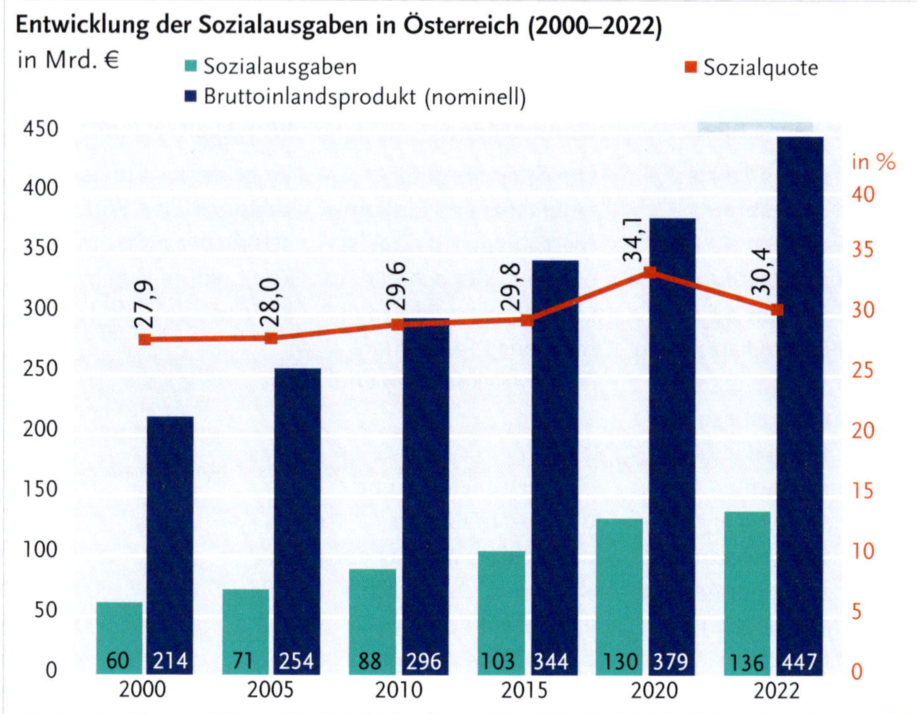

Quelle: Statistik Austria, 2023

## Aufgabenstellungen – „Freie Markwirtschaft", „Soziale und ökosoziale Marktwirtschaft"

**1.** Kreuzen Sie an, welche Funktion des Staates auf folgende Beispiele zutrifft.

| Beispiele | Allokations-funktion | Verteilungs-funktion | Stabilisierungs-funktion |
|---|---|---|---|
| a) Der Wirtschaft eines Landes geht es nicht gut. Der Staat schnürt ein „Konjunkturpaket", mithilfe dessen die Wirtschaft wieder angekurbelt werden soll. | | | |
| b) Um einen möglichst effizienten Straßenverkehr zu gewährleisten, werden jährlich viele Kilometer an Autobahnen saniert und neu gebaut. | | | |
| c) Durch die progressive Besteuerung von Einkommen zahlen Besserverdienende mehr Steuern als Personen mit einem geringen Einkommen. | | | |
| d) Der Staat gewährt in Abhängigkeit vom Einkommen Zuschüsse zum Wohnungsbau: je höher das Einkommen, umso niedriger der Zuschuss (Schlagwort: sozialer Wohnungsbau). | | | |
| e) Eine Bank wird in einer Wirtschaftskrise verstaatlicht. | | | |
| f) Der Staat greift auf Rücklagen zurück, um das Geld in das Schulwesen zu investieren. | | | |

2. Recherchieren Sie im Internet und nennen Sie zwei Beispiele, wie der Staat versucht, im Rahmen der ökosozialen Marktwirtschaft die Umwelt zu schützen.
3. Recherchieren Sie abermals im Internet, z. B. auf der Website der WKO: Welche europäischen Länder haben eine hohe und welche eine niedrige Sozialquote?
4. Ein Nachteil der freien Marktwirtschaft ist die ungleiche Einkommensverteilung. Überlegen Sie, wie diese entsteht und weshalb sie überhaupt als Nachteil angesehen wird. Diskutieren Sie auch über mögliche Vorteile beziehungsweise Profiteure der freien Marktwirtschaft.

# 4 Planwirtschaft (zentrale Verwaltungswirtschaft)

*Der Weltwirtschaftskrise ab 1929 wurde mit verschiedenen wirtschaftspolitischen Antworten begegnet. In den USA und Großbritannien war das zunächst der Keynesianismus, in der Sowjetunion kam es unter Stalins Herrschaft zur Entwicklung einer zentralen Verwaltungswirtschaft. Diese dehnte sich nach dem Ende des Zweiten Weltkriegs auch auf andere Länder (z. B. Osteuropa, China) aus.*

Mehr zum Keynesianismus erfahren Sie im Kapitel „Konjunktur und Wirtschaftswachstum".

In einer Planwirtschaft (zentralen Verwaltungswirtschaft) erfolgt die **Koordination der Wirtschaftsvorhaben über einen zentralen Plan.** Dieser wird von der Staatsverwaltung erstellt. Darin werden der Wirtschaftsablauf und die Produktion der Unternehmen genau geplant. Berufe und Arbeitsplätze werden ebenfalls darauf abgestimmt. Auch die Verteilung der Güter wird zentral geplant.

Das Modell der zentralen Verwaltungswirtschaft nach Karl Marx und Friedrich Engels hatte das Ziel, das kapitalistische System zu überwinden.

Die Planwirtschaft hat allerdings stark an Bedeutung verloren. Ursache dafür ist das Ende des Kommunismus in vielen Ländern, z. B. in der Sowjetunion. In den ehemaligen Satellitenstaaten der Sowjetunion (z. B. Tschechien, Ungarn, Polen) entwickelten sich marktwirtschaftliche Strukturen.

Gegenwärtig versucht auch die Volksrepublik China ihr striktes planwirtschaftliches System um marktwirtschaftliche Elemente zu erweitern. Dennoch ist China noch in der Hand der dortigen kommunistischen Partei.

| Vorteile | Nachteile |
|---|---|
| ■ Das Gemeinwohl wird stärker berücksichtigt<br>■ Hohes Beschäftigungsniveau<br>■ Existenzielle Bedürfnisse werden preisgünstig befriedigt<br>■ Höhere Preisstabilität | ■ Zwang zur Planerfüllung<br>■ Kein Privateigentum an Produktionsmitteln<br>■ Individuelle Wünsche werden kaum berücksichtigt<br>■ Eigenverantwortung fehlt<br>■ Selbstinteresse und damit Motivation sind gering<br>■ Keine politische Freiheit |

In der folgenden Abbildung sind die wichtigsten Merkmale der Planwirtschaft dargestellt:

Volkswirtschaften, die vom planwirtschaftlichen aufs marktwirtschaftliche System umsteigen, werden als **Transformationswirtschaften** bezeichnet.

Der Zusammenhang zwischen Planwirtschaft und wirtschaftlicher sowie politischer Unfreiheit wurde vom österreichischen Ökonomen FRIEDRICH HAYEK besonders betont.

**PLANWIRTSCHAFT**

**Zentrale Planung, Leitung und Kontrolle**
Staatliche Wirtschaftsfunktionäre planen und leiten die Güterproduktion und kontrollieren den Wirtschaftsablauf.

**Herrschaftsmonopol der Partei**
Der Staat wird von einer großen Einheitspartei kontrolliert, Parteifunktionäre besetzen die Schaltstellen des Staates.

**Kollektiveigentum an den Produktionsmitteln**
Es gibt Eigentum an persönlichen Sachen, nicht aber an Produktionsmitteln, wie Fabriken, technischen Anlagen, Grund und Boden.

**Planerfüllungsprinzip**
Alle Werktätigen sind aufgerufen, den Wirtschaftsplan zu erfüllen.

**Keine Autonomie der Wirtschaftssubjekte**
Die Menschen sind dem Gesamtwohl des Staates verpflichtet, es gibt keine freie Entscheidung über die persönliche Teilnahme am Wirtschaftsprozess.

**Behördliche Preisfestsetzung**
Der Staat bestimmt den Preis der Güter.

## Aufgabenstellungen – „Planwirtschaft"

1. Erklären Sie, was sich in Österreich ändern würde, wenn eine Planwirtschaft eingeführt werden würde.
2. Lesen Sie sich das Zitat des Ökonomen FRIEDRICH HAYEK zum Thema Planwirtschaft durch und analysieren Sie, was HAYEK als Grundproblem der Planwirtschaft ansieht.

*In einer modernen Gesellschaft hat der Mensch keine andere Wahl, als sich entweder an die für ihn blind erscheinenden Kräfte des Marktes anzupassen oder den Anordnungen eines Übergeordneten zu gehorchen. Solange er nur die harte Schule des Marktes kennt, wird er vielleicht denken, dass die Leitung durch einen anderen vernünftigen Kopf besser wäre. Aber wenn es zum Versuch kommt, entdeckt er bald, dass ihm der Markt immer noch einige Wahlmöglichkeiten lässt, während ihm die Planwirtschaft gar keine lässt. Der Mensch merkt, dass es besser ist, die Wahl zwischen verschiedenen unangenehmen Möglichkeiten zu haben, als zu einer von ihnen gezwungen zu werden.*

3. China ist ein kommunistisches Land. Kommunistische Länder haben traditionell das System der Planwirtschaft. Dennoch ist China in den letzten Jahrzehnten wirtschaftlich enorm gewachsen. Informieren Sie sich über die aktuelle Wirtschaftslage in China unter www.wko.at (Suchwort: Länderprofil China) und auf anderen Websites und erstellen Sie eine Übersicht.

## WissensCheck – „Wirtschaftssysteme und Wirtschaftsordnungen"

1. Erläutern Sie den Unterschied zwischen Wirtschaftsordnung und Wirtschaftssystem.
2. Nennen Sie die theoretischen Grundmodelle von Wirtschaftssystemen.
3. Bennennen Sie die Form der Marktwirtschaft, die in Österreich vorherrscht.
4. Zählen Sie drei Merkmale auf, die die freie Marktwirtschaft auszeichnen.
5. Verdeutlichen Sie, wodurch sich die soziale von der freien Marktwirtschaft unterscheidet.
6. Nennen Sie drei Merkmale, die typisch für die Planwirtschaft sind.
7. Identifizieren Sie die drei Hauptaufgaben, die ein Staat in einer sozialen Marktwirtschaft übernimmt.

## Zusammenfassung – „Wirtschaftssysteme und Wirtschaftsordnungen"

Speichern Sie nun das wesentliche Wissen des Kapitels „Wirtschaftssysteme und Wirtschaftsordnungen" in Ihrem Kopf ab. Erstellen Sie dazu eine Zusammenfassung, indem Sie

1. eine übersichtliche Struktur (Tabelle) oder
2. eine Mindmap anfertigen.

**Tipp:** Nur eine selbst erstellte Zusammenfassung ist eine gute Zusammenfassung.

## Ziele erreicht? – „Wirtschaftssysteme und Wirtschaftsordnungen"

KOMPETENZ-ERWERB

1. Die Marktwirtschaft in Österreich wird als ökosoziale Marktwirtschaft bezeichnet.
   a) Welche Freiheiten bestehen in Österreich, die typisch für eine Marktwirtschaft sind?
   b) Finden Sie Gründe, warum es Einschränkungen dieser Freiheiten gibt.
2. In der Zeitung „Die Zeit" erschien im Jahr 1978 folgender Artikel über Verbraucherwünsche und Planung in der DDR. Lesen Sie dieses zeitgeschichtliche Dokument und beantworten Sie anschließend die unten stehenden Fragen.

### „Wir produzieren keinen Überfluss"

**Auf dem mühsamen Weg durch die Bürokratie bleiben Verbraucherwünsche oft auf der Strecke**

„Haben Sie keine Fahrräder?", fragt ein Mann in einem Möbelgeschäft. „Da sind Sie bei uns verkehrt", antwortet ihm die Verkäuferin, „keine Fahrräder gibt es nebenan, bei uns gibt es keine Möbel." Der Witz ist ein Dauerbrenner in der DDR, weil er die Problematik der Planwirtschaft so anschaulich beschreibt. „Es ist eben ein schwieriges Problem, den Bedarf der Bevölkerung zeit- und bedarfsgerecht zu decken. Wir können es noch nicht überall lösen", geben auch Professor Scholl und Dr. Montag von der Staatlichen Planungskommission zu.

Die Auskunft leuchtet ein, denn mühsam geht der Plan seinen sozialistischen Gang durch die Institutionen: Zweimal von der Plankommission in Ost-Berlin über die Ministerien, die Räte der Bezirke, die VVBs (Vereinigung Volkseigener Betriebe) und Kombinate bis zu den Betrieben und dort zu den einzelnen Brigaden – und wieder zurück. […] Die Staatliche Auflage aber ist bereits Gesetz.

Das alles klingt demokratisch. Doch schon die Tatsache, dass der Plan oben seinen Anfang nimmt, macht den westlichen Betrachter stutzig. „Die bürokratisch-zentralistische Form der Planung", schreibt Rudolf Bahro […], „bei der die Spitze von unten vorzugsweise nur passive Ist-Information und ‚Fragen' entgegennimmt, während sie aktive Soll-Informationen abgibt, prägt den Mechanismus der ‚Auftragserteilung' an die Individuen. Die Menschen haben vom Prinzip her nicht selbst Aufgaben zu suchen, Probleme zu erkennen und aufzugreifen, sondern sie werden ihnen verpflichtend zugewiesen." Dr. Montag von der Plankommission räumt ein: „Es gibt im Sozialismus auch Bürokratismus", sagt er. „Aber gegen den sind wir. Wir wollen keine zentrale Befehlsverwaltung sein."

Die Plankommission stellt also zunächst die Staatliche Aufgabe. Im Falle des Petrochemischen Kombinats Schwedt, einem Erdöl verarbeitenden Betrieb, geht die Staatliche Aufgabe zum Ministerium für chemische Industrie, wird dort auf die einzelnen unterstellten VVBs und Kombinate aufgeteilt, also auch an das Kombinat in Schwedt. Hier wieder an die verschiedenen Betriebe, auch an den für mich zwecks Erklärung ausgewählten Teilbereich, die Parex-Anlage, in der Normalparaffin hergestellt wird […]. Dr. Montag sieht in dem Verfahren einen Vorteil: „Wir produzieren keinen Überfluss." Wenn die Staatliche Aufgabe zu den Arbeitern in der Parex-Anlage gelangt, heißt es: „Die Regierung erwartet von euch, dass ihr im nächsten Jahr so und so viel Tonnen Normalparaffin produziert." […] Wird der Plan erfüllt, gibt es 20 Prozent mehr Geld. Wettbewerbe – im Augenblick ist es die Vorbereitung auf den 30. Jahrestag der DDR – sollen zu Übererfüllung anfeuern. Montag: „Es hängt viel vom Einzelnen ab. Bei uns aber fliegt keiner raus, wenn er nicht ganz so gut arbeitet. Das ist ein Problem."

Die Staatliche Aufgabe wird im Kombinat etwa fünf Wochen lang diskutiert. Siegfried Kipp, Direktor für Ökonomie im Kombinat, erklärt: „88 Prozent der Belegschaft nehmen daran teil, bei 8 000 Werktätigen gab es 1 451 Vorschläge zur Verbesserung des Plans." Dabei geht es nicht nur um Produktionssteigerung, sondern auch um Materialeinsparung oder Arbeitsbedingungen; denn alles ist geplant: Rohstoffverbrauch, Arbeitsnorm, Prämienfonds, Arbeitskräfteeinsatz, Senkung des Krankheitsstandes, Qualifizierung, Lohnzuwachs, Aufgaben auf dem Gebiet des Umweltschutzes.

Auf dem Weg zurück nach oben wird der Planentwurf auf jeder Stufe verteidigt: in der Abteilung und der Hauptabteilung, bei der Direktion und im Betrieb, im Kombinat und im Ministerium und schließlich in der Plankommission. Nach erfolgreicher Verteidigung im Kombinat wird er in der Vollversammlung der Gewerkschaftsvertrauensleute bestätigt, um dann via Ministerium weiterzuklettern. […] Schließlich wird der Plan von der Volkskammer verabschiedet. Es sind inzwischen acht Monate vergangen …

[…] „Von einem Betrieb wird erwartet, dass er seinen Plan erfüllt", erklärt Montag, „falsch wäre es zu sagen: Gut, das machen wir, obwohl jeder weiß, dass es nicht zu schaffen ist. Dann muss der Plan später korrigiert werden. Der Plan heißt doch Kampfprogramm, aber die Leute dazu zu erziehen, dass sie da mutig einstehen, das ist manchmal schwer."

Ist das der Grund, warum es immer wieder bestimmte Produkte nicht gibt? Ein harmloses Beispiel: Zigarrenabschneider. „Vielleicht hat ein kleiner Betrieb sie hergestellt", überlegt Montag, „bis der Zigarrenverbrauch zurückging, die Produktion uninteressant wurde, er auf etwas anderes umstellte. Die Plankommission hätte unterrichtet werden müssen, um diese Lücke zu schließen, aber vermutlich ist die Information unterwegs hängen geblieben."

Muss für Planwirtschaft nicht eine schnelle Reaktion auf Käuferwünsche schwierig sein? Die Herren der Plankommission erinnern sich an die Zeit, als Strumpfhosen in Mode kamen: „Wir hatten drei Millionen Stück für ein Jahr geplant, aber dann dachten wir, wir können mit unserer Planung einpacken – plötzlich wollten offenbar sämtliche Frauen der DDR nur noch Strumpfhosen!"

Eine andere Schwierigkeit sind die unterschiedlichen Interessen von Betrieb und Handel: „Da produziert zum Beispiel ein Betrieb einen Pullover, der hat keine Taschen, keine Knöpfe, ist schön schlicht zwei rechts, zwei links gestrickt. Der Betrieb sagt zum Handel: Kauft möglichst 100 000 Stück, mit dem Pullover können wir unsere Produktivität erhöhen, weil er einfach und preiswert herzustellen ist. Doch der Handel braucht modische Sachen." […]

Dr. Montag meint philosophisch: „Der Weg zum Kommunismus ist kein kurzer, sondern ein langer Weg. Wir haben auch mal gedacht: Lieber weniger Autos und dafür andere Sachen, die wichtiger sind. Aber so weit sind wir noch nicht. Wir könnten heute beispielsweise das Zigarettenrauchen verbieten – sicher würden uns ein paar Tausend zujubeln. Und all die anderen …?"

*Quelle: Marlies Menge, DIE ZEIT, 31. 3. 1978, Nr. 14*

**a)** Fassen Sie den Artikel in wenigen Sätzen zusammen. Was sind die Vorteile, was die Probleme in einer Planwirtschaft bei der Planung bzw. Produktion von Gütern?

**b)** Warum denken Sie, hat sich in den meisten Staaten der Welt schlussendlich die Marktwirtschaft gegenüber der Planwirtschaft als vorherrschendes Wirtschaftssystem durchgesetzt?

**c)** Was wissen Sie aus anderen Gegenständen (z. B. Geschichte) über die Zeit in der DDR oder in anderen Planwirtschaften (z. B. in der Sowjetunion)? Diskutieren Sie mit Ihren Mitschülerinnen und Mitschülern.

**3.** Gemäß einer Umfrage von 2017 stehen viele Österreicher/innen der sozialen Marktwirtschaft in ihrem Land skeptisch gegenüber. So gaben nur 33 % der Befragten an, dass diese so fortgesetzt werden sollte, wie sie zurzeit ist. Für viele stehen Nachhaltigkeit, Soziales und Umwelt vermehrt im Mittelpunkt. Wie könnte eine neue Wirtschaftsordnung aussehen? – lassen Sie Ihrer Kreativität freien Lauf!

**4.** Für zahlreiche US-Amerikaner/innen ist Sozialpolitik wie etwa staatliche Sozialversicherungen ein Schreckgespenst, weil sie als Eingriff in die persönliche Freiheit gesehen wird. So möchten sich viele vom Staat nicht vorschreiben lassen, ob und wie sie sich versichern lassen. Wie sehen Sie das? Versuchen Sie, Argumente zu sammeln, mit denen Sie jemanden von Ihrem Standpunkt überzeugen können.

**5.** Wirtschaftssysteme bzw. Wirtschaftsordnungen sind nicht nur ein volkswirtschaftliches Thema, sondern auch und vor allem ein politisches: inwiefern? Erkennen Sie in den Programmen der unterschiedlichen Parteien in Österreich Tendenzen in die eine oder andere Richtung?

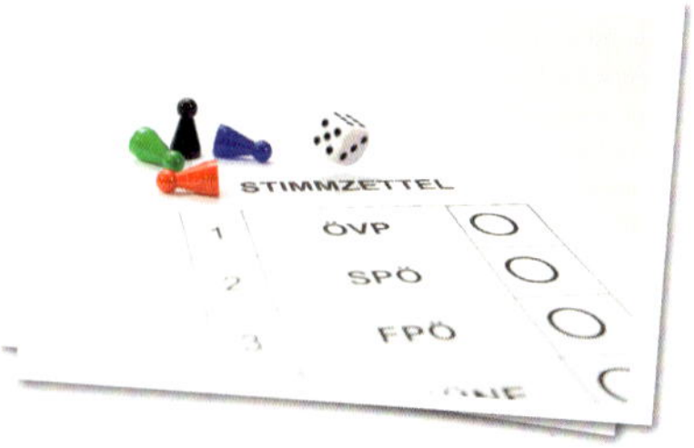


**6.** Geben Sie an, auf welches Wirtschaftssystem die jeweilige Beschreibung zutrifft.

| Beispiele | Wirtschaftssystem |
|---|---|
| a) Jeder Wirtschaftsteilnehmer ist grundsätzlich für sich selbst verantwortlich. Damit jedoch keine zu großen Einkommensunterschiede entstehen, greift der Staat mit einer progressiven Einkommensverteilung ein. | |
| b) Angebot und Nachfrage in einer Volkswirtschaft werden von einer zentralen Behörde im Vorfeld festgelegt. Die Produktionsmittel sind zumeist in Staatsbesitz. | |
| c) Es herrscht Privateigentum an Produktionsmitteln. Die Preise der Güter sind Marktpreise. Freiheit und Eigenverantwortung stehen an erster Stelle. | |
| d) Der Staat sorgt nicht nur für Vertragsfreiheit, sondern auch für ein ausgewogenes System der sozialen Sicherheit, z. B. durch das System der Sozialversicherung. | |

7. Lesen Sie nachstehenden Zeitungsartikel genau durch und beantworten Sie dann die anschließenden Fragen.

## "New York Times"-App entfernt. Apple beugt sich Chinas Zensur

**Leser in China finden die "New York Times" nicht mehr über den Apple-Store. Der Konzern löschte die App der wichtigsten US-Tageszeitung auf Verlangen chinesischer Behörden - ohne genaue Angabe von Gründen.**

Seit Jahren blockiert die chinesische Regierung Webseiten der "New York Times", entsprechend mehr Nutzer wichen auf die englisch- und chinesischsprachigen Nachrichten-Apps der US-Zeitung aus. Doch auch das wird nun extrem schwierig, denn Apple hat die Apps in China auf Gesuch der Behörden aus seinem App Store entfernt.

Das Anliegen der Behörden sei „Teil eines breiter angelegten Versuchs, Leser in China am Zugang zur unabhängigen Berichterstattung der 'New York Times' über dieses Land zu hindern", teilte die Zeitung mit. Man habe Apple gebeten, den am 23. Dezember vorgenommenen Schritt zu überdenken.

Ein Apple-Sprecher sagte, sein Unternehmen sei darüber informiert worden, dass die App gegen „lokale Vorschriften" verstoße.

Die chinesische Regierung hatte 2012 damit begonnen, die Internetseiten der "New York Times" zu blockieren. Zuvor hatte diese mehrere Artikel veröffentlicht, in denen es um den Reichtum ging, den die Familie des damaligen Ministerpräsidenten Wen Jiabao angehäuft haben soll.

*max/Reuters (Auszug), www.spiegel.de, 01/2017*

**a)** Fassen Sie den Artikel in eigenen Worten zusammen.

**b)** Beschreiben Sie die Gefahr, die vor allem aus demokratiepolitischer Sicht von Ländern mit planwirtschaftlichen Elementen wie China ausgeht.

Einen interaktiven **Safety-Check** finden Sie in der TRAUNER-DigiBox.

# Markt und Preis

Eine Power-Point-Präsentation des Kapitels finden Sie in der TRAUNER-DigiBox.

Auf einem Markt treffen Anbieter auf Nachfrager. Doch wer bekommt die Waren, die von den Produzenten angeboten werden? Nicht der, der das stärkste Bedürfnis hat oder der am besten begründen kann, warum er dieses Gut am dringendsten benötigt. Es bekommen diejenigen etwas, die bereit und in der Lage sind, dafür einen Preis zu bezahlen. Doch wie hoch darf dieser Preis sein, damit die Kunden noch etwas kaufen? Wovon hängt die Nachfrage ab und wie ändert sie sich, wenn der Preis verändert wird? Auf alle diese Fragen bekommen Sie im folgenden Kapitel eine Antwort.

KOMPETENZ-ERWERB

## Meine Ziele

Nach Bearbeitung dieses Kapitels kann ich

- ableiten, um welche Marktformen es sich bei welchen Märkten handelt;
- das 1. Gossen'sche Gesetz auf ein reales Beispiel übertragen;
- erklären, wie Preise zustande kommen;
- entscheiden, ob bei Produkten eher eine preiselastische oder preisunelastische Nachfrage vorherrscht;
- den Begriff der Kreuzpreiselastizität erläutern und auf reale Beispiele umlegen;
- reale Märkte anhand verschiedener Kriterien analysieren.

# 1 Marktlehre

*Wenn Österreich im Sommer von einer Kältewelle heimgesucht wird, steigt die Nachfrage nach Hotelzimmern in gewissen Orten an der Adria. Kommt es im Nahen Osten zu kriegerischen Handlungen, steigen die Benzinpreise in Europa und die Nachfrage nach Autos mit hohem Treibstoffverbrauch sinkt. Beide Beispiele zeigen das Wirken von Angebot und Nachfrage. Immer wenn man Auswirkungen von Ereignissen und Maßnahmen auf die Volkswirtschaft wissen will, muss man sich Gedanken machen, wovon Angebot und Nachfrage eigentlich beeinflusst werden.*

Nennen Sie mögliche Bestimmungsfaktoren, die Angebot bzw. Nachfrage beeinflussen.

Ein **Markt** liegt vor, wenn Nachfrager und Anbieter zusammentreffen und in wirtschaftliche Beziehung treten.

Der Leistungsaustausch kann **direkt** (die Parteien sind körperlich anwesend) oder **vermittelt** (durch Nutzung von Medien, wie z. B. Zeitungen, Computer, Telefon) usw.) stattfinden.

Der Wochenmarkt ist ebenso ein Markt ...

... wie der Einkauf im Internet.

## 1.1 Gesetz von Angebot und Nachfrage

Ein Markt besteht aus Gruppen potenzieller Käufer und potenzieller Verkäufer eines Gutes. Die Gruppe der potenziellen Käufer bestimmt die Nachfrage, die der potenziellen Verkäufer das Angebot.

Als **Angebot** bezeichnet man jene Menge an Gütern, die bestimmte Wirtschaftssubjekte zu einem bestimmten Preis verkaufen wollen.

Als **Nachfrage** wird jene Menge an Gütern bezeichnet, die bestimmte Wirtschaftssubjekte zu einem bestimmten Preis kaufen wollen.

Die Angebots- und Nachfragefunktion sowie das Marktgleichgewicht kennen Sie bereits aus dem Gegenstand „Betriebswirtschaft“. Wir werden dies hier nochmals kurz wiederholen.

| Angebotsfunktion | Nachfragefunktion | Marktgleichgewicht |
|---|---|---|
| 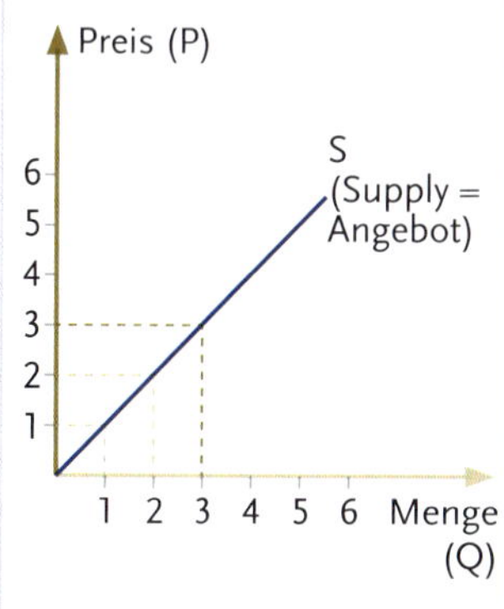  | 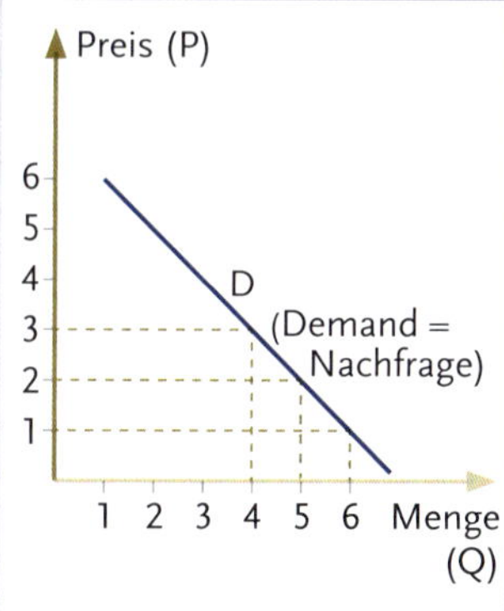  | 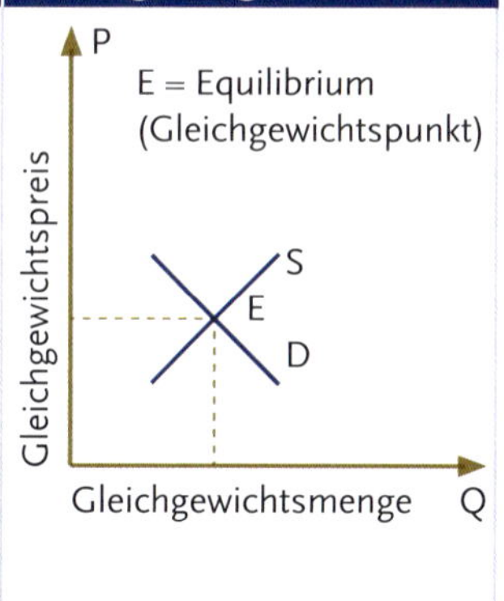  |
| Je höher der Preis, desto höher das Angebot → Steigende Angebotsfunktion | Je höher der Preis, desto geringer die Nachfrage → Fallende Nachfragefunktion | Geplante Nachfrage entspricht dem geplanten Angebot → E |

Ein **Marktgleichgewicht** liegt vor, wenn die nachgefragte Menge mit der angebotenen Menge übereinstimmt. Der Preis wird dann als **Gleichgewichtspreis,** die Menge als **Gleichgewichtsmenge** bezeichnet.

Eine kleine Wiederholung zum Gesetz von Angebot und Nachfrage finden Sie in der TRAUNER-DigiBox.

**Input-Preise** = Preise für Produktionsfaktoren.

**Substitutionsgüter** = Güter, die einander ersetzen können. Mehr dazu erfahren Sie im Abschnitt „Preiselastizität“.

Das heißt aber nicht, dass reiche Menschen zum Beispiel keinen Speck mehr essen. Superiore Güter ersetzen nicht automatisch inferiore Güter. Generell kann man die niedrigere Nachfrage nach inferioren Gütern bei höherem Einkommen allerdings beobachten.

Versuchen Sie zehn Güter aus Ihrem Leben nach dem Nutzen zu reihen, den Ihnen diese Güter bringen.

## 1.1.1 Bestimmungsfaktoren des Angebots und der Nachfrage

Verantwortlich für das Ausmaß der Nachfrage und des Angebots ist natürlich der Marktpreis. Aber es gibt noch weitere Bestimmungsfaktoren, die auf der Angebots- bzw. Nachfragerseite eine Rolle spielen:

Preis
Kosten (Input-Preise)
Konkurrenz
Ziele der Unternehmer
Technologien
Steuern etc.

Preis
Einkommen
Nutzen
Erwartungen
Wertschätzung eines Gutes
Substitutionsgüter etc.

**Anbieter** **Markt** **Nachfrager**

Im Regelfall steigt mit dem Einkommen auch die Nachfrage nach bestimmten Gütern. Man kann öfter in Restaurants essen, mehr Kleidung kaufen etc. Es gibt aber auch Güter, deren Nachfrage mit höherem Einkommen sinkt. Beispielsweise kauft man mit höherem Einkommen weniger Margarine, Speck, Bohnen, aber auch weniger Bahn- und Buslinienfahrten etc. Man spricht dabei auch von **inferioren (geringwertigen) Gütern,** denn sie werden häufig durch superiore (höherwertige) Güter ersetzt (z. B. Butter ersetzt Margarine, Schinken ersetzt Speck).

## 1.1.2 Nutzen – ein Bestimmungsfaktor der Nachfrage

*Niemand kann wohl von sich behaupten, dass ihm ein Laptop 3,743-mal so viel Nutzen bringt wie eine Kaffeemaschine. Verbraucher haben aber bestimmte Präferenzen. Sie können nach individuellen Überlegungen und Empfindungen unterscheiden, welche Güter oder Güterkombinationen den größeren Nutzen bringen. Sie können die Güter in eine entsprechende Reihenfolge bringen, in der sie ihre Bedürfnisse befriedigen wollen, z. B. 1. Trinken, 2. Essen, 3. Kleider, 4. Wohnen, 5. Zeitung lesen …*

Verantwortlich für das Ausmaß der Nachfrage ist neben dem Marktpreis auch der **individuelle Nutzen,** den ein Gut für den Nachfrager hat.

Der **Nutzen** ist das **Ausmaß der individuellen Bedürfnisbefriedigung,** das ein Gut durch seine Verwendung dem Verbraucher stiftet. Er beeinflusst die Nachfrage nach dem Gut nachhaltig. Denn jeder Verbraucher ist bestrebt, sein Einkommen so zu verwenden, dass er den größten Nutzen davon hat. Der Nutzen hängt nicht nur von bestimmten Eigenschaften des Gutes ab. Aus der Situation des Verbrauchers heraus kann ein und dasselbe Gut verschiedene Nutzen stiften, einmal mehr und dann wieder weniger brauchbar sein.

Der Nutzen ist **objektiv nicht messbar,** d. h., er kann nicht in Maßeinheiten für Rechenoperationen ausgedrückt werden.

Unter **Zusatznutzen (Grenznutzen)** versteht man volkswirtschaftlich **jene Veränderung des Gesamtnutzens,** die durch eine **weitere konsumierte Einheit eines Gutes** eintritt.

## 1. Gossen'sches Gesetz

Der Nutzen eines Gutes nimmt mit zunehmender Bedürfnisbefriedigung ab, bis bei Sättigung des Bedürfnisses ein weiterer Konsum Widerwillen auslöst – der Grenznutzen wird negativ.

**Grafische Darstellung des 1. Gossen'schen Gesetzes**

Um das 1. Gossen'sche Gesetz zu veranschaulichen, nehmen wir an, dass der Nutzen eines Gutes gemessen werden kann.

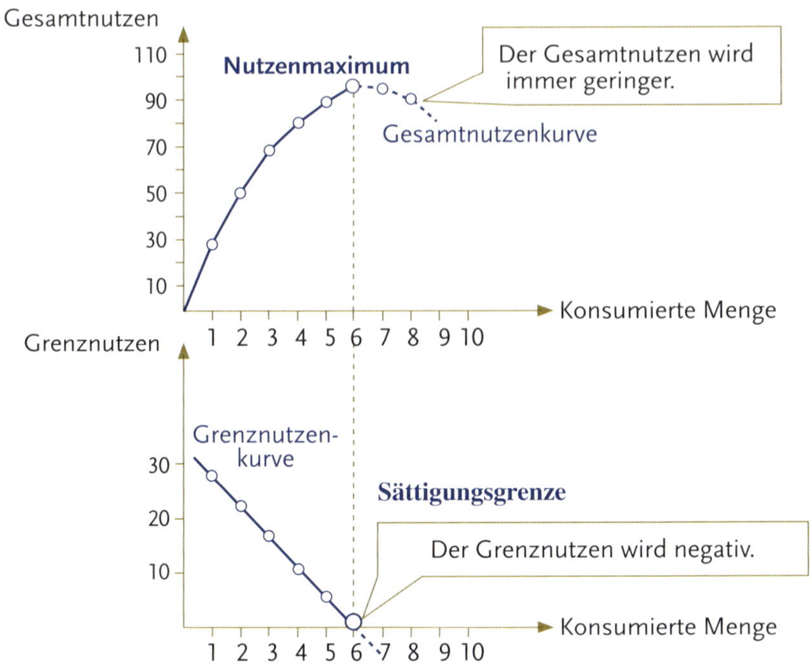


Der Zuwachs des Gesamtnutzens, der durch die Zunahme der konsumierten Menge entsteht, wird immer geringer. Dieser Nutzenzuwachs ist der Zusatznutzen (Grenznutzen). Mit zunehmender Menge nimmt der Nutzen eines Gutes i. d. R. immer mehr ab.

Mehr über Hermann Heinrich Gossen und sein 2. Gossen'sches Gesetz erfahren Sie im Kapitel „Ideengeschichtliche Grundlagen".

**Beispiel: 1. Gossen'sches Gesetz**

Denken Sie an Ihre **Lieblingsspeise,** die Vorfreude auf den ersten Bissen, das Wohlgefühl, sich satt essen zu können. Und nun stellen Sie sich vor, dass Sie noch eine Portion und noch eine Portion essen sollen. Es ist klar, dass jede weitere Portion zu einer geringeren Bedürfnisbefriedigung führt als die vorangegangene. Das geht so weit, bis Ihnen übel wird – der Grenznutzen wird negativ.

Der Grenznutzen der ersten Einheit ist am größten. Danach nimmt er stückweise ab.

## Zusammenhang: Grenznutzen – Nachfragekurve

Was bedeutet nun die Erkenntnis des abnehmenden Grenznutzens für den Verlauf der Nachfragekurve? Ganz einfach: Je größer der Grenznutzen eines Produktes ist, desto mehr ist ein Konsument bereit zu zahlen.

Denken Sie nochmals an Ihre Lieblingsspeise. Wenn Sie hungrig sind, sind Sie wahrscheinlich bereit, viel für die erste Portion zu bezahlen. Die fünfte oder sechste Portion werden Sie vielleicht zu diesem Preis dann nicht mehr bestellen.

Wenn der Grenznutzen abnimmt, sind Konsumenten für jede zusätzliche Einheit des Gutes immer weniger bereit zu zahlen. In weiterer Folge bedeutet das, dass die Menschen bei gegebenem Einkommen und vorhandenen Wünschen **nur dann bereit sind, weitere Mengen eines Gutes zu kaufen, wenn der Preis sinkt** (bis zum Erreichen der Sättigungsgrenze).

## 1.2 Marktformen

Die **Marktform** sagt aus, wie viele Anbieter und Nachfrager es auf dem Markt gibt. Es können auf jeder Marktseite ein, wenige oder viele Teilnehmer auftreten. Der Preis wird durch die Zahl der Teilnehmer bestimmt.

Eine Übung zur Festigung der Marktformen finden Sie in der TRAUNER-DigiBox.

| Nachfrage / Angebot | Einer | Wenige | Viele |
|---|---|---|---|
| **Einer** | Zweiseitiges Monopol | Beschränktes Angebotsmonopol | Angebotsmonopol |
| **Wenige** | Beschränktes Nachfragemonopol | Zweiseitiges Oligopol | Angebotsoligopol |
| **Viele** | Nachfragemonopol | Nachfrageoligopol | Vollständige Konkurrenz (Polypol) |

Neben den in der Grafik dargestellten Marktformen gibt es auch spezielle Formen, wie die sehr weit verbreitete monopolistische Konkurrenz (siehe S. 72). Sie ist dadurch gekennzeichnet, dass es viele Anbieter und viele Nachfrager gibt. Dabei gelingt es den Anbietern, durch Produktdifferenzierungen eine Art „Monopol" zu bilden.

**Beispiel: Oligopol**
Ein typisches Beispiel für ein Angebotsoligopol (wenige Anbieter, viele Nachfrager) ist der Lebensmittelhandel: Häufig kaufen wir in einer überschaubaren Anzahl unterschiedlicher Supermärkte ein, z. B. Spar, Billa, Billa Plus, Lidl, Hofer.

Zusätzlich können Marktformen durch weitere Kriterien systematisiert werden. Nachstehend werden einige Arten von Märkten näher besprochen.

### Vollkommene und unvollkommene Märkte

Die **vollständige Konkurrenz (Polypol)** setzt einen **vollkommenen Markt** voraus. Sie kommt in der Praxis aber kaum vor. Trotzdem widmet man sich dieser Marktform, da sie am leichtesten zu untersuchen ist. Außerdem lassen sich einige der Schlussfolgerungen auch auf andere Marktformen übertragen.

Ein Einteilungskriterium ist die Einstufung der Märkte in **vollkommene** und **unvollkommene. Vollkommen** ist ein Markt, wenn folgende Voraussetzungen erfüllt werden:

- Die Güter sind bezüglich Art und Beschaffenheit identisch (homogen).
- Die Zahl der Anbieter und Nachfrager, die Preise, zu denen ein Angebot oder eine Nachfrage erfolgen, sowie die Qualität der Güter sind bekannt (vollständige Markttransparenz).
- Es existiert keine räumliche oder zeitliche Differenzierung zwischen Angebot und Nachfrage.
- Der Marktzugang ist allen Anbietern und Nachfragern offen.
- Es gibt keine Präferenzen bezüglich bestimmter Käufer oder Verkäufer.

Sind diese Kriterien nicht oder nur teilweise erfüllt, spricht man von unvollkommenen **Märkten.** In der Praxis trifft man **fast nur unvollkommene Märkte** an. Der Aktienhandel an der Börse kommt dem vollkommenen Markt allerdings am nächsten.

### Verkäufer- und Käufermärkte

Eine andere Art der Differenzierung ist die Einteilung in Verkäufer- und Käufermärkte. Ob ein **Verkäufer-** oder **Käufermarkt** vorliegt, hängt von der Stärke der Position der Teilnehmer bei der Fixierung von Preisen und Konditionen ab.

- **Verkäufermarkt:** Der Verkäufer befindet sich in der stärkeren Position, d. h., die Nachfrage ist größer als das Angebot.
- **Käufermarkt:** Der Käufer befindet sich in der stärkeren Position, d. h., das Angebot ist stärker als die Nachfrage.

Über die letzten Jahrzehnte konnte man einen deutlichen Wandel von Verkäufer- zu Käufermärkten beobachten. Auf welchen Bereich eines Unternehmens hatte dies besondere Auswirkungen? Woran könnte das liegen?

### Reale und monetäre Märkte

Sämtliche Märkte können in **reale** und **monetäre** Märkte eingeteilt werden, die dann weiter differenziert werden.

- **Reale Märkte:** Märkte, auf denen reale Güter gehandelt werden.

  **Beispiele**
  Konsumgütermärkte, Verbrauchsgütermärkte, Dienstleistungsmärkte, Arbeitsmärkte, Grundstücksmärkte

- **Monetäre Märkte:** Märkte, auf denen monetäre Güter gehandelt werden.

  **Beispiel**
  Geldmarkt

Reale Märkte

Monetäre Märkte, wie die New York Stock Exchange (NYSE)

### Räumliche, zeitliche und funktionelle Einteilung von Märkten

Der Marktbegriff kann auch **räumlich, zeitlich** und **funktionell** verstanden werden.

- **Räumlich:** nach der räumlichen Abgrenzung, z. B. lokal, regional, national, international
- **Zeitlich:** nach der zeitlichen Verfügbarkeit der Güter, z. B. Kassa- oder Terminmarkt
- **Funktionell:** nach der Art der angebotenen Güter, z. B. Arbeitsmarkt, Kapitalmarkt, Wohnungsmarkt

### Aufgabenstellungen – „Marktlehre"

1. Jana verdient in ihrem ersten Arbeitsjahr 1.600,00 EUR netto. Sie kauft sich ihr Brot daher nur im Supermarkt, wo es billiger ist. Im Schnitt gibt sie 20,00 EUR im Monat dafür aus. Nachdem ihr Einkommen auf 1.900,00 EUR netto gestiegen ist, kauft sie öfters Brot vom Biobäcker. Der Konsum an Supermarkt-Brot sinkt auf 5,00 EUR im Monat. Bestimmen Sie, bei welchem Gut es sich um ein inferiores bzw. ein superiores handelt und begründen Sie Ihre Antwort.
2. Durch welche superioren Güter könnten folgende inferiore Güter bei steigendem Einkommen ersetzt werden?

   a) Hering:

   b) Busfahrten:

   c) Bier:

   d) Speck:
3. Finden Sie ein Beispiel aus Ihrem privaten Leben, bei dem die Grenznutzenkurve negativ wird.

4. Geben Sie an, um welche Marktform – gemessen an der Zahl der Anbieter und Nachfrager – es sich bei den folgenden Märkten handelt.

| Markt | Marktform |
|---|---|
| a) Automobilhersteller | |
| b) Nachfrage nach militärischen Produkten in einem Staat | |
| c) Mineralölmarkt | |
| d) Aktienmarkt | |
| e) Spezialmaschinen | |
| f) Wochenmarkt | |
| g) Nachfrage nach dem Bau von Autobahnen in einem Staat | |

# 2 Preislehre

*Daniela Novak sitzt am Gate am Flughafen und wartet auf das Boarding für ihren Flug nach Zürich. Sie weiß, dass es dann an Bord einen Snack und Getränke geben wird. Trotzdem geht sie noch schnell in einen Flughafenshop, um sich ein Sandwich und ein Mineralwasser zu kaufen – auch wenn es hier viel mehr kostet als in einem Supermarkt. Denn im Normalfall vergleicht sie schon die Preise, wenn sie einkaufen geht.*

Analysieren Sie die Gründe dafür, dass Frau Novak in diesem Fall bereit ist, einen höheren Preis als normal zu bezahlen. Was könnte man gegen diesen Preiswucher tun?

Der **Preis** ist der in Geld ausgedrückte Tauschwert eines Gutes.

Preise entstehen für Güter, die subjektiv zur Bedürfnisbefriedigung geeignet, wirtschaftlich knapp und tauschbar sind.

Die wesentlichen wirtschaftlichen **Funktionen des Preises** sind
- die **Koordination** der zahllosen, nicht aufeinander abgestimmten Entscheidungen von Anbietern und Nachfragern,
- die **Information** über Produktions- und Absatzchancen, über die Veränderung von Kaufmöglichkeiten,
- die **Lenkung** der Produktionsfaktoren Arbeit, Kapital, Boden und Wissen (Forschung) in Erfolg versprechende Bereiche.

Als Preise werden in der Volkswirtschaftslehre nicht nur die für Sachgüter zu zahlenden Summen gesehen. Auch die Lohnsätze für Arbeitsstunden, Honorare, Tarife oder Gebühren für Dienstleistungen, Mieten für Immobilien und Mobilien, Zinsen für die Überlassung von Geldbeträgen etc. werden berücksichtigt.

## 2.1 Preisarten – Preisbildung

Je nachdem, wie die Preise zustande kommen, werden folgende Preisarten unterschieden:

**Preisarten**

**Freie Marktpreise**

Die Preise ergeben sich aufgrund des freien Spiels von Angebot und Nachfrage.

**Beispiele**
- Sportschuhe
- Handys
- Möbel
- etc.

**Staatlich beeinflusste Preise**

Die Preise werden
- über vorgegebene Obergrenzen **(Höchstpreise)** bzw.
- Untergrenzen **(Mindestpreise)** sowie durch
- **Steuern** und
- **Subventionen**

mitbestimmt.

**Beispiele**
- Mindestpreise bei Zuckerrüben in der EU
- Benzin (Mineralölsteuer)
- Subventionen für E-Autos

**Staatlich festgesetzte Preise**

Die Preise werden (häufig aus sozialen Gründen) vom Staat festgelegt.

**Beispiele**
- Medikamente: Preisbildung ist gesetzlich geregelt
- Briefmarken

Welche Vor- und Nachteile hat es, wenn der Staat die Preise reguliert? Welche Motive stehen dahinter? Soll Ihrer Meinung nach der Staat Preise beeinflussen bzw. festlegen können?

Im Folgenden werden wir das Zustandekommen von freien Marktpreisen und staatlich beeinflussten Preisen näher betrachten.

## 2.1.1 Freie Marktpreise

### Vollständige Konkurrenz (Polypol)

Durch das Zusammenspiel von Angebot und Nachfrage ergibt sich bei vollständiger Konkurrenz (Polypol) der Gleichgewichtspreis für ein Gut.

**Merkmale** einer vollständigen Konkurrenz:
- Annähernd gleichartige Güter
- Viele Marktteilnehmer
- Geringe Marktanteile je Teilnehmer
- Hohe Markttransparenz
- Leichter Marktzugang

**Preisbildung bei vollständiger Konkurrenz**

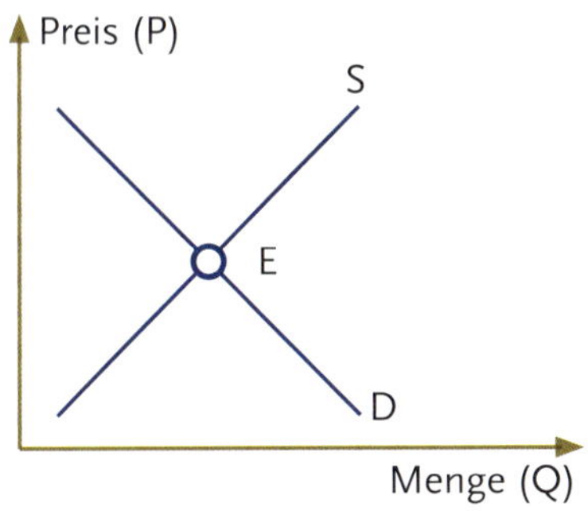


S = Supply (Angebot)
D = Demand (Nachfrage)
E = Equilibrium (Gleichgewicht)

Die Situation des **Marktgleichgewichts** liegt vor, wenn die angebotene Menge und die nachgefragte Menge nach Gütern übereinstimmen. Im Zustand des Marktgleichgewichts existiert ein Gleichgewichtspreis für ein Gut und die dazu passende Gleichgewichtsmenge. Zu diesem Preis können alle Konsumenten, die bereit sind den Preis zu zahlen, das Gut nachfragen. Die Unternehmen sind bereit, zu diesem Preis eine bestimmte Menge anzubieten.

**Diese Situation der vollständigen Konkurrenz gibt es in der realen Marktwirtschaft nicht.** Die Vorzüge dieser idealtypischen Situation können daher nicht einfach auf eine reale Form der Marktwirtschaft übertragen werden.

## Monopolistische Konkurrenz

**Am weitesten verbreitet** ist die Marktform der **monopolistischen Konkurrenz (unvollständige Konkurrenz).** Folgende Wettbewerbsbedingungen herrschen dort vor:

- Es gibt viele Anbieter mit jeweils relativ kleinem Marktanteil.
- Der Markteintritt ist nicht beschränkt.
- Die Güter sind nicht gleich (homogen), sondern unterschiedlich (heterogen bzw. differenziert).

Die Verschiedenartigkeit kann auf tatsächlichen Qualitäts- und Eignungsunterschieden beruhen oder auf nur durch den Konsumenten angenommenen (bessere Marken, vornehme Geschäfte). Auch Stammkunden verlassen nicht sofort ihr Stammgeschäft, wenn der Preis in anderen Geschäften geringfügig niedriger ist.

**Beispiel: Sportschuhmarkt**

Ein typisches Beispiel für die Marktform der monopolistischen Konkurrenz ist der Sportschuhmarkt. Es gibt viele konkurrierende Unternehmen (Nike, adidas, Puma etc.), die Produkte sind jedoch nicht völlig gleichartig. Jeder Anbieter hat zwar ein Monopol für die einzelnen Modelle, doch die Unterschiede sind so groß, dass die Kunden unterscheiden und auswählen können.

Die Anbieter der monopolistischen Konkurrenz regeln ihre Produktion ähnlich wie der Monopolist. Der **Monopolist** – falls er gewinnmaximierend vorgeht – wird so lange mehr anbieten, als die **Grenzkosten** kleiner (oder gleich) den **Grenzerlösen** sind. Sobald die Grenzerlöse unter den Grenzkosten liegen, verringert sich der Gesamtgewinn.

Grenzkosten = Kosten der Produktion einer zusätzlichen Einheit eines Gutes.

Grenzerlös = Erlösmenge, die aus der Steigerung des Outputs um eine Einheit resultiert.

Bei der **monopolistischen Konkurrenz** – anders als beim Monopol – existiert **jedoch die Gefahr von Markteintritten** weiterer Anbieter, und die schwindende Nachfrage wird die Gewinne senken. Unterscheidet sich der Anbieter mit seinen Produkten von den anderen Anbietern auf dem Markt ausreichend (und kann die Nachfrage für sich lukrieren), erzielt er dadurch einen Gewinn. **Der einzelne Anbieter hat einen gewissen Spielraum bei der eigenen Preisfestsetzung.**

**Monopolistischer Spielraum**

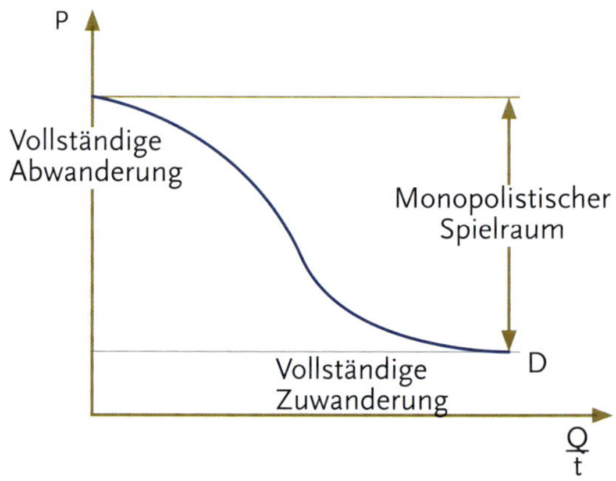


P = Preis
D = Nachfragekurve
$\frac{Q}{t}$ = Menge pro Zeiteinheit

Im Bereich des monopolistischen Spielraums führt eine Preiserhöhung nicht sofort zum Abwandern der Konsumenten.

## (Angebots-)Oligopol

Der Oligopolist muss bei der Preisfestsetzung die Reaktion der Nachfrager, aber auch der anderen Anbieter berücksichtigen. Denn aufgrund der wenigen Anbieter, die miteinander in Konkurrenz stehen, bewirkt eine Preis- oder Mengenänderung Reaktionen bei den Konkurrenten. Des Weiteren besteht bei dieser Marktform die Gefahr eines gemeinsamen gewinnmaximierenden Vorgehens (Kartell) und damit von monopolistischen Verhaltensweisen.

Denken Sie an das Beispiel mit dem Supermarkt. So bleiben zum Beispiel Angebotsaktionen einer Supermarktkette nicht lange unentdeckt und rufen eventuell Reaktionen der Konkurrenten hervor.

## 2.1.2 Staatlich beeinflusste Preise

Der Staat kann für bestimmte Produkte einen Höchstpreis oder einen Mindestpreis festlegen. Weiters kann er mittels Subventionen und Transferzahlungen sowie Steuern auf die Preisgestaltung Einfluss nehmen.

Die Bedeutung staatlich beeinflusster Preise ist seit dem EU-Beitritt Österreichs stark gesunken.

### Höchstpreise

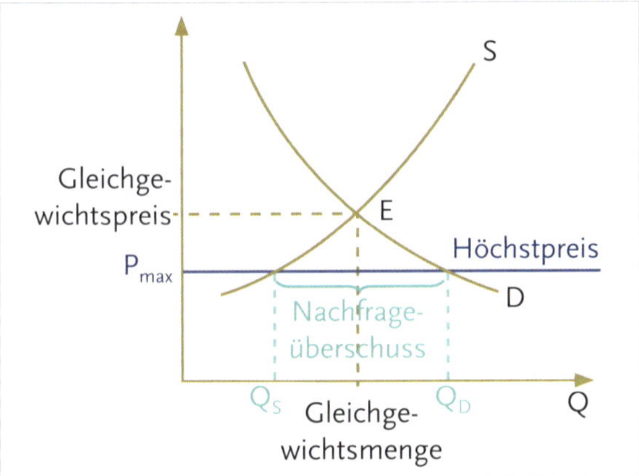


Bei Höchstpreisen legt der Staat **Preisobergrenzen** fest. Liegt der genehmigte Höchstpreis ($P_{max}$) unter dem Gleichgewichtspreis, ergibt sich eine größere Nachfrage ($Q_D$), die nur zum Teil erfüllt werden kann ($Q_S$) **(Nachfrageüberschuss).** Es kommt zu einer Lücke. Bei großen Unterschieden kann sich ein Schwarzmarkt entwickeln.

**Beispiel: Schwarzmarkt bei Sportveranstaltungen**
Wird beispielsweise der Preis für die Karten eines Fußballländerspiel löblicherweise (zu) niedrig angesetzt und die Karten sind schnell ausverkauft, bildet sich häufig ein Schwarzmarkt. Vor dem Spiel kann man die Karten dann meist „schwarz" und zu überhöhten Preisen kaufen.

### Mindestpreis

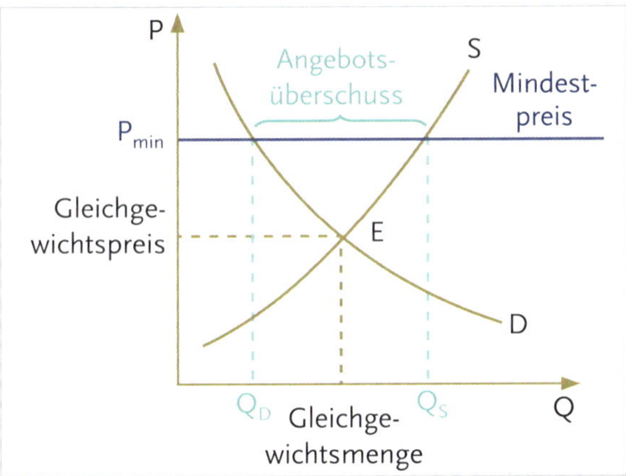


Bei Mindestpreisen ($P_{min}$) setzt der Staat **Preisuntergrenzen** fest. Liegen diese Preise über dem Marktpreis, ist das Angebot größer als die Nachfrage und es existiert ein Angebotsüberschuss. Je höher der Mindestpreis angesetzt wird, desto größer ist der Überschuss. (Bei einem Mindestpreis unter dem Gleichgewichtspreis ändert sich nichts.)

Verschiedene Agrarerzeugnisse, wie z. B. Zuckerrüben, sind in der EU mit einem Mindestpreis bedacht.

### Subventionen/Transferzahlungen und Steuern

In der sozialen Marktwirtschaft wird versucht, den Wirtschaftsprozess u. a. über den Preis zu steuern. Der Staat hat folgende Möglichkeiten, die Höhe des Preises zu beeinflussen.

- **Subvention** ist die Preisstützung für Unternehmen, die Preisstützung für private Haushalte heißt **Transferzahlung.**
- **Steuern** auf Produkte verschieben die Angebotskurve nach oben – und zwar genau um den Steuerbetrag. Die Nachfrage geht infolge höherer Preise zurück.

Staatliche Subventionen für Produzenten verschieben die Angebotskurve nach rechts, da sich die Kosten für die Anbieter verringern. Damit sind auch bereits geringere Preise ceteris paribus Erfolg versprechend.

### VW Plus – Informationsökonomie und Preisgestaltung

Einfache Modelle der Preisbildung unterstellen üblicherweise, dass Konsumenten über die Preise aller Anbieter Bescheid wissen (d. h. „perfekt informiert" sind) und daher (als rationale Akteure) beim billigsten Geschäft einkaufen. Ein Anbieter kann es sich nicht leisten, höhere Preise zu verlangen, da sonst alle Konsumenten zu anderen Geschäften abwandern würden.

Der Wettbewerbsdruck nimmt daher ab, wenn die Konsumenten schlechter informiert sind, wodurch die Preise steigen.

Für manche Konsumenten sind Preisvergleiche oft zu zeitaufwendig oder zu umständlich (kurz: zu teuer). Daher kaufen sie im „erstbesten" Geschäft ein. Wenn die Zahl dieser „uninformierten" Konsumenten groß genug ist, kann es für einzelne Geschäfte profitabel sein, höhere Preise zu verlangen, selbst wenn dadurch die „informierten" Konsumenten zu anderen Geschäften abwandern.

Pennerstorfer et al. (2015) untersuchten diesen Zusammenhang empirisch und verknüpften dazu Preise von Tankstellen in Österreich mit regionalen Pendlerströmen. Pendler kommen regelmäßig bei mehreren Tankstellen vorbei und haben daher einen guten Überblick über Preisunterschiede. Die Autoren weisen nach, dass jene Tankstellen, an denen viele Pendler vorbeifahren, tatsächlich niedrigere Preise verlangen. Der Preisunterschied zwischen Regionen, wo alle Konsumenten informiert sind, und Regionen, wo kaum jemand pendelt, beträgt etwa 2 Cent pro Liter. Die Arbeit kann daher nur einen moderaten Teil der beobachteten Preisunterschiede erklären.

## 2.2 Preiselastizität

*Wir haben bereits gehört, dass die Nachfrage sinkt, wenn die Unternehmen die Preise erhöhen. Umgekehrt steigt die Nachfrage, wenn die Preise gesenkt werden. Interessant wäre aber nun zu wissen, wie hoch diese Abhängigkeiten sind. Geht die Nachfrage beim Preisanstieg für Butter ebenso stark zurück, wie wenn bei Medikamenten die Preise erhöht werden?*

Was könnten Gründe dafür sein, dass diese Abhängigkeiten einmal größer und einmal kleiner sind?

Sowohl Nachfrager als auch Anbieter reagieren auf Änderungen des Preises mit Mengenänderungen. Die **Elastizität** geht der Frage nach, **wie stark** sich Preisänderungen auf Angebot und Nachfrage auswirken.

Die **Preiselastizität** stellt die prozentuale Veränderung der Nachfrage bzw. des Angebots bezogen auf die prozentuale Veränderung des Preises dar.

$$\textbf{Preiselastizität} = \frac{\text{Prozentuelle Veränderung der Menge}}{\text{Prozentuelle Veränderung des Preises}}$$

## 2.2.1 Preiselastizität der Nachfrage

Die Preiselastizität der Nachfrage gibt an, wie stark die Nachfragemenge auf eine Preisänderung reagiert.

**Beispiel: Preissteigerung bei Butter**
Steigt der Preis für Butter um 10 %, werden aufgrund dieser Preissteigerung etwa 15 % weniger Butter gekauft (= nachgefragt). Die Preiselastizität der Nachfrage berechnet man wie folgt:

$$\text{Preiselastizität der Nachfrage} = \frac{\text{Mengenrückgang von 15 \%}}{\text{Preiszunahme um 10 \%}} = \frac{-15\ \%}{10\ \%} = -1{,}5$$

⚠ Die Preiselastizität der Nachfrage ist üblicherweise eine **negative Zahl** – denn wenn der Preis eines Gutes steigt, sinkt gewöhnlich die Nachfrage. Bei der Interpretation ist immer der **absolute Betrag** heranzuziehen – in diesem Beispiel also 1,5.

Das Ergebnis der berechneten Preiselastizität der Nachfrage ist so zu verstehen:

| Ist die Preiselastizität (e) ... | spricht man von ... |
|---|---|
| **< als 1** | **... preisunelastischer Nachfrage,** d. h., eine zehnprozentige Preisänderung führt zu einer weniger als zehnprozentigen Mengenänderung. |
| **= 1** | **... preiseinheitselastischer Nachfrage,** d. h., eine zehnprozentige Preisänderung führt genau zu einer zehnprozentigen Mengenänderung. |
| **> als 1** | **... preiselastischer Nachfrage,** d. h., eine zehnprozentige Preisänderung führt zu einer mehr als zehnprozentigen Mengenänderung. |

**Im Extremfall**

- ... kommt es zur **vollkommen elastischen Nachfrage:** Kleinste Änderungen des Preises führen zu sehr großen bzw. in diesem theoretischen Fall zu unendlich großen Veränderungen bei der Nachfragemenge (wobei dabei eine Menge von Null nicht unterschritten werden kann). In diesem Fall geht der Elastizitätswert gegen unendlich, die Nachfragekurve verläuft waagrecht.

  **Beispiel:** Wäre es möglich, Geldscheine im Wert von 50,00 EUR um 49,99 EUR zu erwerben, würde jede rationale Person unendlich viele von diesen Scheinen erwerben und damit entsprechend reich werden. Wenn ein solcher Geldschein umgekehrt nur um 50,01 EUR erhältlich wäre, würde wohl niemand so ein Geschäft eingehen.

- ... kommt es zur **vollkommen unelastischen (starren) Nachfrage:** Eine Preisänderung hat überhaupt keine Auswirkung auf die nachgefragte Menge, d. h., die Nachfrage bleibt unverändert. In diesem Fall beträgt der Elastizitätswert überall 0 und die Nachfragekurve verläuft senkrecht.

  **Beispiel:** lebensrettende Medikamente

**Unelastische Nachfrage**

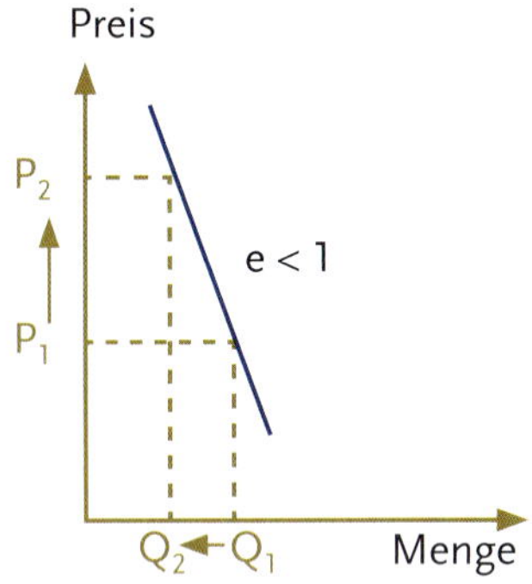


**Elastische Nachfrage**

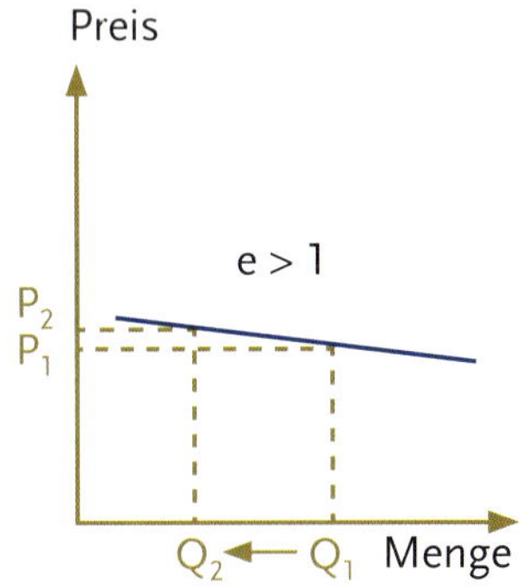


**Vollkommen elastische Nachfrage**

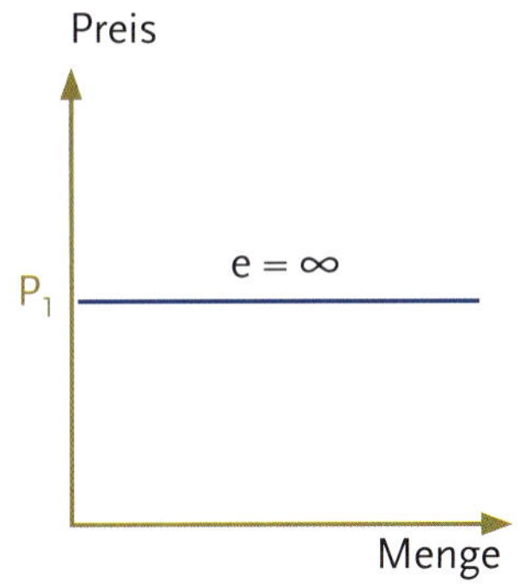


**Vollkommen unelastische Nachfrage**

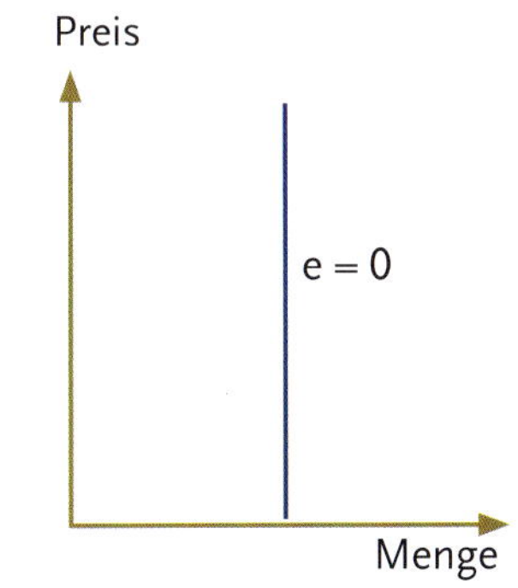

In der TRAUNER-DigiBox finden Sie eine Übung zur Preiselastizität der Nachfrage.

### Kreuzpreiselastizität der Nachfrage

Die Nachfrage nach einem Gut wird auch durch die Preise von anderen Gütern beeinflusst. Die **Kreuzpreiselastizität** der Nachfrage gibt an, wie empfindlich die nachgefragte Menge auf die Preisänderungen eines anderen Gutes reagiert. Sie ist davon abhängig, ob es sich beim anderen Gut um ein **Substitutionsgut** oder um ein **Komplementärgut** handelt.

| Substitutionsgüter  | Komplementärgüter 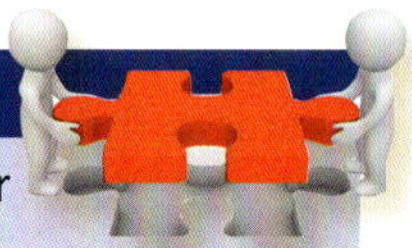 |
|---|---|
| = Güter, die einander ersetzen können | = Güter, die miteinander gebraucht werden |
| ↓ | ↓ |
| Ein Preisanstieg des anderen Gutes führt zu einer Steigerung der Nachfrage und umgekehrt. | Ein Preisanstieg des einen Gutes führt zu einem Sinken der Nachfrage des anderen Gutes und umgekehrt. |
| **Beispiel**<br>Wenn der Preis für Butter steigt, werden die Menschen vermehrt Margarine kaufen. Die Nachfrage nach Margarine steigt, da sie Butter auf dem Markt ersetzen kann. | **Beispiel**<br>Steigt der Preis für Skier, wird die Nachfrage nach Skiern, aber auch nach Skibindungen sinken, obwohl diese nicht teurer geworden sind. |

**Substitutionsgüter** sind Güter mit positiven Kreuzpreiselastizitäten. **Komplementärgüter** sind Güter mit negativen Kreuzpreiselastizitäten.

## 2.2.2 Preiselastizität des Angebots

Die Preiselastizität des Angebots gibt an, wie stark die Angebotsmenge auf eine Preisänderung reagiert.

Die Preiselastizität des Angebots ist **positiv,** da Menge und Preis in die gleiche Richtung zu- bzw. abnehmen.

**Beispiel: Preissteigerung bei Zwiebeln**
Steigt der Preis für Zwiebeln um 10 %, werden aufgrund dieser Preissteigerung etwa 5 % mehr Zwiebeln angeboten. Die Preiselastizität des Angebots berechnet man wie folgt:

$$\text{Preiselastizität des Angebots} = \frac{\text{Mengenzunahme von 5 \%}}{\text{Preiszunahme um 10 \%}} = \frac{5\ \%}{10\ \%} = 0{,}5$$

Wie ist das Ergebnis der berechneten Preiselastizität des Angebots nun zu verstehen?

| Ist die Preiselastizität (e) ... | spricht man von ... |
|---|---|
| < **als 1** | **... unelastischem Angebot,** d. h., das Angebot lässt sich trotz steigendem Preis nur mit Mühe ausweiten. Die Menge nimmt prozentual schwächer zu als der Preis. |
| = **1** | **... einheitselastischem Angebot,** d. h., die Menge nimmt prozentual stets gleich viel zu wie der Preis. |
| > **als 1** | **... elastischem Angebot,** d. h., das Angebot kann bei steigendem Preis problemlos erweitert werden. Die Menge nimmt prozentual stärker zu als der Preis. |

Wie bei der Preiselastizität der Nachfrage gibt es auch beim Angebot die beiden Extremfälle des vollkommen elastischen bzw. vollkommen unelastischen Angebots.

Wie preiselastisch die Angebotsmenge auf eine Preisänderung reagiert, ist in der Regel davon abhängig, wie **flexibel** anbietende Unternehmen **reagieren** können.

Flexibel reagieren bedeutet:
- Wie schnell, einfach oder billig können sie Ressourcen mobilisieren?

  **Beispiel**
  Kann die Produktion noch ausgedehnt werden, oder ist das Unternehmen bereits an seinen Kapazitätsgrenzen?

- Wie gut haltbar bzw. lagerfähig ist das jeweils angebotene Produkt?

  **Beispiel**
  Leicht verderbliche oder schnell aus der Mode kommende Produkte sind beispielsweise preisunelastischer als gut lagerfähige Produkte.

- Wie lange bzw. kurz sind die Planungs- und Produktionszeiten?

  **Beispiel**
  Steigen die Seidenpreise, weil Seide in Mode kommt, braucht die Seidenproduktion unter Umständen Jahre, um zu reagieren. Je länger die Planungs- und Produktionszeiten sind, desto unelastischer ist die Angebotsmenge.

Je länger der Beobachtungszeitraum, desto elastischer wird das Angebot.

## Aufgabenstellungen – „Preislehre"

1. Wie hoch ist die Preiselastizität der Nachfrage, wenn der Preis für Dieseltreibstoff um 5 % steigt und die Nachfrage um 2 % abnimmt? Interpretieren Sie das Ergebnis.
2. Vergleichen Sie folgende Güter miteinander. Für welches Gut erwartet man bei einer Preissteigerung eine höhere Preiselastizität der Nachfrage? Warum?

| Güter | Höhere Elastizität bei ... |
|---|---|
| a) Cola oder Wasser | |
| b) Spielsachen oder Windeln | |
| c) Brot oder Croissant | |
| d) Waschmittel oder Weichspüler | |

3. Führen Sie ein Beispiel für die Kreuzpreiselastizität der Nachfrage bei einem Komplementärgut an.

## VW Plus – Heiratsmärkte, ein Untersuchungsgegenstand der Familienökonomie

Volkswirte verwenden heutzutage ihre Methoden und Theorien auch, um Entscheidungen innerhalb der Familie wie Eheschließung, Fertilität oder Ehescheidung zu studieren.

Fertilität = Fruchtbarkeit.

Sogenannte **Familienökonomen** arbeiten oft an der Schnittstelle zu anderen wissenschaftlichen Disziplinen wie der Demografie, den Rechtswissenschaften oder der Soziologie. Sie betrachten etwa den Heiratsmarkt in starker Analogie zum Arbeitsmarkt:
- Am **Arbeitsmarkt** ist es entscheidend, dass Arbeitgeber einen passenden Arbeitnehmer finden, welcher der Unternehmung zu einem höheren Gewinn verhilft.
- Am **Heiratsmarkt** hingegen geht es um die Suche des richtigen Ehepartners. Die Ehegemeinschaft bzw. die Familie wird dann vereinfacht gesprochen auch als „kleine Firma" betrachtet, in der durch gemeinsame Anstrengungen „produziert" und investiert wird.

Diese Ausdehnung der Wirtschaftswissenschaften (auf diese und andere Gebiete) wurde vor allem durch Gary S. Becker vorangetrieben, der dafür im Jahr 1992 auch den Nobelpreis erhielt.

Je besser die Ehepartner im ökonomischen Sinne zueinander passen, desto mehr werden sie gemeinsam produzieren bzw. desto länger wird diese Ehe halten. Die klassischen „Produkte" einer Ehe sind vor allem gemeinsame Kinder und ein Eigenheim.

**Preis am Arbeits- und am Heiratsmarkt**

Am Arbeitsmarkt ist der relevante Preis klar als der Lohn definiert. Am Heiratsmarkt ist der Preis schwer beobachtbar, denn er ergibt sich als Anteil am gemeinsamen Output. Wenn es auf einem Heiratsmarkt zum Beispiel relativ wenige Frauen gibt (dies ist in China in der Tat der Fall), so müssen Männer ihren (zukünftigen) Gattinnen einen höheren Anteil am Output zusprechen, um eine Einwilligung zu erhalten. Der Staat kann auch wirksam auf den Heiratsmarkt eingreifen. In Österreich ist dies leicht an der auffallend hohen Zahl an Eheschließungen in den Jahren 1972, 1983 und 1987 erkennbar. Diese wurden durch die Einführung bzw. Einstellung von staatlichen Transferleistungen hervorgerufen.

In der TRAUNER-DigiBox finden Sie dazu eine interessante Statistik, die den Zusammenhang Eheschließungen/Ehescheidungen und Transferleistungen in Österreich gegenüberstellt.

## WissensCheck – „Markt und Preis"

1. Definieren Sie den Begriff „Markt".
2. Beschreiben Sie die Angebotsfunktion.
3. Charakterisieren Sie ein inferiores Gut.
4. Erläutern Sie den Zusammenhang zwischen der Grenznutzenkurve und der Nachfragefunktion.
5. Geben Sie eine Übersicht über die Marktformen.
6. Erläutern Sie den Begriff „vollkommener Markt".
7. Definieren Sie, was man unter einem Käufermarkt versteht.
8. Nennen Sie den Grund, warum es bei einem festgelegten Höchstpreis für Güter zu einem Nachfrageüberschuss kommt.
9. Erklären Sie den Begriff „Preiselastizität".
10. Interpretieren Sie eine Preiselastizität der Nachfrage von 0,3 bei Kartoffeln.
11. Beschreiben Sie, welche Werte die Preiselastizität der Nachfrage annehmen kann. Erklären Sie diese kurz.
12. Interpretieren Sie eine Preiselastizität des Angebots von 2,0 bei Eiscreme.
13. Beschreiben Sie eine Kreuzpreiselastizität.

## Zusammenfassung – „Markt und Preis"

Erstellen Sie als Zusammenfassung des Kapitels „Markt und Preis" eine Concept-Map.

**Hinweis:**

Eine Concept-Map unterscheidet sich von einer Mind-Map dahingehend, dass die Begriffe, die es zu ordnen gilt, nicht dem freien Lauf der Gedanken entspringen, sondern bereits im Kapitel vorkommen.

KOMPETENZ-ERWERB

## Ziele erreicht? – „Markt und Preis“

**1.** Erklären Sie das 1. Gossen'sche Gesetz anhand eines Beispiels. Stellen Sie das Beispiel auch grafisch dar.

Gesamtnutzen

Konsumierte Menge

**2.** Berechnen Sie für folgende Beispiele die entsprechende Preiselastizität und interpretieren Sie die Ergebnisse:

a) Die Firma Nova Music Entertainment GmbH erhöht die Ticketpreise für das beliebte Rockmusik-Festival um 8 %. Daraufhin geht der Ticketverkauf um 3 % zurück.

b) In Supermärkten steigt der Preis für alle Sorten Speiseeis von Cremissimo um 3 %. Daraufhin wird die Angebotsmenge um 3 % erhöht.

c) Der Preis für ein Medikament wird um 10 % erhöht. In den Apotheken, wo das Medikament auf Rezept gekauft werden kann, stellt man fest, dass die Nachfrage um 0,1 % zurückgegangen ist.

**3.** Geben Sie an, ob bei folgenden Produkten eher eine preiselastische oder eher eine preisunelastische Nachfrage vorliegt. Begründen Sie Ihre Entscheidung!

| | Art der Preiselastizität + Begründung |
|---|---|
| a) Medikamente | |
| b) Eier | |
| c) Öffentlicher Verkehr | |
| d) Schafmilch | |
| e) Benzin | |
| f) Strom | |
| g) Markenmode | |
| h) Regenschirm | |

**4.** Sind folgende Güter Komplementär- oder Substitutionsgüter?

| Güter | Komplementärgüter | Substitutionsgüter |
|---|---|---|
| a) Smartphone und Apps | | |
| b) Markenjeans und No-Name-Jeans | | |
| c) Snowboards und Boots | | |
| d) Schokolade und Kekse | | |
| e) Laptop und USB-Sticks | | |
| f) iPhone und AirPods | | |
| g) Fahrrad und Fahrradhelm | | |

**5.** Sie haben in diesem Kapitel die Preiselastizitäten der Nachfrage und des Angebots kennengelernt.
a) Was könnte man unter der Einkommenselastizität der Nachfrage verstehen?
b) Bei welchen Gütern wird sie positiv, bei welchen negativ verlaufen?

**6.** Welchen Einfluss hat die Unique Selling Proposition (USP) eines Gutes auf dessen Preiselastizität?

*Die USP haben Sie bereits in der Betriebswirtschaftslehre kennen gelernt.*

**7.** Immer wieder verwüsten gewaltige Hurrikans ganze Landstriche, z. B. in den USA. Aufgrund der großen Nachfrage beim Wiederaufbau kommt es zu teils horrenden Preisanstiegen bei dringend benötigten Gütern, z. B. bei Eis (zum Kühlen von Lebensmitteln etc.). Gerade in den USA wird immer wieder betont, dass der Staat nicht in den Markt eingreifen und das Marktgeschehen Angebot und Nachfrage überlassen soll. Trotzdem gibt es Stimmen, die das Eingreifen des Staates fordern, um die Preise in Notsituationen zu beschränken: Aus dem Elend der Leute sollte nicht Profit geschlagen werden. Was ist Ihre Meinung dazu? Soll der Staat auf die Preise dieser Güter Einfluss nehmen oder sie weiterhin dem freien Markt (Angebot und Nachfrage) überlassen? Was spricht dafür, was dagegen?

8. **Mindestlöhne.** In vielen Gesellschaften ist es Konsens, dass Arbeitnehmer anständig von ihrem Gehalt leben können sollen. Die Löhne in manchen Branchen sind allerdings so niedrig, dass dies kaum möglich ist. Mindestlöhne bzw. Mindestgehälter sind eine Methode, um allen trotzdem ein ausreichendes Einkommen zu gewährleisten. Unternehmen dürfen ihren Mitarbeiterinnen und Mitarbeitern dann generell keinen Lohn zahlen, der unter diesem Niveau liegt. In vielen Ländern gibt es einen gesetzlichen Mindestlohn. In Österreich haben sich die Sozialpartner auf Mindestgehälter festgelegt, die Bestandteil von Kollektivverträgen sind.

Obwohl dadurch das Einkommen und damit die Lebensqualität von vielen Arbeitnehmern erhöht wird, steht der Mindestlohn häufig in der Kritik. Es wird behauptet, dass dieser die Arbeitslosigkeit erhöht – nämlich dann, wenn er über dem Gleichgewichtslohn liegt, der durch Angebot und Nachfrage auf dem Arbeitsmarkt zustande kommen würde. Dann erhöht ein Mindestlohn zwar das Einkommen derer, die beschäftigt sind; diejenigen, die durch den Mindestlohn ihre Anstellung verlieren, haben davon aber nichts.

Allerdings haben zahllose empirische Studien herausgefunden, dass ein Mindestlohn nicht zwangsläufig zu höherer Arbeitslosigkeit führt. Oft blieb diese unverändert, manchmal ging sie sogar zurück.

**a)** Erläutern Sie, wer der Anbieter, wer der Nachfrager auf dem Markt ist.

**b)** Zeigen Sie mit dem neoklassischen Arbeitsmarktmodell grafisch oder durch Beschreibung, wie ein Mindestlohn die Arbeitslosigkeit erhöhen kann.

**c)** Erarbeiten Sie die Gründe dafür, dass ein Mindestlohn die Arbeitslosigkeit nicht zwangsläufig erhöhen könnte.

9. Lesen Sie nachstehenden Artikel und beantworten Sie dann die Fragen.

## Muss Fleisch dem Klimaschutz zuliebe teurer werden?

**Ob Luxussteak oder Billighenderl, fest steht: Die Nachfrage nach Fleisch ist in Österreich seit 25 Jahren mehr oder weniger konstant geblieben. Seit 1995 ist der Fleischkonsum pro Jahr und Person um zwei Kilogramm auf 63,4 Kilo zurückgegangen.**

**Langfristig wurden Lebensmittel billiger**
Über die vergangenen Jahrzehnte gerechnet sind Lebensmittel und Fleisch deutlich günstiger geworden. Laut Statistik Austria gab ein Konsument im Jahr 1954 im Schnitt 45 Prozent seines Einkommens für Lebensmittel und alkoholfreie Getränke aus. 2015, in dem Jahr, aus dem die jüngste umfassende Erhebung dazu stammt, waren es nur noch 13 Prozent. Laut einer Berechnung von Josef Baumgartner vom Wirtschaftsforschungsinstitut (Wifo) musste ein Beschäftigter in der Industrie im Jahr 1970 fast drei Stunden arbeiten, um sich ein Kilo Schweinefleisch im Supermarkt leisten zu können. Heute sind es gerade noch 39 Minuten. Auch das Schnitzel im Restaurant hat sich verbilligt. Die Entwicklung hat zwei Ursachen: Einerseits sind die Haushalte deutlich wohlhabender geworden. Sie geben also einen immer kleineren Teil der Einkommen für Essen und Trinken aus. Zugleich sind die Preise für Lebensmittel gesunken, was vor allem an der zunehmenden Industrialisierung der Landwirtschaft liegt.

**Keine Kostenwahrheit**
Eine Kostenwahrheit existiert beim Fleisch allerdings nur selten, meint der niederösterreichische Schweine- und Rinderbauer Vinzenz Harbich. „Fleisch ist bei uns auf jeden Fall sehr günstig." Das habe mehrere Gründe: Zum einen sei der Druck aus dem Ausland, in dem oft geringere Tierschutzstandards gelten, hoch. Auch Subventionen würden zu einer Verzerrung am Fleischmarkt führen. Ganz ohne Förderungen müssten aber viele kleine Betriebe zusperren. Von einer Anhebung der Mehrwertsteuer nur auf Fleisch hält Harbich jedenfalls nichts. Damit würde man sämtliche Viehwirte – von Bio- über Almbauern bis hin zu großen Rinderzüchtern – über einen Kamm scheren.

**Fatale Klimabilanz**
Mit dem Thema Preiswahrheit verknüpft ist die Klimafrage. So ist die Nahrungsmittelproduktion entlang der gesamten Wertschöpfungskette für bis zu 37 Prozent der globalen Treibhausgasemissionen verantwortlich. In der Landwirtschaft spielen vor allem Methan und Lachgas eine Rolle. Ersteres ist 21-mal so klimaschädlich wie CO2, Lachgas hat eine 300-mal stärkere Wirkung. Einige Personen fordern daher unter anderem eine höhere Mehrwertsteuer auf Fleisch, eine Ausnahme soll es nur für heimische Bioprodukte geben.

**Soziale Verträglichkeit**
Die Frage der Ernährung lässt sich auch unter sozialen Aspekten diskutieren. So gibt das ärmere Drittel der Haushalte rund 18 Prozent seines Einkommens für Lebensmittel, Getränke und Tabak aus. Bei dem reichsten Drittel sind es nur rund 14 Prozent. Würde die Mehrwertsteuer für Fleisch angehoben werden, wären ärmere Haushalte also davon stärker belastet. Weil sie einen höheren Teil ihres Einkommens für Konsum ausgeben, belastet sie die Umsatzsteuer im Vergleich stärker als wohlhabendere Haushalte.

*(Quelle: Der Standard, 2019)*

**a)** Im Artikel wird eine höhere Mehrwertsteuer auf Fleisch als Möglichkeit angeführt, um den Fleischkonsum zu reduzieren. Wie stehen Sie zu diesem Vorschlag? Argumentieren Sie.

**b)** Erarbeiten Sie die Vor- und Nachteile einer erhöhten Mehrwertsteuer auf Fleisch- und Milchprodukte.

**c)** Geben Sie an, um welche Preisart es sich handeln würde, wenn der Staat anstelle einer Erhöhung der Mehrwertsteuer einen Mindestpreis für Fleischprodukte festsetzen würde.

**d)** Angenommen, die Preiselastizität der Nachfrage bei Fleischprodukten liegt bei 0,8. Interpretieren Sie diesen Wert.

**10. Rollenspiel.** Stellen Sie sich vor, Sie befinden sich auf einem Markt. Betrachten Sie zur Einstimmung gemeinsam das Foto und schildern Sie Ihrem Partner/Ihrer Partnerin des nachfolgenden Rollenspieles Ihre Eindrücke (ca. 5 min).

Vereinbaren Sie nun bitte, wer von Ihnen die Rolle des Verkäufers/der Verkäuferin übernimmt und wer den Käufer/die Käuferin spielen will. Lesen Sie nur die Anregungen, die für Ihre Rolle gedacht sind. Legen Sie sich gute Argumente zurecht.

Dabei hilft oft die These-Antithese-Methode: Mein Ziel als Verkäufer/in ist es, meine Ware möglichst erfolgreich zu verkaufen. Nun die Antithese: Ich stelle mir vor, was ich alles tun muss, damit mein Vorhaben völlig missglückt. So bin ich z. B. unfreundlich zu meinen Kunden und lasse sie ewig warten, bis ich meine Telefonate erledigt habe usw. Notieren Sie die Ergebnisse Ihrer Überlegungen und nutzen Sie diese nun als Anleitung: Klar, ich muss freundlich zu meinen Kunden/Kundinnen sein, ...

Jetzt kann´s losgehen – lassen Sie Ihrer Kreativität freien Lauf! (Ca. 10 min für die Vorbereitung)

**Verkäufer/in**
Sie haben einen Bio-Bauernhof. Hochwertige Qualität ist Ihnen wichtig, die hat aber auch ihren Preis. Einige der Konkurrentinnen und Konkurrenten am Markt, die die Ware sehr billig anbieten, können, was die Qualität betrifft, nicht annähernd mit Ihnen mithalten.

Sie sind freundlich zu den Kundinnen und Kunden, geben gerne Auskunft über Anbaumethoden, richtige Lagerung von Erdäpfeln, Karotten & Co. Natürlich gibt es bei Ihren Preisen auch einen kleinen Verhandlungsspielraum, der für treue Kundinnen und Kunden etwas größer ist, aber auch von der abgenommenen Menge abhängt. Irgendwo hat aber jeder seine Schmerzgrenze. Wenn die erreicht ist, empfehlen Sie dem Kunden/der Kundin, doch woanders einzukaufen.

**Käufer/in**
Bekannte haben Ihnen erzählt, dass an diesem Stand die beste Qualität zu haben ist. Die Preise sind aber auch ein wenig höher, als an vielen anderen Marktständen. Da Ihnen Bio und gute Qualität allerdings wichtig sind, versuchen Sie gut zu verhandeln. Denken Sie daran: Es gibt auf dem Markt auch andere Anbieter. Vielleicht lässt sich etwas machen, wenn Sie eine größere Menge abnehmen. Sorgen Sie für gute Stimmung, jeder hört gerne Lob für seine Arbeit. Informieren Sie sich über die Waren, die angeboten werden (Karotten, Salat, ...).

**Für die Durchführung noch ein paar Tipps:**
Beim Vorführen des Rollenspiels sollten Sie sich mit einer Schulbank und ein paar Utensilien einen kleinen Verkaufsstand aufbauen. Ein paar zusammengeknüllte Blätter Papier könnten z. B. Äpfel oder ein Salatkopf sein, usw. Nehmen Sie die Ware ruhig in die Hand oder deuten Sie darauf. Denken Sie sich in Ihre Rolle hinein und versuchen Sie auf die Argumente des/der anderen einzugehen. Während des Vorführens spielen Sie nicht einen Käufer/eine Käuferin oder einen Verkäufer/eine Verkäuferin – in diesem Moment sind Sie das!

Einen interaktiven **Safety-Check** finden Sie in der TRAUNER-DigiBox.

# Geld und Währung

Eine Power-Point-Präsentation des Kapitels finden Sie in der TRAUNER-DigiBox.

Nahrung, Kleidung, eine Wohnung, elektrischer Strom, Auto, Reisen, Telefonieren ... Das alles ist nicht kostenlos. Das wissen wir auch und so müssen wir für das, was wir brauchen oder haben wollen, etwas anderes geben. Wir tauschen also: Ware gegen Ware oder Leistung gegen Leistung, Ware oder Leistung gegen Geld.

Damit sind wir bei einer wichtigen Eigenschaft von Geld angelangt: der Tauschfunktion. Es wird als Tauschmittel in unserer arbeitsteiligen Gesellschaft geschätzt, weil es einfacher ist, Geld gegen Ware zu tauschen als Ware gegen Ware, z. B. Schafe gegen Werkzeug, Massagen gegen Charterflug.

Geld wird aber nicht nur gegen Ware getauscht, sondern auch gegen Geld anderer Länder, z. B. Euro gegen US-$. Es wirkt sich erheblich auf eine Urlaubsreise aus, wenn die Währung des Ziellandes teuer ist.

## Meine Ziele

KOMPETENZ-ERWERB

Nach Bearbeitung dieses Kapitels kann ich

- die Formen und Funktionen des Geldes erklären;
- erläutern, warum die in Umlauf befindliche Geldmenge von großer Bedeutung ist und wie Banken sie steuern können;
- Wechselkursschwankungen auf deren Ursachen zurückführen;
- beschreiben, wie man Preissteigerungen messen kann;
- entscheiden, welche Maßnahmen die Zentralbanken und der Staat in Zeiten von Inflation oder Deflation setzen sollen;
- analysieren, ob ein Staat die Voraussetzungen erfüllt, den Euro als Währung einzuführen.

# 1 Geschichte des Geldes

*„Gab es Geld schon immer?" fragt der kleine Jakob, als er eines Abends mit seinen Eltern beim Abendessen sitzt. „Nein", antwortet sein Vater, „die ältesten uns bekannten Münzen stammen ca. aus dem Jahr 600 vor Christus. Zuvor wurden meist Waren gegen Waren getauscht, später gab es dann Naturalgeld, z. B. in Form von Muscheln oder Perlen."*

Was ist der Vorteil von Geld, in der Form, wie wir es heute kennen?

Geld spielt heutzutage eine große Rolle. Doch bis es das Geld gab, das wir heute kennen, war es ein langer Weg. Wir müssen in der Geschichte ein Stück zurückblicken, bis wir zu jener Zeit kommen, in der es noch kein Geld gab. Die Geschichte des Geldes kann man in mehrere Stufen einteilen.

- **Geschlossene Hauswirtschaft**
  Ganz am Anfang produzierten die Leute alles, was sie zum Leben brauchten, selbst. Es gab keinen Tausch von Waren, wie wir das heute kennen: Nur was selbst hergestellt werden konnte, konnte zur Befriedigung der Bedürfnisse verwendet werden.

- **Naturaltauschwirtschaft**
  In der Zeit der Naturaltauschwirtschaft war Geld, so wie wir es heute kennen, gänzlich unbekannt. Es wurde „Ware gegen Ware" getauscht. Die Tauschpartner waren jedoch mit Schwierigkeiten konfrontiert. Um eine Ware tauschen zu können, musste man erst den geeigneten Tauschpartner finden. Weitere Probleme waren die unterschiedliche Bewertung der Waren, die Haltbarkeit und Unteilbarkeit diverser Güter.

In der Geschichte wurden verschiedene Dinge als Tauschmittel eingesetzt wie z. B. Salz, Muscheln oder Tierfelle.

- **Naturalgeldwirtschaft**
  Ein wesentlicher Schritt in der Entwicklung des Geldes war die Verwendung von Gebrauchs- und Schmuckgegenständen (z. B. von Speeren, Trommeln, Ringen, Muscheln, Perlen), aber auch von Lebensmitteln (Salz, Tee, Kakao), Bekleidung und Vieh, Fellen, Seide, Baumwolle als Zwischentauschmittel (= Naturalgeld). Dieses Naturalgeld brachte gegenüber dem direkten Warentausch mehrere Vorteile: Der Wert der Tauschgegenstände war allgemein bekannt und anerkannt. Sie waren in der Regel leicht transportierbar, teilbar und konnten aufbewahrt werden. Der Wert zu tauschender Güter konnte durch das Naturalgeld leichter verglichen werden.

  Als besonders geeignetes Zwischentauschmittel wurden schließlich Metalle (wie Gold, Silber, Kupfer) erkannt. Aus den Anfängen dieser Entwicklung stammt der Begriff des Wägegeldes, d. h., die zur Zahlung verwendeten Metalle wurden abgewogen. Später wurden die Metalle in bestimmte Formen gegossen. Die ältesten uns bekannten Münzen wurden etwa zwischen 700 und 600 vor Christus von den Lydern hergestellt.

  Die Erfindung des Münzgeldes war ohne Zweifel ein großer Fortschritt für die Menschheit. Durch die Ausweitung des Handels und damit auch des Geldverkehrs wurde es notwendig, die schweren und unhandlichen Geldmünzen durch eine bequemere Zahlungsart zu ersetzen. Das erste Papiergeld war aber nicht Geld an sich, sondern als Anweisung zur Auszahlung von Münzgeld gedacht (Depositennote). Als die eigentlichen Schöpfer des Papiergeldes gelten die Chinesen. Marco Polo fand auf seinen Reisen 1276 kaiserliche Banknoten aus Papier.

- **Die moderne Geldwirtschaft**
  Hier spielt das Bargeld keine führende Rolle mehr. Der bargeldlose Zahlungsverkehr nimmt einen immer größeren Stellenwert ein. Das Buch- oder Giralgeld ist die moderne Form des Geldes. Buchgeld scheint als Guthaben bei Banken auf. Es kann jederzeit in Bargeld getauscht oder von einem Bankkonto auf eine anderes transferiert werden.

# 2 Geld

*Sie essen in Ihrem Lieblingsrestaurant für zehn Euro zu Mittag. Als Sie zahlen möchten, bemerken Sie, dass Sie Ihre Geldbörse zu Hause vergessen haben. Da Sie den Wirt aber schon lange kennen, akzeptiert er einen Zettel, auf dem Sie vermerken, dass Sie ihm diesen Betrag schulden. Das bedeutet, dieser Zettel ist für ihn jetzt zehn Euro wert. Was ist jedoch, wenn der Wirt mit diesem Zettel am nächsten Tag im Supermarkt seinen Einkauf bezahlen möchte? Warum wird die Kassiererin den Zettel nicht annehmen?*

Was ist Ihre Meinung dazu?

**Geld** ist ein Mittel zum Güteraustausch und wird beim Kauf bzw. Verkauf von Waren und Dienstleistungen verwendet.

Als Geld gilt ein bestimmtes „Gut", wenn Menschen übereinkommen, es als Zahlungsmittel zu verwenden. Seinen Wert bezieht es einzig aus einer gesellschaftlichen Übereinkunft. Heute entsteht es durch staatliche Proklamation.

Proklamation = amtliche Verkündigung bzw. Bekanntmachung.

Gemäß § 61 des österreichischen Nationalbankgesetzes und der sogenannten „Euro-Verordnung" sind die auf Euro lautenden Banknoten und Münzen gesetzliches Zahlungsmittel. In diesem Sinne besteht Annahmepflicht **für alle** Eurobanknoten und -münzen.

Der in der Praxis oftmals anzutreffende Hinweis, aus verschiedenen Gründen keine 200- oder 500-Euro-Scheine anzunehmen, ist in Österreich eigentlich nicht zulässig. Die Herstellung des 500-Euro-Scheins wurde 2019 eingestellt. Die Banknote bleibt aber weiterhin gesetzliches Zahlungsmittel.

## 2.1 Formen des Geldes

**Formen des Geldes**

**Metallgeld (Münzen)**

Heute werden Münzen von der Münze Österreich AG geprägt, die der Oesterreichischen Nationalbank gehört. Die Ausgabe von Euromünzen liegt in der Kompetenz der Mitgliedsstaaten, die an der Europäischen Währungsunion teilnehmen. Das Ausgabevolumen bedarf jedoch der Genehmigung durch die Europäische Zentralbank.

**Banknoten**

Der Geldwert von Banknoten deckt sich nicht mit dem Materialwert. Heute werden Banknoten von den Zentralbankinstituten ausgegeben. Die Oesterreichische Nationalbank ist nach Maßgabe der Europäischen Zentralbank berechtigt, auf Euro lautende Banknoten auszugeben.

**Buchgeld (Giralgeld)**

Buchgeld (Giralgeld) ist stoffloses, gestaltloses Geld. Es scheint in den Büchern als Forderungen und Verbindlichkeiten auf. Es entsteht durch

- Bareinzahlung auf Girokonten,
- Überweisungen im bargeldlosen Zahlungsverkehr,
- Kreditgewährung der Banken.

Die Europäische Zentralbank (EZB) genehmigt das **Ausgabevolumen** von Münzen und Banknoten. Die tatsächliche Ausgabe übernimmt die Nationalbank des Mitgliedslandes (bei uns: Oesterreichische Nationalbank, OeNB).

EUROPÄISCHE ZENTRALBANK

OeNB
OESTERREICHISCHE NATIONALBANK
EUROSYSTEM

**Buchgeld (Giralgeld)** ist ein Zahlungsanspruch auf (Bar)Geld. Es handelt sich im Gegensatz zu Bargeld um **kein gesetzliches Zahlungsmittel,** wird jedoch im Wirtschaftsleben als solches akzeptiert.

## 2.2 Geldfunktionen

Geld hat folgende **volkswirtschaftliche Grundfunktionen:**

- **Zahlungsmittelfunktion (Tauschfunktion)**
  Geld ist ein allgemeines Zahlungs- und Tauschmittel. Es ermöglicht und erleichtert die Tauschvorgänge in einer arbeitsteiligen Wirtschaft. Es dient dem Austausch von Sachgütern und Dienstleistungen, indem es zwischen den zu tauschenden Gütern steht und gegeben und genommen wird.
- **Wertaufbewahrungsfunktion**
  Geld dient als Wertaufbewahrungsmittel. Vermögen in beliebiger Größe sind in Geldform leicht aufbewahrbar und transportierbar. Durch Sparen dient es der Vermögensbildung. Sowohl im Haushalt als auch in Unternehmen dient Geld als Liquiditätsreserve. Es besteht allerdings die Gefahr des Wertverlustes bei hoher Inflation.

Liquidität = Zahlungsfähigkeit. Es sind genügend Mittel zur Begleichung aller offenen Rechnungen (kurzfristigen Verbindlichkeiten) vorhanden.

- **Rechenfunktion (Wertmaßstab)**
  Geld dient als Recheneinheit bzw. als Wertmaß. Es ermöglicht die Bewertung aller auf dem Markt gehandelten Güter. Geld erleichtert die Übersicht und vereinfacht die Information auf den Märkten.

Aufgrund dieser Funktionen hat das Geld in der Wirtschaft weitreichende Bedeutung. Geld beeinflusst durch seine Funktion als Tauschmittel den Wirtschaftsablauf ebenso nachhaltig wie durch die Wertaufbewahrungsfunktion. Welche Funktion im Vordergrund steht, hängt beispielsweise vom Wohlstand einer Volkswirtschaft ab.

**Beispiele**
- Die Wertaufbewahrungsfunktion ist in einer Wirtschaft mit **hohem Lebensstandard** stärker betont: Viele Menschen planen mit zunehmendem Wohlstand auf längere Zeit und beeinflussen mit ihren vermögenspolitischen Überlegungen den Wirtschaftsablauf wesentlich. Wenn die Sparquoten in einer Volkswirtschaft hoch sind, schränkt sich damit die Konsumnachfrage ein und das wirtschaftliche Wachstum wird negativ beeinflusst.
- In Ländern mit **geringerem Wohlstand** kann naturgemäß wenig oder nicht gespart werden. Es kommt daher kaum zu einer Wertaufbewahrung durch Geld.

## 2.3 Geldmenge

*Beim Angebot und der Nachfrage nach Geld ist es genauso wie beim Angebot und der Nachfrage nach Gütern. Wenn das Geldangebot steigt, also wenn viel Geld im Umlauf ist, sinkt der Preis und damit der Wert des Geldes. Umgekehrt, wenn Geld eher knapp ist, steigt der Wert des Geldes ...*

Die Höhe der im Umlauf befindlichen Geldmenge ist für eine Volkswirtschaft von besonderer Bedeutung. Sie spielt eine entscheidende Rolle bei der **Bestimmung des Preisniveaus und somit des Geldwertes.** Ist mehr Geld (bei gleichbleibender Menge an Gütern) im Umlauf, steigen die Preise der Güter und somit sinkt der Wert des Geldes. Die Geldmengensteuerung erfolgt im Euroraum durch die EZB.

Die Geldmengen M1 bis M3 geben an, welche Zahlungsmittel den Haushalten und Unternehmen zur Verfügung stehen. Sie setzen sich wie folgt zusammen.

**Geldarten und Geldmengen**

| | | |
|---|---|---|
| Bargeldumlauf | Münzen, Banknoten | Zentralbankgeld |
| + Buchgeld (Giralgeld) | Buch-/Giralgeld | |
| = **Geldmenge M1** | | |
| + | | |
| Spareinlagen | ... mit Kündigungsfrist bis zu 3 Monate | bei inländischen Geschäftsbanken |
| + Termineinlagen | ... mit Laufzeit bis 2 Jahre | |
| = **Geldmenge M2** | | |
| + | | |
| + Geldmarktfondsanteile | ... mit einer Laufzeit bis 2 Jahre | |
| + Geldmarktpapiere | | |
| + Schuldverschreibungen | | |
| + Repogeschäfte | | |
| = **Geldmenge M3** | | |

**Zentralbankgeld** = Geld, das von der Zentralbank selbst geschaffen wurde und somit auch direkt kontrolliert werden kann.

**Ist Ihnen etwas aufgefallen?**
Das Geld ist zeitlich unterschiedlich verfügbar („liquide"), deshalb wird es auch in den angeführten Geldmengenaggregaten zusammengefasst.

Wiederholen Sie diese Grafik mit einer Übung in der TRAUNER-DigiBox.

Durch die **unterschiedlichen Geldmengen** werden die unterschiedlichen Funktionen des Geldes stärker beleuchtet. Während es bei M1 maßgeblich um die Zahlungsmittelfunktion geht, schließt M3 auch längerfristig gebundene Einlagen mit ein. Die Wertaufbewahrungsfunktion wird stärker betont.

**Die wichtigsten Begriffe**

**Termineinlagen:** Guthaben auf einem Bankkonto, über das nicht jederzeit verfügt werden kann. Der Kunde sagt eine bestimmte Laufzeit verbindlich zu, dadurch erhöht sich der Zinsertrag eines Bankguthabens.

**Geldmarktfondsanteile:** Ein Geldmarkfonds ist eine spezielle Art von Investmentfonds, der aufgrund der Fondsrichtlinien in kurzfristige, festverzinsliche Wertpapiere investiert.

**Geldmarktpapiere:** von der Zentralbank ausgegebene Wertpapiere, mit denen sich Kreditinstitute kurzfristiges Kapital besorgen können.

**Schuldverschreibungen:** Wertpapiere, die einen Anspruch auf Rückzahlung eines fixen Geldbetrages verbriefen.

**Repogeschäfte:** Pensionsgeschäfte, bei denen Kreditinstitute als Pensionsgeber auftreten und Pensionsnehmern Vermögensgegenstände gegen Zahlung eines bestimmten Betrages übertragen.

**Investmentfonds** = eine Form der Geldanlage, bei der eine Anlagegesellschaft Gelder von vielen Anlegern entgegennimmt und entsprechend der Fondsrichtlinien (z. B. Aktien, Geldmarkt usw.) verwaltet.

## 2.4 Geldschöpfung und -vernichtung

Mittels Geldschöpfung und Geldvernichtung kann die Geldmenge in einer Volkswirtschaft gesteuert werden. Bei **Geldschöpfung** wird der vorhandenen Geldmenge weiteres Geld zugeführt – es kommt Geld in den Wirtschaftskreislauf. **Geldvernichtung** liegt vor, wenn Geld entzogen wird.

Das ESZB umfasst die EZB und die nationalen Zentralbanken (Nationalbanken). Mehr darüber erfahren Sie später im Kapitel.

Die Steuerung der Geldmenge wird im Euroraum durch die Europäische Zentralbank (EZB) und das Europäische System der Zentralbanken (ESZB) getragen. Aber auch Geschäftsbanken haben die Möglichkeit der Geldschöpfung und -vernichtung.

Im Kapitel „Konjunktur und Wirtschaftswachstum" erfahren Sie, wie Zentralbanken durch die Erhöhung oder Senkung der Geldmenge direkt oder indirekt Einfluss auf die Wirtschaft haben.

### Geldschöpfung und -vernichtung durch Zentralbanken (Zentralbankgeldschöpfung)

Zentralbanken, im Euroraum die EZB, haben folgende Instrumente zur Verfügung, um die Geldmenge zu steuern:

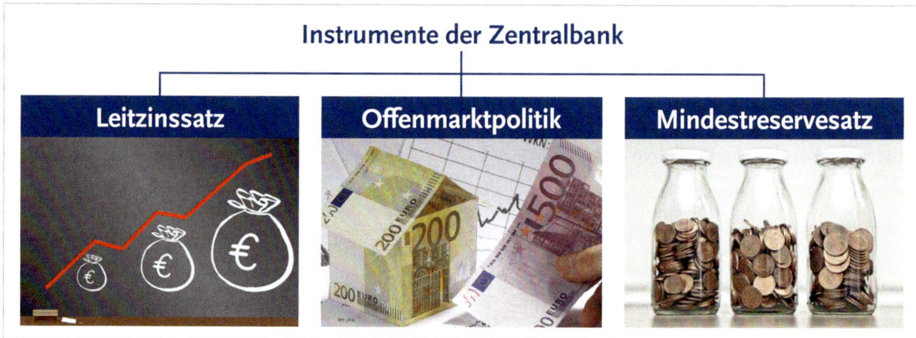


- **Leitzinssatz**
  Der **Leitzinssatz** ist der von der EZB festgelegte Zinssatz, zu dem sich Geschäftsbanken bei Zentralbanken Geld ausleihen bzw. anlegen können. Bei der Mittelbeschaffung für die eigene Vergabe von Krediten spricht man auch von **Refinanzierung.**

  Wenn der Leitzinssatz beispielsweise erhöht wird, werden die Kredite für die Banken teurer. Diese Verteuerung zzgl. eines Aufschlages auf den Leitzinssatz geben sie an ihre Kunden weiter. Durch die teureren Kredite werden die Wirtschaftsteilnehmer weniger Kredite aufnehmen und weniger Geld gelangt in den Wirtschaftskreislauf. Das heißt, über die Erhöhung und Senkung des Leitzinssatzes beeinflusst die EZB die umlaufende Geldmenge.

Der Leitzinssatz heißt vor allem deshalb so, weil er für die Geschäftsbanken eine Leitfunktion für ihre eigene Zinsgestaltung darstellt.

FILM AB!

Ein Video über die amerikanische Zentralbank, die Fed und deren Geldpolitik, sehen Sie auf www.trauner.at/geldpolitik

#### VW Plus – Ständige Fazilitäten

Die **ständigen Fazilitäten** sind Möglichkeiten für die Geschäftsbanken, jederzeit über das ESZB Geld zu erhalten oder auch Geld anzulegen. Der **Leitzins** ist in der Fachsprache die sogenannte **Hauptrefinanzierungsfazilität.** Sie wird regelmäßig jede Woche durchgeführt und haben in der Regel eine Laufzeit von zwei Wochen.

Kurzfristig haben Geschäftsbanken folgende Möglichkeiten:

- Sogenannte „Übernachtkredite" werden als **Spitzenrefinanzierungsfazilität** bezeichnet. Geschäftsbanken können dabei kurzfristig (bis zum Beginn des nächsten Geschäftstages) Geld bei den Nationalbanken aufnehmen und anlegen. Der Zinssatz liegt etwas über dem Leitzinssatz.
- Geschäftsbanken können bei der Bank kurzfristig (bis zum Beginn des nächsten Geschäftstages) Einlagen zum Satz der **Einlagenfazilität** (Tagesgeld) anlegen. Der Zinssatz liegt etwas unter dem Leitzinssatz.

- **Offenmarktpolitik**
  Unter Offenmarktpolitik versteht man in erster Linie den Kauf und Verkauf von Wertpapieren und ausländischen Währungen („Devisenswapgeschäfte") durch die Zentralbank. Kauft die Zentralbank und zahlt mit eigenem Geld, erhöht sich die Geldmenge. Verkauft sie hingegen gegen eigenes Geld, zieht sie Geld wieder ein. Die Zentralbank kauft und verkauft auf „offenen", d. h. im Prinzip allen zugänglichen Märkten.

- **Mindestreservesatz**
  Die Kreditinstitute haben die Verpflichtung, im Rahmen der Vorschriften des ESZB einen Teil ihrer Einlagen als Reserve bei den nationalen Zentralbanken zu hinterlegen. Den übrigen Teil können sie etwa als Kredite an die Wirtschaftsteilnehmer vergeben. **Je höher dieser Mindestreservesatz ist, desto weniger Kredite können vergeben werden** und desto weniger Geld gelangt in den Wirtschaftskreislauf. Die Höhe der Mindestreserve hat somit Auswirkungen auf die Giralgeldschöpfung der Geschäftsbanken (siehe Beispiel Giralgeldschöpfung).

  Die Guthaben der Kreditinstitute werden von der Nationalbank verzinst. Das Mindestreservesystem des ESZB dient der Stabilisierung der Geldmarktsätze bzw. der Herbeiführung einer Liquiditätsknappheit und damit wiederum zur Steuerung der im Umlauf befindlichen Geldmenge.

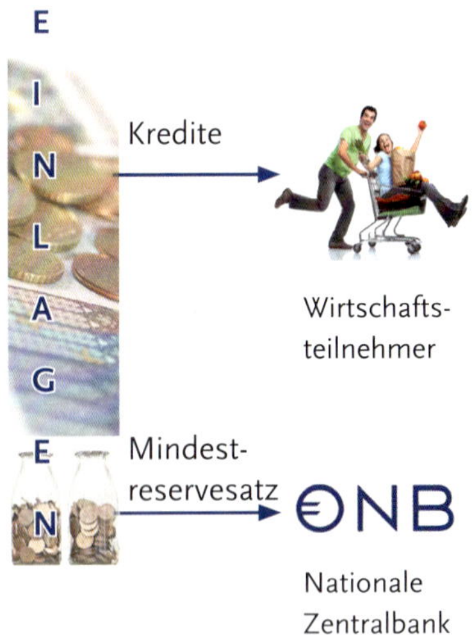


## Geldschöpfung und -vernichtung durch Geschäftsbanken (Giralgeldschöpfung)

Die Geldschöpfung durch die Kreditinstitute funktioniert nach einem einfachen Prinzip: Sie erfolgt durch Kredite „aus dem Nichts". Die Banken sammeln die Einlagen der Sparer und erhalten von der Zentralbank die Erlaubnis, Kredite, die die Einlagen um ein Vielfaches übersteigen, zu vergeben. Die genaue Höhe hängt von der Mindestreserve ab, die die Bank bei der Zentralbank hinterlegen muss.

**Beispiel: Giralgeldschöpfung**
Die EZB verlangt 1 % Mindestreserve. Zahlt ein Sparer 100,00 EUR bei einer Bank ein, so ist davon 1,00 EUR bei der OeNB zu hinterlegen. Die Bank hat eine Verbindlichkeit von 100,00 EUR. Sie kann den Überschuss von 99,00 EUR als Kredit vergeben usw.

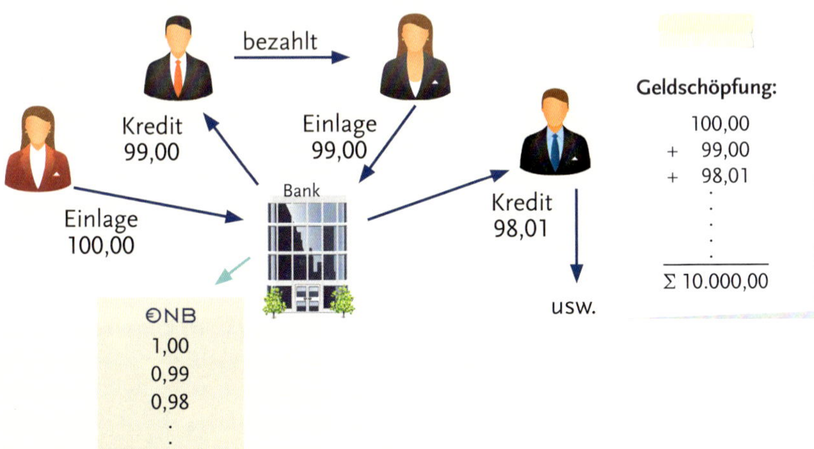


Die Summe der bei den Banken einbezahlten Beträge beläuft sich auf 10.000,00 EUR, die Summe der neuen Schulden beträgt demnach 9.900,00 EUR und ist ausschließlich durch Schulden gedeckt. Das Geld existiert nur als Buchgeld. Somit ist klar, dass nie alle Kontoinhaber zum gleichen Zeitpunkt ihre Gutschriften ausbezahlt bekommen können, da nur ein Prozent der Gutschriften auf einer realen Einlage basiert.

FILM AB!
Dieses Beispiel in einem Video erklärt finden Sie unter www.trauner.at/giralgeldschoepfung

Da Geschäftsbanken ihren Kunden Kredite nicht aufzwingen können, ist eine volle Ausnutzung dieser Geldschöpfungsmöglichkeiten unwahrscheinlich.

Das System wird problematisch, wenn Kreditausfälle eintreten oder die Kreditvergabe zu sorglos geschieht.

## Aufgabenstellungen – „Geld“

**1.** Stellen Sie sich vor, wir müssten ab heute wieder Naturaltauschwirtschaft betreiben. Beschreiben Sie, wie ein Tag in Ihrem Leben dann ablaufen würde.

**2.** Kreuzen Sie an, um welche Funktion des Geldes es sich bei den folgenden Beispielen handelt.

| Beispiele | Tausch-funktion | Wertaufbe-wahrungsfunk-tion | Rechen-funktion |
|---|---|---|---|
| a) Luana geht mit einer Freundin shoppen und kauft sich zwei Paar neue Sneakers. | | | |
| b) Um in zwei Jahren eine große Reise in die USA antreten zu können, legt Herr Platzer monatlich 200 EUR auf sein Sparbuch. | | | |
| c) Das Speditionsunternehmen LKW Walter nimmt einen Kredit auf, um sich fünf zusätzliche Lkws kaufen zu können. | | | |
| d) Herr Aufhauser möchte sich einen neuen Laptop kaufen und vergleicht dazu die Preise im Internet. | | | |
| e) Frau Schachner ist gegenüber Banken sehr misstrauisch eingestellt. Sie behebt daher in jedem Monat fast das gesamte Geld von ihrem Konto und versteckt es zu Hause. | | | |
| f) Die 18-jährige Evrim möchte von zu Hause ausziehen. Online sucht sie sich passende Mietwohnungen. Neben Lage und Größe betrachtet sie auch die monatlichen Mietkosten. | | | |
| g) Sie reisen nach China und bezahlen mit der dortigen Währung Yuan alle anfallenden Kosten vom Hotel bis zum Essen. | | | |

3. Lesen Sie folgenden Zeitungsartikel und beantworten Sie die anschließenden Fragen:

### EZB belässt Leitzins bei 4,5 Prozent

Die Europäische Zentralbank (EZB) hält trotz rückläufiger Inflation an ihren Rekordzinsen fest. Der Leitzins bleibt damit bei 4,50 Prozent, wie der EZB-Rat im Mai 2024 mitteilte. Damit lässt die EZB die Leitzinsen im Währungsraum der 20 Staaten zum vierten Mal in Folge unverändert. Im Juli 2022 hatte die EZB die Jahre der Null- und Negativzinsen beendet, um die zeitweise auf Rekordhöhe gekletterte Inflation in den Griff zu bekommen.

Zehnmal in Folge schraubte die Notenbank die Zinsen nach oben. Angesichts schwächelnder Konjunktur mehren sich Forderungen, die Zinsen wieder zu senken.

*(Quelle. ORF, 2024)*

**a)** Erläutern Sie, was die EZB bezweckte, als sie den Leitzinssatz 2020 zu erhöhen begann.

**b)** Analysieren Sie, wie sich hohe Zinsen auf die Nachfrage nach Aktien auswirken könnten.

**c)** Verdeutlichen Sie, wie die EZB durch Änderung des Mindestreservesatzes auf die Kreditvergabe Einfluss nehmen kann. Überlegen Sie auch, welche Gefahren dadurch entstehen könnten.

# 3 Binnenwert und Außenwert des Geldes

*Im Jahr 1980 musste ein Industriearbeiter noch durchschnittlich 7,5 Minuten arbeiten, um sich einen Liter Normalbenzin leisten zu können. 2007 reichten dafür nur noch 5,3 Minuten ... Auch beim Kauf eines Farbfernsehgeräts war 1980 der Aufwand erheblich größer. Über 229 Stunden musste ein Industriearbeiter arbeiten, bevor er sich ein neues Gerät zu Hause aufstellen konnte. Heute sind es nur noch gut 60 Stunden. Aber es gibt auch Produkte, für die man heute länger arbeiten muss als früher, um sie sich leisten zu können ...*

Schätzen Sie, wie lange ein/e Durchschnittsverdiener/in heute für verschiedene Güter arbeiten muss – machen Sie dazu ein Quiz in der TRAUNER-DigiBox.

Der Wert des Geldes wird durch seine Kaufkraft ausgedrückt. Unter der **Kaufkraft** versteht man die Gütermenge, die man für eine bestimmte Geldmenge kaufen kann.

Die Kaufkraft kann
- binnenwirtschaftlich oder
- in Relation zu anderen Währungen

gemessen werden.

| Bei steigender Kaufkraft | Bei sinkender Kaufkraft |
|---|---|
| ■ können für eine Geldeinheit mehr Güter eingekauft werden und | ■ kann für eine Geldeinheit immer weniger gekauft werden und |
| ■ muss für die gleiche Gütermenge eine geringere Geldmenge aufgewendet werden. | ■ muss für die gleiche Gütermenge mehr Geld aufgewendet werden. |

**Beispiel: sinkende Kaufkraft**
Für 10,00 EUR kann ein Fußball gekauft werden, das Tauschverhältnis von Geld zu Gütern ist 10 : 1. Zu einem späteren Zeitpunkt kostet der Fußball 11,00 EUR, das Tauschverhältnis beträgt 11 : 1. Für das gleiche Gut muss mehr Geld bezahlt werden.

Unterscheiden Sie bei diesem Beispiel: Der **Nominalwert** des Geldes ist gleich geblieben (1 Euro ist immer noch 1 Euro!), aber der **Realwert** oder der **Tauschwert** ist gesunken.

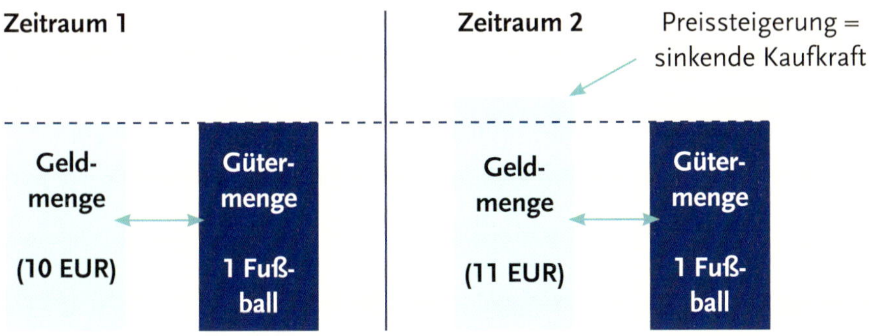

## 3.1 Binnenwirtschaftlicher Geldwert

Interne Veränderungen der volkswirtschaftlichen Kaufkraft spiegeln sich in den **Preisveränderungen** wider. Steigen die Preise ohne gleichzeitige Lohnerhöhungen, so sinkt die Kaufkraft. Wenn die Preise sinken, steigt die Kaufkraft.

Die Messung der relativen Preisänderung in einer bestimmten Zeitspanne erfolgt mithilfe des **Verbraucherpreisindex (VPI)**. Dieser zeigt die Preisentwicklung in einer bestimmten Zeitspanne für bestimmte Sachgüter und Dienstleistungen.

Ausgangspunkt ist der **Warenkorb,** der alle Artikel umfasst, die für einen österreichischen Durchschnittshaushalt infrage kommen. Derzeit sind 778 Güter in diesem Warenkorb für den VPI auf Basis des Jahres 2020. Die Güter im Warenkorb werden in folgende zwölf Verbrauchsgruppen eingeteilt:

**Zusammensetzung des Warenkorbs (778 Güter) – VPI 2020**

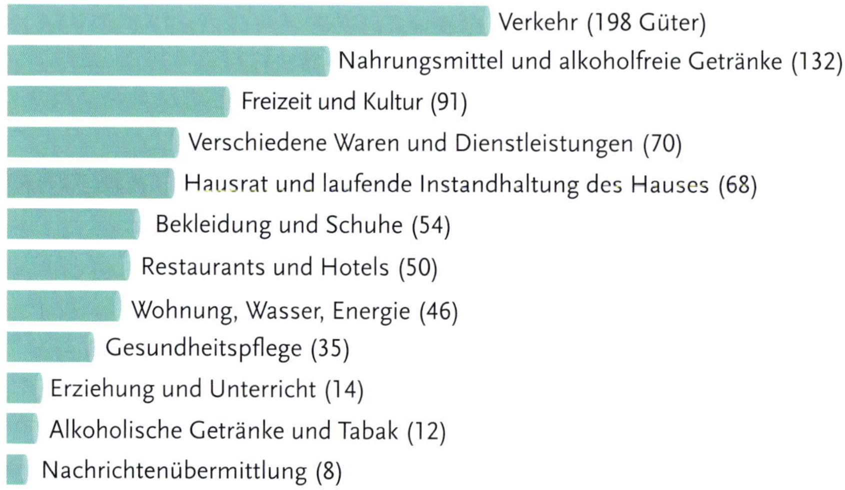


Die verschiedenen Güter werden entsprechend gewichtet. Man nimmt nun ein Basisjahr, gegenwärtig das Jahr 2020, und setzt den Preis für diesen Warenkorb gleich 100. Ausgehend von diesem Basisjahr, werden nun die Preissteigerungen ermittelt. Der regelmäßige Vergleich zeigt Veränderungen der Kaufkraft an.

Um den VPI international vergleichbar zu machen, gibt es den **harmonisierten Verbraucherpreisindex (HVPI).** Dieser ermöglicht den Vergleich der Kaufkraft zwischen den EU-Staaten. Er berücksichtigt nur Ausgaben, die auch in anderen EU-Ländern erhoben werden.

### Aufgabenstellungen – „Binnenwirtschaftlicher Geldwert“

1. Suchen Sie auf www.statistik.at (Stichwort VPI 2020) den aktuellen VPI zum Basisjahr 2020. Geben Sie an, wie sich der Index entwickelt hat.

2. Berechnen Sie unter www.statistik.at/persoenlicher_inflationsrechner die für den Haushalt – in dem Sie leben – aussagekräftige Inflationsrate. Vergleichen Sie diese mit der offiziellen Inflationsrate.

**Beispiele für die Gewichtung der Güter (778 Güter = 100 %)**

Wohnungsmieten: 5,44214 %

Bügeleisen: 0,00924 %

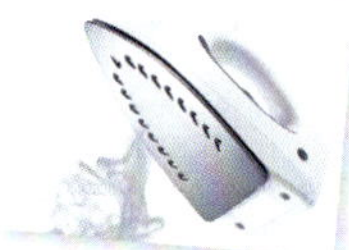

Telefon/ Fax: 0,34309 %

Ambulante Dienstleistungen: 1,98931 %

Die Zunahme des allgemeinen Preisniveaus und damit der Verlust der Kaufkraft wird auch als **Inflation** bezeichnet. Die Inflationsrate kann man mithilfe des VPI berechnen. Mehr darüber erfahren Sie später im Kapitel.

Den aktuellen Warenkorb sowie die Gewichtung am VPI bzw. HVPI finden Sie in der TRAUNER-DigiBox.

## 3.2 Außenwirtschaftlicher Geldwert – Währung

Der Geldwert und damit die Kaufkraft kann auch außenwirtschaftlich in Relation zu anderen Währungen gemessen werden.

Unter einer **Währung** versteht man das gesetzliche Zahlungsmittel eines Landes oder auch einer Region.

Fremdwährungen werden in Valuten und Devisen gehandelt:
- **Valuten:** Bargeld in ausländischer Währung.
- **Devisen:** Buchgeld und sämtliche Wertpapiere in ausländischer Währung (z. B. Schecks, Aktien). Sie werden auf dem Devisenmarkt gehandelt.

Der **Handel** mit Valuten und Devisen ist immer aus der Banksicht zu betrachten.

| | | |
|---|---|---|
| **Ankaufskurs** | Kurs, zu dem die Bank Devisen oder Valuten kauft. Der Ankaufskurs ist immer der höhere Kurs (Für den Kunden ist dies der Verkaufskurs). | **Beispiel**<br>Clara wechselt das übrige Urlaubsgeld von 500,00 USD in Euro um. |
| **Verkaufskurs** | Kurs, zu dem die Bank Devisen oder Valuten verkauft. Der Verkaufskurs ist immer der niedrigere Kurs. | **Beispiel**<br>Paul wechselt 350,00 EUR in britische Pfund um. |

Voraussetzung für den freien Devisenhandel ist die **Konvertibilität (Austauschbarkeit)** einer Währung, d. h. die unbeschränkte Umtauschbarkeit einer Währung in eine fremde Währung. Nach den Bestimmungen des Internationalen Währungsfonds (IWF) ist die Konvertibilität einer Währung dann gegeben, wenn ein Land Zahlungen aus grenzüberschreitendem Geschäfts- und Zahlungsverkehr unbeschränkt zulässt.

Weiters muss ein Umtausch der in anderen Ländern auf Bankguthaben veranlagten Währungen garantiert sein. Währungen, die überall frei konvertierbar sind, werden als harte Währungen bezeichnet. Nicht konvertible Währungen besitzen nur in dem Land Gültigkeit, das sie herausgibt, z. B. der „Won" als Währung von Nordkorea.

Devisenmarkt = freier Markt zum Handel von fremden Währungen. Der Handel findet direkt zwischen den Kreditinstituten statt.

Mehr über Devisen und Valuten kennen Sie aus den Gegenständen „Unternehmensrechnung und Controlling sowie Betriebswirtschaft".

Internationaler Währungsfonds (IWF): (engl.: IMF = International Monetary Fund). Die Aufgaben des IWF sind die Förderung der internationalen Zusammenarbeit in der Währungspolitik, Ausweitung des Welthandels, Stabilisierung von Wechselkursen etc. Mehr über den IWF erfahren Sie im Kapitel „Globale Wirtschaft".

### 3.2.1 Wechselkurssysteme

*Sie wollen sich ein amerikanisches Auto kaufen. Der Importeur in Österreich verfügt über Euro, die er von seinen Kunden bekommt. Der Automobilhersteller in den USA möchte aber US-Dollar haben, um u. a. seine Mitarbeiter bezahlen zu können. So muss es irgendwo eine Wechselstelle geben, die Dollar gegen Euro verkauft. Egal ob der Importeur sich nun Dollar besorgt oder der Automobilhersteller die Euro annimmt und dann damit Dollar kauft …*

Währungen sind im globalisierten Markt wie Güter zu betrachten. Das heißt, es gibt für jede Währung auch ein Angebot und eine Nachfrage auf dem internationalen Finanzmarkt.

Der **Wechselkurs** ist der Preis einer ausländischen Währung bzw. das Austauschverhältnis zweier Währungen.

Im internationalen Wechselkurssystem werden feste und flexible Wechselkurse unterschieden:

| System der flexiblen Wechselkurse (Floating) | System der fixen (festen) Wechselkurse |
|---|---|
| Flexible Wechselkurse werden durch das **Zusammentreffen von Angebot und Nachfrage** auf dem Devisenmarkt und grundsätzlich ohne Eingriffe von Staaten oder Zentralbanken gebildet (= Floating).<br><br>Der Wechselkurs zwischen den wichtigsten Währungen, z. B. Euro, US-Dollar, Yen, Pfund Sterling, kommt so zustande. Folge ist, dass Wechselkurse mitunter starken Schwankungen unterliegen.<br><br>Wenn ein allgemeines wirtschaftspolitisches Interesse besteht, dann kommt es auch im System der freien Wechselkurse zu gemeinsamen Interventionen der Notenbanken. Dies kann das Ziel haben, eine Währung oder einen Wirtschaftsraum zu schützen oder gemeinsam zu unterstützen **(„schmutziges" Floating, managed floating).**<br><br>**Beispiel: „Schmutziges Floating"**<br>Fällt der Kurs der eigenen Währung zu stark, kann die Zentralbank die eigene Währung auf dem Devisenmarkt aufkaufen, um die Nachfrage zu erhöhen und somit den weiteren Verfall zu bremsen (= Interventionskauf). | In Systemen fixer (fester) Wechselkurse vereinbaren die beteiligten Länder einen festen Leitkurs und intervenieren auf den Märkten bei Abweichungen. Der Wechselkurs wird dabei von der Zentralbank an eine andere Währung oder aber an einen Währungskorb gebunden.<br><br>**Beispiel: Wechselkursmechanismus II (WKM II)**<br>Seit 1999 bestehendes Wechselkursabkommen zwischen verschiedenen EU-Ländern im Rahmen des Europäischen Währungssystems II (EWS II). Es legt eine maximale Bandbreite von +/–15 % um den Leitkurs der Währung eines EWS-II-Mitglieds zum Euro fest.<br><br>**Weiters sind im WKM II u. a. vereinbart:**<br>▪ Abstimmung der nationalen Währungspolitik mit der Europäischen Währungsunion<br>▪ Gemeinsame Leitzinsabsprachen<br>▪ Anlassbezogene, verpflichtende, gemeinsame und koordinierte Interventionen auf den Devisenmärkten |

Den aktuellen Wechselkurs zwischen US-Dollar und Euro finden Sie hier: https://www.finanzen.net/devisen/dollarkurs

WKM II = EWS II (Europäisches Währungssystem II)

Derzeit (Stand: 2024) nehmen am WKM II nur Dänemark und Bulgarien teil. Die mindestens zweijährige Teilnahme am WKM II stellt eines der vier Kriterien (Konvergenzkriterien) dar, um den Euro als Währung in einem Staat einführen zu können.

Wechselkurse sind immer in Bewegung, wofür verschiedene Gründe verantwortlich sind. Je nach Situation ändert sich das Tauschverhältnis von Währungen und der Wechselkurs einer Währung steigt oder sinkt im Verhältnis zu einer anderen Währung. Man spricht dabei auch von **Auf- und Abwertung** einer Währung.

**Aufwertung und Abwertung einer Währung**

| Aufwertung einer Währung | Abwertung einer Währung |
|---|---|
| Die Steigerung des Außenwertes einer Währung. | Das Sinken des Außenwertes einer Währung. |

**Ursachen und Folgen von Auf- und Abwertung am Beispiel Euro – US-$**

**Ausgangssituation**
1 Euro = 2 US-$

| **Abwertung Euro** | **Aufwertung Euro** |
| --- | --- |
| **= Aufwertung US-$** | **= Abwertung US-$** |
|  |  |
| 1 Euro = 1 US-$ | 1 Euro = 3 US-$ |
| ↓ | ↓ |
| **Mögliche Ursachen:** | **Mögliche Ursachen:** |
| ▪ Hohe Güterimporte aus den USA<br>▪ Viele Auslandsreisen von Personen aus Euroländern in die USA<br>▪ Zinsen in den USA höher als in Euroländern<br>▪ Anweisung oder Beschluss der Regierung, den Außenwert der Währung zu senken | ▪ Hohe Güterexporte in die USA<br>▪ Viele Auslandsreisen von Personen aus den USA in ein Euroland<br>▪ Zinsen in Euroländern höher als in den USA<br>▪ Anweisung oder Beschluss der Regierung, den Außenwert der Währung zu erhöhen |
| ↓ | ↓ |
| **Devisennachfrage** nach US-$ steigt | **Devisennachfrage** nach Euro steigt |
| → **Angebot** an Euro steigt | → **Devisenangebot** von US-$ steigt |
| ↓ | ↓ |
| **Folgen:** | **Folgen:** |
| Die Folgen sind in der Regel z. B. Importverteuerungen, aber auch Exportverbilligungen im Ausland und damit verbunden eine Stärkung der heimischen Wirtschaft. | Die Folgen sind in der Regel z. B. Importverbilligungen, aber auch Exportverteuerungen im Ausland und damit verbunden eine Schwächung der heimischen Wirtschaft. |

Internationale Devisenspekulanten, die auf steigende bzw. fallende Wechselkurse setzen, beeinflussen ebenfalls die Devisennachfrage.

## Wechselkursrisiko

Das **Wechselkursrisiko** ist im zwischenstaatlichen Güteraustausch neben den allgemeinen Marktrisiken und den politischen Risiken eines der bedeutendsten Probleme.

Wechselkursrisiko = Risiko der Veränderung des Kurses einer Währung gegenüber einer anderen Währung.

Es besteht die Gefahr, dass sich die Währung, in der eine Rechnung erstellt wurde, im Außenwert gegenüber einer anderen Währung verändert. Somit entsteht ein Risiko, real „mehr“ für die eingekauften Güter zu bezahlen oder real „weniger“ für die verkauften Güter zu erhalten.

Mögliche Wechselkursschwankungen können durch eine entsprechende Versicherung, welche jedoch auch mit Kosten verbunden ist, gedeckt werden. Für ein positives BIP-Wachstum ist es wichtig, dass keine Kosten für mögliche Wechselkursrisikoabdeckungen anfallen.

Mehr über die Risiken im Außenhandel kennen Sie aus dem Gegenstand „Betriebswirtschaft“.

### 3.2.2 Internationaler Vergleich der Kaufkraft

Um den Außenwert und damit die Kaufkraft einer Währung zwischen Volkswirtschaften zu vergleichen, reicht es nicht aus, z. B. die Preise für bestimmte Güter mit aktuellen Wechselkursen umzurechnen. Für diese Fälle hilft man sich mit Kaufkraftparitäten. **Kaufkraftparitäten (KKP)** geben an, wie viele ausländische Währungseinheiten für den Kauf eines vergleichbaren (Teiles eines) Warenkorbes aufgewendet werden müssen, den man im Inland für eine inländische Geldeinheit erhält.

**Berechnung: KKP** = Preis der Ware in Euro/Preis der Ware in Fremdwährung x Wechselkurs

**Vereinfachtes Beispiel zur Kaufkraftparität**
Wechselkursannahme: für 1 EUR erhält man 1,30 USD

Wenn ein Liter Coca Cola in Österreich 1,00 EUR kostet und in den USA 1,30 USD, so wäre die KKP für dieses Produkt unter Berücksichtigung des Wechselkurses exakt 1.
Würde ein Liter Coca Cola in den USA nur 1 USD kosten, so hätte der EURO gegenüber dem USD einen höhere Kaufkraft: KKP = 1 EURO/1 USD x Wechselkurs 1,3 = 1,3. Man bekommt somit in den USA für einen Euro rund 1/3 mehr Cola als in der EU.

Ein weiterer, wenn auch einfacherer Indikator zum Vergleich der Kaufkraft von Volkswirtschaften, ist der sogenannte **Big-Mac-Index.**

Beim **Big-Mac-Index** werden die Preise eines Big Mac in den verschiedenen Währungen der Welt verglichen. Mit dieser Umrechnung der jeweiligen Landeswährung zum aktuellen USD-Kurs werden die Kaufkräfte mit einer einfachen Methode untereinander vergleichbar. Denn der Big Mac ist beinahe weltweit in genormter Größe und Qualität erhältlich.

**Big-Mac-Index, Jänner 2024 (ausgewählte Länder)**

| Land | Big-Mac-Preis in USD |
|---|---|
| Schweiz | 8,17 |
| Norwegen | 7,14 |
| Euro-Zone | 5,87 |
| Großbritannien | 5,71 |
| USA | 5,69 |
| Kanada | 5,56 |
| Australien | 5,07 |
| China | 3,47 |
| Indien | 2,59 |
| Indonesien | 2,43 |

Quelle: Statista.de, 2024

Eine detailliertere Auflistung der Länder nach dem Big-Mac-Index finden Sie in der TRAUNER-DigiBox.

## Aufgabenstellungen – „Außenwirtschaftlicher Geldwert – Währung"

1. Entscheiden Sie, ob es in folgenden Fällen zu einer Auf- oder Abwertung des Euro kommt.

| Beispiele | Auf- oder Abwertung des Euro |
|---|---|
| a) Der Güterimport aus den USA boomt. | |
| b) Immer mehr Amerikaner reisen in die Länder der EU, die Nachfrage nach Euro steigt. | |
| c) Die EZB erhöht den Leitzins um 0,5 Prozentpunkte. Er liegt nun höher als der Leitzins in den USA, weswegen die Amerikaner vermehrt ihr Geld in den Euroländern anlegen. | |

2. Was bedeutet die Kaufkraftparität von
   a) 1,2 zwischen Österreich und den USA für 1 kg Kartoffel?
   b) 0,8 zwischen Österreich und den USA für 1 kg Kartoffel?
3. Angenommen, Sie erhalten für einen US-$ zunächst 0,85 EUR. Einen Monat später bekommen Sie dafür 0,95 EUR. Schildern Sie, ob es sich hierbei um eine Ab- oder Aufwertung des US-$ gegenüber dem Euro handelt.
4. Argumentieren Sie, ob es für die österreichische Exportwirtschaft besser ist, wenn der US-$-Kurs steigt oder fällt.

# 4 Störungen des Geld-Güter-Gleichgewichts

*In einer Marktwirtschaft ist es normal, dass die Preise für bestimmte Güter fallen und für andere steigen. So können Sie beobachten, dass Lebensmittel und Wohnungsmieten kontinuierlich teurer werden, während besonders Computer, Handys etc. immer billiger werden. Es gibt aber auch Zeiten, in denen die Mehrheit der Preise steigt, die Preise steigen im Durchschnitt.*

Bei welchen Gütern haben Sie noch bemerkt, dass die Preise gestiegen bzw. gefallen sind?

Trotz des Strebens nach einem stabilen Geld-Güter-Gleichgewicht und damit nach einem stabilen Geldwert, unterliegt dieser ständig Schwankungen. Man spricht dabei auch von **Inflation** und **Deflation.** Sowohl zu starke inflationäre als auch deflationäre Prozesse erfordern korrigierende wirtschaftspolitische Eingriffe.

## 4.1 Inflation

Als **Inflation** wird die **anhaltende Zunahme des allgemeinen Preisniveaus** bzw. die **Verringerung des Geldwertes** in einer Volkswirtschaft bezeichnet. Inflation bedeutet, dass sich (im Verhältnis zu den Gütern) zu viel Geld im Umlauf befindet.

Inflation ist grundsätzlich nichts Schlechtes, wenn sie in einem bestimmten Rahmen bleibt. Würde unser Geld nämlich immer mehr und nicht weniger wert werden, wäre das schädlich für die Wirtschaft – denn wie würden Sie sich verhalten, wenn der Wert Ihres Geldes von Jahr zu Jahr stiege? Sie würden sicher auch so viel wie möglich sparen, statt einzukaufen und zu investieren.

Die aktuellen Indexzahlen sind auf der Website der Statistik Austria (Stichwort: Preise, VPI) einzusehen: www.statistik.at

**Index (Mehrzahl Indizes)** = eine auf einen Basiswert bezogene Wertsteigerung oder Wertminderung. Der VPI bezieht sich auf ein Basisjahr.

**Beispiel: Berechnung der Inflationsrate 2023 (VPI 2020)**

$$\text{Inflationsrate 2023} = \frac{\text{VPI 2023} - \text{VPI 2022}}{\text{VPI 2022}} \times 100 = \frac{120{,}3 - 111{,}6}{111{,}6} \times 100 = 7{,}80\ \%$$

Das bedeutet, dass das allgemeine Preisniveau 2023 im Vergleich zum Vorjahr um 7,80 % gestiegen ist.

**EZB: Preisstabilität und Inflation**
Die Preisstabilität ist ein vordringliches Ziel der EZB. Eine jährliche Inflation von unter, aber knapp bei **2** % wird angestrebt.

### 4.1.1 Ursachen für Inflation

Im Normalfall treten inflationsfördernde Faktoren gemeinsam auf. Zur besseren Erklärung der Entstehung von Inflation werden die verschiedenen Ursachen jedoch getrennt voneinander erklärt.

| Art der Inflation | Erklärung | Beispiele für mögliche Ursachen |
|---|---|---|
| **Nachfrage-inflation** | Verstärkte Nachfrage der Konsumenten und Investoren löst Preissteigerungen aus. Aufgrund der Angebotslücke (Nachfrage > Angebot) kommt es zum Preisanstieg. | ■ Steigende Einkommen<br>■ Zinsgünstige Kredite<br>■ Verringerung angesparter Guthaben (Entsparen) |

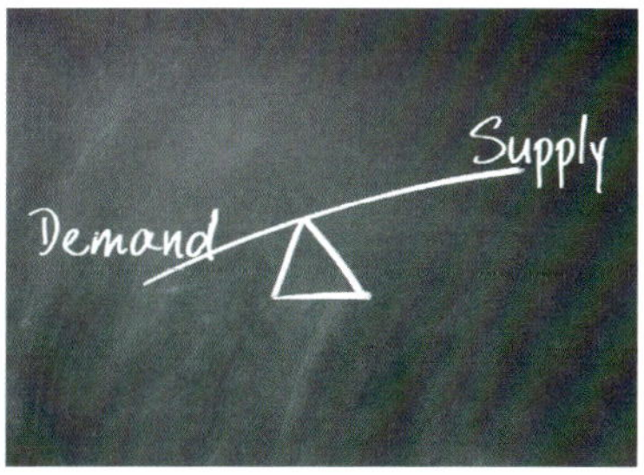

Ein Nachfrageüberschuss kann die Preise steigen lassen

Teurere Rohstoffe (Rohöl) sind ein Treiber der Inflation

| | | |
|---|---|---|
| **Angebotsinflation** | **Kostendruckinflation:** Preissteigerung ist auf einen Anstieg der Produktionskosten zurückzuführen. Unternehmen versuchen, die gestiegenen Produktionskosten im Preis unterzubringen. | ■ Höhere Löhne und Gehälter<br>■ Teurere Betriebsmittel, Rohstoffe etc.<br>■ Höhere Steuern<br>■ Kürzere Arbeitszeit |
| | **Gewinndruckinflation:** Erhöhung der Gewinnzuschläge der Unternehmen ist Ursache der Preissteigerung. | ■ Marktmacht |
| **Geldmengengetriebe Inflation** | Preissteigerung aufgrund einer zu hohen Geldmenge. Es ist zu viel Geld im Umlauf, daher verliert es an Wert. | ■ Die Geldmenge wird (durch Geldschöpfung) erhöht |
| **Importierte Inflation** | Preissteigerungen aufgrund von Außenbeziehungen einer Volkswirtschaft. | ■ Preissteigerungen bei Importgütern (z. B. Erdöl) führen direkt zu höheren Inlandspreisen dieser Güter bzw. von Produkten, in denen die importierten Güter verarbeitet sind. |

Eine interaktive Übung mit Dialog Cards zur Inflation finden Sie in der TRAUNER-DigiBox.

**Geld wie Heu – Venezuela will Hyperinflation mit neuen Geldscheinen bekämpfen**

Das unter einer Hyperinflation leidende Venezuela gibt bereits zum zweiten Mal binnen eines Jahres neue Geldscheine heraus, um die Knappheit von Bargeld zu mildern. Von Donnerstag an sollen Geldscheine im Wert von 10.000, 20.000 und 50.000 Bolivar herausgegeben werden. 50.000 Bolivar entsprechen acht Dollar. Dies kündigte die Notenbank in Caracas am Mittwoch an. Damit solle das Bezahlen effizienter und finanzielle Transaktionen erleichtert werden.

Im Mai 2019 lag die Inflation nach Angaben des Parlaments bei 815.000 Prozent, nachdem die Geldentwertung im Frühjahr einen Höchstwert von 1,7 Millionen Prozent erreicht hatte.

*Quelle: Der Standard*

Bei Hyperinflation verliert das Geld täglich spürbar an Wert. Die Menschen geben ihr Geld möglichst sofort wieder für Güter aus, um weiteren Preissteigerungen zuvorzukommen. Die Folge sind eine immer schnellere Nachfrage und immer schnellere Preissteigerungen, bis schließlich das Vertrauen der Bevölkerung in die inländische Währung total verloren geht.

FILM AB!

Ein Video über die Inflation sehen Sie unter www.trauner.at/inflation

### 4.1.2 Inflationsrate in Österreich

Die Inflationsrate bzw. die Preissteigerung wird in Österreich auf Basis des Verbraucherpreisindex dargestellt. In der nachfolgenden Grafik ist auch die Entwicklung des harmonisierten Verbraucherpreisindex (HVPI) dargestellt.

**Entwicklung des VPI und des HVPI in Österreich seit 2010** (in %)

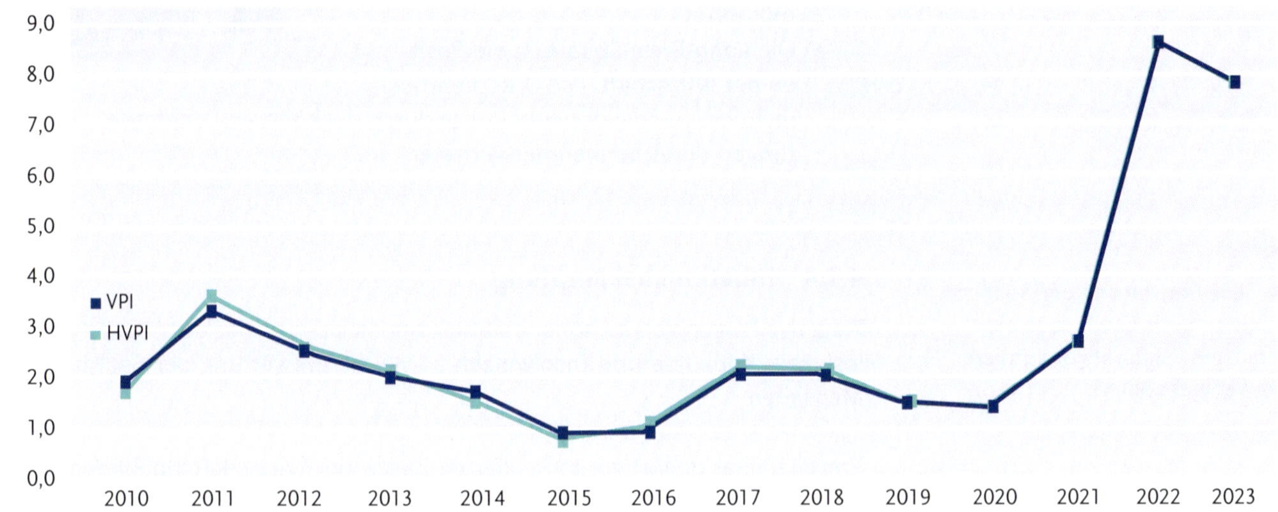


Quelle: Statistik Austria, 2024

### 4.1.3 Preis-Lohn-Spirale und Lohn-Preis-Spirale

Als **Preis-Lohn-Spirale** bzw. **Lohn-Preis-Spirale** bezeichnet man den bedenklichen **Aufschaukelungseffekt** bzw. die Wechselwirkung von Lohn- und Preiserhöhungen – besonders zu Zeiten einer Hochkonjunktur.

Wenn die Nachfrage nach Gütern steigt, z. B. infolge eines Konjunkturaufschwungs, steigen auch die Preise der Güter. Die Kaufkraft sinkt und infolgedessen kommt es zu höheren Lohnforderungen der Arbeitnehmer. Werden die Löhne erhöht, verfügen die Haushalte über mehr Geld und die Nachfrage steigt wiederum. Zudem versuchen die Unternehmen, die höheren Löhne durch einen höheren Preis auszugleichen. Man spricht von der **Preis-Lohn-Spirale.**

Bei der **Lohn-Preis-Spirale** führen höhere Löhne dazu, dass Unternehmen ihre Preise erhöhen. Die Folgen sind dieselben wie bei der Preis-Lohn-Spirale.

Häufig kommt es vor, dass die **wahrgenommene Inflation** höher als die tatsächliche ist. Das liegt daran, dass der persönliche Warenkorb nicht den gesamtwirtschaftlichen Warenkorb widerspiegelt. Preisanstiege bei Lebensmitteln sind offensichtlich, die Preissenkungen bei elektronischen Geräten vielleicht weniger.

**Darstellung Preis-Lohn-Spirale**

**Eine Frage der Sichtweise!**
- Mithilfe der **Preis-Lohn-Spirale** wird gerne von **Arbeitnehmer-Vertretern** argumentiert, dass die Löhne aufgrund der Preissteigerungen erhöht werden müssen.
- Die **Lohn-Preis-Spirale** ist die Position der **Wirtschaft.** Die Unternehmen rechtfertigen die höheren Preise durch die höheren Lohnforderungen der Arbeitnehmer-Vertreter.

Die Entwertung der Sparguthaben führt dazu, dass die Menschen verstärkt konsumieren und weniger sparen.

## 4.1.4 Inflationsbekämpfung

Negative Folgen von zu hoher Inflation sind beispielsweise der Anstieg von Arbeitslosigkeit, Konkurse und Insolvenzen sowie die Entwertung der Sparguthaben der Menschen.

Preisstabilität gehört zu den erklärten Zielen der Wirtschaftspolitik (vgl. dazu das „magische Vieleck"). Grundsätzlich kann und soll Inflation jedoch nicht gänzlich vermieden werden. Allzu negative Folgen lassen sich aber mildern.

Der Staat und insbesondere die Zentralbanken (die EZB im Euroraum) können dieses Ziel mit unterschiedlichen Maßnahmen verfolgen.

### Europäische Zentralbank (EZB)

- **Leitzinssatz**
  Die wirksamste Maßnahme zur Bekämpfung der Inflation ist die Erhöhung des **Leitzinssatzes.** → Die Kredite werden teurer. → Es wird weniger nachgefragt. → Die Inflation sinkt.

- **Steuerung der Geldmenge (M3)**
  Durch Geldschöpfung oder Geldvernichtung hat die EZB Einfluss auf die Höhe des Geldangebotes. Durch Geldvernichtung wird dem Wirtschaftskreislauf Geld entzogen. → Der Geldwert steigt und somit sinkt die Inflation.

Welche Möglichkeiten die EZB dabei hat, haben Sie bereits im Abschnitt „Geldschöpfung und -vernichtung" erfahren.

### Staat

- **Nachfragedämpfung**
  Der Staat hat verschiedene Möglichkeiten, eine übersteigerte Nachfrage zu beeinflussen:

| Gezielte Steuererhöhung | Senkung der Staatsnachfrage |
|---|---|
| Dadurch verringert sich das Einkommen der Haushalte und Unternehmen. → Sie haben weniger Kaufkraft. → Die gesamtwirtschaftliche Nachfrage sinkt. → Preise und Inflation sinken. | Der Staat erteilt weniger Aufträge. Er zieht sich als Nachfrager zurück. → Die Nachfrage geht zurück. |

Da Staatsausgaben besonders inflationär wirken, kommt der Senkung der Staatsnachfrage ein hoher Stellenwert zu.

- **Einkommens- und Lohnpolitik**
  Große Bedeutung in der Inflationsbekämpfung haben die Versuche, die Einkommens- und Lohnpolitik zu beeinflussen. Die Lenkung der Lohnentwicklung soll überschüssige Nachfrage- und Kostensteigerungen abbauen.

- **Streichung von Subventionen**
  - Der Wettbewerb unter den Unternehmen wird härter.
  - Manche Unternehmen werden aus dem Markt ausscheiden.
  - Die Preise sinken.

- **Wettbewerbspolitik**
  Durch Verstärkung des Wettbewerbs entsteht Preisdruck. Ziel ist es, über eine Senkung der Nachfrage bei Unternehmen die Preise zu reduzieren:
  - Forcierung des freien Marktes
  - Bekämpfung von Kartellen und Unternehmenskonzentrationen

Inflationsbekämpfung ist auf diesem Wege nur beschränkt möglich, da Staaten mit marktwirtschaftlicher Grundordnung nur vorsichtig in das Wirtschaftsgefüge eingreifen. Internationale Handelsverträge und Gesetzgebungen beschränken diese Möglichkeiten ebenfalls.

## 4.2 Deflation

Unter **Deflation** versteht man die anhaltende Geldwertsteigerung bzw. den **Rückgang des allgemeinen Preisniveaus der Güter.** Deflation bedeutet, dass sich (im Verhältnis zu den Gütern) zu wenig Geld im Umlauf befindet.

Bei Deflation muss der „Geldhahn" aufgedreht werden, der Wirtschaftskreislauf benötigt mehr Geld.

Die Güter werden billiger, die Kaufkraft steigt. Da die Konsumenten darauf hoffen, dass die Güter noch billiger werden, steigt die Güternachfrage aber nicht unmittelbar. **Die Konsumenten verschieben ihre Kaufentscheidungen auf einen späteren Zeitpunkt.** Dies kann eine Senkung der Güterproduktion auslösen und einen Beschäftigungsrückgang nach sich ziehen. Steigt die Arbeitslosigkeit, dann konsumieren die Haushalte weniger und sparen mehr – aus Angst vor künftiger Arbeitslosigkeit („Angstsparen").

Durch **Angstsparen** spart man sich im weitesten Sinne den eigenen Arbeitsplatz weg.

**Die Folgen einer Deflation sind:**
- Preisstürze
- Rückgang der Produktion
- Flucht in das Geld (Geldhortung)
- Nachteile für Schuldner und Vorteile für Gläubiger
- Arbeitslosigkeit

Deflation führt zumeist zu schlimmeren Folgen als die Inflation. Es kommt zu einer sehr langsamen Erholung der Volkswirtschaft. Mögliche Maßnahmen sind – umgekehrt wie bei Inflation – die Senkung des Leitzinssatzes, die Erhöhung der Staatsnachfrage, die Erhöhung der Geldmenge durch die EZB usw.

Wiederholen Sie die Auswirkungen einer Deflation in der TRAUNER-DigiBox.

**Beispiel: Deflation in Japan**
In Japan gab es beginnend mit 1990 eine Deflationsphase von über zehn Jahren, das Zinsniveau war auf 0 %, trotzdem wuchs die Wirtschaft nicht.

## 4.3 Stagflation

Stagnation = Nullwachstum.

**Stagflation** ist das gleichzeitige Auftreten von wirtschaftlicher Stagnation und hohe Arbeitslosigkeit in Verbindung mit hoher Inflation. Die produzierte Gütermenge bleibt gleich, aber die Preise steigen.

**Ursachen für Stagflation:**
- Staatlich verfehlte Konjunkturpolitik, die inflationsfördernd sein kann
- Durchsetzung von Lohnerhöhungen durch Gewerkschaften auch bei verminderter Nachfrage von Arbeitskräften
- Existenz von Marktungleichgewichten (Monopole und Oligopole), die dem Nachfragerückgang mit Preiserhöhungen begegnen

Stagflation gilt als besonders schwer zu bekämpfen: Denn steigende Preise müssten mit höheren Zinsen bekämpft werden, was allerdings das Wachstum schädigt. Niedrigere Zinsen und höhere Staatsausgaben würden die Konjunktur ankurbeln, lassen aber auch die Inflation wiederum steigen.

### Aufgabenstellungen – „Störungen des Geld-Güter-Gleichgewichts“

1. In Deutschland lag der VPI (Basisjahr 2020) im Jahr 2023 bei 116,7. Im Jahr 2022 lag er bei 110,2. Berechnen Sie die Inflationsrate für das Jahr 2023 und interpretieren Sie das Ergebnis.
2. Sie lesen in der Zeitung, dass die Inflation in einem EU-Land in diesem Jahr 0,8 % betrug.

   a) Erklären Sie, was das bedeutet.

   b) Ist die Inflation niedriger oder höher als von der Europäischen Zentralbank (EZB) angestrebt?

   c) Nennen Sie eine Maßnahme, die die EZB hier ergreifen könnte.

   d) Nennen Sie ein Beispiel, was der Staat in diesem Fall tun könnte.

3. **Lohn-Preis-Spirale oder Preis-Lohn-Spirale?**

   Befragen Sie insgesamt 10 Personen aus Ihrem Umfeld zu den folgenden Meinungen und vergleichen Sie die Ergebnisse mit Ihren Mitschülerinnen und Mitschülern.

   **Welche Meinung vertreten Sie?**
   - Preissteigerungen sind die Folge von Lohnerhöhungen.
   - Lohnforderungen sind die Folge von Preiserhöhungen.

   Diskutieren Sie Unterschiede und suchen Sie nach Ursachen.

# 5 Währungspolitik

*Mit 1. Jänner 2002 wurden in Österreich und im Euroraum die Eurobanknoten und -münzen als offizielles Zahlungsmittel eingeführt. Druck, Prägung und Ausgabe in zwölf Ländern waren eine enorme logistische Herausforderung. Über 80 Milliarden Münzen wurden in Umlauf gebracht. Der Eintritt in die Europäische Wirtschafts- und Währungsunion (EWWU) hatte weitreichende Folgen für die Staaten.*

Überlegen Sie, welche Vor- und Nachteile durch die Euroeinführung entstanden sind.

Unter **Währungspolitik** versteht man generell alle wirtschaftspolitischen Maßnahmen, durch die eine Beeinflussung der Währung erfolgt. Mehrere Ziele können unterschieden werden:

- Preisstabilität
- Erreichen einer hohen inländischen Kaufkraft
- Erreichen einer hohen Wettbewerbsfähigkeit
- Außenwirtschaftliches Gleichgewicht

Der Eurotower in Frankfurt/Main ist der Hauptsitz der EZB

Währungspolitik betreiben **Regierungen** und vor allem die **Zentralbanken**. Sie beeinflussen damit das Geld- und Zahlungswesen eines Landes.

Im Mittelpunkt der Europäischen Wirtschafts- und Währungsunion (EWWU) steht die **Europäische Zentralbank (EZB)** mit Sitz in Frankfurt/Main. Zusammen mit den nationalen Zentralbanken (Nationalbanken) bildet sie das **Europäische System der Zentralbanken (ESZB).** Mit den nationalen Zentralbanken der Ländern die den Euro eingeführt haben, bildet sie das **Eurosystem.**

Solange es EU-Mitgliedsstaaten gibt, die den Euro nicht eingeführt haben, werden das ESZB und das Eurosystem nebeneinander bestehen bleiben.

Wie Sie bereits erfahren haben, kann die EZB verschiedene geldpolitische Instrumente zur Erreichung ihrer Ziele einsetzen, z. B. den Kauf bzw. Verkauf von Wertpapieren (Offenmarktpolitik), Erhöhung und Senkung des Leitzinssatzes.

Weitere bedeutende Zentralbanken:

- **US-Notenbank** (Fed = Federal Reserve System)
- **britische Notenbank** (BoE = Bank of England)
- **japanische Notenbank** (BoJ = Bank of Japan)
- **chinesische Notenbank** (PBoC = People's Bank of China)

Wie heißt der/die aktuelle Präsident/in
a) der EZB,

b) der Fed?

Der Eintritt Österreichs in die Wirtschafts- und Währungsunion hat die Rahmenbedingungen für die Oesterreichische Nationalbank (OeNB) grundlegend verändert.

## 5.1 Oesterreichische Nationalbank (OeNB)

Mit dem Beitritt Österreichs zur Wirtschafts- und Währungsunion ist der Verzicht der OeNB auf eine eigenständige Geldpolitik verbunden. Die OeNB ist in das Europäische System der Zentralbanken (ESZB) eingebunden. Sie nimmt dadurch an den gemeinsamen Beschlüssen zur Geld- und Währungspolitik teil.

OeNB

Die Zentralbanken der Mitgliedsstaaten sind den Weisungen der EZB unterworfen.

**Ziele und Aufgaben der OeNB:**

- Mitwirken an geldpolitischen Entscheidungen der EZB
- Umsetzung und Kommunikation der Geldpolitik der EZB
- Bargeldversorgung durch Ausgabe von Banknoten und Münzen
- Kontrolle der Finanzmärkte

**Website für Interessierte**
www.oenb.at

ROBERT HOLZMANN, Gouverneur der Oesterreichischen Nationalbank und Mitglied des EZB-Rats

## 5.2 Europäische Zentralbank (EZB)

Die EZB steht im Eigentum der Nationalbanken, ist jedoch völlig unabhängig von nationalen Regierungen oder zentralen Instanzen. Das Kapital wird je zur Hälfte nach dem Anteil der Bevölkerung und nach dem Bruttoinlandsprodukt auf die Nationalbanken der Mitgliedsländer aufgeteilt.

Das oberste Beschlussorgan der EZB, der **EZB-Rat,** formuliert die Geld- und Währungspolitik der EU. Er besteht aus dem EZB-Direktorium (sechs Mitglieder) und den 19 Präsidenten/Gouverneuren der nationalen Zentralbanken. Diese müssen bei all ihren Aktivitäten die Leitlinien und Weisungen der EZB befolgen.

Die EZB unterstützt die allgemeine Wirtschaftspolitik nur dann, wenn dies nicht zulasten der Preisstabilität geht.

Das vorrangige **Ziel der EZB** ist es, die **Preisstabilität** zu gewährleisten. Daneben hat die EZB die Aufgabe, den Leitzinssatz für die Eurozone festzulegen, das reibungslose Funktionieren des Zahlungsverkehrs zu fördern, Devisengeschäfte durchzuführen und die Währungsreserven der Mitgliedsländer zu verwalten.

Die EZB ist völlig unabhängig. Das bedeutet, dass weder die EZB noch die nationalen Zentralbanken noch die Mitglieder der Entscheidungsgremien Weisungen von anderen Stellen entgegennehmen dürfen.

## 5.3 Europäische Währungsunion

Für eine gemeinsame Währungs- und Geldpolitik bedarf es einer soliden Basis. Das setzt voraus, dass sich die Volkswirtschaften der teilnehmenden Staaten zu Mindeststandards verpflichten. Das soll zu einer Angleichung der wirtschaftlichen Leistungsfähigkeit der einzelnen Staaten führen und eine wirtschaftliche Stabilität gewährleisten.

Die EU-Konvergenzkriterien werden meist auch als Maastricht-Kriterien bezeichnet.

Jedes Land, das der Währungsunion beitreten will, muss nach dem **Vertrag von Maastricht** bestimmte Eintrittsbedingungen erfüllen, die sogenannten Konvergenzkriterien. Alle Kriterien müssen gleichzeitig erfüllt werden.

| EU-Konvergenzkriterien | |
|---|---|
| **Finanzlage der öffentlichen Hand** | Folgende festgelegten Grenzen dürfen nicht überschritten werden:<br>▪ jährliches Haushaltsdefizit nicht höher als **3 % des BIP**<br>▪ gesamte Staatsverschuldung nicht höher als **60 % des BIP** |
| **Preisstabilität (Inflation)** | Inflationsrate darf nicht mehr als **1,5 Prozentpunkte** über derjenigen der drei preisstabilsten Mitgliedsländer liegen. |
| **Zinssätze** | Langfristige Zinssätze dürfen nicht mehr als **2 Prozentpunkte** über dem Durchschnitt der drei preisstabilsten Mitgliedstaaten liegen. |
| **Wechselkursstabilität** | Der Staat muss vor Einführung des Euro mindestens zwei Jahre lang ohne Abwertung am **Wechselkursmechanismus II** teilgenommen haben. |

Die angeführten Kriterien wurden jedoch vielfach von unterschiedlichen Staaten verletzt. Auch aktuell weisen einige Staaten erheblich höhere Staatsschuldenquoten als 60 % aus.

**Euroländer** (Stand Mai 2024)

**Folgende Länder sind Mitglieder des Wechselkursmechanismus II (WKM II):**

Mehr über den WKM II haben Sie bereits im Abschnitt „Außenwirtschaftlicher Geldwert – Währung“ erfahren.

**Website für Interessierte**
https://european-union.europa.eu/institutions-law-budget/euro_de

- Mitglieder der Eurozone
- Mitglieder des WKM II
- EU-Mitglieder mit freiem Wechselkurs zum Euro
- Nicht-EU-Mitglieder, welche den Euro benutzen
- Nicht-EU-Mitglieder mit freiem Wechselkurs zum Euro

## VW Plus – Der Euro als internationale Währung

Der US-Dollar ist zwar immer noch die führende internationale Währung, aber der Euro steht an zweiter Stelle. Das ist sowohl auf das wirtschaftliche Gewicht des Eurogebiets als auch auf dessen Stabilität zurückzuführen, die die soliden wirtschaftlichen Fundamentalgrößen widerspiegelt.

### Internationale Verwendung

Der Euro ist die international am zweithäufigsten verwendete Emissions- oder Investitionswährung. Der Euroanteil an internationalen Zahlungen, **Währungsreserven** und **Finanzmarktemissionen** ist besonders in den ersten Jahren nach der Einführung gestiegen. Der Euro hat auf regionaler Ebene als Fakturierungswährung an Bedeutung gewonnen.

Währungsreserven: Länder mit schwacher Währung erwerben zur Deckung ihrer Währung „harte" Währungen. Damit sind sie in der Lage, Kursänderungen oder Spekulationen gegen ihre Landeswährungen aufzufangen.

### Eurobindungen

Mehr als 50 der EU wirtschaftlich nahestehende Länder haben ihre nationale Währung an den Kurs des Euro durch **Currency-Board-Regelungen** gebunden. Diese Länder, von denen die meisten in Europa und Afrika liegen, haben sich von den Handels- und finanziellen Verflechtungen oder dem Prozess des EU-Beitritts leiten lassen. Der Güteraustausch mit den Ländern der Währungsunion ist für sie insofern vereinfacht, als Kursänderungen des Euro von den nationalen Währungen 1 : 1 nachvollzogen werden. Damit haben Teilnehmer an Außenhandelsgeschäften mit Ländern der Währungsunion keine Risiken durch Kursschwankungen.

Der Euro wird auch als **Interventionswährung** verwendet. Diese Verwendung hängt eng mit seiner Rolle als **Ankerwährung** zusammen. Die meisten Interventionen erfolgen im Rahmen des neuen Wechselkursmechanismus (WKM II). Derzeit sind Dänemark, Bulgarien und Kroatien im Rahmen des WKM II an den Euro gekoppelt.

Ankerwährung: Einige der Länder, die der Union beigetreten sind, haben ihre Währung im Hinblick auf den baldigen Beitritt zur Währungsunion an den Euro gebunden.

Schließlich wird der Euro als Wertaufbewahrungsmittel verwendet und belegt den zweiten Platz bei den von den Zentralbanken der Welt gehaltenen Währungsreserven. Auf den US-Dollar entfallen ca. zwei Drittel aller Währungsreserven, auf den Euro ein Viertel.

Zur Förderung des Außenhandels gehört die internationale Akzeptanz nationaler Währungen. Gefordert wird **Konvertibilität** der Landeswährungen. Praktisch bedeutet das, dass ein Unionsbürger für Euros bei seiner Bank US-Dollars erwerben kann, auf einer Reise in die USA damit einkaufen kann und das, was ihm an Fremdwährung übrig bleibt, seiner Bank wieder verkaufen kann. Die Geschäftsbank hat das Recht, US-Dollars zu einem festgesetzten Kurs an die Zentralbank weiterzugeben.

Konvertibilität: Die Währung wird unbeschränkt gegen andere Währungen getauscht. Außenhandel könnte ohne Konvertibilität praktisch nicht stattfinden.

Das zweite bedeutende Kriterium zur Lösung von Weltwährungsfragen betrifft die Bereitstellung und Vergabe von Krediten zur Förderung internationalen Güteraustausches.

Die Kreditnachfrage der Staaten wurde über die Mitgliedschaft beim Internationalen Währungsfonds (IWF) geregelt, indem beitretende Mitgliedsländer eine bestimmte Quote zugeteilt erhielten. Im Rahmen dieser Quote entstand ein Recht auf Finanzhilfe und eine Pflicht des IWF zur Kreditvergabe.

Näheres zum IWF erfahren Sie in einem späteren Kapitel.

Um die Beseitigung bzw. Verringerung dieser Hemmnisse im Außenhandel hat sich im Rahmen der Vereinten Nationen eine Reihe von Regierungen schon 1944 in der **internationalen Konferenz in Bretton Woods** (New Hampshire, USA) bemüht.

## Aufgabenstellungen – „Währungspolitik“

1. Recherchieren Sie im Internet, ob Österreich die beiden Haushaltskriterien (öffentliches Defizit darf nicht mehr als 3 % des BIP und Schuldenstand nicht mehr als 60 % des BIP betragen) erfüllt oder nicht.
2. Erklären Sie, warum die OeNB keine eigenständige Geldpolitik betreiben kann.
3. Die EZB ist unabhängig von Regierungen. Das ist nicht überall auf der Welt so. Analysieren Sie, warum die Unabhängigkeit wichtig ist, welche Probleme die Unabhängigkeit auf der anderen Seite mit sich bringen könnte.

# 6 Die Finanz- und Wirtschaftskrise ab 2007

*Der damalige amerikanische Notenbankchef Ben Bernanke meinte, die Finanz- und Wirtschaftskrise ab 2007 sei eine Verkettung unglücklicher Umstände, die keiner habe voraussehen können. Die Financial Crisis Inquiry Commission (FCIC) des US-Kongresses kam hingegen in ihrem Abschlussbericht zu dem Schluss, dass die Finanzkrise vermeidbar gewesen wäre. Ihrer Ansicht nach lagen die Ursachen in einem enormen Versagen der Regierung und der Finanzaufsicht sowie einem rücksichtslosen Risikomanagement der Geldindustrie.*

Was wissen Sie über die Finanz- und Wirtschaftskrise? Wer ist Ihrer Meinung nach dafür verantwortlich und warum?

Wie konnte es zu dieser Banken-, Finanz- und Wirtschaftskrise kommen, die weltweite Auswirkungen hatte? Warum wurde die Krise, die ihren Ausgang in den USA nahm, zu einer globalen Krise?

Recherchieren Sie, welche Branchen damals die „New Economy“ bildeten.

### Gründe für den Ausbruch der Finanz- und Wirtschaftskrise

Im Jahr 2000 platzte die sogenannte Dotcom-Blase. Der blinde Glaube der 1990er-Jahre, dass die Unternehmen der sogenannten „New Economy“ mittel- und langfristig horrende Gewinne erwarten lassen würden, fand nur in Ausnahmefällen Bestätigung. Den gewaltigen Börsenwerten mancher Unternehmen standen meist kaum materielle Gegenwerte gegenüber.

Als die ersten großen Zukunftshoffnungen Insolvenz anmelden mussten, nahmen die Zweifel zu. Erfahrene Anleger begannen, ihr Kapital aus den Unternehmen der New Economy abzuziehen. Es kam zu einem Kursverfall, der viele Kleinanleger teuer zu stehen kam. Die Folge war ein Konjunktureinbruch in den USA. Um die US-Konjunktur und den Arbeitsmarkt wieder zu befeuern, entschied sich die amerikanische Notenbank nach 2001 für eine Niedrigzinspolitik.

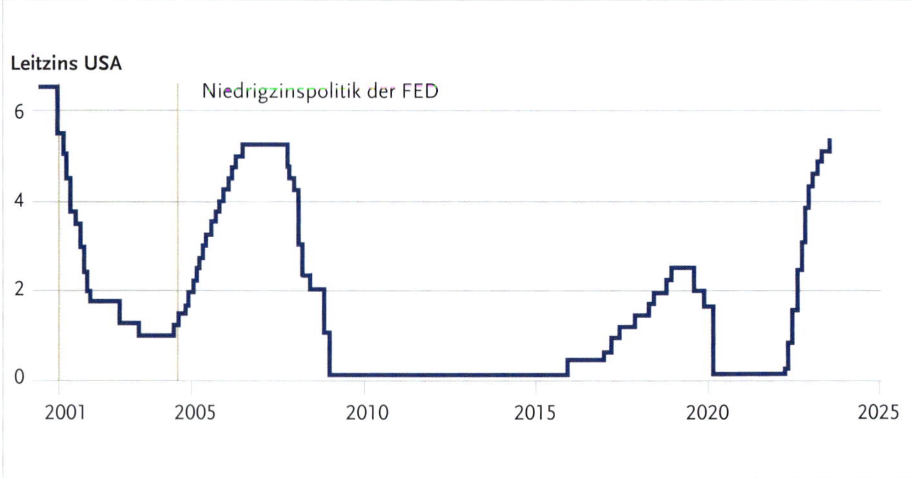


Quelle: https://www.leitzinsen.info/usa.htm

Die niedrigen Zinsen sowie die staatlichen Vorgaben führten dazu, dass US-Banken immer öfter Kredite mit variablen Zinsen an Personen vergaben, die eine schlechte Bonität aufwiesen **(Subprime Loans).** Durch die stetig steigende Nachfrage und dadurch steigende Preise auf dem Immobiliensektor fühlten sich die Banken ausreichend abgesichert. Viele Leute nahmen auch zusätzliche Kredite für Konsumausgaben auf. Im schlimmsten Fall rechneten sie damit, dass sie ihre Immobilie verkaufen müssten, die bis dahin ohnehin weiter an Wert steigen würde.

Hier ist vor allem der Community Reinvestment Act zu nennen: Sein Ziel war es, Kreditangebote nicht auf wohlhabende Gegenden und Schichten zu beschränken.

Um die steigende Nachfrage nach Krediten bedienen zu können, fingen Banken an, bestehende Kredite zu Paketen zusammenzufassen und zu verkaufen. So kamen sie an frisches Geld für weitere Kreditvergaben.

**Beispiel**
Nehmen wir an, eine Bank will ein Kreditpaket mit einem Volumen von 100 Mio. USD an eine andere Bank verkaufen. Bei einem Jahreszinssatz von 2 % und einer Laufzeit von zehn Jahren ist dieses Paket samt Gebühren, die für die Kunden anfallen, insgesamt mehr als 120 Mio. USD wert. Wird dieses Paket nun vorzeitig, z. B. acht Jahre vor Laufzeitende, für 110 Mio. USD verkauft, haben Verkäufer und Käufer ein gutes Geschäft gemacht. Vorausgesetzt, die Kredite werden von den Kreditnehmern bis auf wenige Ausnahmen bedient.

Die drei wichtigsten Ratingagenturen sind Moody's, Fitch und Standard & Poor's. Diese decken etwa in Europa gemeinsam über 90 % des Gesamtmarktes ab.

Besonders die beiden staatlich geförderten US-Hypothekenbanken Fannie Mae und Freddie Mac erwarben in großem Umfang Hypotheken von Banken. Die Hypotheken wurden dann gebündelt und in **Form von Wertpapieren** an Investoren weltweit weiterverkauft.

Durch die hochkomplexen nachgelagerten Finanzprodukte wie z. B. Kreditausfallversicherungen (Credit Default Swaps, CDS) entstand auf dem Finanzmarkt eine Goldgräberstimmung ungeahnten Ausmaßes.

Um diese sogenannten **„forderungsbesicherten Wertpapiere"** am Markt gut verkaufen zu können, wurden sie von Ratingagenturen hinsichtlich ihrer **Bonität** bewertet. Viele dieser forderungsbesicherten Wertpapiere bekamen eine (sehr) gute Bonität. Zahlreiche Anleger vertrauten auf die Banken und Ratingagenturen und erwarben so Produkte, die sie nicht mehr verstanden.

Im Jahr 2004 begann die amerikanische Notenbank Fed wieder langsam damit, die Zinsen zu erhöhen. Im Jahr 2006 war dann ein Zinsniveau erreicht, das dazu führte, dass eine steigende Zahl von einkommensschwachen Kreditschuldnern ihre Kredite nicht mehr bedienen konnte. Durch die einsetzende Verkaufswelle **verfielen**

**zudem die Preise auf dem Immobilienmarkt.** Dadurch war in vielen Fällen der Kredit nur mehr zum Teil durch den Wert der Immobilie abgesichert. Die Zunahme an Zahlungsausfällen brachte viele Banken und Investoren in Bedrängnis.

Mit der **Pleite von Lehman Brothers,** einer amerikanischen Investmentbank, im September 2008 begannen auch die Banken damit, einander nicht mehr zu vertrauen. Dies zeigt sich darin, dass sich die Banken gegenseitig kein Kapital mehr borgten. Auch vergaben sie kaum noch Kredite an Unternehmer.

## Die Auswirkungen der Finanzkrise auf die Realwirtschaft

Im Jahr 2008 kam es zu einem dramatischen Einbruch auf den weltweiten Aktienmärkten. Von den USA ausgehend konnten sich auch Europa, Japan und der Rest der Welt dem Abwärtssog nicht entziehen. Angst vor den Auswirkungen auf die Realwirtschaft und Katastrophenstimmung führten zu starken Preiseinbrüchen auf den Märkten. Viele Unternehmen nahmen Produktionskürzungen vor, um befürchteten Absatzrückgängen vorzugreifen. Das Wirtschaftswachstum vieler Volkswirtschaften brach ein, die Arbeitslosenzahlen nahmen stark zu.

In dieser Grafik sieht man, wie stark der Dow Jones als weltweit wichtigster Aktienindex ab 2008 eingebrochen ist. Lag er Ende Dezember 2007 noch bei rund 16 700 Punkten, fiel er im Februar zwischenzeitlich auf nur mehr 8 750 Punkte.

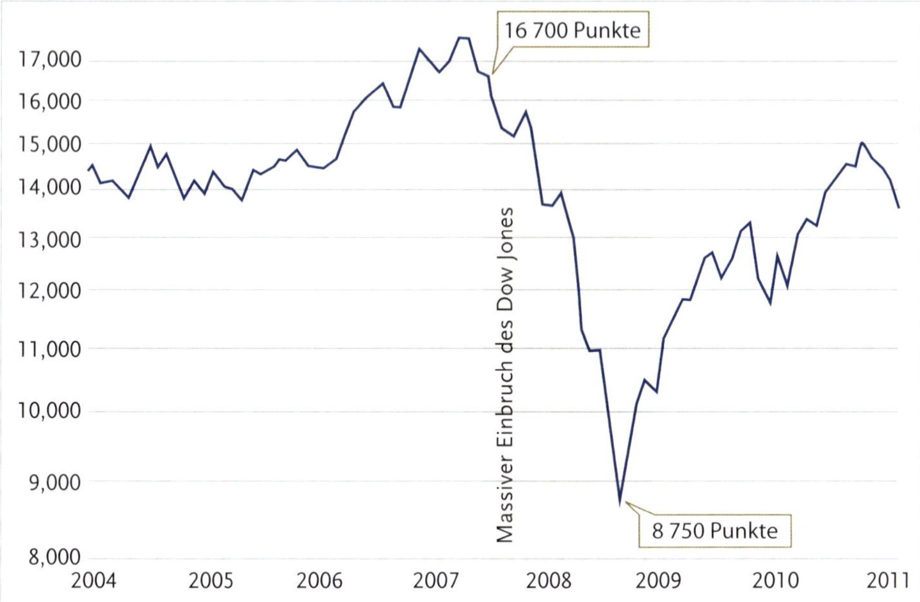


Sehen Sie sich den Film „Systematischer Irrsinn – Zocken, bis der Staat hilft“ unter www.trauner.at/finanzkrise an. Diskutieren Sie mit Ihren Mitschülerinnen und Mitschülern, welche Aufgaben den Staaten zukommen, um die Finanzwirtschaft besser in den Griff zu bekommen.

Recherchieren Sie, wie sich die Finanzkrise auf die Wirtschaftslage in Österreich in den Jahren 2008 und 2009 ausgewirkt hat.

## Was taten bzw. tun Staaten gegen die Krise?

Um gegen die Rezession anzukämpfen, starteten viele Staaten **teure Konjunkturprogramme,** die die Wirtschaft stabilisieren sollten. Zudem war es notwendig, viele angeschlagene Banken durch öffentliche Gelder zu retten. Das schon bestehende Problem hoher Staatsschulden nahm durch die Krise dramatisch zu. Durch die steigende Staatsverschuldung stiegen für einige Staaten die Zinsen für ihre Schulden erheblich.

Nachdem sich die Finanzmärkte wieder etwas beruhigt hatten, kam es im Oktober 2009 zur **Staatsschuldenkrise** im Euroraum. Dabei nahm die Krise ihren Anfang in Griechenland, als die neue Regierung den tatsächlichen **Schuldenstand** des Landes, der zuvor durch diverse Finanztricks schöngerechnet worden war, offenlegte. Ohne Hilfe von Dritten hätte Griechenland damals die Staatsinsolvenz gedroht.

Den ESM lernen Sie im Kapitel „Die EU und ihre Institutionen" noch näher kennen.

Durch diverse Rettungsschirme wie die **Europäische Finanzstabilisierungsfazilität (EFSF)** und den nachfolgenden **Europäischen Stabilitätsmechanismus (ESM)** versuchte der Euroraum, die Krise langfristig in den Griff zu bekommen. Die Europäische Zentralbank beschloss zudem 2012 ein Programm, das es ermöglichte, unbegrenzt Anleihen von Krisenländern zu kaufen und damit deren Refinanzierung zu sichern.

Wenn Sie heute den Begriff **Eurokrise** hören, ist dies irreführend. In Wahrheit handelte es sich um eine Krise, die im Finanz- und Bankensektor ihren Ursprung hat. In weiterer Folge entwickelte sich daraus ein Problem für die Staatshaushalte (Staatsschuldenkrise).

2013 wurde von den EU-Staaten der Europäische Fiskalpakt beschlossen. Er basiert auf den beiden Haushaltskriterien aus dem Maastricht-Vertrag. Folgende Richtlinien sind u. a. vorgesehen:

**Maßnahmen des Europäischen Fiskalpakts**

- Länder, welche die Haushaltskriterien nicht einhalten, müssen ihre Haushalts- und Wirtschaftsprogramme der EU-Kommission und dem Europäischen Rat vorlegen und genehmigen lassen.
- Länder sind zur Reduzierung der Ausgaben und Schulden verpflichtet, bis die individuell von der EU-Kommission vorgeschlagene Grenze erreicht ist.
- Länder müssen die geplante Aufnahme neuer Schulden vorab melden.

Eine hohe Staatsverschuldung, wie dies gegenwärtig auch auf Österreich zutrifft, kann problematisch sein, da ein Staat spürbare Einschränkungen in seinen Gestaltungsmöglichkeiten erfährt, wenn die Ausgaben für die Zinszahlungen in Relation zu den Staatseinnahmen steigen. Gefährlich wird es vor allem dann, wenn das Zinsniveau wieder angehoben wird und die Refinanzierungskosten für Staaten damit erheblich steigen.

Diskutieren Sie, wie sich die Krise rund um COVID-19 auf den österreichischen Staatshaushalt ausgewirkt hat.

In den Jahren nach der Finanzkrise wurde viel darüber diskutiert, welche Maßnahmen zu treffen sind, dass es nicht mehr so leicht zu einer weiteren großen Krise kommen kann. Denn insbesondere dort, wo mit hochspekulativen Finanzprodukten gehandelt wird und der Bezug zur Realwirtschaft verloren gegangen ist, bedarf es einer schärferen gesetzlichen Regulierung.

Um die Stabilität des Systems zu erhöhen, sind Finanzmärkte besser zu regulieren.

## VW Plus – Kryptowährung: das Beispiel Bitcoin

Kryptowährungen, Bitcoins, Blockchains, Mining ... Begriffe wie diese – gepaart mit Rekordmeldungen über satte Wertsteigerungen – schwirren verstärkt in Medienberichten herum und machen neugierig.

**Aha!**
Das Besondere an Kryptowährungen (z. B. Bitcoins) ist, dass keine einzelne Regierung, Behörde oder Bank das virtuelle Geld verwaltet. Sämtliche Transaktionen und auch die Erschaffung der Bitcoins laufen dezentral über das Rechnernetz aller Teilnehmer ab.

Kryptowährung = digitale (Quasi-)Währung mit einem meist dezentralen, stets verteilten und kryptografisch abgesicherten Zahlungssystem. Weltweit sind bereits Tausende Kryptowährungen (Krypto Assets) im Umlauf.

Blockchain: Die Dokumentation der Eigentümerschaft und der Überweisungen erfolgt in einer speziellen Datenbank – der sogenannten Block-Chain.

Die Bezahlmöglichkeiten mit digitalen (Quasi-)Währungen sind zurzeit noch sehr eingeschränkt. Kryptowährungen sind (momentan) primär ein Spekulationsobjekt zur vermeintlichen Geldanlage, verbunden mit hoher Volatilität und somit Verlustrisiken. In El Salvador kann jedoch bereits offiziell mit Bitcoins bezahlt werden. China wiederum erließ ein Verbot für den Handel mit Bitcoins und anderen Kryptowährungen.

Volatilität = Maß für die Schwankungsbreite eines Wertpapierkurses.

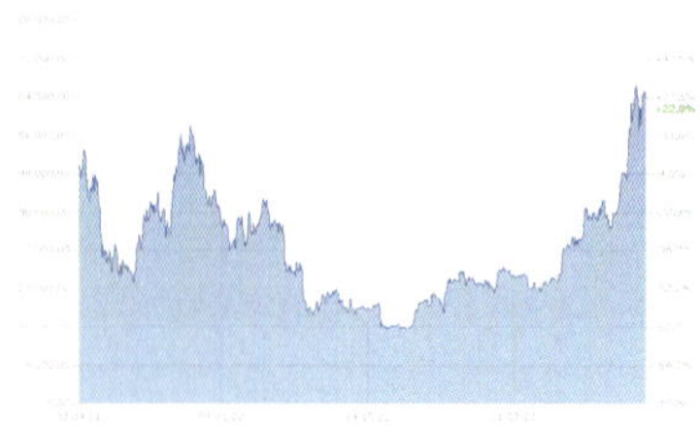

Quelle:
https://www.finanzen.at/devisen/bitcoin-euro-kurs, 05/2024

Der Kursverlauf BTC/EUR über die Jahre 2021 bis 2024 zeigt die hohe Volatilität und das hohe Risiko beim Kauf bzw. Verkauf mit Bitcoins.

**Wie aber kann man Bitcoins kaufen?**
Um Bitcoins kaufen zu können, benötigt man ein sogenanntes **„Wallet“,** eine Art elektronische Brieftasche, hinter der sich eine Software verbirgt, mit der sich Bitcoins versenden und empfangen lassen. Statt Kontonummern gibt es Empfangsadressen. Für den Kauf gibt es verschiedene Möglichkeiten, u. a.:

- **Bitcoin-Marktplatz:** funktioniert nach dem eBay-Prinzip – Benutzer handeln direkt miteinander, der Preis ergibt sich durch Angebot und Nachfrage.
- **Bitcoin-Börsen:** Handel wird automatisiert abgewickelt. Als potenzieller Käufer gibt man an, wie viele Münzen zu welchem Kurs angekauft bzw. verkauft werden sollen, und die Börse sucht ein passendes Angebot.
- **Offline-Handel:** z. B. bei Treffen von Bitcoin-Communities (Kryptowährung gegen Bargeld), bei Bitcoin-Automaten oder in Filialen der österreichischen Post.

**Ist zu erwarten, dass Bitcoins den Euro als Währung ablösen?**
Eine stabile nationale Währung liegt nur dann vor, wenn diese Währung bestimmte Eigenschaften erfüllt. Unter anderem sollten Währungen

- in der Menge beschränkt sein,
- haltbar und übertragbar sein,
- überall als Zahlungsmittel akzeptiert werden,
- einen stabilen Wert aufweisen sowie
- geringe Transaktionskosten in der tagtäglichen Verwendung aufweisen.

Während Bitcoins die zwei zuerst genannten Anforderungen erfüllen, so sind wir bei den anderen angesprochenen Eigenschaften weit davon entfernt. Bitcoins stellen so keine Währung dar. Zudem werden Bitcoins von staatlicher Seite nicht als Währung anerkannt und es besteht keine Annahmepflicht von Bitcoins.

Unter Transaktionskosten fallen beispielsweise die horrenden Stromkosten beim **Bitcoin-Mining** – dem Schürfen neuer Einheiten der Digitalwährung durch Computer-Rechenleistungen. Eine Erklärung dazu finden Sie in der TRAUNER-DigiBox.

**Wichtig!**

- Bitcoins unterliegen nicht der Einlagensicherung, wie es für Banken üblich ist. Der wirtschaftliche Bankrott des Anbieters kann zum Verlust der Bitcoins führen.
- Der Offline-Handel mit Bitcoins ist nicht reguliert.
- Etablierte Marktplätze bieten für gewöhnlich mehr Sicherheit.

## WissensCheck – „Geld und Währung“

1. Erklären Sie den Begriff Geld.
2. Nennen Sie die Funktionen, die Geld erfüllen muss.
3. Zählen Sie Möglichkeiten der Inflationsbekämpfung auf.
4. Erläutern Sie die Begriffe Aufwertung bzw. Abwertung einer Währung.
5. Erläutern Sie, warum Sichteinlagen Geld sind.
6. Erklären Sie die Folgen sinkender Kaufkraft.
7. Erklären Sie Gewinndruckinflation bzw. Kostendruckinflation.
8. Schildern Sie, wie es zur Geldschöpfung durch die Zentralbank kommt.
9. Beschreiben Sie eine Preis-Lohn-Spirale.
10. Stellen Sie die Auswirkungen auf die Volkswirtschaft durch eine Erhöhung der Leitzinsen von der EZB dar.
11. Verdeutlichen Sie, was eine Senkung des Leitzinssatzes für Sie als privater Haushalt bedeutet.
12. Erläutern Sie kurz die Entstehung der Wirtschafts- und Finanzkrise ab dem Platzen der Dotcom-Blase um die Jahrtausendwende.
13. Geben Sie an, ob die nachfolgenden Aussagen zur Finanz- und Wirtschaftskrise wahr sind oder nicht.

| Aussagen | Wahr | Falsch |
|---|---|---|
| Eine der Ursachen für die Entstehung der Krise in den USA war das Versagen von Regierung und Finanzaufsicht. | | |
| Die Niedrigzinspolitik, die einer der wesentlichen Gründe der Subprime-Krise war, hatte vor allem den Zweck, ein Eigenheim für alle Amerikaner leistbar zu machen. | | |
| Durch die große Nachfrage nach Immobilien stiegen die Preise auf dem Immobiliensektor in den USA über viele Jahre vor Beginn der Subprime-Krise. | | |
| Wenn Ratingagenturen Finanzprodukte gut bewerteten, wurden die Produkte oft nicht von den Anlegern hinterfragt. | | |
| Trotz der Pleite von Lehman Brothers 2008 hörten die Banken nicht auf, einander überschüssige Liquidität zur Verfügung zu stellen. | | |

## Zusammenfassung – „Geld und Währung“

1. Erstellen Sie als Zusammenfassung des Kapitels „Geld und Währung“ eine Concept-Map.

   **Hinweis:**
   Eine Concept-Map unterscheidet sich von einer Mindmap dahingehend, dass die Begriffe, die es zu ordnen gilt, nicht dem freien Lauf der Gedanken entspringen, sondern bereits im Kapitel vorkommen.
2. Erstellen Sie zu jedem der großen Unterpunkte (Äste, Verzweigungen; z. B. Geld, Wert des Geldes, Störungen des Geld-Güter-Gleichgewichtes, Währungspolitik) der Concept-Map eine Beschreibung von ca. einer A4-Seite.

## Ziele erreicht? – „Geld und Währung“

KOMPETENZ-ERWERB

**1.** Die Oesterreichische Nationalbank (OeNB) kann durch Transaktionen mit Geschäftsbanken Geld schöpfen oder vernichten. Geben Sie an, ob es sich in den folgenden Fällen um Geldschöpfung oder Geldvernichtung oder um keines von beiden handelt.

| Beispiele | Geldschöpfung | Geldvernichtung | Weder–noch |
|---|---|---|---|
| a) Die Raiffeisenzentralbank zahlt einen Kredit an die OeNB zurück. | | | |
| b) Die OeNB druckt Banknoten, die im Tresor gelagert werden. | | | |
| c) Die Oberbank nimmt eine Bareinzahlung der Kundin Claudia Reich auf deren Bankkonto entgegen. | | | |
| d) Die OeNB vergibt einen Kredit an die Bank Austria. | | | |

**2.** Sehen Sie sich folgendes Video an, das 2011 in Weißrussland entstand und einen Bezahlvorgang an der Supermarktkasse zeigt. Beantworten Sie im Anschluss die Fragen.

FILM AB! Das Video finden Sie hier: www.trauner.at/supermarkt

a) Schildern Sie, welche Störung des Geld-Güter-Gleichgewichts hier vorliegt.

b) Erläutern Sie, wie die Bevölkerung im Allgemeinen auf so eine Situation reagiert.

c) Überlegen Sie Möglichkeiten, wie ein solcher Zustand beendet werden könnte.

**3.** „Das Internet hat die Inflation umgebracht.“ Diese Aussage von einem Investmentbanker der UBS brachte das auf den Punkt, was immer mehr Ökonomen als Grund für die fehlende Teuerung in den vergangenen Jahren anführen: das Internet.

a) Analysieren Sie, warum das Internet für die fehlende Teuerung mitverantwortlich sein kann – Stichwort: Preistransparenz.

b) Lesen Sie folgenden Zeitungsausschnitt und analysieren Sie, warum trotz mehr Preistransparenz günstigere Dienstleistungen nicht immer in Anspruch genommen werden.

> Ebenfalls einen geringeren Einfluss hatte das Netz bisher bei Dienstleistungen. Hier führt mehr Preistransparenz nicht immer dazu, dass die günstigere Dienstleistung auch in Anspruch genommen werden kann.
>
> *Quelle: Die Presse, 2017 [gekürzt]*

c) Argumentieren Sie, wie sich in Zeiten des Online-Handels die Bedeutung der unterschiedlichen Formen des Geldes verändert.

**4.** Die EZB befindet die Geldmenge M3 als zu hoch. Welche konkreten Maßnahmen schlagen Sie der EZB vor, um die in Umlauf befindliche Geldmenge zu senken?

5. Lesen Sie folgenden Zeitungsartikel zum Thema „Inflation“ und beantworten Sie die anschließenden Fragen.

## Auf dem Ölmarkt braut sich ein äußerst giftiger Mix zusammen

**Geht der Ölpreisanstieg in dem Tempo weiter, dann wird die Inflation bald anspringen. Die im Krisenmodus fahrende EZB ist darauf nicht vorbereitet.**

Der Ölpreis steigt und steigt. Nordseeöl etwa kostet schon um rund zwei Drittel mehr als im Juni des Vorjahres. Steigende Ölnotierungen sind einer der wichtigsten Inflationstreiber.

Gleichzeitig vollziehen die Märkte, hierzulande weitgehend unbemerkt, eine relativ deutliche Zinswende. Negativ verzinste Staatsanleihen gibt es in Europa außerhalb der Schweiz kaum noch. Und in den USA hat die Rendite zehnjähriger Staatsanleihen soeben an der Drei-Prozent-Marke gekratzt. So profitabel waren amerikanische Staatspapiere zuletzt vor vier Jahren.

Das klingt alles sehr technisch, theoretisch und weit weg. Aber wir werden mit einer gewissen Wahrscheinlichkeit relativ bald sehen, dass solche Kennzahlen sehr unangenehme Auswirkungen auf unser tägliches Leben haben können. In den USA sind Experten schon alarmiert. Dort schlägt der Preis des in Dollar gehandelten Öls eins zu eins auf die Inflation durch. [...]

Das könnte sich jetzt noch beschleunigen, fürchtet der Internationale Währungsfonds (IWF). Denn die expansive Wirtschaftspolitik von US-Präsident Donald Trump (ehemaliger Präsident, Anmerkung) dürfte die Teuerung in den USA zusätzlich anheizen. Das könnte die Notenbank Fed zwingen, mit deutlich schnelleren und saftigeren Leitzinsanhebungen hineinzugrätschen. Und für diesen Fall rechnet der IWF in seinem jüngsten Stabilitätsbericht mit größeren Turbulenzen im Finanzsystem. Speziell auf den Aktien- und Immobilienmärkten, für die Niedrigzinsen im Verein mit Geldflutung eine wachstumssteigernde Droge sind, deren zu rascher Entzug entsprechende Nebenwirkungen haben wird.

Und was geht das uns in Europa an? Nun ja, Finanzmärkte sind global eine US-dominierte Veranstaltung. Und am Dollar kommt ohnehin niemand vorbei, solange der Dollar auch die globale Handelswährung für so gut wie alle wichtigen Rohstoffe ist. Die europäischen Banken sind in ihrer Dollar-Refinanzierung weitgehend an den amerikanischen Markt gebunden. Und damit auch an die US-Zinsen. Bleibt uns dieser Mix aus schnell steigenden Ölpreisen und ebenso massiv anziehenden Dollarzinsen erhalten, dann werden wir die amerikanischen Verhältnisse, vor denen der IWF recht eindringlich gewarnt hat, also auch bald hierzulande haben.

Und darauf sind wir nicht vorbereitet: Die EZB fährt ja im Gegensatz zur Fed trotz hervorragend laufender Konjunktur noch immer ihren Krisenmodus mit Nullzinsen und Staatsanleihenkäufen. Sie tut das nicht ohne Grund: Wackelkandidaten wie beispielsweise Italien können derzeit alles andere brauchen als höhere Staatsanleihenzinsen.

Allerdings gibt es auch Länder wie etwa Deutschland oder gar Österreich, wo die Inflation jetzt schon am oder über dem EZB-Zielwert liegt. Und für die ist die derzeitige Zinspolitik nur noch kontraproduktiv. Kein Wunder, dass die Notenbank-Chefs der beiden Länder schon seit einiger Zeit heftigen, wenn auch vergeblichen Druck auf eine Zinswende auch in Europa machen. [...]

*Quelle: Die Presse, 2018 [gekürzt]*

**a)** Erläutern Sie, warum gerade der Anstieg des Ölpreises große Auswirkungen auf die Inflationsrate haben kann.

**b)** Erklären Sie, warum die Fed auf die steigende Inflation mit Erhöhung des Leitzinssatzes reagieren könnte.

**c)** Leiten Sie aus dem Text ab, warum ein steigender Leitzins massive Auswirkungen auf den Aktien- und Immobilienmarkt haben kann.

**d)** Begründen Sie, warum die EZB mit Nullzinsen und Staatsanleihenkäufen eine im Vergleich zur Fed eher expansive Geldpolitik betreibt und erläutern Sie deren Auswirkungen.

**e)** Analysieren Sie die angesprochenen Schwierigkeiten der EZB, den Leitzins zu erhöhen – insbesondere in Hinblick auf die unterschiedliche wirtschaftliche Situation der europäischen Länder, z. B. Italien und Deutschland bzw. Österreich.

**6.** Es gibt unterschiedliche Geldmengen, welche den Haushalten und Unternehmen als Zahlungsmittel zur Verfügung stehen. Recherchieren Sie im Internet, wie hoch die Geldmenge M3 im Euroraum derzeit ist.

7. Verena Gans verbringt ihren Urlaub gerne in Kroatien. Vor drei Jahren war sie eine Woche in der Hafenstadt Porec. Dort hatte sie sich ein Apartment für 450,00 EUR gemietet. Als sie ein Jahr später erneut das gleiche Apartment für eine Woche mietete, musste sie dafür nur 420,00 EUR bezahlen. Die Kaufkraft hat sich also verändert.

a) Geben Sie an, was man unter Kaufkraft versteht.

b) Erläutern Sie, wie sich in diesem Beispiel die Kaufkraft verändert hat.

c) Die Landeswährung Kroatiens ist der Kuna. Vielerorts werden die Preise jedoch auch in Euro angegeben. Verena Gans lässt sich vor jedem Urlaub bei ihrer Hausbank ein paar Hunderteuroscheine in Kuna umwechseln. Handelt es sich hierbei um Devisen oder Valuten?

**8.** Sie lesen in der Zeitung: „Der Euro steigt deutlich über 1,30 US-Dollar".

a) Spricht man von einer Auf- oder von einer Abwertung des Euros?

b) Was könnten die Ursachen dafür sein?

c) Welche Folgen könnte das für die heimische Exportwirtschaft bedeuten?

**9.** „Ein Anstieg der Geldmenge führt – ceteris paribus – zu einem Anstieg des Preisniveaus." Analysieren Sie, aus welchen Gründen hier eine Ceteris-Paribus-Annahme getroffen wird.

**10.** Beim Versuch der Rettung Zyperns 2013 wurde ein neuer Weg eingeschlagen, indem erstmals seit Ausbruch der Krise eine Bank im Euroraum nicht aufgefangen und auf Bankguthaben von Sparern zugegriffen wurde. Analysieren Sie, welche Konsequenzen dieses Vorgehen für die Zukunft haben könnte.

Einen interaktiven **Safety-Check** finden Sie in der TRAUNER-DigiBox.

# Träger der Wirtschafts- und Sozialpolitik – die Sozialpartner

Eine Power-Point-Präsentation des Kapitels finden Sie in der TRAUNER-DigiBox.

Die Sozialpartnerschaft ist ein österreichisches Spezifikum. Es handelt sich um eine informelle und freiwillige Zusammenarbeit der großen wirtschaftlichen Interessenverbände und der Regierung. Die Sozialpartnerschaft bildete eine Voraussetzung für den Aufbau nach dem Zweiten Weltkrieg und dem sozialen Frieden. Die österreichische Besonderheit liegt darin, dass sich die Sozialpartnerschaft darüber hinaus auf praktisch alle Gebiete der Wirtschafts- und Sozialpolitik erstreckt. Deshalb gilt Österreich auch als Musterbeispiel der umfassenden und koordinierten Interessenvertretung. In den letzten Jahren ist die Sozialpartnerschaft aber auch zunehmend in Kritik geraten.

KOMPETENZ-ERWERB

## Meine Ziele

Nach Bearbeitung dieses Kapitels kann ich

- die vier Interessenverbände der österreichischen Sozialpartnerschaft aufzählen;
- die Merkmale und Besonderheiten der österreichischen Sozialpartnerschaft erläutern;
- erkennen, warum die Sozialpartnerschaft für die Entwicklung Österreichs eine wichtige Rolle spielt;
- die Aufgaben der vier Interessenverbände darstellen;
- die Sozialpartnerschaft auf europäischer Ebene darstellen.

# 1 Was versteht man unter der Sozialpartnerschaft in Österreich?

An der Wirtschafts- und Sozialpolitik wirken – insbesondere in Österreich – neben Nationalrat, Bundesrat, Landtagen, Gemeinden, Sozialversicherungen oder EZB auch die Sozialpartner mit.

## 1.1 Die Sozialpartner

*Sie haben sicher schon in den Medien von der österreichischen Sozialpartnerschaft gehört. Viele sind der Ansicht, dass diese Partnerschaft nur den Zweck hat, faire Kollektivvertragsverhandlungen zwischen Arbeitgebern und Arbeitnehmern zu ermöglichen. Dabei sind die Sozialpartner seit vielen Jahrzehnten erfolgreich an der Gestaltung der österreichischen Wirtschafts- und Sozialpolitik beteiligt.*

Wer sind die Sozialpartner? Was wissen Sie bereits über deren Aufgaben?

Die Wirtschafts- und Sozialpartnerschaft ist in Österreich die Zusammenarbeit von Vertretern der **Bundesregierung** und folgenden großen wirtschaftlichen **Interessenverbänden von Arbeitgebern und Arbeitnehmern.**

**Website für Interessierte**
www.sozialpartner.at

**Interessenverbände der Sozialpartnerschaft**

| Arbeitgeberseite | | Arbeitnehmerseite | |
|---|---|---|---|
| WKO Wirtschaftskammer Österreich | lk landwirtschaftskammer oberösterreich | AK Österreich | ÖGB |
| **Wirtschaftskammer Österreich (WKÖ)** | **Präsidentenkonferenz der Landwirtschaftskammern (LKÖ)** | **Bundesarbeitskammer (BAK)** | **Österreichischer Gewerkschaftsbund (ÖGB)** |
| Für die selbstständig Erwerbstätigen in der gewerblichen Wirtschaft | Für die selbstständig Erwerbstätigen in der Landwirtschaft | Für die unselbstständig Erwerbstätigen | |

Die Vereinigung der Österreichischen Industrie (**„Industriellenvereinigung“)** ist mittelbar in das System eingebunden.

Die Sozialpartnerschaft ist u. a. durch folgende **Merkmale** gekennzeichnet:

- **Freiwilligkeit** der Mitgestaltung: Es gibt keinen gesetzlichen Rahmen, in dem die Sozialpartnerschaft tätig sein muss.
- **Einstimmigkeit** der Beschlüsse und Empfehlungen: gilt in allen Gremien der Sozialpartner.
- **Nichtöffentlichkeit:** Verhandelt wird in der Regel hinter verschlossenen Türen.

Wiederholen Sie die Merkmale der Sozialpartner in der TRAUNER-DigiBox.

Die österreichische Wirtschafts- und Sozialpartnerschaft ist, auch international betrachtet, eines der ausgeprägtesten Systeme wirtschaftspolitischen Zusammenwirkens. Probleme und künftige Herausforderungen sollen gemeinsam gelöst werden.

Durch das „Miteinander" von Arbeitgebern und Arbeitnehmern sollen u. a. Streiks vermieden werden.

Ziele sind die **Absicherung und weitere Steigerung des Wohlstandes** für alle Bevölkerungsschichten und die **Stärkung des Wirtschaftsstandortes Österreich.** Die Zusammenarbeit bewirkt eine **niedrige Streikrate, sozialen Frieden und politische Stabilität** und leistet damit einen wichtigen Beitrag zur wirtschaftlichen und politischen Entwicklung Österreichs.

## 1.2 Einrichtungen der Sozialpartnerschaft

DIE SOZIAL PARTNER ÖSTERREICH

*Zentrales Organ der österreichischen Sozialpartnerschaft war bis zum EU-Beitritt die Paritätische Kommission. Sie bestand aus dem Bundeskanzler, drei Ministern und mehreren Vertretern der vier Interessenverbände. Die Paritätische Kommission ist 1998 das letzte Mal zusammengetreten. Zudem gab es insgesamt vier Unterausschüsse bzw. Beiräte.*

Die Einrichtungen der österreichischen Sozialpartnerschaft haben sich seit dem EU-Beitritt Österreichs verändert. Heute treffen sich die vier Präsidenten der großen Interessenverbände ungefähr einmal im Quartal – anlassbezogen auch öfter. Zudem gibt es alle sechs bis acht Wochen ein Treffen der Generalsekretäre.

Daneben gibt es noch den **Lohnunterausschuss** als eine formale Stelle, die die Kollektivvertragsverhandlungen freigibt und die Abschlüsse zur Kenntnis nimmt.

Von den ursprünglich vier Unterausschüssen sind heute nur mehr zwei relevant:

- Der **Beirat für Wirtschafts- und Sozialfragen** erarbeitet Studien und Gutachten zu wirtschafts- und sozialpolitischen Fragestellungen. Diese enthalten gemeinsame Empfehlungen der vier Sozialpartnerverbände an die Bundesregierung und an die übrigen Entscheidungsträger der Wirtschafts- und Sozialpolitik.

**Beispiel: Arbeit des Beirats für Wirtschafts- und Sozialfragen**
In einer Studie zum Thema Migration und Integration wurden die zentralen Herausforderungen, Chancen und Lösungen für Integrationsbegleitung, Bildung und Arbeitsmarktpolitik herausgearbeitet. Resultat war u. a. die Einführung der Rot-Weiß-Rot-Karte durch die österreichische Bundesregierung.

- Der **Unterausschuss für internationale Fragen** dient der Bewertung internationaler Prozesse. Seine Aufgabe ist die Koordination und Erleichterung der Teilnahme an Beratungen und Entscheidungen in internationalen Gremien.

Recherchieren Sie, unter welchen Umständen eine Rot-Weiß-Rot-Karte beantragt werden kann.

Unterstützung erfahren die Sozialpartner und die Regierung u. a. durch das **Österreichische Institut für Wirtschaftsforschung (WIFO),** das durch Untersuchungen Grundlagen für Entscheidungen liefert. Die Ergebnisse dienen der Fundierung wirtschaftspolitischer und unternehmerischer Entscheidungen und der Versachlichung der wirtschaftspolitischen Diskussion.

**Website für Interessierte**
www.wifo.ac.at

### Der Bad Ischler Dialog der Sozialpartner

Seit 2006 fand jährlich im Herbst in Bad Ischl (Oberösterreich) der Dialog der Sozialpartner statt. Auf Einladung der Interessenverbände wurde mit Experten und Regierungsvertretern über ein Thema mit besonderer Aktualität oder langfristiger Auswirkung auf Österreich diskutiert. Im Jahr 2017 musste der Dialog aufgrund der damals stattfindenden Nationalratswahl abgesagt werden. Danach kam es jedoch bislang zu keiner Neuaufnahme des Dialogs. Derzeit gibt es auch keine Überlegungen, eine Ersatzveranstaltung in der Zukunft zu kreieren.

**Themen der Bad Ischler Dialoge der letzten Jahre:**

- 2017: aufgrund der Nationalratswahlen kein Bad Ischler Dialog
- Migration und Integration (2016)
- Digitale Wirtschaft und Arbeitswelt (2015)
- Industriepolitik vor dem Hintergrund klima- und energiepolitischer Zielsetzungen (2014)
- In die Jugend investieren (2013)
- Zukunft Europa (2012)
- Auswirkungen der demografischen Entwicklung auf Arbeitsmarkt und soziale Systeme (2011)

In Bad Ischl findet jährlich der Dialog der Sozialpartner statt.

Die Stadt ist auch deshalb so bekannt, da sie als Sommerresidenz von Kaiser Franz Joseph I (* 18.8.1830; † 21.11.1916) fungierte, der sich dort mit Elisabeth (Sisi) verlobte.

#### Aufgabenstellung – „Sozialpartnerschaft in Österreich"

- Recherchieren Sie auf der Website der Sozialpartner www.sozialpartner.at und beantworten Sie folgende Fragen:

  a) Führen Sie Themen an, welche die österreichischen Sozialpartner im Moment beschäftigen.

  b) Wie heißen die aktuellen Präsidenten/Präsidentinnen der vier Verbände?

  c) Verdeutlichen Sie, welchen Einfluss die Sozialpartner auf die Ausgestaltung von Kollektivverträgen haben.

## 2 Interessenverbände der Sozialpartnerschaft

*0,5 % des Bruttoeinkommens von Arbeitnehmern gehen als Beitrag an die Arbeiterkammer. Die Kammerumlage bei Unternehmen ist u. a. abhängig von der Höhe der in Rechnung gestellten Umsatzsteuerbeträge. Für die Mitgliedschaft bei einer Gewerkschaft fließt monatlich ungefähr 1 % des Einkommens an den ÖGB. Die Mitglieder müssen einen finanziellen Beitrag leisten, um die Arbeit der Interessenverbände zu ermöglichen.*

Die drei Kammern bestehen als **Körperschaften öffentlichen Rechts,** um unabhängig vom Staat agieren zu können. Der ÖGB wird als Verein geführt.

Bei drei der vier Interessenverbände besteht **gesetzliche Mitgliedschaft (Pflichtmitgliedschaft).** Arbeitnehmer sind Mitglied bei der Arbeiterkammer, Unternehmen bei der Wirtschafts- bzw. Landwirtschaftskammer – sie alle müssen verpflichtend einen finanziellen Beitrag leisten.

Nur beim Österreichischen Gewerkschaftsbund (ÖGB) besteht Freiwilligkeit, d. h., jeder Arbeitnehmer kann selbst entscheiden, ob er der Gewerkschaft beitritt oder nicht.

WKO WIRTSCHAFTSKAMMER ÖSTERREICH

**Website für Interessierte**
www.wko.at

## 2.1 Wirtschaftskammer Österreich

Die **Wirtschaftskammer Österreich (WKÖ)** ist die Interessenvertretung der **Arbeitgeber,** die die Interessen der Mitglieder in sozialen, beruflichen und wirtschaftlichen Angelegenheiten vertritt. Mitglieder der Wirtschaftskammer sind alle, die zum selbstständigen Betrieb eines Unternehmens in einer der folgenden Branchen (werden in der Wirtschaftskammer auch als „Sparten“ bezeichnet) berechtigt sind:

- Gewerbe und Handwerk
- Industrie
- Bank und Versicherung
- Transport und Verkehr
- Handel
- Information und Consulting
- Tourismus und Freizeitwirtschaft

Unternehmer/innen, die von der Wirtschaftskammer nicht vertreten werden, sind die freien Berufe, also u. a. Ärzte (vertreten durch Ärztekammer), Anwälte (Anwaltskammer) und Notare (Notariatskammer).

Die Unternehmen sind zugleich **Mitglieder mehrerer Organisationen der Wirtschaftskammer.** So gehört jedes Mitglied sowohl

- der Wirtschaftskammer seines Bundeslandes und der zuständigen **Fachgruppe** als auch
- der Wirtschaftskammer Österreich und dem zuständigen **Fachverband** an.

**Beispiel: Fachgruppe und Fachverband**
Das Unternehmen „Tischlerei Offenschlager e. U.“ mit Sitz in Kitzbühel (Tirol) ist sowohl Mitglied in der Wirtschaftskammer Österreich (WKÖ) als auch in der Wirtschaftskammer Tirol (WK Tirol).

TISCHLEREI OFFENSCHLAGER e. U.

Tischlerei Offenschlager e. U.
Sitz: Kitzbühel (Tirol)

WKO WIRTSCHAFTSKAMMER TIROL
**Sparte:**
Handwerk und Gewerbe
**Fachgruppe (Innung):**
Tischler und Holzgestaltende Gewerbe

WKO WIRTSCHAFTSKAMMER ÖSTERREICH
**Sparte:**
Handwerk und Gewerbe
**Fachverband:**
Fachverband der Holzindustrie

Die Fachgruppen heißen in der Sparte Gewerbe und Handwerk „Innungen“, z. B. die Innung der Konditoren.

Die **Aufgaben** der Wirtschaftskammer sind vor allem:
- Vertretung der Interessen der Mitglieder in wirtschaftlichen und rechtlichen Angelegenheiten
- Service und Beratung der Mitglieder (z. B. Gründer- und Jungunternehmerberatung, Unternehmenssanierung)
- Erstellung von Gutachten im Rahmen von Gesetzgebung und Verwaltung
- Anbieten von Aus- und Weiterbildung

Bei jeder Wirtschaftskammer ist ein Wirtschaftsförderungsinstitut (WIFI) zur Abwicklung des Aus- und Weiterbildungsauftrages in den jeweiligen Bundesländern eingerichtet.
www.wifi.at

### AußenwirtschaftsCenter

Neben der Interessenvertretung haben die Aktivitäten der Wirtschaftskammer im Außenhandel einen besonderen Stellenwert. Die **AußenwirtschaftsCenter** an allen wichtigen Plätzen der Erde werden von den hauptberuflichen **Wirtschaftsdelegierten** geleitet. Ihre Tätigkeit umfasst:
- Aufzeigen von Absatzmöglichkeiten
- Marktbeobachtung
- Beratung und Hilfe bei Unternehmensvertretungen
- Unterstützung bei Einfuhr und Ausfuhr
- Erteilung aller Außenhandelsinformationen
- Vermittlung von Geschäftskontakten etc.

**Beispiel: AußenwirtschaftsCenter**
AußenwirtschaftsCenter helfen Unternehmen herauszufinden, ob der ausländische Geschäftspartner zuverlässig ist. Die meisten AußenwirtschaftsCenter verfügen über entsprechende Rahmenvereinbarungen mit lokalen Auskunfteien, sodass Bonitätsauskünfte günstiger eingeholt werden können. Dazu können sie noch ergänzende Auskünfte zu angefragten Unternehmen recherchieren.

## 2.2 Präsidentenkonferenz der Landwirtschaftskammern Österreichs

Die **Präsidentenkonferenz der Landwirtschaftskammern Österreichs** ist der Vorstand der Landwirtschaftskammern, der die in den Bundesländern eingerichteten Landwirtschaftskammern auf Bundesebene vertritt.

**Website für Interessierte**
www.agrarnet.info

**Präsidentenkonferenz = Vorstand**
Der Präsidentenkonferenz gehören alle Kammerpräsidenten und zwei Vertreter des Österreichischen Raiffeisenverbandes an. Der Generalsekretär, der die Geschäfte der Präsidentenkonferenz leitet, die Kammerdirektoren und der Generalsekretär des Raiffeisenverbandes haben beratende Funktionen. Die Präsidentenkonferenz tritt in der Regel einmal monatlich zusammen.

Der Präsident vertritt die Präsidentenkonferenz nach außen, leitet ihre Geschäfte und führt den Vorsitz in Präsidentenkonferenz und Vollversammlung.

Die wesentlichen **Aufgaben** der Landwirtschaftskammer Österreich sind die Betreuung der Mitglieder, die Vertretung gegenüber dem Staat und anderen Berufsgruppen sowie die Mitwirkung an Staatsaufgaben.

Für die Behandlung besonderer Fragen gibt es **Ausschüsse und Arbeitsgemeinschaften (Arge),** wie z. B. Arge für Bergbauernfragen, Bäuerinnen, Landjugendfragen, Ausschuss für Bildung und Beratung, für Energie und Klima, Forst- und Holzwirtschaft, Milchwirtschaft.

Die Agrarpolitik ist innerhalb der EU neben der Währungspolitik die einzige gemeinsame Politik.

**Website für Interessierte**
www.arbeiterkammer.at

## 2.3 Bundesarbeitskammer

Die **Österreichische Bundesarbeitskammer (BAK)** ist die Dachorganisation für alle neun Arbeiterkammern (AK). Sie vertritt die sozialen und wirtschaftlichen Interessen der Arbeitnehmer/innen.

Auch Lehrlinge, geringfügig Beschäftigte, Präsenz- und Zivildiener sowie Arbeitnehmer/innen in Karenz sind Mitglieder der Arbeiterkammer. Sie sind jedoch vom Mitgliedsbeitrag befreit, ebenso wie Personen, die Arbeitslosengeld oder Notstandshilfe beziehen.

Die **Arbeiterkammer berät ihre Mitglieder** insbesondere in folgenden Bereichen:

**Beratungsbereiche der AK**

| Arbeit und Recht | Steuer und Geld | Bildung | Beruf und Familie | Arbeit und Gesundheit | Konsumentenschutz |
|---|---|---|---|---|---|
| **Beispiele**<br>▪ Was kann ich tun, wenn ich gekündigt werde?<br>▪ Wie kann ich mich gegen Mobbing am Arbeitsplatz schützen? | **Beispiele**<br>▪ Wie viel Lohn steht mir zu?<br>▪ Wie kann ich mir Geld vom Finanzamt zurückholen? | **Beispiele**<br>▪ AK-Bildungsförderung<br>▪ Information und Beratung zum Thema Aus- und Weiterbildung | **Beispiele**<br>▪ Welche Beihilfen und Förderungen stehen mir zu?<br>▪ Tipps für den Wiedereinstieg nach der Karenz | **Beispiele**<br>▪ Wie muss mein Arbeitsumfeld gestaltet sein?<br>▪ Welche Gefahren lauern am Arbeitsplatz? | **Beispiele**<br>▪ Hilfe bei Abschluss von Mietverträgen<br>▪ Wie kann ich mich gegen Kostenfallen im Internet schützen? |

Weitere **Aufgaben** der Arbeiterkammer sind:
- **Mitwirkung an der Gesetzgebung,** z. B. durch Vorschläge zur Verbesserung von Rechtsvorschriften, Begutachtung von Gesetzesentwürfen
- **Mitwirkung an der Gesetzesvollziehung** durch Mitbestimmung in Beiräten und Kommissionen, z. B. Lebensmittelkodexkommission, Pensionsanpassungsbeirat
- **Mitwirkung an der Gerichtsbarkeit** durch die Nominierung von Beisitzern, z. B. für Arbeitsgerichte, Schiedsgerichte der Sozialversicherung

www.bfi.at

Daneben bieten die Arbeiterkammern ihren Mitgliedern durch die ihnen unterstellten **Berufsförderungsinstitute (bfi)** die verschiedensten Möglichkeiten der Aus- und Weiterbildung.

**Beispiel: AK-Erfolg gegen Internetfalle**
Internetabzocke mit vermeintlichen Gratis-Angeboten: Eine sofortige Download-Möglichkeit nimmt Konsumentinnen/Konsumenten nicht das Rücktrittsrecht. Erst wenn Konsumentinnen/Konsumenten innerhalb der siebentägigen Rücktrittsfrist tatsächlich Downloads durchführen und es zusätzlich eine gültige Vereinbarung gibt, dass der Unternehmer bereits innerhalb der Rücktrittsfrist die Dienstleistungen zur Verfügung stellt, verliert der Konsument sein Rücktrittsrecht. Die AK hatte Content Services geklagt. Das Urteil ist rechtskräftig.
*Quelle: www.arbeiterkammer.at*

## 2.4 Österreichischer Gewerkschaftsbund

Der **Österreichische Gewerkschaftsbund (ÖGB)** und seine Gewerkschaften vertreten die Interessen aller Arbeitnehmer/innen, Menschen in Ausbildung, Arbeitslosen und Pensionisten gegenüber Arbeitgebern, Staat und Parteien. Der ÖGB beruht auf **freiwilliger Mitgliedschaft.**

Jedes Gewerkschaftsmitglied gehört einer von sieben Gewerkschaften an, der ÖGB fungiert als Dachorganisation:

ÖGB

**Website für Interessierte**
www.oegb.at

**ÖGB**

| GPA | GÖD | Younion | GBH | vida | GPF | PRO-GE |
|---|---|---|---|---|---|---|
| Gewerkschaft der Privatangestellten, Druck, Journalismus, Papier etc. | Gewerkschaft Öffentlicher Dienst (Beamte und Vertragsbedienstete, z. B. Polizei, Lehrer, Bundes- und Landesverwaltung) | Gewerkschaft der Gemeindebediensteten im Gesundheitswesen, öffentlichen Verkehr, in Entsorgungseinrichtungen etc. | Gewerkschaft Bau-Holz | Verkehrs- und Dienstleistungsgewerkschaft | Gewerkschaft der Post- und Fernmeldebediensteten | Produktionsgewerkschaft (z. B. Metall, Textil) |

Die in den Statuten des ÖGB festgelegten **Aufgaben** gelten auch für alle sieben Gewerkschaften. Zum Beispiel:

- Vereinbarung von Kollektivverträgen mit den Arbeitgebervertretern
- Rechtsschutz: Als Mitglied hat man Anspruch auf kostenlosen Rechtsschutz und Beratung
- Unterstützung von Mitgliedern im Falle unverschuldeter Erwerbsunfähigkeit
- Herbeiführung günstiger Arbeitsverhältnisse
- Mitwirkung an Gesetzen wirtschaftlicher und sozialpolitischer Art
- Wahrung, Verbesserung und Ausbau des Arbeitnehmerschutzes

Eine interaktive Abbildung der sieben Gewerkschaften des ÖGB finden Sie in der TRAUNER-DigiBox.

**Beispiel: Kollektivverträge**
Das Urlaubs- und Weihnachtsgeld und die jährlichen Gehalts- und Lohnerhöhungen stehen nicht im Gesetz. Sie werden jedes Jahr von den Gewerkschaften mit den Arbeitgebervertretern ausverhandelt und in den Kollektivverträgen festgeschrieben. Derzeit gibt es in Österreich 859 gültige Kollektivverträge.

*Quelle: www.oegb.at*

### Betriebsräte

Die Gewerkschaften sind in Unternehmen häufig über „Betriebsräte" organisiert (betriebliche Interessenvertretung). Sie treten im Betrieb für die Rechte der Arbeitnehmer/innen ein. Der Betriebsrat ist – vereinfacht gesagt – das Bindeglied zwischen Belegschaft und Betriebsführung.

Mehr über die Arbeit und Zusammensetzung von Betriebsräten haben Sie bereits im III. Band im Gegenstand „Betriebswirtschaft" erfahren.

**Aufgabenstellung – „Interessenverbände“**

- Informieren Sie sich bei Ihren Eltern, von welchen Interessenverbänden der Sozialpartnerschaft sie vertreten werden und welche Angebote Ihre Eltern bereits konkret in Anspruch genommen haben. Tauschen Sie sich anschließend mit Ihren Klassenkolleg/innen über die Ergebnisse aus.

## 3 Die Sozialpartnerschaft in Europa

Auch auf europäischer Ebene gibt es ein „Miteinander“ von Arbeitgeber- und Arbeitnehmervertretern. Die europäischen Sozialpartner haben gemeinsame Arbeitsprogramme, kommen in Verhandlungen zu politischen Ergebnissen, die sie via nationale Sozialpartner umsetzen. Die europäischen Sozialpartner sind auf

- **Arbeitgeberseite:**

**Businesseurope**
Europäischer Arbeitgeberverband

CEEP: European Centre of Employers and Enterprises providing Public Services and Services of general interest

**CEEP**
Europäischer Verband der öffentlichen Arbeitgeber und Unternehmen

**SMEunited**
Dachverband des Handwerks sowie der kleinen und mittleren Unternehmen (KMU)

- **Arbeitnehmerseite:**

*auch:* ETUC (European Trade Union Confederation)

**EGB**
Europäischer Gewerkschaftsbund

Die europäischen Sozialpartner nehmen teil am makroökonomischen Dialog, wirken als Berater der Kommission und des Rates der EU. Sie können in bestimmten Bereichen, vor allem des Sozialrechts, in Verhandlungen Rechtsakte der EU vorbereiten, die anschließend in den Rechtsbestand der EU übernommen werden.

Der **Europäische Wirtschafts- und Sozialausschuss (EWSA)** der EU ist ein Beratungsorgan für die zentralen EU-Organe (Ministerrat, Kommission und EU-Parlament), in dem auch österreichische Vertreter der Arbeitgeber, Arbeitnehmer und der Agrarwirtschaft tätig sind.

Mehr über die Institutionen der EU erfahren Sie im Kapitel „Die Europäische Union“.

## WissensCheck – „Träger der Wirtschafts- und Sozialpolitik – die Sozialpartner"

1. Nennen Sie die vier Verbände der Sozialpartnerschaft in Österreich.
2. Charakterisieren Sie die österreichische Sozialpartnerschaft.
3. Erklären Sie den Bad Ischler Dialog der Sozialpartner.
4. Geben Sie an, bei welchen Interessenverbänden Pflichtmitgliedschaft herrscht.
5. Erklären Sie, wen die Wirtschaftskammer vertritt.
6. Nennen Sie die Aufgaben, die die AußenwirtschaftsCenter der WKÖ übernehmen.
7. Nennen Sie drei Bereiche, zu denen Sie sich bei der Arbeiterkammer beraten lassen können.
8. Erklären Sie, wie sich die Präsidentenkonferenz der Landwirtschaftskammern Österreich zusammensetzt.
9. Erläutern Sie, wer jährlich die Kollektivverträge verhandelt.
10. Beschreiben Sie, wie sich die Gewerkschaft in Unternehmen organisieren kann.

## Zusammenfassung – „Träger der Wirtschafts- und Sozialpolitik – die Sozialpartner"

Speichern Sie nun das wesentliche Wissen des Kapitels „Sozialpartnerschaft" in Ihrem Kopf ab. Erstellen Sie dazu eine Zusammenfassung, indem Sie

1. eine übersichtliche Struktur (Tabelle) oder
2. eine Mindmap anfertigen.

**Tipp:** Nur eine selbst erstellte Zusammenfassung ist eine gute Zusammenfassung.

## Ziele erreicht? – „Träger der Wirtschafts- und Sozialpolitik – die Sozialpartner"

KOMPETENZ-ERWERB

1. Suchen Sie einen Beitrag aus den österreichischen Medien, in dem aktuelle Maßnahmen der Sozialpartner besprochen werden. Welche (mögliche) Bedeutung haben diese für die Bevölkerung sowie für die Zukunft Österreichs?

2. Worin liegen Ihrer Ansicht nach die Stärken und Schwächen des österreichischen Modells der Sozialpartnerschaft?

3. Es gibt auch kritische Stimmen, die die Notwendigkeit der Sozialpartnerschaft in Zweifel ziehen. Analysieren Sie, was sich Ihrer Meinung nach in der österreichischen Wirtschafts- und Sozialpolitik durch den Wegfall der Sozialpartnerschaft ändern würde.

4. Die Sozialpartner sind im Grunde Lobbyisten. Was bedeutet der Begriff Lobbyismus folglich und woran denken Sie, wenn Sie ihn hören? Inwiefern und für wen lobbyieren die jeweiligen Sozialpartner?

5. Lesen Sie den Zeitungsartikel „Pflegekräfte streiken: Haben die Sozialpartner ausgedient?“ und beantworten Sie die anschließenden Fragen.

## Pflegekräfte streiken: Haben die Sozialpartner ausgedient?

Derzeit gehen die Beschäftigten in der Sozialbranche für die 35-Stunden-Woche bei vollem Lohnausgleich auf die Barrikaden. Unterstützt werden sie dabei von ÖGB und Arbeiterkammer. Wirtschaftskammerchef Harald Mahrer malt hingegen den Teufel an die Wand. Die Forderung der Gewerkschaft könne man nur als Vorstoß Richtung Arbeitszeitverkürzung verstehen. "Wir werden in Österreich mit einer generellen Arbeitszeitverkürzung das Licht abdrehen." Einige Experten gehen dennoch davon aus, dass das Ansinnen in der Pflegebranche früher oder später von Erfolg gekrönt sein wird, weil die Arbeitssituation zu verbessern ist.

**Wie gut funktioniert die Sozialpartnerschaft?**
Interessant ist der Konflikt aber auch in anderer Hinsicht. Ganz grundsätzlich stellt sich die Frage: Wie gut funktioniert die Sozialpartnerschaft? Ist die aktuelle Auseinandersetzung nach der Schwächung der Arbeitnehmervertretung in der Sozialversicherung unter Türkis-Blau etwa schon der Vorbote für den nächsten sozialpartnerschaftlichen Konflikt? Und das unter Regierungsbeteiligung der Grünen?

Emmerich Tálos, ausgewiesener Sozialpartnerschaftsexperte, sieht Signale, dass die neue Regierung anders zu verfahren gedenkt. Was Türkis-Grün von Schwarz-Blau unterscheide, sei, dass sie explizit die Einbindung der Sozialpartner an einigen Stellen des Regierungsprogramms anspreche: rund um die Themen Niedriglohnanpassung an den KV-Mindestlohn, Zukunft der Arbeit, Einführung eines Bildungs- und eines Zeitwertkontos. Auch bei anderen scheinen die Sozialpartner nicht abgeschrieben zu sein. Die Präsidentin des ÖVP-Seniorenbunds, Ingrid Korosec, schlägt vor, dass sich die Sozialpartner mit der Abflachung von Gehaltskurven beschäftigen sollen. Wiens Bürgermeister Michael Ludwig (SPÖ) trat jüngst mit der Wirtschafts- und Arbeiterkammer, der Industriellenvereinigung, dem ÖGB und der Landwirtschaftskammer vor die Presse, um ihren „Digitalisierungspakt“ vorzustellen.
Und was sagt einer, der die Sache mittlerweile mit gesundem Abstand sieht? Ausgedient habe die Sozialpartnerschaft nicht, urteilt der Ökonom Christian Keuschnigg, Chef des Wirtschaftspolitischen Zentrums in Wien. Gerade in Zeiten wie diesen, da es schwierige Anpassungen durch Digitalisierung zu bewältigen gelte, sei es wichtig, dass die Gruppen mit unterschiedlichen Interessen ein gemeinsames Forum hätten. Schließlich gelingen ja auch die Lohnverhandlungen als Kernfrage der künftigen Wirtschaftsentwicklung ohne direkte Beteiligung der Regierung. Das hat doch trotz aller Spannungen in Österreich im Unterschied zu anderen Ländern insgesamt gut funktioniert.

*Quelle: Der Standard, 2020*

a) Schildern Sie den angesprochenen Konflikt in der Pflegebranche. Welche unterschiedlichen Positionen werden hier auch von den Sozialpartnern vertreten?

b) Wie wird die aktuelle Bedeutung der Sozialpartnerschaft in Österreich in diesem Artikel dargestellt?

c) Die Sozialpartner spielen bei der Verhandlung der Kollektivverträge eine große Rolle. Analysieren Sie, welche Vorteile und Nachteile, z. B. im Hinblick auf Lohnhöhe und Arbeitszeit, dadurch entstehen.

Einen interaktiven **Safety-Check** finden Sie in der TRAUNER-DigiBox.

## Going international

Now let's use the basics of the chapter "Volkswirtschaftliches Basiswissen" in English!

### Exercise 1

**The magic polygon.** Fill in the matching English words:

environment | full employment | balanced foreign trade | distributive equity | monetary stability | economic growth | social security | economic budget

**The magic polygon**

Wirtschafts-
wachstum

_______________

Vollbeschäftigung

_______________

Geldwertstabilität =
Preisstabilität

_______________

außenwirtschaftliches
Gleichgewicht

_______________

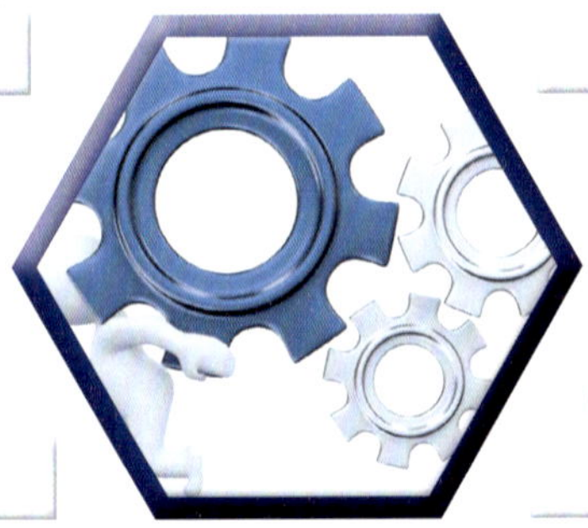

ausgeglichenes Budget

_______________

soziale Sicherheit

_______________

gerechte
Einkommensverteilung

_______________

_______________

Umwelt

**magic polygon**
magisches Vieleck

How do you influence the economic cycle, when you buy a burger at McDonald's?

### Exercise 2

**Social Market Economy.**

Prestigious US economists claim that "the European welfare state and social market economy have survived the financial crisis well and represent a more successful and enviable model than America's" and that "the European way is the best hope in an insecure age".

a) Discuss the main differences of the American and the Austrian system.
b) What are the advantages of each?
c) Which elements of socialism can you find in the social market?
d) Which elements of liberalism can you find in the social market?

**welfare state**
Wohlfahrtsstaat
**enviable**
beneidenswert
**insecure**
unsicher

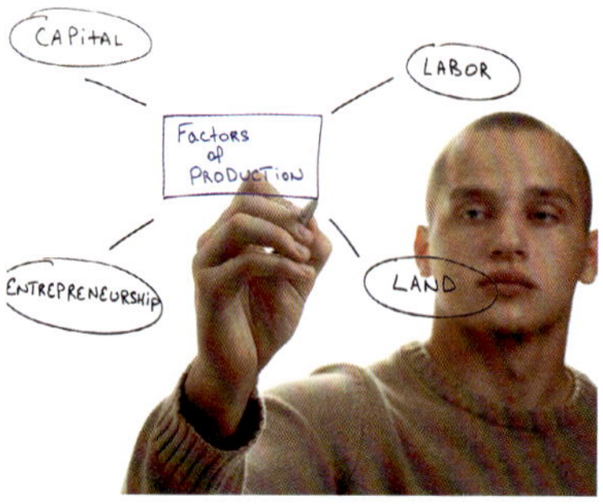


## Exercise 3

**Factors of Production.**

Connect the factor on the left with its explanation on the right.

- **Labour**
- **Capital**
- **Enterprise**
- **Land**

- Physical land and other natural resources, e.g. the land that a building is constructed on, oil that is extracted from under the sea etc.
- Is the skill of combining the other factors of production due to education, know-how or innovations.
- Physical and mental effort – e.g. stacking shelves in a supermarket, or calculating the final accounts of a company.
- Exists at two levels. First of all the financial one. But more importantly, finances are used to purchase good for making other things, like machinery, equipment, tools, etc.

## Exercise 4

a) Fill in the missing words:

circumstances | increase | Consumer Price Index | purchasing | comparing | measured

Inflation refers to a general rise in prices ______________ against a standard level of ______________ power. Inflation is measured by ______________ two sets of goods at two points in time, and calculating the ______________ in cost not reflected by an increase in quality. There are, therefore, many measures of inflation depending on the specific ______________. The most well known is the ______________ which measures consumer prices over a certain period of time.

b) Find the English translation of these words in the text (Hint: They are in the same order):

Preisanstieg = ______________

Kaufkraft = ______________

Maß = ______________

Verbraucherpreise = ______________

**to refer to sth.**
sich auf etwas beziehen

**to calculate**
berechnen, veranschlagen

**Consumer Price Index (CPI)**
Verbraucherpreisindex (VPI)

**hint**
Tipp, Hinweis

# II Wohlstand und Soziales

Wussten Sie, dass Österreich eines der weltweit reichsten Länder ist? Österreich hat eine der niedrigsten Arbeitslosenquoten und eines der höchsten BIP-pro-Kopf-Einkommen der Welt. Österreichs Wirtschaft zählt zu den florierendsten Europas, der Wohlstand ist hier so hoch wie in kaum einem anderen Land, aber auch an Österreich ist die Wirtschaftskrise der vergangenen Jahre sowie die Krise rund um COVID 19 nicht spurlos vorbeigegangen. Die Staatsschulden steigen Jahr für Jahr und belasten damit die nächsten Generationen – insbesondere die Corona-Krise treibt die Staatsverschuldung weiter nach oben. Zudem werden auch hier die Menschen immer älter, dies sorgt für hohe Ausgaben für Pensionen und im Gesundheitssektor. Überdies geht die Schere zwischen Arm und Reich immer weiter auseinander. Es gibt also genügend Herausforderungen, die in den nächsten Jahren gelöst werden müssen.

# Volkswirtschaftliche Gesamtrechnung

Eine Power-Point-Präsentation des Kapitels finden Sie in der TRAUNER-DigiBox.

Löhne gegen Arbeitskraft, Geld gegen Güter, Kredite gegen Zinsen usw. – die Wirtschaft funktioniert in vielen Fällen wie ein Kreislauf. Doch wie geht es der Wirtschaft eines Landes eigentlich? Tausende Unternehmen, Millionen Menschen, zudem Wirtschaftsbeziehungen mit anderen Staaten – wie soll man da den Überblick behalten? Die Volkswirtschaftliche Gesamtrechnung bietet die Möglichkeit dazu. Sie gibt eine Zusammenfassung über die wirtschaftlichen Vorgänge und ist eine Art Buchhaltung eines Staates.

KOMPETENZ-ERWERB

## Meine Ziele

Nach Bearbeitung dieses Kapitels kann ich

- erklären, wozu es eine Volkswirtschaftliche Gesamtrechnung gibt;
- die Begriffe Bruttoinlandsprodukt und Bruttonationaleinkommen sowie ihren Unterschied erläutern;
- die Wertschöpfungskette anhand eines realen Beispiels zeigen;
- das nominelle und reale Bruttoinlandsprodukt berechnen und erklären, wie die Abweichung zustande kommt;
- Indikatoren zur Messung des Wohlstandes eines Landes erläutern;
- praktische Fälle danach beurteilen, ob sie sich auf die Höhe des BIP auswirken.

# 1 Wirtschaftskreislauf

*Den Wirtschaftskreislauf kennen Sie bereits aus der Betriebswirtschaftslehre. Er wird nochmals kurz wiederholt, da er die Grundlage für die Volkswirtschaftliche Gesamtrechnung (VGR) ist. Denn die VGR erfasst die Aktivitäten, die im Wirtschaftskreislauf auftreten … ob Sie beim Tischler einen Schrank kaufen oder ob nach einer Umweltkatastrophe Häuser wieder aufgebaut werden müssen.*

Doch woher kommen die Zahlen, um die Aktivitäten zu erfassen – haben Sie eine Vorstellung?

Die Wirtschaft funktioniert wie ein Kreislauf nach dem Prinzip „Geben und Nehmen" zwischen den Wirtschaftsteilnehmern. Die Wirtschaftsteilnehmer sind durch Beziehungen miteinander verbunden. Dieses Zusammenwirken aller Wirtschaftsteilnehmer kann stark vereinfacht in einem sogenannten **Wirtschaftskreislauf** dargestellt werden.

**Unternehmen (Betriebe)** produzieren Sachgüter bzw. stellen Dienstleistungen bereit, um die Bedürfnisse ihrer Kunden befriedigen zu können. Die Nachfrager ihres Angebots sind Haushalte (Verbraucher), andere Unternehmen und der Staat. Unternehmen, an denen der Staat nicht beteiligt ist, werden als private oder **privatwirtschaftliche Unternehmen** bezeichnet.

**Private Haushalte** können sich aus einer oder mehreren Personen zusammensetzen. Die Haushalte verdienen durch ihre Arbeit Geld. Dieses verwenden sie, um Sachgüter und Dienstleistungen zu erwerben oder um es zu sparen.

Auch der **Staat** hat Anteil an der Wirtschaft, indem er mit Gesetzen regelnd eingreift. Er erhält für seine Leistungen Abgaben. Zudem tritt der Staat als Unternehmer und Nachfrager auf. Außerdem kann er Transferleistungen oder Subventionen vergeben.

**Banken (Kreditinstitute)** nehmen finanzielle Mittel (Geld) von Haushalten und Unternehmen als Geldanlage entgegen. Sie stellen diesen sowie dem Staat aber auch finanzielle Mittel in Form von Krediten zur Verfügung.

Unternehmen sind aber nicht nur auf nationalen Märkten tätig. Sie erwerben im **Ausland** z. B. Rohstoffe oder verkaufen an ausländische Abnehmer Güter, wie z. B. Maschinen. Somit spielen Auslandsgeschäfte im Zeitalter der Globalisierung für viele Unternehmen eine wichtige Rolle. Auch Privatpersonen (Haushalte) tätigen Geschäfte im Ausland, z. B. bei der Geldanlage oder beim Kauf von Gütern.

Dabei existieren zwei gegenläufige Ströme: der **reale Strom** (Güter, die getauscht werden) und der **monetäre Strom** (Geldstrom).

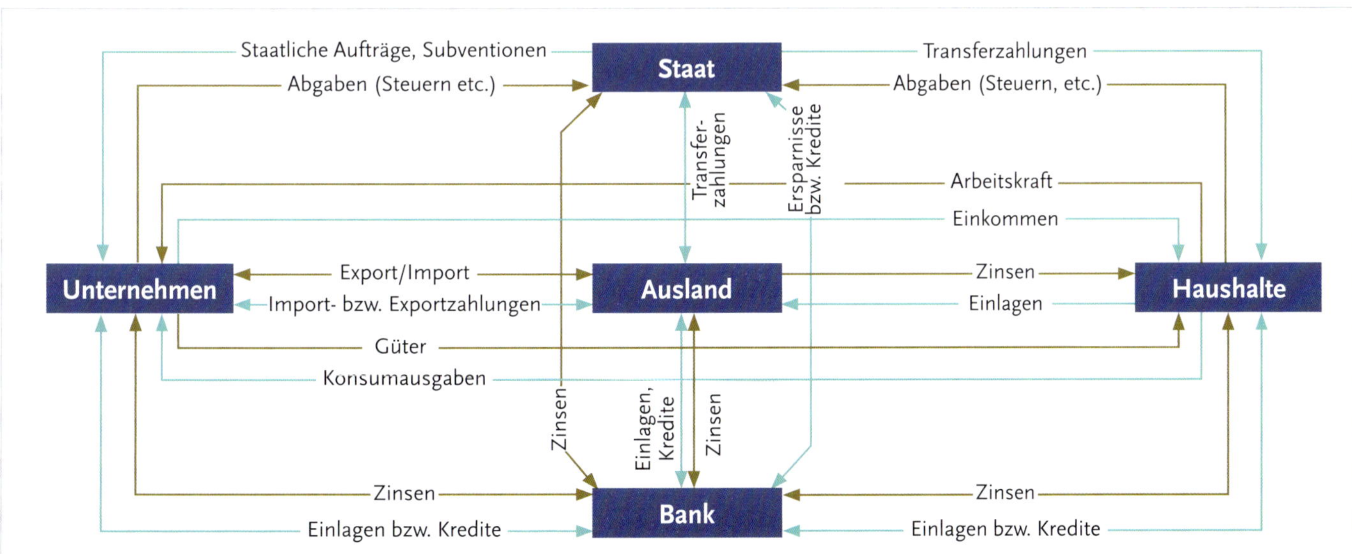

Die Aktivitäten im Wirtschaftskreislauf werden in der Volkswirtschaftlichen Gesamtrechnung erfasst. Dazu werden Hunderte von Unternehmens-, Sozialversicherungs-, Produktions-, Umsatzsteuerstatistiken u. v. m. erfasst und ausgewertet.

# 2 Grundlagen der Volkswirtschaftlichen Gesamtrechnung (VGR)

*Vor dem Zweiten Weltkrieg gab es kein zuverlässiges Maß für die gesamtwirtschaftliche Aktivität. Ökonomen mussten sich stattdessen auf bruchstückartige Informationen stützen, um sich ein Bild von der Gesamtwirtschaft zu machen. Erst nach dem Zweiten Weltkrieg wurden in den Industriestaaten verlässliche Einkommens- und Produktionsstatistiken aufgebaut. Es entstand die Volkswirtschaftliche Gesamtrechnung.*

Die **Volkswirtschaftliche Gesamtrechnung (VGR)** ist eine Untersuchung und Darstellung des Wirtschaftsgeschehens einer Volkswirtschaft für eine abgelaufene Periode. Ihr Ziel ist ein möglichst umfassendes, übersichtliches und in Zahlen ausgedrücktes Gesamtbild des wirtschaftlichen Geschehens.

Adäquat = geeignet, passend, zweckmäßig.

Die VGR dient als **Informations- und Entscheidungsgrundlage** für wirtschaftspolitische Maßnahmen, denn ohne die Daten könnten keine adäquaten Rahmenbedingungen geschaffen werden.

Als Messgröße für die Wirtschaftsleistung einer Volkswirtschaft wird häufig das **Sozialprodukt** herangezogen. Dabei kann man das Sozialprodukt aus zwei Blickwinkeln betrachten:

Das BNE ergibt sich, indem man vom BIP
- die Einkommen abzieht, die an die übrige Welt geflossen sind, und
- die Einkommen hinzufügt, die von inländischen Wirtschaftseinheiten aus der übrigen Welt bezogen wurden.

**Sozialprodukt**

| Bruttoinlandsprodukt (BIP) | Bruttonationaleinkommen (BNE) |
|---|---|
| Das **BIP** erfasst den Gesamtwert aller Sachgüter und Dienstleistungen für den Endverbrauch, die **innerhalb einer Volkswirtschaft** in einem bestimmten Zeitabschnitt hergestellt wurden. | Das **BNE** erfasst den Gesamtwert aller Sachgüter und Dienstleistungen für den Endverbrauch, die in einem bestimmten Zeitabschnitt **von Inländern** (= Personen mit Hauptwohnsitz im Inland) im In- oder Ausland hergestellt wurden.<br><br>Das BNE zeigt, **über welche Werte** Inländer verfügen können. Denn die in einem Land lebenden Menschen können über mehr oder weniger Werte verfügen als im Inland produziert wurden, weil Einkommen aus dem Ausland zu- und abfließen kann. |
| Bruttoinlandsprodukt = **Inlandskonzept** | Bruttonationaleinkommen = **Inländerkonzept** |

Beim Sozialprodukt sind die **Marktpreise** der Güter entscheidend, d. h., das was die Menschen bereit sind zu zahlen. Wenn Produkt A doppelt so viel kostet wie Produkt B und beide Produkte in gleicher Menge hergestellt werden, trägt A doppelt so viel wie B zum Sozialprodukt bei.

## Aufgabenstellungen – „Wirtschaftskreislauf" + „Grundlagen der VGR"

1. Zeichnen Sie einen Wirtschaftskreislauf anhand folgenden Falls: Familie Neuhofer muss bei ihrem Haus alle Fenster austauschen. Die Fenster bezieht sie bei dem Unternehmen Internorm, dies kostet 18.000,00 EUR inkl. USt. Da es sich um Schall- und Wärmeschutzfenster handelt, bekommt Familie Neuhofer vom Staat eine Förderung in Höhe von 1.000,00 EUR. Für den Umbau muss die Familie einen Kredit in Höhe von 10.000,00 EUR bei der Bank aufnehmen und zahlt jährlich 2.000,00 EUR zurück.

2. Wie setzen sich das BIP und das BNE in Österreich zusammen? Tragen Sie die beiden Begriffe in die Darstellung ein!

| Einkommen der Österreicher in Österreich | Einkommen der Österreicher aus der übrigen Welt | Einkommen der Ausländer in Österreich |
|---|---|---|

3. Erklären Sie, was mehr zum Sozialprodukt beiträgt – eine Flasche Prosecco oder eine Flasche Champagner.
4. Wie groß wird wohl der Unterschied zwischen dem weltweiten BIP und dem weltweiten BNE sein?

# 3 Bruttoinlandsprodukt (BIP)

Genaueres zu den Konvergenzkriterien haben Sie im Kapitel „Geld und Währung" erfahren.

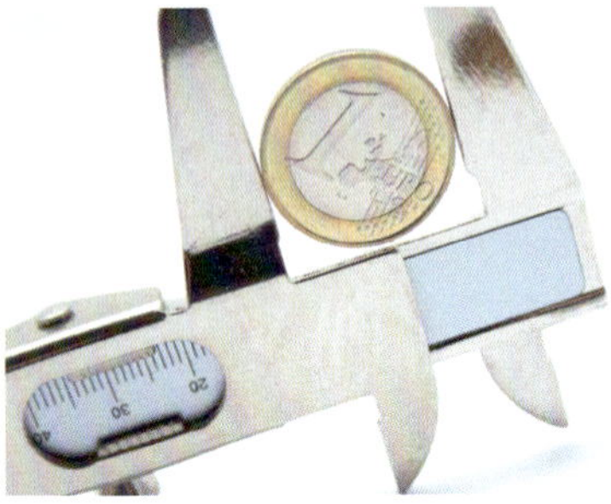

Das Bruttoinlandsprodukt (BIP) ist das Maß für die wirtschaftliche Leistungsfähigkeit eines Landes. Es ist von allen volkswirtschaftlichen Kennzahlen die wichtigste Größe, um Volkswirtschaften international zu vergleichen.

**Beispiel: BIP als Maßstab**
Das BIP wird als Maßstab bei der Einführung des Euro angewendet. Die Konvergenzkriterien, die im Rahmen des Vertrags von Maastricht 1992 vereinbart wurden, setzen u. a. Folgendes für teilnehmende Euro-Staaten voraus:

- Die maximal zulässige Staatsneuverschuldung darf pro Jahr nicht höher als 3 % des BIP sein.
- Die maximal zulässige Gesamtverschuldung darf nicht mehr als 60 % des BIP betragen.

Zum BIP werden nur die in Geld ausgedrückten Sachgüter und Dienstleistungen gezählt, die **im Inland** hergestellt wurden. Es spielt jedoch keine Rolle, ob die Güter für das In- oder das Ausland produziert wurden.

In das BIP werden nur Güter eingerechnet, die in einem **bestimmten Zeitabschnitt** (meist 1 Jahr) **für den Endverbrauch** hergestellt wurden. Nicht in die BIP-Berechnung eingerechnet werden daher

- bereits existierende Güter sowie
- Güter, die bei der Produktion von Sachgütern und Dienstleistungen verwendet werden (Vorleistungen, siehe nächster Abschnitt).

Bereits existierende Güter sind z. B. Gebrauchtwagen, alte Häuser und Wertpapiere.

Damit Sachgüter und Dienstleistungen in der BIP-Berechnung nicht mehrfach gezählt werden, muss eine Abgrenzung der einzelnen Stufen im Produktionsprozess erfolgen. Der Volkswirt spricht hierbei von der Wertschöpfungskette.

## 3.1 Wertschöpfung und Wertschöpfungskette

**Wertschöpfung** ist der Mehrwert bzw. Wertzuwachs, den ein Unternehmen innerhalb seines Produktionsprozesses schafft.

Durch die Verarbeitung in einem Betrieb erhöht sich der Wert einer Ware.

**Berechnung der Wertschöpfung**

| | |
|---|---|
| | Verkaufserlös je Produktionsstufe |
| – | Summe der Vorleistungen |
| | Wertschöpfung je Produktionsstufe |

**Vorleistungen** sind von anderen Unternehmen zugekaufte Sachgüter und Dienstleistungen, die im Produktionsprozess verbraucht, umgewandelt oder weiterverarbeitet werden.

**Beispiele für Vorleistungen:**
Roh- und Hilfsstoffe (z. B. Mehl in der Bäckerei), Zukaufteile (z. B. Reißverschlüsse bei der Herstellung von Jeans), Handelswaren, Reparaturleistungen.

Unter der **Wertschöpfungskette** versteht man den Weg des gesamten Produktions- und Dienstleistungsprozesses vom Rohstofferzeuger (Primärsektor) über den Hersteller (Sekundärsektor/Tertiärsektor) und über den Handel (Tertiärsektor) bis zum Endverbraucher.

**Volkswirtschaftliche Wertschöpfungskette (vom Rohstoff zum Endkunden)**

Urproduzent Rohstofflieferant ⇄ Teilelieferant ⇄ Produzent (Industriebetrieb) ⇄ Großhändler ⇄ Einzelhändler ⇄ Endverbraucher

| 1 | 2 | 3 |
|---|---|---|
| PRIMÄRSEKTOR | SEKUNDÄRSEKTOR | TERTIÄRSEKTOR |

**Beispiel: Wertschöpfungskette eines von einer Tischlerei erzeugten Schrankes ohne Berücksichtigung der Umsatzsteuer**

| | Vorleistung durch die Natur | Bäuerlicher Forstbetrieb | Sägewerk | Tischler | Konsument |
|---|---|---|---|---|---|
| |  |  |  |  |  |
| | Freies Gut: Die Natur sorgt für das Wachstum des Baumes (Naturverjüngung, $CO_2$, Sonnenlicht etc.). | Der Forstwirt fällt den Baum und verkauft diesen an ein Sägewerk. | Im Sägewerk entsteht aus dem bäuerlichen Rundholz Schnittholz. Das Sägewerk verkauft das Schnittholz an einen Tischler. | Der Tischler verarbeitet das eingekaufte Schnittholz zu einem Kasten. Der Tischler verkauft ihn an einen Kunden. | Der Endverbraucher erwirbt den Kasten vom Tischler. |
| **Produktverkaufspreis** | € 0,00 | Festmeter Holz: € 100,00 | Festmeter Schnittholz: € 400,00 | Preis für Schrank: € 2.000,00 | Endverbraucherpreis: **€ 2.000,00** |
| **– Vorleistung** | | – € 0,00 | – € 100,00 | – € 400,00 | |
| **Wertschöpfung/ Produktionsstufe** | € 0,00 | + € 100,00 | + € 300,00 | + € 1.600,00 | |

Summe der Wertschöpfung (WS)/Produktionsstufe =
Wert des Endproduktes = **€ 2.000,00**
→ ... wird in das BIP eingerechnet

**Grafische Darstellung des Beispiels:**

| | | | |
|---|---|---|---|
| Natur | € 0,00 | | |
| Bäuerlicher Forstbetrieb | WS € 100,00 | | |
| Sägewerk | Vorleistung | WS € 300,00 | |
| Tischler | Vorleistung | | WS € 1.600,00 |

⚠ Der Wert des Holzes wurde bereits im Sägewerk erfasst. Wenn er im Wert der Möbel noch einmal mitgezählt würde, käme es zu Doppelzählungen!

Aus diesem Beispiel ist ersichtlich, dass in jeder Produktionsstufe ein ökonomischer Mehrwert erwirtschaftet wird. Dem BIP wird nicht der jeweilige Produktverkaufspreis je Produktionsstufe zugerechnet, sondern nur die jeweiligen Wertschöpfungen der Produktionsstufen. Dies ist auch gleich dem Endverbraucherpreis, d. h., nur der Wert des Endproduktes wird für das BIP herangezogen.

**Weitere Definition:**
**BIP** = die Summe aller Wertschöpfungen aller Unternehmen eines Landes innerhalb eines Jahres.

**Beachten Sie!**
- **Entstehungsrechnung** = Wo ist das BIP entstanden?
- **Verteilungsrechnung** = Welche Einkommen sind bei der Produktion entstanden?
- **Verwendungsrechnung** = Wofür wurde das BIP verwendet?

**Entstehungsrechnung:** Der Produktionswert wird hier „zu Herstellungspreisen“ bewertet, d. h. abzüglich Gütersteuern und zuzüglich Gütersubventionen. Das BIP wird aber zu **Marktpreisen** angegeben, weswegen man die Beträge noch extra berücksichtigen muss.

Exporte – Importe = **Außenbeitrag**

**Ein Kreislauf!**

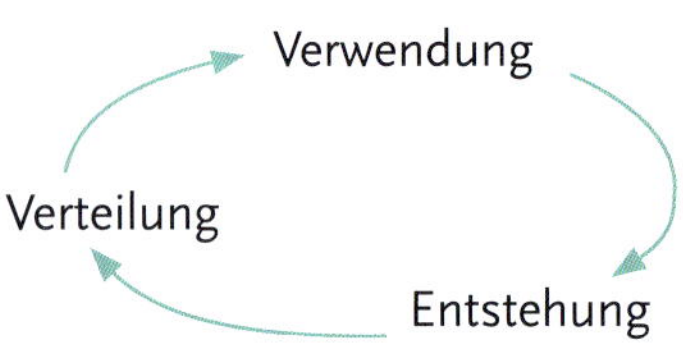

## 3.2 Berechnungsmethoden des BIP

In der Volkswirtschaftlichen Gesamtrechnung (VGR) wird die wirtschaftliche Aktivität an drei verschiedenen Orten erfasst:
- bei der Produktion der Güter,
- bei der Verwendung der produzierten Werte und
- bei der Verteilung der erzielten Einkommen.

Das Bruttoinlandsprodukt lässt sich somit durch drei unterschiedliche Berechnungsmethoden ermitteln. Unter Ausschluss aller methodischen und statistischen Fehlerquellen müssen alle drei Berechnungsmethoden dasselbe Ergebnis liefern.

| Entstehungsrechnung | Verteilungsrechnung | Verwendungsrechnung |
|---|---|---|
| Das BIP erfasst die **Werte aller Endprodukte und Dienstleistungen** (die Summe der Wertschöpfungen), die in den einzelnen Wirtschaftssektoren entstanden sind. | Das BIP ist die Summe aller in einem bestimmten Zeitraum erzielten **Einkommen** der Volkswirtschaft. | Das BIP entspricht dem **Wert aller Ausgaben** (der gesamtwirtschaftlichen Nachfrage). |
| **Berechnung:**<br>Produktionswert (zu Herstellungspreisen)<br>– Vorleistungen | **Berechnung:**<br>Arbeitnehmerentgelt<br>+ Unternehmens- und Vermögenseinkommen | **Berechnung:**<br>Konsumausgaben der privaten Haushalte<br>+ Konsumausgaben des Staates |
| = **Bruttowertschöpfung**<br>+ Gütersteuern<br>– Gütersubventionen | = **Volkseinkommen**<br>+ Abschreibungen<br>+ Gütersteuern und Importabgaben an den Staat<br>– Gütersubventionen vom Staat | = **Konsumausgaben insgesamt**<br>+ Bruttoinvestitionen<br>+ Exporte<br>– Importe |
| | = **Bruttonationaleinkommen (BNE)**<br>+ Einkommen von Ausländern im Inland<br>– Einkommen von Inländern im Ausland | |
| = **Bruttoinlandsprodukt (BIP)** | = **Bruttoinlandsprodukt (BIP)** | = **Bruttoinlandsprodukt (BIP)** |

**Gütersteuern** = Steuern und ähnliche Abgaben, die pro Einheit einer gehandelten oder produzierten Ware oder Dienstleistung zu entrichten sind. Sie umfassen z. B. die abgeführte Umsatzsteuer, zu zahlende Importabgaben (wie Zölle, Einfuhr-Umsatzsteuer), Mineralölsteuer, Tabaksteuer, Versicherungssteuer, Grunderwerbssteuer.

**Gütersubventionen** = sind Subventionen, die pro Einheit einer produzierten oder eingeführten Ware oder Dienstleistung geleistet werden. Sie werden entweder als ein bestimmter Geldbetrag pro Mengeneinheit oder als Prozentsatz festgesetzt, z. B. Agrarsubventionen, Zuschüsse für den öffentlichen Personennahverkehr.

## 3.3 Nominelles und reales Bruttoinlandsprodukt

*Das BIP wird in Geld gemessen und dieses hat in der Vergangenheit laufend an Wert verloren. Wir verwenden damit einen Maßstab, der jedes Jahr etwas schrumpft. Damit wird natürlich das Wachstum des BIP überschätzt. Doch wir würden gerne den Anstieg des BIP mit einem feststehenden Maßstab messen ...*

Je nachdem, ob die Summe der Wertschöpfungen zu aktuellen Marktpreisen oder zu Preisen eines festgelegten Basisjahres kalkuliert wird, ergeben sich zwei unterschiedliche Ergebnisse der BIP-Berechnung:

**Bruttoinlandsprodukt**

**nominelles (nominales) Bruttoinlandsprodukt**

BIP wird **mit Preisen des laufenden Jahres** bewertet:

- Die BIP-Veränderung stellt zum einen die Produktivitätssteigerung und zum anderen die Preissteigerung im Zeitablauf dar.
- Zunahme des Preisniveaus (Inflation) erhöht das BIP. Rückgang des Preisniveaus (Deflation) senkt das BIP.

**reales Bruttoinlandsprodukt**

BIP wird **mit Preisen eines bestimmten Basisjahres bewertet,** d. h., der Preis wird konstant gehalten:

- Die BIP-Veränderung stellt die reine Produktivitätssteigerung einer Volkswirtschaft im Zeitablauf dar.

**Unterscheiden Sie!**
**Nominelles BIP** = BIP zu laufenden Preisen
**Reales BIP** = BIP zu konstanten Preisen

Je nachdem, ob man das nominelle oder das reale Bruttoinlandsprodukt zum Vergleich heranzieht, ergeben sich verschieden hohe **Wachstumsraten.**

Warum ist das so?

**Vergleich der nominellen und realen BIP-Wachstumsraten in Österreich (2008 – 2023)**
Veränderung Vorjahr in %

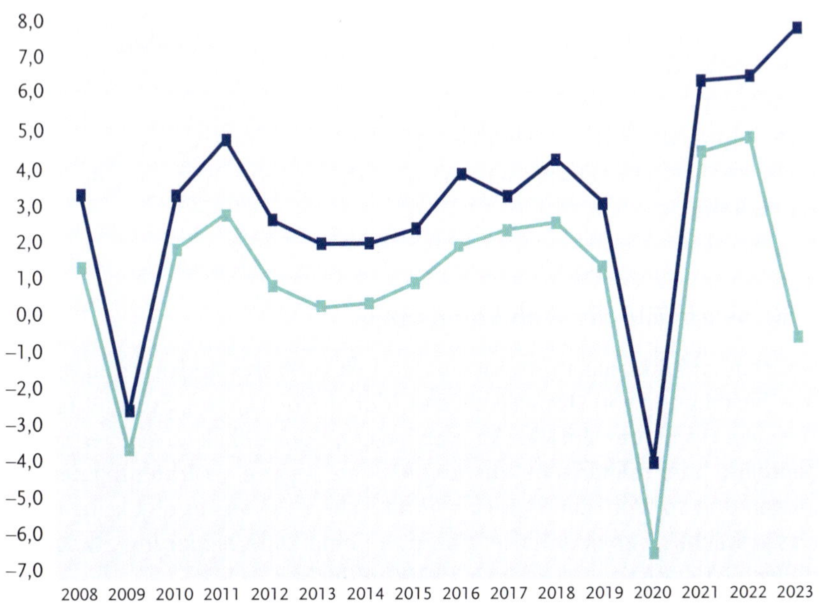


Quelle: Statistik Austria, 2024

**Website für Interessierte**
www.statistik.at

## 3.4 BIP pro Kopf

Diskutieren Sie die Gründe dafür.

*Im Jahr 2023 betrug das österreichische BIP 482 Mrd. Euro (nominell), das von Frankreich 3.050 Mrd. Euro. Ist dieser Vergleich der absoluten Zahlen aussagekräftig und heißt das, dass Frankreich so viel produktiver als Österreich ist? Oder gibt es andere Gründe dafür, dass das französische BIP fast sieben Mal so groß wie das österreichische ist?*

**Reales BIP pro Kopf in der EU (2023)**

| Rang | Land | BIP/Kopf in EUR |
|---|---|---|
| 1 | Luxemburg | 83.320 |
| 2 | Irland | 72.390 |
| 3 | Dänemark | 52.230 |
| 4 | Schweden | 45.860 |
| 5 | Niederlande | 43.410 |
| 7 | Österreich | 37.430 |
| 26 | Rumänien | 10.250 |
| 27 | Bulgarien | 7.850 |

Quelle: Eurostat, 2024

Um die Produktivität von Volkswirtschaften miteinander zu vergleichen, ist das BIP aufgrund der unterschiedlich hohen Bevölkerungszahlen nicht aussagekräftig. Deshalb behilft man sich mit dem **BIP/Kopf,** das sich wie folgt berechnet:

$$\textbf{BIP pro Kopf} = \frac{\text{BIP der Volkswirtschaft}}{\text{Bevölkerungsanzahl der Volkswirtschaft}}$$

## 3.5 BIP als Wohlstandsmaß

Das Bruttoinlandsprodukt ist in der Volkswirtschaftslehre noch immer die wichtigste Kenngröße zur Bemessung des Wohlstandes einer Volkswirtschaft. Der Vergleich des Wohlstandes von verschiedenen Volkswirtschaften wird mithilfe des BIP/Kopf statistisch durchgeführt.

Der Anstieg des BIP wird auch als **quantitatives Wirtschaftswachstum** bezeichnet. Was man unter qualitativem Wirtschaftswachstum versteht, erfahren Sie im Kapitel „Konjunktur und Wirtschaftswachstum".

**BIP-Faustregel in der Volkswirtschaft**

- Steigt das BIP real im langjährigen Schnitt um jährlich 2 %, erfolgt eine Wohlstandsverdoppelung alle 35 Jahre.
- Der Anstieg von real 1 % jährlich (langjähriger Schnitt) verursacht erst alle 70 Jahre eine Verdoppelung des Wohlstands.

Das bedeutet, ein hohes BIP-Wachstum hat automatisch eine größere Steigerung des Wohlstands zur Folge als ein niedriges.

Das BIP sagt nichts darüber aus, wie sich der Wohlstandszuwachs auf die Bevölkerung verteilt.

Das ist auch der Grund, warum alle Ökonomen einen gleichmäßigen Anstieg des BIP im langjährigen Schnitt um 2 % empfehlen. Dies ist wichtig, um einen Ausgleich für den Produktivitätsanstieg durch den technischen Fortschritt und durch technische Innovationen zu schaffen. Das heißt, ein BIP-Wachstum von durchschnittlich 2 % im Jahr schafft keine neuen Arbeitsplätze, hilft aber, die bestehenden zu erhalten.

### 3.5.1 Kritik am BIP als Wohlstandsmaß

Es gibt aber auch Kritik, das Bruttoinlandsprodukt als Wohlstandsmaß zu verwenden. Denn die Beseitigung von **Umweltschäden** (durch Hochwasser, Sturm, Brände, Erdbeben), sowie vermehrte **Unfälle** (Straßenverkehr, Sportunfälle u. Ä.), vermehrte **Spitalsaufenthalte** oder **militärische Rüstung** können sogar eine **Erhöhung des BIP** mit sich bringen und so Wohlstandsgewinn vortäuschen. Weiters erfolgt keine Messung,

- wer es tatsächlich erwirtschaftet hat, d. h., eine Differenzierung zwischen Arm und Reich ist statistisch durch das BIP/Kopf nicht möglich;
- ob ressourcen- und umweltschonend gewirtschaftet wird (z. B. Rohstoffverschwendung);

- wie alt oder neu die Infrastruktur einer Volkswirtschaft ist;
- wie sauber die Umwelt einer Volkswirtschaft ist (z. B. Leitungswasser trink- und leistbar);
- wie gesund oder krank eine Bevölkerung ist;
- wie gut oder schlecht die Gesundheitsversorgung der Volkswirtschaft ist;
- wie hoch die Lebenserwartung der Bevölkerung ist;
- wie hoch oder wie niedrig die Alphabetisierungsrate einer Bevölkerung ist;
- ob die innere, äußere und soziale Sicherheit der Bevölkerung in einer Volkswirtschaft gewährleistet ist.

FILM AB!

Ein lustiges Video zu diesem Thema finden Sie auf www.trauner.at/bip

**Das BIP/Kopf ist kein exaktes Maß für die Lebensqualität** und den Wohlstand in einem Land. Es liefert aber wichtige Anhaltspunkte, solange man sich der Grenzen seiner Aussagekraft bewusst ist.

Eine Weltkarte mit den HDI-Werten und die Erklärung dazu finden Sie in der TRAUNER-DigiBox.

### 3.5.2 Human Development Index (HDI)

Um den Defiziten des BIP/Kopf eine treffsichere statistische Messgröße für die Wohlstandsmessung gegenüberzustellen, wurde der Human Development Index (HDI) entwickelt.

Der **Human Development Index** (auch: Index der menschlichen Entwicklung) ist ein von der UNO verwendeter Indikator für die Wohlstandsmessung von Ländern, um die in der BIP-Messung nicht erfassten Kriterien zu berücksichtigen.

Der HDI berücksichtigt im Gegensatz zum BIP nicht nur das Wirtschaftswachstum, gemessen am BIP/BNE pro Kopf eines Landes, sondern betrachtet stattdessen folgende drei Faktoren gemeinsam:

- Lebenserwartung der Menschen bei der Geburt
- Alphabetisierungsrate (Bildungsgrad) der Bevölkerung
- Pro-Kopf-Einkommen, nach Kaufkraftparität (KKP) bereinigt

**Website für Interessierte**
http://hdr.undp.org

Die Kaufkraftparitäten kennen Sie bereits aus dem Kapitel „Geld und Währung". In der TRAUNER-DigiBox finden Sie eine Karte, auf der die Kaufkraftparitäten der EU-Regionen dargestellt sind.

## Aufgabenstellungen – „Bruttoinlandsprodukt"

1. Sie kennen folgende Zahlen aus der VGR:

| | | | |
|---|---|---|---|
| Private Konsumausgaben: | 300 | Außenbeitrag: | 20 |
| Bruttoinvestitionen: | 160 | Subventionen: | 15 |
| Abschreibungen: | 90 | Einkommen von Ausländern im Inland: | 30 |
| Konsumausgaben des Staates: | 110 | Einkommen von Inländern im Ausland: | 60 |
| Gütersteuern (inkl. Importabgaben): | 50 | | |

a) Wie groß ist das BIP?
b) Wie groß ist das BNE?
c) Wie kommt der Unterschied zwischen BIP und BNE zustande?

**2.** Geben Sie an, was bzw. wie viel in das österreichische BIP einfließt.

| Beispiele | Antwort |
|---|---|
| a) Ein Handelsunternehmen importiert Waren im Wert von 45.000,00 EUR und verkauft diese um 65.000,00 EUR. | |
| b) Die Stadt Wien lässt Straßen für drei Millionen Euro sanieren. | |
| c) Frau Offenbacher beginnt nach der Karenzzeit wieder zu arbeiten und erhöht im Betrieb die monatliche Produktion um 5.000,00 EUR. Dafür engagiert sie eine Putzfrau für 300,00 EUR pro Monat. | |
| d) Marie und Cem fliegen dank eines Last-Minute-Angebots um nur 600,00 EUR für eine Woche nach Mallorca: 150,00 EUR kostet der Flug mit Austrian Airlines, 400,00 EUR das Hotel und 50,00 EUR sind Gebühren für das Reisebüro. | |
| e) Von seinem monatlichen Lehrlingseinkommen in der Höhe von 850,00 EUR zahlt Pablo etwa 80,00 EUR für den Benzinverbrauch seines Mopeds und 150,00 EUR Kostgeld an seine Eltern. 400,00 EUR benötigt er für Freizeitvergnügungen wie Fortgehen, Kino, für Kleidung sowie Körperpflegeprodukte. | |

**3.** Der US-amerikanische Einzelhändler Walmart erreicht jährlich einen Umsatz, der höher als das österreichische BIP ist. Inwieweit kann man diesen Vergleich in dieser Form nicht ziehen?

Schwarzarbeit = Arbeitsleistung gegen Entgelt, ohne Einhaltung der gesetzlichen Arbeitsbestimmungen. Es werden keine Abgaben und Sozialversicherungsbeiträge entrichtet.

Schwarzmarkt = Markt, der vom Staat nicht gebilligt wird, z. B. illegaler Waffenhandel, Drogenhandel, Personenhandel und Schlepperwesen.

Externen Kosten haben Sie im Kapitel „Produktionsfaktoren der Volkswirtschaft" kennengelernt.

Eine Grafik zur Schattenwirtschaft im Vergleich zum BIP ausgewählter Länder finden Sie in der TRAUNER-DigiBox.

# 4 Was wird in der VGR nicht erfasst?

Neben der Diskussion, ob die derzeitigen Indikatoren der VGR überhaupt für die Wohlstandsmessung geeignet sind, wirft das System der VGR noch weitere Problemaspekte auf:

- Die **unentgeltlichen Leistungen** privater Haushalte werden nicht erfasst (Haushaltsarbeit, Kindererziehung und -betreuung, Pflege von Angehörigen, Vereinstätigkeit etc.).
- **Heimwerkerarbeitsleistungen** („Do-it-yourself") werden nicht berücksichtigt; es wird nur das gekaufte Material in die VGR eingerechnet.
- Volkswirtschaftliche Wertschöpfung durch die „Schattenwirtschaft" – hierunter fallen **Schwarzarbeit** („Pfusch") und **Schwarzmarktgeschäfte** – kann nur als geschätzter Wert einbezogen werden.
- **Externe Kosten** (Umweltschäden, Verschleiß des Bodens und der Bodenschätze, Sinken des Bildungsniveaus u. Ä.) finden in der VGR keine Berücksichtigung.

# 5 Europäisches System Volkswirtschaftlicher Gesamtrechnungen (ESVG)

Das **Europäische System Volkswirtschaftlicher Gesamtrechnungen (ESVG, ESVG 2010)** ist das einheitliche System, das der Vergleichbarkeit der Volkswirtschaften in der EU dient.

Das **ESVG** beschreibt systematisch und detailliert eine Volkswirtschaft (Region, Land, Ländergruppe) mit ihren wesentlichen Merkmalen und den Beziehungen zu anderen Volkswirtschaften.

Die nach dem ESVG berechneten Ergebnisse dienen verschiedenen Analysen und Bewertungen:

- Darstellung der Struktur einer Volkswirtschaft:
  - Wertschöpfung und Erwerbstätigkeit nach Wirtschaftsbereichen
  - Wertschöpfung und Erwerbstätige nach Regionen
  - Einkommensverteilung nach Sektoren
- Darstellung einzelner Ausschnitte einer Gesamtwirtschaft, wie
  - des Banken- und Finanzsektors in der Volkswirtschaft oder
  - der Rolle des Staates.
- Darstellung der Entwicklung einer Volkswirtschaft im Zeitablauf, wie Analyse
  - der Wachstumsraten des Bruttoinlandsprodukts (BIP)
  - der Preisveränderungen oder
  - der saisonalen Entwicklung des privaten Konsums anhand von Vierteljahresergebnissen.
- Darstellung der Volkswirtschaft im Vergleich zu anderen Volkswirtschaften:
  - Vergleich der Rolle des Staates in den Mitgliedsstaaten der Europäischen Union (EU)
  - Analyse der Verknüpfungen zwischen den Volkswirtschaften der EU
  - Vergleiche der Wachstumsraten des BIP oder des verfügbaren Einkommens je Einwohner in der EU mit anderen Staaten, wie den USA und Japan

**Website für Interessierte**
epp.eurostat.ec.europa.eu

## WissensCheck – „Volkswirtschaftliche Gesamtrechnung“

1. Beschreiben Sie den Zweck einer Volkswirtschaftlichen Gesamtrechnung.
2. Nennen Sie die Unterschiede zwischen BIP und BNE.
3. Geben Sie an, welche Definitionen des BIPs korrekt sind.

| Definition | Richtig | Falsch |
|---|---|---|
| Summe der Produktverkaufspreise je Produktionsstufe. | | |
| Gesamtwert aller Waren und Dienstleistungen für den Endverbrauch, die innerhalb einer Volkswirtschaft in einem Jahr hergestellt werden. | | |
| Die Summe aller Wertschöpfungen aller Unternehmen in einem Land innerhalb eines Jahres. | | |
| BIP = Inländerprinzip. | | |

4. Erläutern Sie, was in der Volkswirtschaftlichen Gesamtrechnung nicht berücksichtigt wird.
5. Verbinden Sie die Begriffe mit den passenden Erklärungen.

| | |
|---|---|
| Verwendungsrechnung | Summe aller bei der Produktion erzielten Einkommen |
| Entstehungsrechnung | Gesamtwirtschaftliche Nachfrage |
| Verteilungsrechnung | Gesamte Wertschöpfung |

6. Geben Sie an, ob die nominelle oder reale BIP-Wachstumsrate im Normalfall höher ist.

7. Erklären Sie, warum man besser die Bruttoinlandsprodukte pro Kopf der Bevölkerung und nicht die gesamten Bruttoinlandsprodukte vergleicht.
8. Stellen Sie dar, warum das BIP als Wohlstandsmaß umstritten ist.
9. Nennen Sie die Faktoren, die der Human Development Index berücksichtigt.
10. Erläutern Sie „Schwarzarbeit“.

## Zusammenfassung – „Volkswirtschaftliche Gesamtrechnung“

Speichern Sie nun das wesentliche Wissen des Kapitels „Volkswirtschaftliche Gesamtrechnung“ in Ihrem Kopf ab. Erstellen Sie dazu eine Zusammenfassung, indem Sie

1. eine übersichtliche Struktur (Tabelle) oder
2. eine Mindmap anfertigen.

**Tipp:** Nur eine selbst erstellte Zusammenfassung ist eine gute Zusammenfassung.

## Ziele erreicht? – „Volkswirtschaftliche Gesamtrechnung“

KOMPETENZ-ERWERB

1. Sebastian hat seinen Hauptwohnsitz in München. Derzeit arbeitet er als Praktikant bei einem Zeitungsverlag in Salzburg und erhält dafür monatlich 1.500,00 EUR netto. Geben Sie an, wie sein Lohn im BIP bzw. BNE von Österreich und Deutschland berücksichtigt wird.

2. **Wertschöpfungskette**

Wertschöpfungskette am Beispiel einer von einem Gastronomen zubereiteten Wildente (3 kg) – ohne Berücksichtigung der Umsatzsteuer:

Vorleistung (VL) durch die Natur: € 0,00

Produktverkaufspreise:

Jäger: Wildente € 9,00 pro Kilo

Fleischhauer: Wildente € 14,00 pro Kilo

Gastronom: Wildente € 27,00 pro Kilo

Geben Sie an, welcher Betrag in das BIP einfließt. Befüllen Sie die Tabelle.

| | VL durch Natur | Jäger | Fleischhauer | Gastronom | Konsument |
|---|---|---|---|---|---|
| **Produktverkaufspreis** | € | € | € | € | Endverbraucherpreis: € |
| **– Vorleistung** | € | € | € | € | |
| **Wertschöpfung/ Produktionsstufe** | € | + € | + € | + € | |

**Die dem BIP zurechenbare Wertschöpfung der zubereiteten Wildente errechnet sich:**

Vorleistungen durch Natur: €
\+ Jäger: €
\+ Fleischhauer: €
\+ Gastronom: €

Summe der Wertschöpfungen €

**3. Nominelles und reales BIP**

a) Berechnen Sie mithilfe der folgenden Angaben das nominelle und reale BIP. Als Basisjahr für die Berechnung gilt das Jahr 2021.

| Jahr | Menge | Preis | Nominelles BIP | Reales BIP |
|---|---|---|---|---|
| 2021 | 80 | 8 | | |
| 2022 | 100 | 10 | | |
| 2023 | 120 | 11 | | |
| 2024 | 130 | 15 | | |

b) Begründen Sie in Ihrer Lösung die unterschiedlichen Ergebnisse.

**4.** Bestimmen Sie, ob folgende Fälle Auswirkungen auf das österreichische BIP haben.

| Beispiele | Ja | Nein |
|---|---|---|
| a) Eine Familie aus Deutschland verbringt ihren Sommerurlaub in Österreich. | | |
| b) Julias Mutter lässt sich die Haare „schwarz“ von einer Friseurin schneiden. | | |
| c) Sie bezahlen bei Ihrem Zahnarzt 600 Euro für eine neue Krone. | | |
| d) In Modezeitschriften stellt TrendBags die neue Taschenkollektion vor. | | |
| e) Ein Freund von Gojko arbeitet ehrenamtlich bei der Rettung. | | |
| f) Ein österreichischer Bäcker hat eine Filiale in Deutschland. | | |
| g) Sie fahren mit dem Zug von Bregenz nach Innsbruck. | | |
| h) Herr Altwirth pflegt seine Eltern bei sich zu Hause. | | |

**5.** Wo werden folgende Posten erfasst? Kreuzen Sie an und schreiben Sie eine Begründung.

| |  | |  | |
|---|---|---|---|---|
| **Beispiele** | **BIP Österreich** | **BNE Österreich** | **BIP Deutschland** | **BNE Deutschland** |
| a) Das Gehalt eines Salzburgers, der über der Grenze in Berchtesgaden arbeitet. | | | | |
| b) Ein in München wohnender deutscher Rechtsanwalt besitzt in Kufstein ein Haus mit mehreren Wohnungen, die er vermietet. | | | | |
| c) Eine deutsche Familie macht Urlaub im Salzkammergut. | | | | |
| d) Eine junge Deutsche studiert in Innsbruck und arbeitet nebenbei als Kellnerin | | | | |
| e) Nach einem Praktikumsjahr in Berlin zieht ein Wiener zurück nach Hause, wo er auch gleich wieder zu arbeiten beginnt. | | | | |

Einen interaktiven **Safety-Check** finden Sie in der TRAUNER-DigiBox.

# Sozialer Wandel

Eine Power-Point-Präsentation des Kapitels finden Sie in der TRAUNER-DigiBox.

Auf nahezu alle hochentwickelten Volkswirtschaften (OECD-Länder) kommen bis Mitte des 21. Jahrhunderts neue Herausforderungen zu. Die zwei vielleicht bedeutendsten von ihnen sind die Bevölkerungsentwicklung und die Digitalisierung.

In den modernen Industriestaaten gibt es eine kontinuierlich steigende Lebenserwartung der Bevölkerung. Demgegenüber sinkt jedoch die Geburtenrate, was zur Folge hat, dass immer weniger Menschen im Erwerbsleben stehen und die Pensionen der Älteren finanzieren.

Die zweite Herausforderung ist die Digitalisierung des Wirtschaftsprozesses. Dieser führt zwar zu Effizienzsteigerungen, doch gleichzeitig ändern sich dadurch auch die beruflichen Tätigkeitsprofile. Was dies für die Gesellschaft sowie für Sie selbst bedeutet, erfahren Sie in diesem Kapitel.

KOMPETENZ-ERWERB

## Meine Ziele

Nach Bearbeitung dieses Kapitels kann ich

- die wirtschaftlichen Gesellschaftsmodelle charakterisieren;
- verschiedene Entwicklungen in unserer Gesellschaft kritisch analysieren;
- die Pensionsproblematik erläutern;
- Chancen ableiten, die sich durch Migration ergeben.

# 1 Gesellschaft

*Wenn wir von der „westlichen Gesellschaft“ sprechen, sind meist OECD-Länder gemeint. Diese Staaten ähneln sich in ökonomischer, kultureller und sozialer Hinsicht ...*

Unter **Gesellschaft** versteht man die **Gesamtheit der Menschen,** die zusammen unter bestimmten politischen, wirtschaftlichen und sozialen Verhältnissen leben.

„Die Gesellschaft“ ist einem ständigen Wandel unterworfen, was sich auch an den täglich gebrauchten Gegenständen bzw. durchgeführten Handlungen und Vorgängen zeigt. Diese Gemeinsamkeiten bzw. gemeinsamen Veränderungen helfen auch, das, was Menschen unter „ihrer Gesellschaft“ verstehen, zu definieren.

Folgende Modelle kennzeichnen die heutige – westliche – Gesellschaft nach **wirtschaftlichen** Gesichtspunkten:

In der TRAUNER-DigiBox finden Sie eine Übung zu den Merkmalen, die die „westliche Gesellschaft“ kennzeichnen.

**Anerkannte Ziele** einer Gesellschaft sind beispielsweise:
- Schutz des Einzelnen
- Leben ohne innere und äußere Bedrohung
- Wohlstand
- Geordnetes Zusammenleben
- Freiheit

Diese Ziele sind meist in der Verfassung eines Landes verankert.

**Wirtschaftliche Gesellschaftsmodelle**

**Konsumgesellschaft**

Eine Konsumgesellschaft weist folgende Kennzeichen auf:
- Relativ hohe Massenkaufkraft
- Materieller Wohlstand breiter Bevölkerungsgruppen (Wohlstandsgesellschaft)
- Massenproduktion relativ preisgünstiger und leicht beschaffbarer Verbrauchs- und Gebrauchsgüter
- Streben der Bürger nach Einkommen und damit nach Konsum

**Dienstleistungsgesellschaft**

In einer Dienstleistungsgesellschaft ist das Wirtschaftswachstum überwiegend durch Konsum von Dienstleistungen getragen. Diese sind meist arbeitsintensiv und weisen einen persönlichen Kontakt zwischen Anbieter und Nachfrager auf. Die notwendige Qualifikation der Anbieter steigt dabei, daher ist eine ständige Weiterbildung vonnöten.

**Informations- und Mediengesellschaft**

In einer Informationsgesellschaft nehmen Informations- und Kommunikationstechnologien (digitale Vernetzung) eine zentrale Stellung ein. Sie durchdringen dabei alle Lebensbereiche des Menschen – von der Arbeitswelt bis zur Freizeit. Information wird zu einem weiteren Produktionsfaktor.

**Wissensgesellschaft**

Die **Forschungspolitik** der EU ist darauf ausgerichtet, das Potenzial und die Kapazität der europäischen Wissenschaft umfassend zu mobilisieren. Das vorhandene umfangreiche Netz aus Universitäten, Forschungszentren, Industrielabors und innovativen kleinen und mittleren Unternehmen birgt eines der größten Forschungspotenziale der Welt.

Verschiedene Gesellschaftsformen lösen einander nicht einfach ab. Sie existieren vielmehr nebeneinander, wobei sich ihre Bedeutung zueinander verändert. So dominiert heute die Dienstleistungsgesellschaft, bei einem sinkenden Stellenwert der Industriegesellschaft. Merkmale der Agrargesellschaft sind nur mehr in Ansätzen vorhanden.

Die Bedeutung der Medien-, Informations- und Wissensgesellschaft nimmt ständig zu. In der Folge kann dann eine dieser Gesellschaftsformen die dominierende werden.

## Aufgabenstellungen – „Gesellschaft"

1. Finden Sie fünf Beispiele für Güter, die Ihre Eltern oder Großeltern in ihrer Jugend noch nicht gekannt haben. Überlegen Sie dabei, wie sich dadurch deren Lebensgewohnheiten vom Leben heute unterschieden haben.
2. Woran denken Sie, wenn Sie in den Medien von „unserer Gesellschaft" hören? Wer gehört dazu, wer nicht? Warum? Legen Sie Kriterien fest.
3. Denken Sie an alltägliche Situationen aus Ihrem Leben (z. B. beim Schulbesuch, beim Einkaufen, beim Fortgehen): Welchen wirtschaftlichen Gesellschaftsmodellen sind diese Aktivitäten zuzuordnen?

Die aktuelle Arbeitszeitregelung führt politisch wie medial regelmäßig zu heftigen Diskussionen. Welche Vor- und Nachteile würden eine Liberalisierung für Unternehmen und Arbeitnehmer/innen bringen.

# 2 Lebenszeit – Arbeitszeit – Freizeit

*Im Zeitalter der Industrialisierung arbeiteten die Menschen oft über 70 Stunden pro Woche in Fabriken. 1885 wurde in Österreich die Sonn- und Feiertagsruhe eingeführt, die maximale Arbeitszeit wurde auf elf Stunden pro Tag reduziert. Ab 1918 betrug die übliche Wochenarbeitszeit 48 Stunden. In der Zeit des Nationalsozialismus musste wieder bis zu 65 Stunden gearbeitet werden. Ab den 1950er-Jahren wurde die Wochenarbeitszeit auf 45 Stunden reduziert. 1975 wurde die 40-Stunden-Woche beschlossen, in vielen Kollektivverträgen gilt seit 1985 die 38,5-Stunden-Woche.*

Durch wirtschaftliche Veränderungen und die Änderung der Gesellschaftsmodelle werden die Zeitkontingente eines jeden Menschen beeinflusst.

**Lebenszeitbudget** (mit einer Lebenserwartung von ca. 80 Jahren):

Lebenszeit 700 000 Stunden

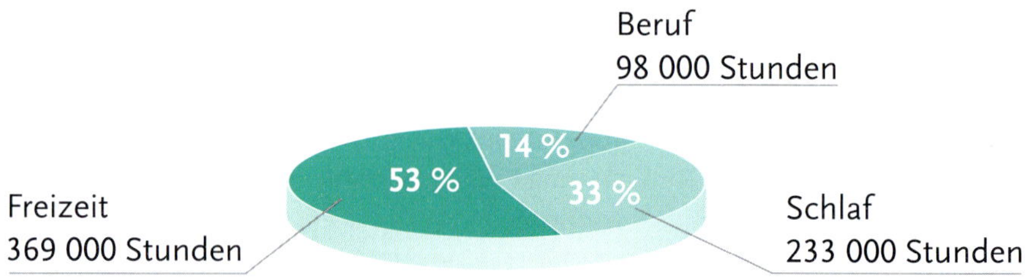


Quelle: ift, Institut für Freizeit- und Tourismusforschung, 2016

Im Vergleich dazu brachten die Menschen in der Nachkriegszeit noch 20 % der Lebenszeit für Arbeit auf, im Industriezeitalter sogar über 30 %.

### Arbeitszeit

Im vergangenen Jahrhundert hat sich die jährliche Arbeitszeit in Europa stark reduziert. Neben der Wochenarbeitszeit wirken sich auf die Jahresarbeitszeit auch Urlaubsansprüche aus, die im 20. Jahrhundert sukzessive gesetzlich verankert wurden. Daneben trug u. a. die steigende Lebenserwartung zur Erhöhung des Freizeitanteils innerhalb eines Lebens bei.

**Der Acht-Stunden-Tag**
Nach 1918 wurde der Acht-Stunden-Arbeitstag eingeführt, wobei aber weiterhin die Sechs-Tage-Arbeitswoche galt (also 48 Wochenarbeitsstunden). Die Verringerung der Wochenarbeitszeit auf die Fünf-Tage-Arbeitswoche erfolgte 1975, in den 1980er-Jahren wurde sie auf 38 (oder 38,5) Stunden verkürzt.

Der derzeitige **Urlaubsanspruch** beträgt bei einer Fünftagewoche

- 25 Werktage (= 5 Wochen) bzw.
- 30 Werktage (= 6 Wochen) nach 25 Dienstjahren im gleichen Unternehmen.

## Freizeit

Der Anteil der Freizeit an der Lebenszeit ist derzeit so groß wie nie zuvor. Zu beachten ist dabei jedoch, dass Freizeit verschiedene Komponenten umfasst: So zählen dazu familiäre und soziale Verpflichtungen, Zeit zur Entfernungsüberbrückung (zwischen Wohn- und Arbeitsort), regenerative und reproduktive Zeiten (Ernährung, Körperpflege usw.) und frei disponible Phasen (Vergnügen, Selbstverwirklichung).

Ein weiterer großer Anteil an „freier Zeit" entfällt auf **ehrenamtliche und/oder unbezahlte Tätigkeiten** im sozialen Bereich, etwa in Hilfsorganisationen (Feuerwehr, Rettungsdienste usw.) oder im privaten Umfeld (Pflege kranker, behinderter, alter Angehöriger). Diese Leistungen stellen einen extrem hohen wirtschaftlichen Wert dar, müsste das alles nach Marktpreisen abgegolten werden.

Freizeit wurde für die Lebensplanung vieler junger Menschen ein ebenso bedeutsamer Teil ihres Lebens wie ihre berufliche Arbeit.

Sind Sie ehrenamtlich tätig? Warum (nicht)?

## Verteilung von Arbeitszeit und Freizeit

Viel diskutiert wird, wann die „freie Zeit" konsumiert werden kann (z. B. Verlagerung der Arbeitszeit), wobei oft wirtschaftliche und private Interessen im Widerspruch stehen. Fixe Freizeit (z. B. arbeitsfreier Sonntag) gilt als wichtig, um das Familienleben und soziale Kontakte aufrechterhalten zu können, was sonst durch zeitlich abweichende Freizeitphasen behindert würde.

In der Dienstleistungsgesellschaft ist eine Veränderung der traditionellen Wochenarbeitszeitverteilung (Montag bis Freitag) festzustellen. So haben z. B. Beschäftigte in den Bereichen Pflege, öffentlicher Verkehr und Tourismus sehr unregelmäßige Arbeitszeiten. Ein generelles Problem für alle Beschäftigten ist zudem die Verschränkung von Arbeit und Freizeit (z. B. berufliche Mails in der Freizeit beantworten).

## Aufgabenstellungen – „Lebenszeit – Arbeitszeit – Freizeit"

1. Was verstehen Sie unter Arbeit?
   a) Viele Menschen sind ehrenamtlich tätig. Würden Sie das als Arbeit bezeichnen? Begründen Sie.
   b) Sind die Pflege von alten Verwandten oder die Betreuung der eigenen Kinder für Sie Arbeit oder Freizeit? Weshalb? Welche Kriterien sind für Sie maßgeblich?
   c) Gegenwärtig kommt es zu einer immer stärkeren Vermischung von Arbeitszeit und Freizeit, z. B. wenn von zu Hause aus noch Mails gecheckt werden. Welche Vor- und Nachteile sehen Sie darin?

2. Ist der arbeitsfreie Sonntag in unserer Gesellschaft wichtig? Was ist Ihre Meinung dazu?

3. Sollen wir weniger arbeiten und dafür die Arbeit auf mehr Köpfe verteilen? Lesen Sie dazu folgende zwei Zeitungsartikel, die die Argumente der Befürworter und der Gegner einer Reduzierung der Arbeitswoche auf 30 Stunden darstellen. Die Diskussion wird aktuell auch in Österreich geführt.

## Deutsche Forscher und Politiker für 30-Stunden-Woche

**Um die Arbeitslosigkeit in Europa zu bekämpfen, wollen über 100 Politiker und Forscher die Arbeitszeit radikal verkürzen – bei vollem Lohnausgleich.**

In einem offenen Brief fordern mehr als 100 deutsche Wissenschaftler, Politiker, Gewerkschafter und Publizisten eine 30-Stunden-Woche bei vollem Lohnausgleich. Sie sehen darin einen Weg, die hohe Arbeitslosigkeit in Deutschland und Europa zu bekämpfen. [...]

„Ein Überangebot an den Arbeitsmärkten führt zu Lohnverfall", zitiert die „taz" aus dem Brief. Angesichts steigender Arbeitslosigkeit in Europa gelte es aber zu verhindern, „weiterhin die Krisenlasten der lohnabhängigen Bevölkerungsmehrheit aufzubürden".

**Ware „Arbeitszeit" verknappen**

„Wir brauchen ein gesamtgesellschaftliches Projekt Arbeitszeitverkürzung, es kann keine rein tarifpolitische Aufgabe mehr sein", sagt Heinz-Josef Bontrup, Professor für Wirtschaftsrecht an der Westfälischen Hochschule Gelsenkirchen und Mitinitiator des Briefs. „Man muss die Ware Arbeitskraft verknappen, sonst bekommt man die Löhne nicht hoch", so Bontrup. „Wenn alle weniger arbeiten, können mehr Leute eingestellt werden." Von der Arbeitszeitverkürzung versprechen sich die Initiatoren auch eine deutliche Produktivitätssteigerung. Diese soll dann den Beschäftigten zufließen, um so den vollen Lohnausgleich zu sichern. „Damit bleiben die Lohnstückkosten konstant, den Unternehmen entstehen keine Wettbewerbsnachteile."

*(Quelle: Die Presse)*

## 30-Stunden-Woche: „Marxistisch und absolut weltfremd"

**Deutsche Politiker und Forscher fordern eine Verkürzung der Arbeitszeit auf 30 Stunden. Selbst linksgerichtete Ökonomen halten wenig davon.**

„Das wäre wie das Paradies mit den gebratenen Tauben", sagt Heiner Flassbeck, Direktor der UNO-Organisation für Welthandel und Entwicklung, zu „Spiegel Online". Er selbst hätte den Brief nicht unterschrieben. Damit ein voller Lohnausgleich funktioniere, müsste die Produktivität der Arbeitnehmer im selben Maße wie der Stundenlohn steigen, was bei einer Arbeitszeitverkürzung auf 30 Stunden pro Woche unmöglich wäre.

„Für Deutschland ist das sicher der falsche Weg", sagt auch der Wirtschaftsweise Peter Bofinger. Grundsätzlich sei Arbeitszeitverkürzung eine gute Idee. So hätte etwa Kurzarbeit den starken Konjunkturrückgang 2009 abgefedert. Jetzt gebe es in Deutschland jedoch fast eine Vollbeschäftigung. Probleme würden eher durch Fachkräftemangel und demografischen Wandel verursacht.

**„Griff in die Mottenkiste"**

Die Forderung nach einer 30-Stunden-Woche sei „absolut weltfremd", sagt Karl Brenke, Konjunkturexperte am DIW-Institut. Die Idee stamme aus den siebziger Jahren und sei von der marxistischen Vorstellung geprägt, dass der Gesellschaft die Arbeit ausgegangen sei. Für Arbeitslosigkeit gebe es in Deutschland heute aber ganz andere Gründe. So seien etwa viele zu schlecht ausgebildet, um einen Job zu finden.

Dass Deutsche aufgrund fehlender Qualifikationen arbeitslos werden, sagt auch der Deutsche Industrie- und Handelskammertag. Die Forderung sei ein „Griff in die Mottenkiste". Eine künstliche Verknappung der Arbeitszeit sei „völlig kontraproduktiv". Geschäftsführer Martin Wansleben warnt, eine solche Maßnahme würde Jobs vernichten, weil damit die Kosten massiv steigen würden.

a) Was sind die Gedanken der Befürworter der 30-Stunden-Woche? Wie soll das Modell deren Meinung nach funktionieren?

b) Welche Argumente halten die Gegner entgegen? Was sind deren Meinung nach die Gründe für Arbeitslosigkeit?

c) Nehmen Sie zu dieser Diskussion Stellung und legen Sie Ihre Position dar.

# 3 Bevölkerung

Unter **Bevölkerung** versteht man die Gesamtheit aller Personen, die in einem bestimmten Gebiet leben.

## 3.1 Bevölkerungswachstum

*Fortschritte in Medizin und Hygiene zu Beginn des Industriezeitalters ließen die Lebenserwartung der Menschen steigen, die Kindersterblichkeit ging zurück. Weil weiterhin viele Kinder geboren wurden, übertraf die Geburtenrate die Sterberate und die Bevölkerungszahl stieg enorm an ...*

Recherchieren Sie, wie hoch die Lebenserwartung bei der Geburt zurzeit in Österreich ist:
Lebenserwartung Frauen:

Lebenserwartung Männer:

Das Wachstum der **Erdbevölkerung** steigt seit dem 18. Jahrhundert stark an. Im Jahr 2011 wurde die 7-Milliarden-Menschen-Marke überschritten. Gegenwärtig leben rund 8,1 Milliarden Menschen auf der Erde.

**Bevölkerungsentwicklung**

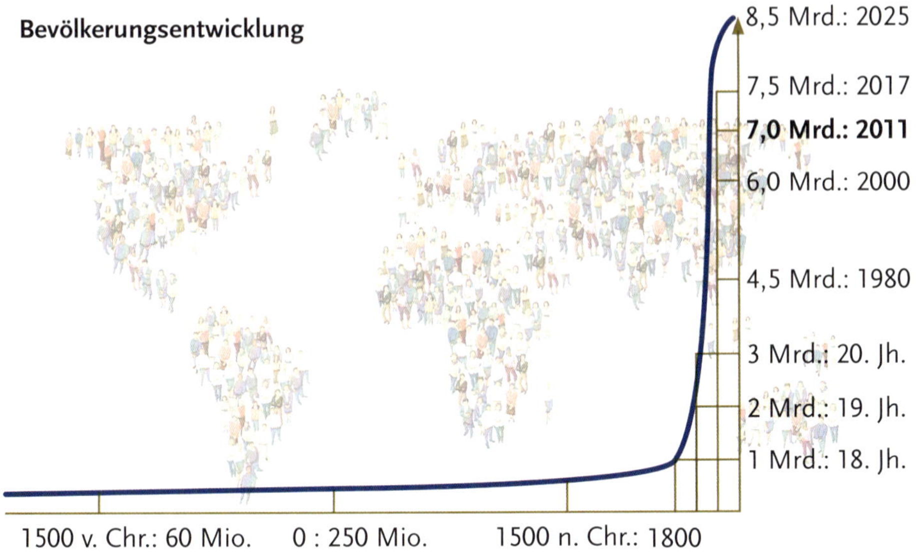


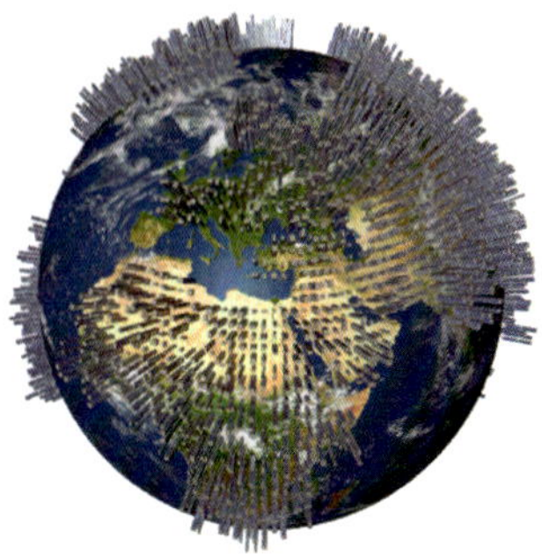

Dieser explosionsartige Anstieg der **Erdbevölkerung** vollzieht sich nicht in allen Teilen der Erde gleichmäßig. In den Industriestaaten vermehrt sich die Bevölkerung teilweise nur geringfügig und nimmt in manchen Staaten sogar ab.

Das eigentliche Bevölkerungswachstum geht in den Entwicklungsländern vor sich. Eine Prognose für die erste Hälfte des 21. Jahrhunderts weist aus, in welchen Gebieten sich die größten Bevölkerungszuwächse vollziehen werden:

Mit steigendem Wohlstand geht die Zahl der Geburten wieder zurück, was insbesondere in industriell entwickelten Ländern zu einer „Überalterung" der Gesellschaft führt.

**Anteile am Bevölkerungswachstum in den Entwicklungsländern 2000 – 2050**

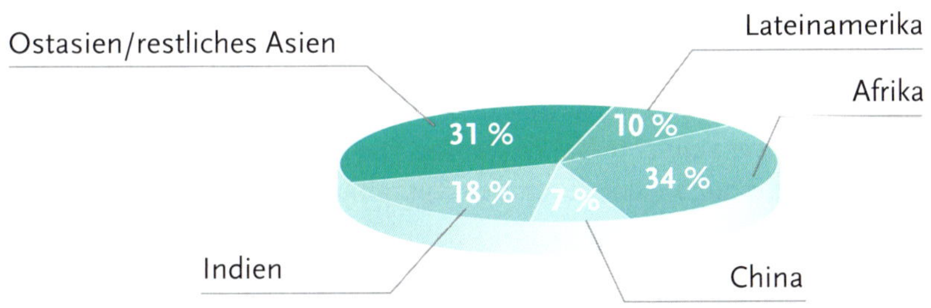

Auf welche Bereiche einer Volkswirtschaft hat die Überalterung Auswirkungen?

Diese Grafik finden Sie auch als interaktive Abbildung in der TRAUNER-DigiBox.

Die Bevölkerungspyramide von Österreich von 1952 bis 2100 (Prognose) finden Sie unter folgendem Link: www.statistik.at/atlas/bev_prognose

**Generationenvertrag:** Das **Versorgungsprinzip** lebt davon, dass jeweils eine neue Generation heranwächst, die die Pensionen der vorigen Generation bezahlt.

## 3.2 Alterung der Gesellschaft

Wenn in einer Gesellschaft der Wohlstand zunimmt, hat das einerseits **Geburtenrückgang** und andererseits eine **erhöhte Lebenserwartung** zur Folge. Ersteres lässt sich mit höheren Ansprüchen, besserer Aufklärung über (und Zugang zu) Verhütungsmittel und späterem Kinderwunsch aufgrund längerer Ausbildungszeiten erklären. Zweiteres ist die Folge von verbesserter medizinischer Versorgung sowie weniger beschwerlichen Lebensbedingungen.

Diese Entwicklung bringt die sogenannte Alterung (oft auch als Überalterung bezeichnet) der Gesellschaft mit sich.

**Bevölkerungspyramide nach Staatsangehörigkeit**

Österreich

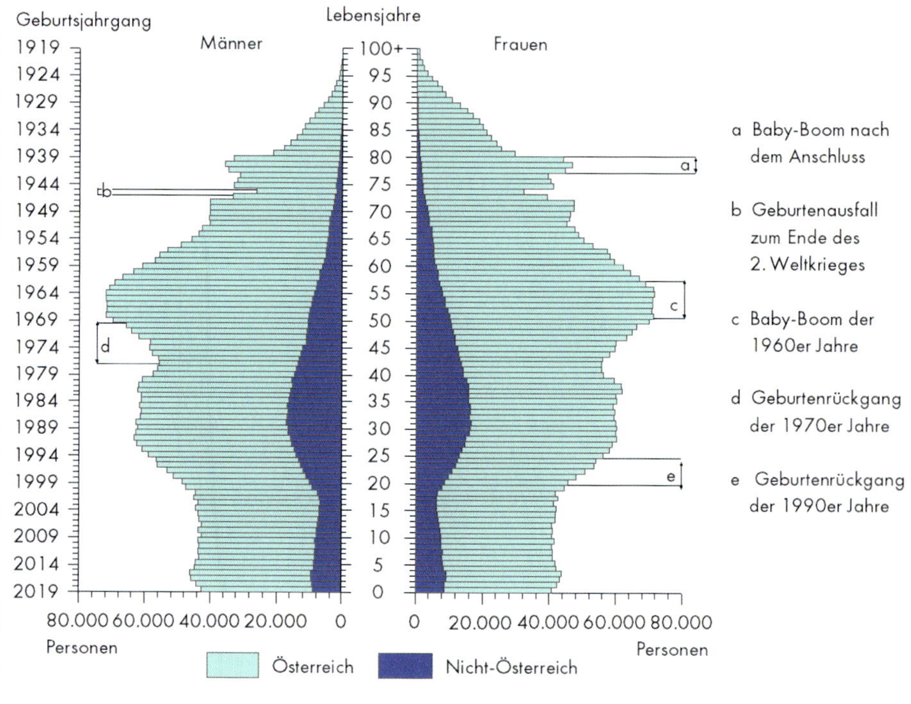


Quelle: Statistik Austria, Statistik des Bevölkerungsstandes, 2020

Diese Entwicklung stellt Österreich – wie sämtliche westlichen Staaten – vor unterschiedliche **Herausforderungen:**

- **Sinkendes Arbeitskräftepotenzial**
  Während die Zahl der Pensionsanwärter/innen steigt, folgen immer weniger junge Arbeitskräfte nach.
- **Globalisierter Wettbewerb, der geringere Sozialleistungsquoten forciert**
  Staaten müssen dem Wettbewerb auf internationalen Märkten genau wie Unternehmen standhalten, was u. a. die Kürzung von Sozialausgaben zur Folge hat.
- **Erhöhter Pflegebedarf bei Älteren**
  Die Zahl der Hochbetagten nimmt relativ am stärksten zu, weshalb mehr Pflegeeinrichtungsplätze benötigt werden.
- **Finanzierung der staatlichen Pensionsversicherung**
  Der sogenannte Generationenvertrag kann wegen der oben genannten Entwicklungen nur sehr schwer aufrechterhalten werden. Die gesetzlichen Pensionsansprüche können also nicht nur alleine durch Beitragszahlungen finanziert werden.

Um diese Herausforderungen zu bewältigen, werden in der Politik immer wieder unterschiedliche **Lösungsansätze** diskutiert:

- **Gezielte Förderung der Jugendlichen,** um die Zahl jener ohne Ausbildung so gering wie möglich zu halten
- **Anhebung des Pensionsalters** entsprechend der höheren Lebenserwartung
- **Erhöhung der Geburtenzahl,** damit die Bevölkerungspyramide nicht kippt
- **Förderung von Migration,** um den Arbeitskräftemangel auszugleichen
- **Anhebung der Frauenerwerbsquote,** weil hier sonst großes Potenzial an Beitragszahlenden verloren geht

Das durchschnittliche Pensionsantrittsalter betrug 2019 in Österreich 60,30 Jahre.

Diskutieren Sie die Lösungsansätze. Welche finden Sie sinnvoll und welche nicht? Haben Sie weitere Vorschläge?

## VW Plus – Gesundheitsökonomie und sozialer Wandel

Der soziale Wandel wirft viele Fragen im Spannungsfeld zwischen Gesundheit und Ökonomie auf. Die Gesundheitsökonomie beschäftigt sich u. a. mit folgenden Fragestellungen:

- Wie können wir angesichts der Alterung der Gesellschaft eine gute Gesundheitsversorgung der Bevölkerung sicherstellen?
- Für welche neuen medizinischen Entwicklungen und gesundheitspolitische Maßnahmen sollen die vorhandenen öffentlichen Mittel am besten eingesetzt werden, damit wir möglichst lange gesund leben können?

Gesundheitsökonomie ist ein Teilgebiet der Volkswirtschaftslehre.

Zahlreiche Forschungsergebnisse weisen darauf hin, dass die ersten Lebensjahre eines Menschen für den späteren Gesundheitszustand von entscheidender Bedeutung sind. In den meisten Ländern gibt es daher gesundheitspolitische Programme, um die frühe Gesundheit zu fördern.

**Beispiel: Mutter-Kind-Pass**
Ein österreichisches Beispiel ist der Mutter-Kind-Pass (MUKI), der regelmäßige Untersuchungen von werdenden Müttern und Kindern in den ersten Lebensjahren vorsieht, bei denen ein Arzt Auffälligkeiten bei der körperlichen und mentalen Entwicklung überprüfen kann.

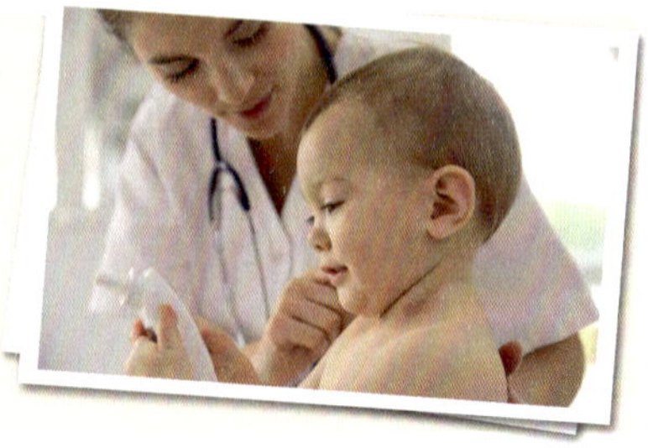

In einer empirischen Forschungsarbeit wurde die Wirksamkeit der frühkindlichen MUKI-Untersuchungen analysiert. In Oberösterreich gibt es seit dem Jahr 2000 einen finanziellen Anreiz von 185,00 EUR für die Teilnahme. Die Abbildung zeigt, dass der finanzielle Anreiz zu einem deutlichen Anstieg von ca. 15 % bei der Inanspruchnahme dieser Untersuchungen geführt hat.

Versuchen Sie die Abbildung mit eigenen Worten zu analysieren. In der TRAUNER-DigiBox finden Sie dazu eine Hilfestellung.

**Teilnahme (in Prozent) an frühkindlichen MUKI-Untersuchungen im Alter von 24, 36 und 48 Monaten vor und nach Einführung des finanziellen Anreizes**

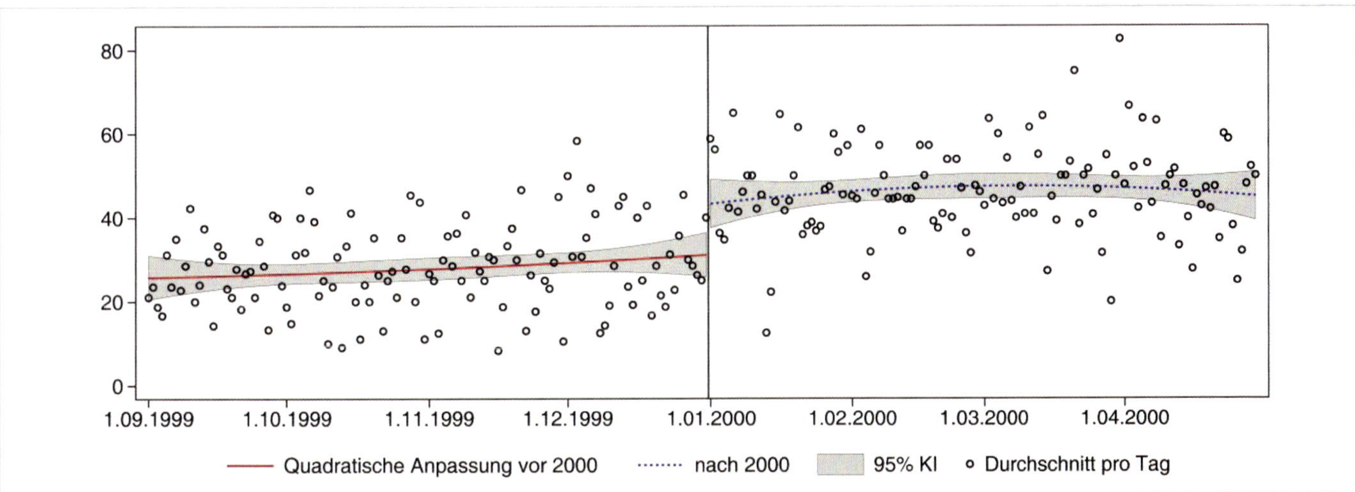

In weiterer Folge wird untersucht, wie sich das Programm auf die Gesundheitsausgaben auswirkt:

- Bei Kindern von Eltern mit hohem Bildungsgrad zeigen sich nur geringe Effekte.
- Bei niedriger Bildung weisen die Ergebnisse hingegen darauf hin, dass durch das Programm zusätzliche medizinische Untersuchungen/Interventionen ausgelöst werden, die später leicht kostendämpfend wirken.

Rückschlüsse auf den (langfristigen) Gesundheitszustand sind mit den verwendeten Daten zu Gesundheitsausgaben jedoch nur begrenzt möglich.

## 3.3 Migration

Recherchieren Sie, welche Branchen gegenwärtig vom Fachkräftemangel betroffen sind.

Die Bevölkerungsentwicklung führt in absehbarer Zeit zu einem allgemeinen **Fachkräftemangel.** So gab es beispielsweise 2008 noch 100 000 Fünfzehnjährige in Österreich, 2018 waren es nur mehr etwa 86 800.

Da bereits jetzt in einigen Branchen ein akuter Fachkräftemangel vorherrscht, ist es eine Möglichkeit, diesen mit qualifizierten Einwanderern auszugleichen, die Zuwanderung nach Österreich also zu forcieren.

Österreichs Zuwanderer und Zuwanderinnen zeichnen sich durch unterschiedlichste Herkunftsländer und Beweggründe aus. Die meisten Menschen wandern allerdings aus EU-Staaten, insbesondere aus Deutschland, zu. Die Zahl von Asylwerber/innen, für die der Zugang zum Arbeitsmarkt sehr beschränkt ist, hat in der letzten Zeit aufgrund internationaler Krisen signifikant zugenommen, stellt allerdings nach wie vor nur einen sehr geringen Anteil an der Gesamteinwanderung dar. Anerkannte Flüchtlinge haben freien Zugang zum Arbeitsmarkt.

EWR = Europäischer Wirtschaftsraum; besteht aus den EU-Staaten sowie den drei Ländern Liechtenstein, Island und Norwegen. Mehr dazu erfahren Sie im Kapitel „Wirtschaftliche Integration“.

**Formen der Zuwanderung 2022**

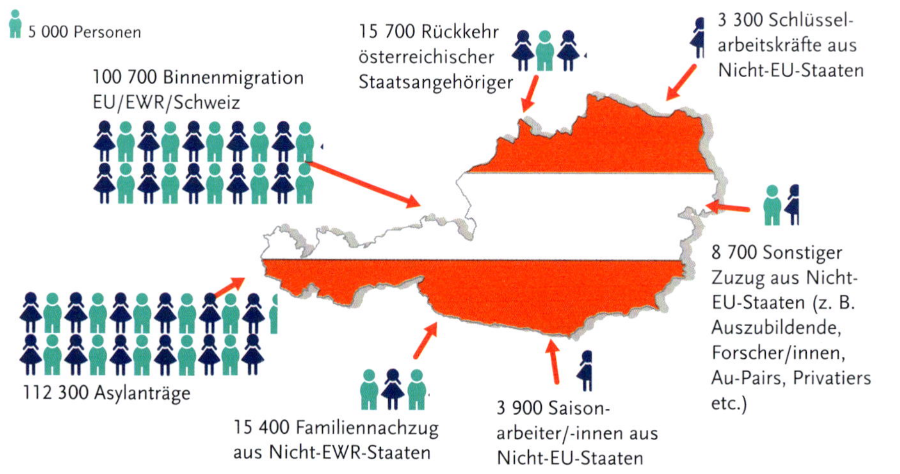


Quelle: Migration und Integration, 2023

## Aufgabenstellungen – „Bevölkerung“

1. Der Druck auf das staatliche Pensionssystem in Österreich nimmt immer mehr zu. Als ein Lösungsansatz wird die Anhebung des gesetzlichen Pensionsalters diskutiert.
   a) Schildern Sie, wieso sich die Finanzierung des staatlichen Pensionssystems immer schwieriger gestaltet.
   b) Erarbeiten Sie Vorteile und Nachteile einer Erhöhung des gesetzlichen Pensionsalters.
   c) Wie können Sie für sich privat vorsorgen, damit Sie in Ihrer Pension finanziell abgesichert sind?
2. Meistens hört man davon, dass Leute arbeiten müssen, aber in Pension gehen dürfen.
   a) Wie stehen Sie zu dieser Ansicht?
   b) Woran könnte diese Einstellung liegen?
   c) Wie könnte man sie ändern und wäre das überhaupt wünschenswert?
3. Erläutern Sie, vor welchen Herausforderungen eine Gesellschaft steht, wenn die Politik verstärkt auf Migration aus dem Ausland setzt.

# 4 Digitalisierung – im Zeitalter von „Industrie 4.0“

Der Begriff **„Industrie 4.0“** bezeichnet **Digitalisierung und Vernetzung** von gesamten Wertschöpfungsketten. Sämtliche Stufen des Produktionsprozesses sind digital miteinander vernetzt und können folglich miteinander kommunizieren.

So werden z. B. durch Web- oder Mobile-Applikationen Bereiche, wie z. B. Maschinenbau, Logistik und Personalplanung miteinander verknüpft. Kundenwünsche werden in Echtzeit in der Produktion berücksichtigt, der Versand wird automatisch bei Fertigstellung initiiert und die Maschinenwartung regelt sich durch intelligente Meldemechanismen durchwegs selbstständig.

Industrie 4.0 ist der vierte große Umbruch in der industriegeschichtlichen Entwicklung:

**Industrie im Wandel der Zeit:**

| 1.0 | 2.0 | 3.0 | 4.0 |
|---|---|---|---|
| Massenproduktion durch Maschinen | Akkord und Fließband durch die 2. Industrielle Revolution | Automatisierung durch Elektronik und IT | Digitalisierung verändert die Arbeitswelt im globalen Zeitalter |

**Ziel** ist es, eine höhere Produktivität und Flexibilität, mehr Innovation und geringeren Ressourcenverbrauch zu erreichen. Diese Digitalisierung führt zu einer enormen **Effizienzsteigerung und Verkürzung sämtlicher Produktionszyklen,** weil die einzelnen Prozessschritte bereichsübergreifend ohne Zeitverluste aufeinander abgestimmt sind.

In welchen Bereichen sind Sie bereits von der Digitalisierung betroffen? Denken Sie nicht nur daran, wie die Produkte Ihres Alltags erzeugt werden, sondern vor allem an die Dinge, die sie täglich verwenden.

Der Wandel findet auf allen Stufen des Produktionsprozesses (Wertschöpfungskette) statt.

Neben unternehmensinternen Prozessen – wie Beschaffung, Produktion oder Vertrieb – können aber auch vor- und nachgelagerte Akteure wie Zulieferer oder Logistikunternehmen miteinbezogen werden.

Rosenbauer (Sitz: Leonding/OÖ) ist weltweit der führende Hersteller für Feuerwehrtechnik im abwehrenden Brand- und Katastrophenschutz. Das Unternehmen entwickelt und produziert Fahrzeuge, Löschtechnik, Ausrüstung und Telematiklösungen für Feuerwehren sowie Anlagen für den vorbeugenden Brandschutz.

Eine große Menge an Daten und Informationen muss eingeholt, ausgewertet, interpretiert und an die Einsatzkräfte verteilt werden.

Die Daten werden in einem zentralen Hochsicherheits-Server verwaltet, von dort auf Endgeräte verteilt, synchronisiert und offline verfügbar gemacht. Die Einsatzleitung arbeitet vor Ort mit mobilen Tablet-PC. Weitere Einsatzkräfte können sich über Smartphones und die Applikation EMEREC mobile ans System anbinden.

**Beispiel: Rosenbauer – die vernetzte Feuerwehr**

Jeder Feuerwehreinsatz ist eine organisatorische Herausforderung: In kürzester Zeit muss sich die Einsatzleitung über die Lage ein Bild machen, wissen, was passiert ist, entscheiden, welche Ressourcen sie benötigt, welche Fahrzeuge und weitere Organisationseinheiten sie nachalarmieren und wie den Einsatz führen will. Sie muss Anfahrtswege prüfen, Objekt- und Brandschutzpläne durchgehen, die Aufstellung der Fahrzeuge und Trupps am Einsatzort festlegen, eruieren, ob sie ein Hydrantennetz nutzen kann oder eine Relaisleitung zur Wasserversorgung aufbauen muss, ob Menschen oder Tiere verletzt sind und evakuiert werden müssen, ob Wind und Wetter den Einsatz beeinträchtigen können, ob Gefahrstoffe mit im Spiel sind, die Verkehrssituation Auswirkungen auf den Einsatz haben kann usw.

EMEREC, das Rosenbauer Informationssystem für Einsatzkräfte, stellt alle einsatzrelevanten Daten in digitaler Form zur Verfügung. Das System fasst digitale Daten zusammen, vereinheitlicht sie, integriert unabhängige Teilapplikationen und verdichtet diese mit Fortdauer eines Einsatzes zu einem immer genaueren Lagebild.

EMEREC stellt das komplette Einsatzgeschehen übersichtlich auf interaktiven Karten (Google, Open Streetmap oder anderen GIS-Kartensystemen) dar. Statische Informationen wie Objektdaten oder Wasserentnahmestellen sind darin ebenso auf einen Blick ersichtlich wie dynamische Daten über die Lageentwicklung am Einsatzort. Die Einsatzleitung kann zum Beispiel

- auf elektronische Brandschutzpläne, in denen Angriffswege und Löscheinrichtungen eingezeichnet sind,
- auf Bilder von Überwachungskameras (Gebäude, Straßen, Tunnel ...),
- Messdaten von Sensoren uvm. zugreifen.

Kommentare, Anweisungen und Skizzen können direkt in die Pläne eingearbeitet und so wie Fotos, die während des Einsatzes gemacht werden, in Echtzeit verteilt werden (= visuelle Unterstützung der Funkkommunikation). Des Weiteren kann die Einsatzleitung auf Knopfdruck Checklisten, Arbeitsanweisungen und Leitfäden abrufen und greift via EMEREC auf Gefahrstoff-Datenbanken („Rote Hummel", Chemdata-System ...) oder die Crash Rescue-Datenbank mit ihren mehr als 15 000 Fahrzeugdatenblättern zu. Darin informiert sie sich zum Beispiel, wie und wo eine Karosserie aufgeschnitten bzw. die Airbags oder hybride Antriebssysteme deaktiviert werden können.

*(Quelle: plattformindustrie40.at, 2018)*

## 4.1 Was ändert sich durch die Digitalisierung?

Durch die weiter zunehmende Digitalisierung im industriellen (genauso wie im privaten) Bereich entstehen neue Schnittstellen, über die die reale und die virtuelle Welt miteinander kommunizieren können.

Diese massiven Veränderungen wirken sich unter anderem auf folgende Bereiche aus:

- Neue Geschäftsmodelle und -felder entstehen
- Individualisierung von Services und neue Dienstleistungen
- Die Organisation und Steuerung von Produktionsprozessen wird verbessert
- Vor- und nachgelagerte Aktivitäten wie Zulieferer oder Logistik sind stärker integriert
- Forschung & Entwicklung wird interdisziplinärer und schneller

## 4.2 Einfluss der Digitalisierung auf die Arbeitswelt

Wenn sich die Industrie verändert, verändern sich dadurch naturgemäß auch die Rahmenbedingungen für die Menschen: nicht nur für die Konsumenten sondern vor allem natürlich auch für die Arbeitnehmer/innen.

Stellt man sich eine allseits vernetzte und selbst organisierte Produktionsstätte vor, fällt es schwer, Menschen mitzudenken. Tatsächlich werden in den kommenden Jahren vor allem manuelle Tätigkeiten und Routineaufgaben wegfallen, insbesondere im verarbeitenden Gewerbe wie Maschinen- oder Anlagenbau sowie in der Automobilindustrie.

Allerdings werden Arbeitsplätze nicht einfach wegfallen. Vielmehr ändern sich die Tätigkeitsprofile für Beschäftigte, weil vor allem steuernde und planende Aufgabenbereiche zunehmen werden.

Dies wiederum bedeutet, dass es neuer Formen der Arbeitsorganisation bedarf und neue Chancen für Arbeitssicherheit, Gesundheit und auch altersgerechtes Arbeiten gibt. Ständige Aus- und Weiterbildung sowie die Sicherstellung von Datenschutzaspekten stellen die Arbeitgeber vor neue Herausforderungen.

Recherchieren Sie Beiträge und Kommentare zur Industrie 4.0. Welche Kritikpunkte tauchen auf? Welche Chancen werden gesehen? Stimmen Sie denen zu?

Welche (Soft) Skills werden Ihrer Meinung nach in den kommenden Jahren immer wichtiger? Wie können Sie sich diese aneignen?

### Aufgabenstellungen – „Industrie 4.0"

1. Lesen Sie folgenden Zeitungsartikel und beantworten Sie die anschließenden Fragen.

### In Deutschland fehlen Millionen Fachkräfte für die Wirtschaft der Zukunft

**Keinem Land in Europa droht ein so großer Mangel an Fachkräften wie Deutschland. Die Digitalisierung erhöht den Bedarf an qualifiziertem Personal dramatisch.**

Die Prognose eines dramatischen Fachkräftemangels in Deutschland dürfte viele überraschen. Schließlich ist allerorten zu lesen, die Digitalisierung werde Hunderttausende Arbeitsplätze vernichten, von bis zu einem Viertel aller Jobs ist die Rede. Die Wirklichkeit ist komplexer. Der zunehmende Einsatz von Robotern und Künstlicher Intelligenz (KI) wird menschliche Arbeit zwar in vielen mechanischen Tätigkeiten überflüssig machen, gleichzeitig jedoch den Bedarf an qualifiziertem Personal nach oben treiben.

Intelligente Maschinen und Systeme funktionieren nur dann einwandfrei, wenn ihnen auf menschlicher Seite qualifiziertes Personal gegenübersteht. Zusätzlich wird die Alterung das heimische Arbeitskräftepotenzial in nicht einmal zehn Jahren rapide verknappen.

Für viele Arbeitnehmer in Deutschland ist das Wort Fachkräftemangel ein Reizthema. Sie können nicht nachvollziehen, wie sich in einem Land mit 2,5 Millionen Arbeitslosen ein Mangel an Fachkräften auftun sollte. Doch für viele Betriebe ist die lange und schwierige Suche nach qualifiziertem Personal Tag für Tag Realität.

**Uns fehlen bis Ende des nächsten Jahrzehnts 4,9 Millionen Fachkräfte**

Wie das Institut für Arbeitsmarkt- und Berufsforschung (IAB) in Nürnberg zuletzt ermittelt hat, ist die Zahl der offenen Stellen hierzulande im ersten Quartal auf einen historischen Höchststand von 1,2 Millionen gestiegen. [...]

Dabei dürfte die jetzige Fachkräftelücke nur ein Vorgeschmack dessen sein, was der deutschen Wirtschaft im nächsten Jahrzehnt bevorsteht. Das zeigt eine Studie der Beratungsgesellschaft Korn Ferry. Der Studie zufolge könnten Deutschland bis Ende des nächsten Jahrzehnts 4,9 Millionen Fachkräfte fehlen. Der Mangel an Arbeitnehmern mit der passenden Ausbildung zum Beispiel in naturwissenschaftlichen und technischen Fächern, aber auch in Dienstleistungsberufen, kommt die deutsche Wirtschaft teuer zu stehen. [...]

**Qualifikation reicht für die digitale Wirtschaft oft nicht aus**

„Während sich viele Menschen aufgrund der Digitalisierung Sorgen machen, ob sie künftig noch gebraucht werden, sieht die reale Situation am Arbeitsmarkt anders aus", sagt Thomas Haussmann, Spezialist für Vergütung und Arbeitsmärkte bei Korn Ferry. Die Weltwirtschaft wachse und damit auch die Nachfrage nach Gütern und Dienstleistungen. Betriebe, die die Nachfrage befriedigen wollen, müssten investieren und Kapazitäten ausbauen, um weiter mitzuhalten. Für Deutschland als exportgetriebene Wirtschaft gilt das besonders. „Fehlende Fach- und Arbeitskräfte sind das schwerwiegendste Hemmnis."

Der Prognose zufolge fehlen der deutschen Wirtschaft bis 2030 rund 2,5 Millionen Arbeitskräfte mit Universitäts- oder Fachhochschulstudium und 2,4 Millionen Arbeitskräfte mit höherem Schulabschluss wie Abitur oder Fachabitur. Aber auch dann könnten 1,1 Millionen Menschen Schwierigkeiten haben, einen Job zu finden, weil ihre Qualifikationen für die digitalisierte Wirtschaft des 21. Jahrhunderts nicht ausreichen.

**Hochentwickelte Produktion braucht immer mehr Spezialisten**

Korn Ferry sieht deshalb einen erheblichen Nachholbedarf in der Bildung: „Das Thema bekommt angesichts dieser Zahlen erneut große Brisanz. Deutschland muss schleunigst die Voraussetzungen schaffen, noch mehr Menschen zu höherer Bildung zu verhelfen", sagt Haussmann.

Besonders gefragt sind zum Beispiel im Osten Deutschlands derzeit Fachkräfte mit technischer Ausbildung sowie IT-Spezialisten: „Die Digitalisierung hat endgültig Einzug in die deutsche Wirtschaft gehalten und geht in zahlreichen Unternehmen von der Konzeptions- in die Umsetzungsphase über", sagt StepStone-Arbeitsmarktexpertin Anastasia Hermann. „Die hoch entwickelte industrielle Produktion braucht immer mehr Spezialisten, die technisches Know-how mit den Errungenschaften der Informationstechnologie verbinden können."

*(Quelle: gruenderszene.de, 2018)*

a) Durch die Digitalisierung sind neue Formen der Arbeitsorganisation notwendig. Analyisieren Sie die Gründe dafür.

b) Warum entstehen durch Digitalisierung neue Chancen für Arbeitssicherheit, Gesundheit und altergerechtes Arbeiten?

c) Wie kann sich die Gesellschaft darauf vorbereiten, dass sich die Arbeitsplätze von manuellen auf steuernde Tätigkeiten ändern werden? Welche Risiken bestehen?

d) Analysieren Sie, welche neuen Geschäftsmodelle durch die Digitalisierung entstehen.

**2.** Wie jede neue Entwicklung weckt auch Industrie 4.0 sowohl Erwartungen als auch Ängste. Ordnen Sie die passenden Überschriften den Texten zu und entscheiden Sie, ob es sich dabei um eine Chance (+) oder um ein Risiko (–) handelt:

*Innovationstreiber, Individualisierung, Datenschutz, Monopol, Jobkiller, Investitionen, Rechtsunsicherheit, Effizienzsteigerung*

________________________________

Durch die Digitalisierung entstehen sowohl neue Produkte und Dienstleistungen als auch neue, vor allem hochwertige Berufsbilder. Die Forschung wird kräftig angekurbelt. Unternehmen wagen wieder Neues, auch weil es der Mitbewerber schon tut.

____________________________________

Schätzungen rechnen allein für Österreich mit zusätzlichen Investitionen in Industrie-4.0-Lösungen in Höhe von vier Milliarden Euro jährlich.

____________________________________

Wenn Maschinen Entscheidungen für Menschen treffen und z. B. Autos selbst steuern, entstehen neue Risiken und es stellt sich die Frage nach der Verantwortung neu. Wem gehören die Daten? Wer haftet in vernetzten Wertschöpfungsketten?

____________________________________

Konzerne wie Google oder Facebook, die Unmengen an Daten sammeln, nutzen ihre Marktmacht, um globale Standards zu setzen. Wenn Google künftig auch das Betriebssystem für Autos dominiert, drohen Industriebetriebe zu reinen Zulieferern für Multis zu verkommen.

____________________________________

Optimisten glauben, dass in Summe mehr Jobs entstehen als vernichtet werden. Pessimisten rechnen mit einem negativen Saldo, weil in der Fertigung schlicht weniger Menschen benötigt werden. Kein Zweifel besteht, dass es zu einem Strukturwandel kommt und neue Fähigkeiten/Fertigkeiten gebraucht werden.

____________________________________

Industriebetriebe können die Entwicklungszyklen neuer Produkte sowie deren Markteinführung deutlich verkürzen und die Fehlerquote senken. Die Maschine-zu-Maschine-Kommunikation ermöglicht es, Ersatzteile rascher auszutauschen. Eine Fraunhofer-Studie prognostiziert, dass Industrie 4.0 bis 2025 zu einem Produktivitätssprung von 20 bis 30 Prozent führen kann.

____________________________________

Gewaltige Mengen an personenbezogenen Daten werden gesammelt, analysiert und miteinander vernetzt. Der Kunde wird gläsern, sich dagegen zu wehren schwieriger. Der Missbrauch des Datensammelns durch digitale Konzerne ist ein Angriff auf Demokratie und Meinungsfreiheit, und er hat überdies verheerende Folgen für die Umwelt.

____________________________________

Hersteller sind direkt mit Endkunden vernetzt – dies ermöglicht eine bedarfsorientierte, personalisierte Fertigung einer Ware zu den Kosten einer Großproduktion.

*(Quelle: kurier.at, 2015)*

## WissensCheck – „Sozialer Wandel“

1. Nennen Sie die Kennzeichen einer Konsumgesellschaft.
2. Skizzieren Sie, wie sich die Verteilung von Arbeit und Freizeit in der modernen Dienstleistungsgesellschaft entwickelt.
3. Erklären Sie, warum die Pensionsproblematik in Zukunft weiter steigen wird.
4. Erläutern Sie den Begriff „Generationenvertrag“.
5. Beschreiben Sie die Ziele von Industrie 4.0.

## Zusammenfassung – „Sozialer Wandel“

Speichern Sie nun das wesentliche Wissen des Kapitels „Sozialer Wandel“ in Ihrem Kopf ab. Erstellen Sie dazu eine Zusammenfassung, indem Sie

1. eine übersichtliche Struktur (Tabelle) oder
2. eine Mindmap anfertigen.

**Tipp:** Nur eine selbst erstellte Zusammenfassung ist eine gute Zusammenfassung.

## Ziele erreicht? – „Sozialer Wandel“

KOMPETENZ-ERWERB

**1.** Analysieren Sie, welche Entwicklungen Sie in den letzten Jahren beobachtet haben, die Sie als „gesellschaftliche Veränderung“ bezeichnen würden.

**2.** Vor welchen großen Herausforderungen steht unsere Gesellschaft in den nächsten Jahren? Fassen Sie die Punkte aus diesem Kapitel zusammen und erklären Sie kurz mögliche Lösungsansätze.

**3.** Halten Sie eine Woche lang fest, wie sich Ihre Zeit verteilt: Arbeitszeit (= Schulzeit), Schlaf, Freizeit. Unterteilen Sie dabei die Freizeit in passende Untergruppen. Vergleichen Sie Ihre Ergebnisse mit einer Kollegin oder einem Kollegen und stellen Sie Ähnlichkeiten und Abweichungen fest.

**4.** Der Anteil der Freizeit an der Lebenszeit ist derzeit so groß wie nie zuvor. Dennoch steigt die Burn-out-Rate unter Arbeitnehmerinnen und Arbeitnehmern kontinuierlich an.

a) Woran könnte das Ihrer Meinung nach liegen?

b) Ein Grund könnte sein, dass die Gliederung der Lebenszeit nicht mehr so einfach verläuft: Viele Menschen leben für ihren Beruf oder können aufgrund ihrer Arbeitsverhältnisse Freizeit von Beruf nicht trennen. Finden Sie hier positive und negative Beispiele.

c) Ein Kritikpunkt an der Gliederung der Lebenszeit ist, dass unter Arbeit die reine Erwerbsarbeit verstanden wird: Welche Arbeiten fallen Ihnen ein, für die Personen im Normalfall keine Entlohnung erhalten? Sollten diese Arbeiten Ihrer Meinung nach entlohnt werden? Warum (nicht)?

5. Die gezielte Förderung von Jugendlichen ist eine Möglichkeit zur Erhöhung der Zahl der Erwerbspersonen.
   a) Recherchieren Sie, welche Maßnahmen zur Förderung hier zum Einsatz kommen könnten.
   b) Überlegen Sie, mit welchen Vorteilen und Nachteilen diese Maßnahmen verbunden sind.

6. Lesen Sie folgenden Zeitungsartikel zum Thema „Industrie 4.0" und beantworten Sie anschließend die Fragen dazu.

## Automatisierung holt ausgelagerte Produktion zurück

### AIT-Studie: Industrie-4.0-Technologien helfen Unternehmen, wieder in Österreich zu produzieren

*Wien* – Die Produktion im Heimatland stärken und in die Heimat zurückholen: Das ist das lautstarke Credo von zahlreichen Spitzenpolitikern aus modernen Industriestaaten. In Österreich werde das Thema der Rückverlagerung von industrieller Produktion ins Ursprungsland von der Politik noch eher stiefmütterlich behandelt, meint Bernhard Dachs, Innovationsforscher am Austrian Institute of Technology (AIT). Er hat in einer Studie versucht herauszufinden, inwieweit solche Rückverlagerungen mit neuen Technologien zusammenhängen, die unter dem Stichwort Industrie 4.0 kursieren.

Denn es gibt sie auch hierzulande: Fälle, in denen eine Auslagerung wieder zurückgenommen wird. So geschehen bei einer Metallbaufirma in Ostösterreich, die besonders aufwendige Arbeitsschritte wie das Schleifen und Polieren von Metallteilen bisher nach Ungarn ausgelagert hatte. „Dann wurde ein Roboter angeschafft, was die Produktivität erhöhte, und die ausgelagerten Produktionsschritte konnten nach Österreich zurückgeholt werden", schildert Dachs. „Fälle wie diese bestätigen die Überlegungen, dass die Automatisierung und Flexibilisierung durch die Industrie 4.0 hilft, industrielle Produktion zurückzuverlagern."

**Positive Effekte der Industrie-4.0-Technologien**
[…] Die Studie zeigte einen signifikanten Zusammenhang zwischen dem Einsatz von Industrie-4.0-Technologien wie Industrierobotern, Produktionsplanungssystemen oder anderen automatisierten Systemen und beobachteten Rückverlagerungen. „Wir erklären diesen Zusammenhang mit zwei potenziellen Effekten der Industrie 4.0", sagt Dachs.

„Einerseits kann Industrie 4.0 die Produktivität von Unternehmen wesentlich erhöhen. Andererseits erlauben diese Technologien einen hohen Grad an Flexibilität, idealerweise die Herstellung individueller Produkte mit den Kostenvorteilen einer Großserienproduktion."

[…] Dabei habe sich bestätigt, dass die Hauptgründe im Wunsch nach höherer Qualität der Produkte und höherer Flexibilität im Produktionsprozess liegen und gleichzeitig durch neue Technologien mehr Kapazitäten im Heimatunternehmen frei werden, erläutert Dachs.

**Seltenes Phänomen**
Dass aufgrund der Digitalisierung und Automatisierung vormals ausgelagerte Arbeitsplätze wieder zurückgeholt werden können – anstatt sie, wie vielfach befürchtet, zu ersetzen –, sei allerdings nicht zu erwarten, räumt Dachs ein. Derzeit seien Rückverlagerungen noch ein seltenes Phänomen; nur etwa fünf bis sechs Prozent aller österreichischen Industrieunternehmen mit mehr als 20 Beschäftigten haben in den Jahren 2013 und 2014 die Produktion zurückgeholt. Dachs ist aber zuversichtlich, dass die Zahl der Rückkehrer künftig deutlich ansteigen wird.

Vom Auslagerungsstopp würden vor allem hochqualifizierte Beschäftigte profitieren: „Die Hackler, die so ihre Jobs verloren haben, werden nicht mehr gebraucht werden", sagt Dachs.

*(Quelle: derstandard.at, 2018)*

**a)** Erklären Sie mithilfe des Artikels, was der Roboter bzw. die erhöhte Produktivität damit zu tun haben, dass die Produktion nach Österreich zurückgeholt wird.

**b)** Listen Sie auf, wer dem Artikel zufolge die Gewinner/innen und wer die Verlierer/innen bei einer Rückführung der Produktion nach Österreich sind.

| Gewinner | Verlierer |
|---|---|
| | |

**c)** Eine Studie zeigte, dass die Hälfte der befragten Industrieunternehmen vor allem in die Aus- und Weiterbildung der Mitarbeiter/innen investieren.

- Erläutern Sie, ob dies sinnvoll ist und wieso (nicht).
- Leiten Sie Bereiche ab, in die Unternehmen noch investieren könnten.

Einen interaktiven **Safety-Check** finden Sie in der TRAUNER-DigiBox.

# Einkommensverteilung und -umverteilung

Eine Power-Point-Präsentation des Kapitels finden Sie in der TRAUNER-DigiBox.

Das Einkommen ist die Grundlage des Konsums. Die Aufteilung von Einkommen und Vermögen innerhalb einer Volkswirtschaft ist ungleich. Durch den Eingriff des Staates soll diese Verteilung korrigiert werden, vor allem um soziale Ungerechtigkeiten abzufedern.

In diesem Kapitel werden Sie die primäre und die sekundäre Einkommensverteilung kennenlernen und die Begriffe „Gini-Koeffizient" und „Lorenzkurve" erklären und auf die Situation in Österreich übertragen können.

## Meine Ziele

KOMPETENZ-ERWERB

Nach Bearbeitung dieses Kapitels kann ich

- die primäre und die sekundäre Einkommensverteilung erläutern;
- die Einkommensverteilung in Österreich nach Lorenz analysieren und eigene Überlegungen zur gerechten Verteilung formulieren;
- die Werte des Gini-Koeffizienten von Staaten erläutern;
- die Maßnahmen der sekundären Einkommensverteilung in Österreich analysieren.

# 1 Einkommen

Erklären Sie die Brisanz, wenn die Konsumausgaben in einem Staat sinken.

*Wussten Sie, dass die Österreicher ca. 90 % ihres Einkommens für Konsum ausgeben? Sinken die Einkommen, sinken auch die Konsumausgaben und folglich auch die gesamtwirtschaftliche Nachfrage – das ist brisant für eine Volkswirtschaft.*

Unter dem **Volkseinkommen** versteht man die Summe aller Erwerbs- und Vermögenseinkommen. Diese umfassen beispielsweise Löhne und Gehälter, Zinsen, Mieten und Unternehmensgewinne.

Mehr über das Bruttoinlandsprodukt und seine Berechnung haben Sie bereits im Kapitel „Volkswirtschaftliche Gesamtrechnung“ erfahren.

**Zur Erinnerung!**
Das **Bruttoinlandsprodukt (BIP)** und das **Volkseinkommen** sind nicht identisch.

| | |
|---|---|
| | Volkseinkommen |
| + | Abschreibungen |
| + | Gütersteuern und Importabgaben an den Staat |
| – | Gütersubventionen vom Staat |
| + | Einkommen von Ausländern im Inland |
| – | Einkommen von Inländern im Ausland |
| = | **Bruttoinlandsprodukt** |

Das Volkseinkommen wird in der Volkswirtschaft häufig auch als **„Kuchen“** bezeichnet. Jeder kann sich entsprechend seinen Fähigkeiten (Arbeit, Know-how) oder etwaigen Einkünften (aus den Faktoren Boden und Kapital) ein Stück von diesem Kuchen herausschneiden.

# 2 Verteilung von Einkommen und Vermögen

Eine gerechte Verteilung des Einkommens ist ein wichtiges Ziel der sozialen Marktwirtschaft.

Unter der Einkommensverteilung versteht man die Verteilung des Einkommens auf die Wirtschaftssubjekte.

| Primäre Einkommensverteilung | Sekundäre Einkommensverteilung (staatliche Einkommensverteilung) |
|---|---|
| Die Einkommen entstehen **durch den Einsatz von Produktionsfaktoren** (Arbeit, Kapital, Boden und Wissen) und werden von verschiedenen Personen bzw. Personengruppen verdient. Die primäre Einkommensverteilung ist über den Markt geregelt und würde dazu führen, dass Reiche immer reicher und Arme immer ärmer werden. | **Der Staat greift in die Einkommensverteilung korrigierend ein.** Dieses Eingreifen ist notwendig, um Ungerechtigkeiten zu verhindern, da nach der „primären Einkommensverteilung“ sozial schwache und benachteiligte Gruppen verelenden würden. |

Man unterscheidet:

- **Funktionelle Einkommensverteilung** = die Verteilung des Volkseinkommens nach Produktionsfaktoren:
  - **Arbeit:** Löhne und Gehälter
  - **Kapital:** Zinsen, Dividenden, Unternehmensgewinne etc.
  - **Boden:** Einkünfte aus Vermietung und Verpachtung (Bodenrente) etc.
  - **Wissen:** Einkünfte aus Patenten, Lizenzen etc.
- **Personelle Einkommensverteilung** = die Verteilung des Volkseinkommens auf Personen und Personengruppen (Haushalte):
  - **Einkommen der Arbeitnehmerhaushalte:** Löhne und Gehälter, Zinsen und Bodenrente
  - **Einkommen der Arbeitgeberhaushalte:** Unternehmensgewinne, Zinsen und Bodenrente

**Möglichkeiten des staatlichen Eingreifens:**

- Progressive Besteuerung (wer mehr verdient, zahlt mehr Abgaben)
- Gewährung von Steuererleichterungen und Transferzahlungen (wie Freibeträgen, Sonderausgaben, Absetzbeträgen, Arbeitslosenunterstützung, Notstandshilfe, Wohnbeihilfen usw.)
- Schaffung von geförderten Sparformen (z. B. Bausparen)

Den Anteil der Löhne und Gehälter am Volkseinkommen bezeichnet man auch als **Lohnquote. Das Entgelt für die Faktoren Kapital, Boden und Wissen wird als Gewinnquote bezeichnet.**

Die Verteilung des Volkseinkommens auf Einkommen aus **selbstständiger** bzw. **unselbstständiger** Tätigkeit hängt sehr stark von der Machtstellung der Arbeitgeber- und Arbeitnehmervertretungen sowie auch von der Konjunkturlage ab.

Das durchschnittliche Brutto-Monatseinkommen der Arbeiter/innen und Angestellten in Österreich betrug 2022 rund 2.790,00 EUR. Zu den 10 % mit den höchsten Einkommen zählt, wer mehr als 4.929,00 EUR brutto im Monat erhält.

**Website für Interessierte**
www.einkommenspyramide.eu

### Vermögensverteilung in Österreich

Nicht nur das Einkommen, sondern auch Vermögen sind in Österreich sehr ungleich verteilt. Das reichste Prozent in Österreich besitzt rund 40,5 Prozent des Vermögens. Demgegenüber verfügt die ärmere Hälfte der Bevölkerung nur rund 2,5 Prozent des Vermögens.

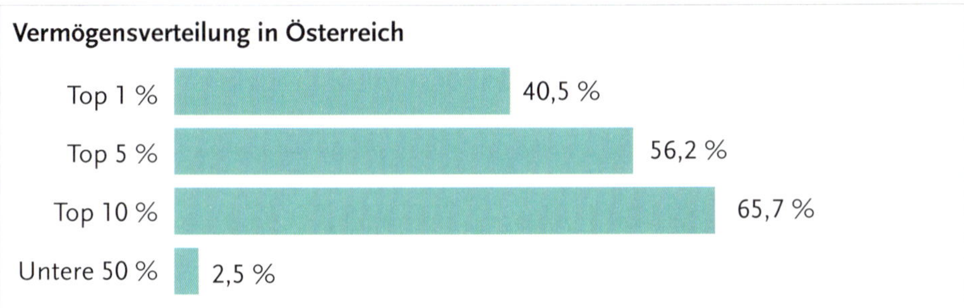


Quelle: Arbeiterkammer, 2020

Einen AK-Bericht zur Einkommensverteilung in Österreich finden Sie in der TRAUNER-DigiBox.

## 3 Verteilungsziele

Die **volkswirtschaftliche Zielsetzung** einer **„gerechten Einkommensverteilung“** (vgl. „magisches Vieleck“) ist schwer zu verwirklichen. In vielen Fällen wird die Leistung als objektives Kriterium angesehen. Gesamtwirtschaftlich ist es jedoch erstrebenswert, wenn Einkommen und Vermögen möglichst gleichmäßig verteilt sind. Dies hätte auch positive Auswirkungen auf den gesamtwirtschaftlichen Konsum.

Die Lorenzkurve für Österreich finden Sie in der TRAUNER-DigiBox.

Die Einkommensverteilung kann man auch in einem Koordinatensystem mit der sogenannten „Lorenzkurve“ darstellen.

Max Otto Lorenz (Ökonom, 1876–1959) hat die Abweichung der Einkommensverteilung von einer Gleichverteilung **(Lorenzkurve der Einkommensverteilung)** untersucht.

Der **Gini-Koeffizient** ist ein Konzentrationsmaß zur Charakterisierung von Einkommensverteilungen. Im Fall der Gleichverteilung, also auf der 45°-Linie, nimmt der **Gini-Koeffizient** den **Wert 0** an, während bei einer absolut ungleichen Verteilung der Koeffizient den **Wert 1** annimmt.

**Lorenzkurve**

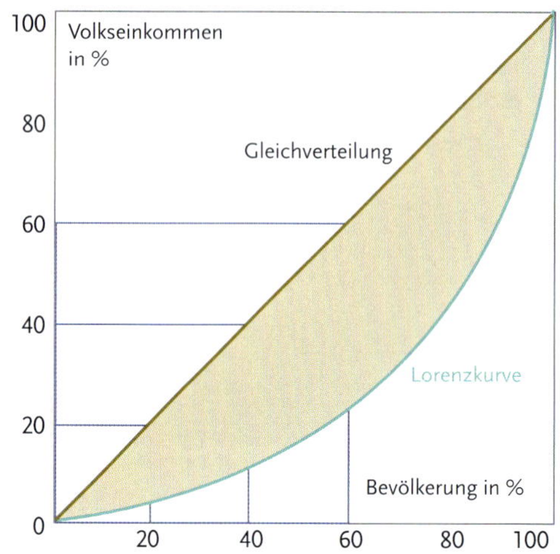


Nach Lorenz ist eine Gleichverteilung des Einkommens dann gegeben, wenn z. B.

- 20 % der Bevölkerung 20 % des Volkseinkommens erhalten, oder
- 40 % der Bevölkerung 40 % des Volkseinkommens erhalten, oder
- 60 % der Bevölkerung 60 % des Volkseinkommens erhalten.

Daraus ergibt sich eine grafische Linie im Winkel von 45°. Je stärker die tatsächliche Verteilung der Einkommen von der 45°-Linie abweicht, desto ungleicher ist die Einkommensverteilung.

Was würde es theoretisch bedeuten, wenn der Gini-Koeffizient den Wert 1 hat?

## 4 Wohlstand – Armut

*1,53 Millionen Armuts- und Ausgrenzungsgefährdete gibt es laut Statistik Austria in Österreich (Stand 2022). Das sind 17,5 % der Bevölkerung. Dazu gehören nach Festlegung der EU Menschen, die mit niedrigen Einkommen leben („armutsgefährdet“ sind), deren Lebensstandard stark eingeschränkt ist („erheblich materiell depriviert“) oder die in erwerbslosen Haushalten oder Haushalten mit sehr niedriger Erwerbsintensität leben.*

In Österreich gab es 2022 rund 6,4 % Arbeitslose, aber rund 17,5 % der Bevölkerung sind „armuts- und ausgrenzungsgefährdet“. Wie können Sie sich das erklären?

Gegen Ende des 20. Jahrhunderts ist in der westlichen Welt das Bewusstsein erwacht, dass Wohlstand nicht beliebig vermehrbar ist. Die gebräuchliche Formel „Mehr Wachstum = mehr Wohlstand“ stimmt heute nicht mehr.

Obwohl Einzelne eine Steigerung ihres Vermögens erfahren, treten andere auf der Stelle oder erleben sogar eine Einkommensreduktion.

Armut heißt nicht, unter dem Existenzminimum zu leben. In Österreich wie in ganz Europa geht es den Armen im Grunde nicht schlechter als früher. Kennzeichen der „neuen Armut“ ist vielmehr, dass der Abstand zum wohlhabenden Teil der Bevölkerung größer wurde, weil dessen Wohlstand gewachsen ist.

**Armutsgefährdungsquoten in der EU 2022**
Anteile der Bevölkerung mit einem Äquivalenzeinkommen unterhalb des Schwellenwertes für Armutsgefährdung (in Prozent)

| | |
|---|---|
| Bulgarien | 22,9 % |
| Estland | 22,8 % |
| Lettland | 22,5 % |
| Rumänien | 21,2 % |
| Litauen | 20,9 % |
| Spanien | 20,4 % |
| Italien | 20,1 % |
| Griechenland | 18,8 % |
| Kroatien | 18,0 % |
| Luxemburg | 17,4 % |
| Malta | 16,7 % |
| Portugal | 16,4 % |
| Schweden | 16,0 % |
| Frankreich | 15,6 % |
| Österreich | 14,8 % |
| Deutschland | 14,7 % |
| Niederlande | 14,5 % |
| Irland | 14,0 % |
| Zypern | 13,9 % |
| Polen | 13,7 % |
| Slowakei | 13,7 % |
| Belgien | 13,2 % |
| Finnland | 12,7 % |
| Dänemark | 12,4 % |
| Slowenien | 12,1 % |
| Ungarn | 12,1 % |
| Tschechien | 10,2 % |

Quelle: www.statista.com, 2021

**Schwellenwert,** um in Österreich als **„armutsgefährdet"** zu gelten, sind 1.392,00 EUR verfügbares Haushaltseinkommen pro Monat für Alleinlebende, für einen Erwachsenen und ein Kind 1.810,00 EUR.

Welche Auswirkungen hat die Armutsgefährdung Ihrer Meinung nach auf die Gesellschaft?

## Gründe und Auswirkungen von Armutsgefährdung

Unter die Armutsgrenze geraten immer mehr junge Menschen, Alleinerziehende und Singles ohne familiäre Einbindung. Arbeitslosigkeit, Trennung oder Scheidung, aber auch private Verschuldung durch überhöhten Konsum sind häufig Ursachen.

Arm sein ist den Betroffenen meist peinlich, es gilt als Ausdruck des Versagens und ist daher ein Tabu. In unserer konsumorientierten Gesellschaft stiften Geld und Vermögen Identität, während ideelle Werte sehr leicht übersehen werden. Armutsbedingt beengte Wohnverhältnisse und damit einhergehender Mangel an Rückzugsmöglichkeiten können Aggressivität fördern – bei Menschen aller Altersstufen.

Arm zu sein kann speziell bei Kindern und Jugendlichen auch dazu führen, dass sie Außenseiter werden, sei es aufgrund des nicht „passenden" Outfits oder weil die Teilnahme an bestimmten Aktivitäten nicht leistbar ist. Diese negative Spirale zu durchbrechen, wird ein wichtiger Beitrag der Politik zur sozialen Gerechtigkeit und zum sozialen Frieden sein.

Eine Schuldenfalle, speziell bei Jugendlichen, ist das Handy!

Unterstützung bei der Bewältigung von Schuldensituationen bietet die Schuldnerberatung unter www.schuldnerberatung.at.

Im Kapitel „Wirtschaftssysteme und Wirtschaftsordnungen" haben Sie schon einiges über die sozialen Maßnahmen des österreichischen Staates erfahren.

### Aufgabenstellung – „Wohlstand – Armut"

- In politischen Diskussionen fällt immer wieder der Begriff des „bedingungslosen Grundeinkommens". Bei diesem sozialpolitischen Instrument würde jede/r Bürger/in unabhängig von seiner/ihrer wirtschaftlichen Lage eine vom Staat gesetzlich festgelegte existenzsichernde finanzielle Zuwendung erhalten, für die keine Gegenleistung zu erbringen ist. Jede Person könnte für sich entscheiden, ob und wie viel sie darüber hinaus verdienen möchte.
  a) Was halten Sie von dieser Idee? Diskutieren Sie die Chancen und Risiken.
  b) Stellen Sie sich vor, das bedingungslose Grundeinkommen würde ab morgen in Österreich eingeführt. Erstellen Sie ein Szenario von Österreich zehn Jahre nach der Einführung: Welche gesellschaftlichen, politischen und ökonomischen Veränderungen sind eingetreten, was hat sich für den einzelnen Menschen verbessert/verschlechtert?
  c) Wie würde Ihr Idealszenario von Österreich in zehn Jahren aussehen?

## WissensCheck – „Einkommensverteilung und -umverteilung“

1. Verdeutlichen Sie, inwieweit sich das BIP und das Volkseinkommen unterscheiden.
2. Erklären Sie den Unterschied zwischen funktioneller und personeller Einkommensverteilung.
3. Schildern Sie, wie der Staat eine sekundäre Einkommensverteilung betreibt.
4. Erläutern Sie die Lorenzkurve der Einkommensverteilung.
5. Geben Sie eine Begründung ab, warum volkswirtschaftlich gesehen das Vermögen möglichst gleichmäßig verteilt sein soll.
6. Definieren Sie den Gini-Koeffizienten.
7. Geben Sie an, wie hoch in Österreich der Schwellenwert ist, um als armutsgefährdet zu gelten.

## Zusammenfassung – „Einkommensverteilung und -umverteilung“

Erstellen Sie als Zusammenfassung des Kapitels „Einkommensverteilung und -umverteilung“ eine Concept-Map.

**Hinweis:**
Eine Concept-Map unterscheidet sich von einer Mind-Map dahingehend, dass die Begriffe, die es zu ordnen gilt, nicht dem freien Lauf der Gedanken entspringen, sondern bereits im Kapitel vorkommen.

## Ziele erreicht? – „Einkommensverteilung und -umverteilung“

KOMPETENZ-ERWERB

1. Geben Sie bei den folgenden Beispielen an, welche Form der Einkommensverteilung vorliegt.

| Beispiele | Form der Einkommensverteilung |
| --- | --- |
| a) Hierbei wird versucht, die marktbasierte Einkommensverteilung mittels Freibeträge zu korrigieren, sodass Geringverdiener keine Einkommensteuer zahlen müssen. | |
| b) Untersucht wird, wie sich das gesamtwirtschaftliche Einkommen auf die einzelnen Produktionsfaktoren aufteilt. | |
| c) Bei dieser Form wird die Verteilung der im Wirtschaftsprozess entstandenen Einkommen auf Personengruppen betrachtet. | |
| d) Der Staat verteilt Teile der Einnahmen aus Steuern und Sozialabgaben als Transferleistungen nach sozialen Gesichtspunkten. | |
| e) Eine Kennziffer der Einkommensverteilung ist die Lohnquote. Sie gibt den Anteil der Löhne und Gehälter am gesamten Volkseinkommen an. | |

2. Das Ausmaß an Verteilung von Einkommen wird in einer Gesellschaft intensiv diskutiert.
   a) Argumentieren Sie, warum ein gewisses Maß an Verteilungsgerechtigkeit für die Entwicklung einer Volkswirtschaft ebenso eine Rolle spielt wie für die persönliche Lebenszufriedenheit.
   b) Legen Sie dar, wie für Sie eine gerechte Verteilung von Einkommen aussieht. Gehen Sie bei Ihren Überlegungen auch darauf ein, ob eine völlig gleiche Verteilung überhaupt wünschenswert ist.

3. Die nachfolgende Abbildung zeigt die Lorenz-Kurve von einer Volkswirtschaft. Sehen Sie sich die Grafik an und beantworten Sie dazu dann die Fragen.

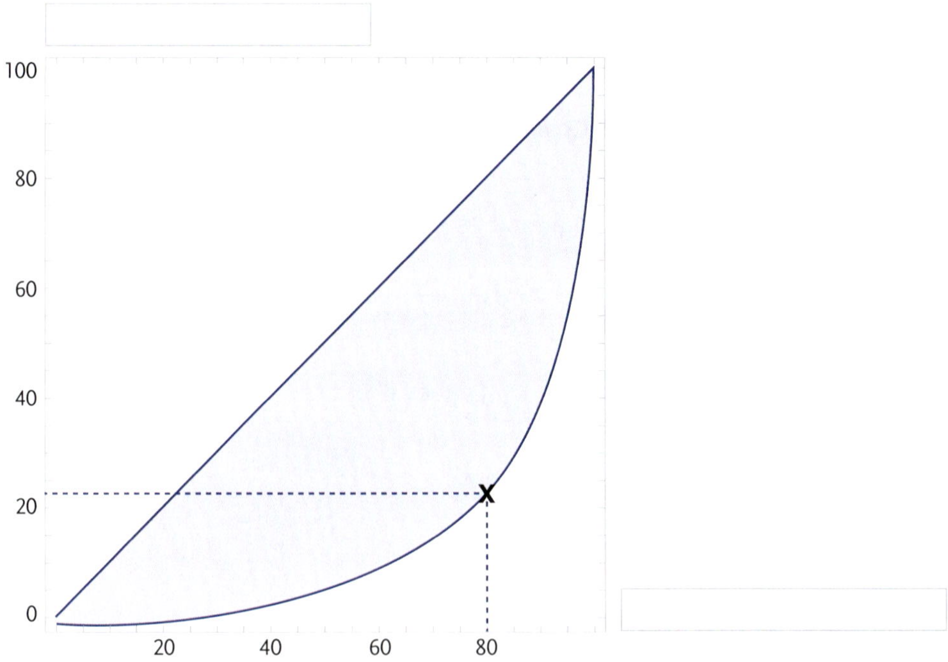


a) Beschriften Sie die beiden Achsen.

b) Erklären Sie, was die 45°-Linie bedeutet.

c) Erläutern Sie, was der Punkt X in der Abbildung aussagt.

d) Interpretieren Sie, ob die Verteilung in dieser Volkswirtschaft eher gleichmäßig oder eher ungleichmäßig ist. Begründen Sie Ihre Antwort anhand der Abbildung.

e) Gehen Sie davon aus, dass der Gini-Koeffizient in dieser Volkswirtschaft vor fünf Jahren 0,66 betrug. Prognosen gehen davon aus, dass er in fünf Jahren 0,82 betragen wird. Erläutern Sie, ob die Konzentration zu- oder abnimmt.

**4.** Nennen Sie die in Österreich eingesetzten Möglichkeiten, die zu einer sekundären Einkommensverteilung führen und unterziehen Sie diese einer kritischen Betrachtung.

**5.** Sie sind eingeladen zu einer Diskussionsrunde zum Thema: „Einführung eines gesetzlich vorgeschriebenen Mindestlohnes?"

a) Formulieren Sie aus volkswirtschaftlicher Sicht jeweils drei Argumente, die für eine Einführung sprechen und drei Argumente, die gegen eine Einführung vorgebracht werden können.

b) Listen Sie auch auf, welche Bevölkerungsgruppen Ihrer Meinung nach, eine Einführung befürworten würden und welche eine solche ablehnen würden.

Einen interaktiven **Safety-Check** finden Sie in der TRAUNER-DigiBox.

**economic cycle**
Wirtschaftskreislauf
**transfer payment**
Transferzahlungen

## Going international

Now let's use the basics of the chapter "Wohlstand und Soziales" in English!

### Exercise 1

Complete the **Economic Cycle** by filling in the missing words:

interest (2x) | goods and services | consumption | savings/credit (2x) | public orders | businesses | state | transfer payment | taxes and dues (2x) | households | wages and salaries | banks | job performance

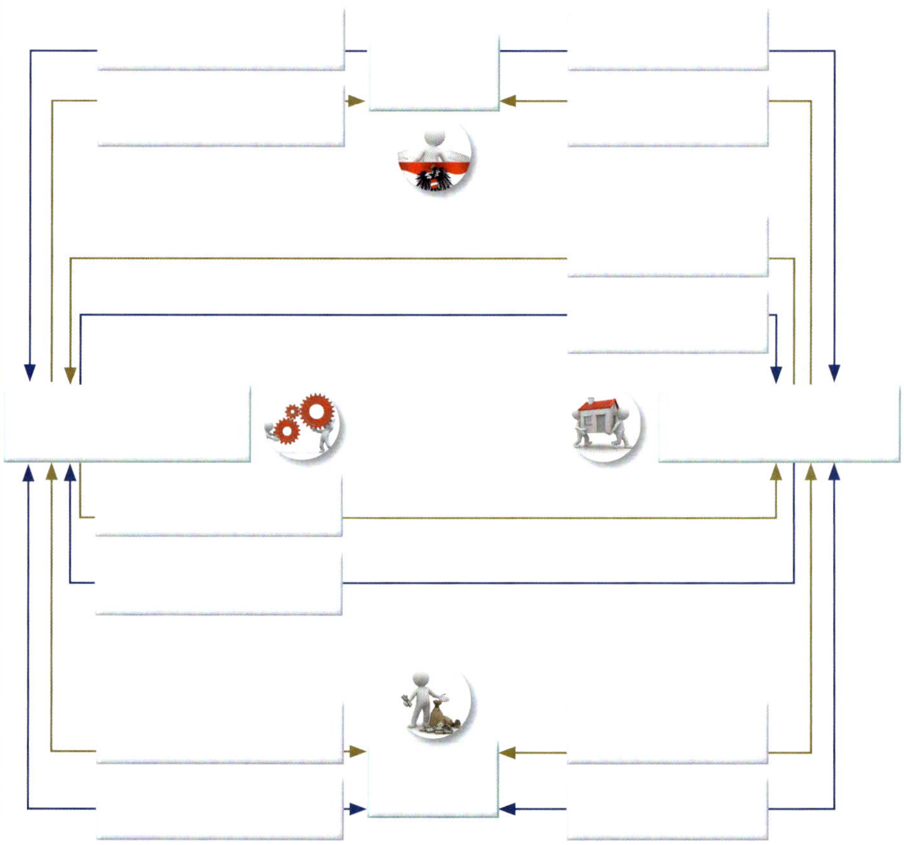

Online dictionaries may help you!
http://dict.leo.org
www.m-w.com

### Exercise 2

**National Accounts.**

Media and politicians pay great attention to the development of the Gross Domestic Product, even though the value of this information can be questioned under certain circumstances. Read the case below, and answer the following questions:

*It is a regular Monday morning in the Smiths' lives. Sasha and Stewart get up, prepare breakfast, and get their kids ready. Sasha takes the bus to her office. Stewart takes the kids to kindergarten and then drives to the hospital where he works as a nurse. At noon, Stewart's mother picks up the kids and takes care of them until Sasha gets home from work at five. They go to the supermarket to buy dinner and then head straight home. After dinner, Sasha and Stewart put the kids to sleep and leave for their dancing class, while their little neighbour Tina babysits. After the class, they usually have a quick drink at the bar, and then at 11 p. m. they drive back home, hand Tina a little pocket money, and go straight to bed.*

**National Accounts**
Volkswirtschaftliche Gesamtrechnung
**Gross Domestic Product (GDP)**
Bruttoinlandsprodukt

Discuss in English:
a) How are the National Accounts affected?

b) Which factors are not being considered in the National Accounts?

c) What actions contribute to social welfare, and how?

## Exercise 3

**Social Change.**

There are various developments in western society which also concern you as an individual. Note (in English!), how your life might be affected in both positive and negative ways.

- The world's population is constantly growing.
- Our society is becoming older.
- Austria is a country of immigration.
- The income distribution gap keeps widening.

**income distribution**
Einkommensverteilung

Once again, this economic discussion is highly political: which economic systems promote which model? And what is the underlying economic dogma?

**to declare**
feststellen, erklären, verkünden

Try not to take only financial aspects into consideration!

## Exercise 4: Minimum Wage Debate

*"Let's declare that in the wealthiest nation on earth, no one who works full-time should have to live in poverty."*
FORMER DEMOCRATIC US PRESIDENT BARACK OBAMA, FEBRUARY 2013

*"When you raise the price of employment, guess what happens? You get less of it. Why would we want to make it harder for small employers to hire people?"*
FORMER REPUBLICAN SPEAKER JOHN BOEHNER, FEBRUARY 2013

**Discuss in English:**

a) How do minimum wages affect:
- employees?
- employers (i.e. businesses)?
- the economy as a whole?

b) Why would employees vote against minimum wages? And why would businesses vote for them?

c) What do you think is the current situation in **Austria?**
- Who is in charge of regulating minimum wages here?
- Is the current situation satisfactory? Why or why not?

# III Ideengeschichtliche Grundlagen

Die Volkswirtschaft ist eine vergleichsweise jüngere Disziplin. Häufig wird ADAM SMITH als deren Begründer angesehen. Dennoch haben sich im Laufe der Zeit viele verschiedene Strömungen (Denkschulen) herausgebildet. In den vorangegangenen Kapiteln sind Sie bereits auf einige dieser Lehrmeinungen gestoßen. Diese beeinflussen das ökonomische Denken bis heute. Die ökonomische Ideengeschichte ist also keineswegs nur ein Lernen vergangener Meinungen und Theorien, sondern hat konkret mit Ihnen bzw. Ihrem Leben zu tun.

In den folgenden beiden Kapiteln werden Sie die wichtigsten Lehrmeinungen und ihre Vertreter kennenlernen. Dabei wird immer wieder der Bezug zu den Themen hergestellt, die Sie im Buch bereits durchgearbeitet haben bzw. noch durcharbeiten werden.

Eine Power-Point-Präsentation des Kapitels finden Sie in der TRAUNER-DigiBox.

Diskutieren Sie, ob die Auseinandersetzung mit früheren Meinungen sinnvoll ist.

# 1 Sinn von ökonomischer Ideengeschichte

*Manche Personen meinen, dass vergangene ökonomische Meinungen und Theorien für die heutige Zeit keinerlei Bedeutung mehr haben. Ökonomische Ideengeschichte mache daher wenig Sinn, da sie sich nur mit den falschen Gedanken toter Männer beschäftigt.*

Warum sollte man sich heute noch mit den Meinungen und Theorien von Ökonomen aus dem 18., 19. oder 20. Jahrhundert beschäftigen? Viele Personen glauben, dass die gegenwärtigen Erkenntnisse jenen der Vergangenheit weit überlegen sind.

Es gibt jedoch einige sehr gute Gründe, warum es lohnenswert ist, sich mit ökonomischer Ideengeschichte zu befassen.

Ideengeschichte = wissenschaftliche Disziplin, welche die Entwicklung der Volkswirtschaftslehre untersucht.

## Vergangene Probleme verstehen

Ökonomische Ideengeschichte hilft, die jeweiligen wirtschaftlichen Probleme einer Zeit besser zu verstehen. Schon früher traten Phänomene wie Inflation und Deflation, Massenarbeitslosigkeit und Wirtschaftskrisen auf. Viele unserer heutigen wirtschaftlichen Herausforderungen sind also nicht neu.

**Beispiel: Finanz- und Wirtschaftskrisen**
Finanzkrisen – wie jener große Crash ab 2007 – sind kein reines Phänomen des 21. Jahrhunderts.

- Auch im 20. Jahrhundert gab es mit der Weltwirtschaftskrise ab 1929 ein globales Krisenereignis. Der Ursprung beider Krisen ist dabei an der US-Börse (Wall Street) zu finden.
- Bereits im 17. Jahrhundert gab es in den Niederlanden eine große Spekulationsblase, in der Tulpenzwiebeln zum Spekulationsobjekt wurden. Die Tulpenmanie gilt als die erste gut dokumentierte Spekulationsblase.

Tulpen waren um 1630 ein ähnlich beliebtes Spekulationsobjekt, wie es heute Bitcoins sind

## Weiterentwicklung vergangener Ideen

Viele Konzepte und Theorien von Ökonomen aus vergangenen Jahrhunderten sind heute nach wie vor allgemein anerkannt. Im Laufe der Zeit wurden sie aber weiterentwickelt und verbessert, aber der Kern der Aussage blieb erhalten.

Das Gesetz von Angebot und Nachfrage kennen Sie bereits aus dem Kapitel „Markt und Preis".

**Beispiel: Angebots- und Nachfrageschema**
Das Schema der steigenden Angebots- und fallenden Nachfragekurve mit dem Marktgleichgewicht (Schnittpunkt) wurde von ALFRED MARSHALL bereits gegen Ende des 19. Jahrhunderts populär gemacht. Es zählt bis heute zu den Basics einer VWL-Ausbildung, sowohl für Schüler/innen als auch für Studenten an einer Universität.

An welche weiteren Konzepte früherer Ökonomen können Sie sich erinnern?

### Lernen für die Gegenwart

Die wirtschaftlichen Strukturen und Rahmenbedingungen zu verschiedenen Zeiten unterscheiden sich voneinander, deswegen können vergangene Lösungen nicht eins zu eins auf die Gegenwart übertragen werden. Aus der Art und Weise, wie mit früheren ökonomischen Problemen umgegangen wurde, können jedoch Rückschlüsse und Erfahrungen gewonnen werden, die für vergleichbare Herausforderungen in der Gegenwart nützlich sind.

In der Frage, wie auf ähnliche Probleme zu unterschiedlichen Zeiten reagiert wird, zeigen sich auch politische und ideologische Unterschiede.

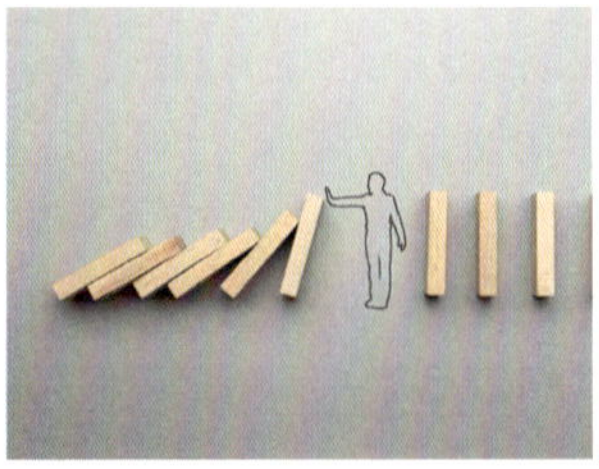

**Beispiel: Staatliches Engagement in einer Krise**
In der Wirtschaftskrise ab 1929 blieb der Staat in den USA zunächst relativ untätig. Es gab weder öffentliche Unterstützungen für Arbeitslose, noch größere Konjunkturpakete für die Wirtschaft. Dies wird heute als Mitgrund gesehen, warum die Krise so lange andauerte. Als es 2008 erneut zu einer großen Krise kam, hatte man aus den Erfahrungen des letzten Jahrhunderts gelernt. Die US-Regierung reagierte entsprechend und schnürte ein gewaltiges Konjunkturpaket.

### Erweiterung des Denkhorizonts

Eine Beschäftigung mit ökonomischer Ideengeschichte und den verschiedenen Meinungen erweitert auch den eigenen Denk- und Wissenshorizont. Dadurch ist es leichter möglich, über den individuellen „Tellerrand" hinaus zu sehen: Die eigene Meinung kann anhand abweichender Ideen geprüft und angepasst werden, wenn dies nötig ist.

Die Auseinandersetzung mit verschiedenen Positionen hilft ebenso wie das Informieren aus unterschiedlichen Quellen dabei, festgefahrene Meinungen aufzubrechen.

# 2 Die wichtigsten Lehrmeinungen und ihre bekanntesten Vertreter

Es können verschiedene theoretische und wirtschaftspolitische Ansätze unterschieden werden. Die Zugehörigkeit zu einer bestimmten Denkschule hat auch Einfluss darauf, welche Lösungen jemand (z. B. ein/e Politiker/in) für ein Problem vorschlagen wird.

Einen ersten Überblick hierzu haben Sie bereits im Kapitel „Volkswirtschaftliche Grundlagen" erhalten.

Die ökonomischen Lehrmeinungen entstammen aus verschiedenen vergangenen Epochen. Die wichtigsten Denkschulen mit ihren Hauptvertretern werden im Folgenden kurz erläutert.

Bei der nachfolgenden Darstellung werden die Lehrmeinungen in drei Bereiche unterteilt: wirtschafsliberale, interventionistische und sozialistische (marktkritische) Denkschulen.

Informative Kurztexte zu bedeutenden Ökonomen finden Sie in der TRAUNER-DigiBox.

## Vereinfachter Zeitstrahl der Volkswirtschaftslehre

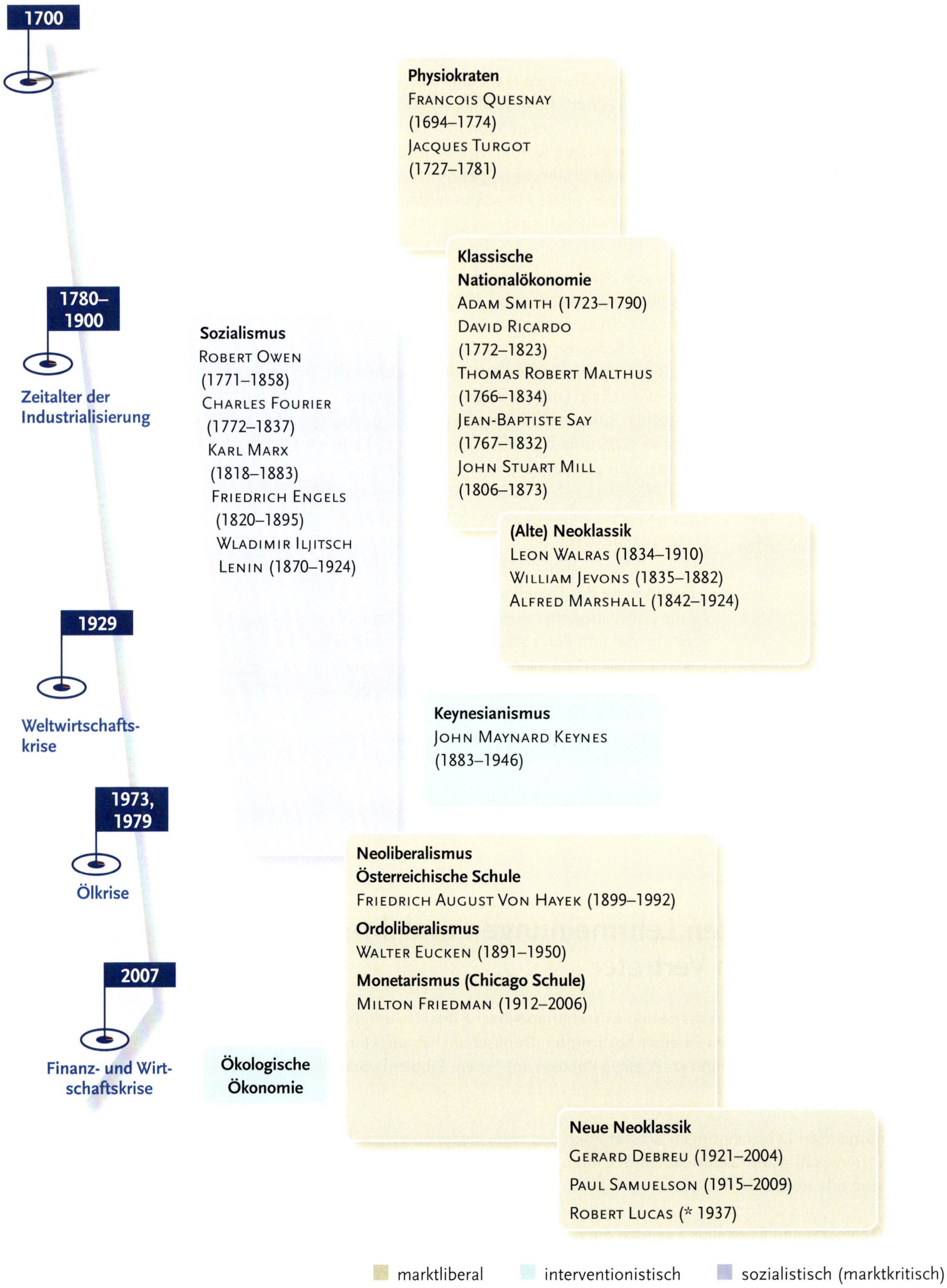

## 2.1 Wirtschaftsliberale Denkschulen

**Wirtschafts- oder auch marktliberale Denkschulen** stehen der Marktwirtschaft sehr positiv gegenüber. Sie befürworten – in etwas unterschiedlicher Intensität – marktbasierte Lösungen und sind skeptisch, wenn der Staat zu viel Einfluss auf das Wirtschaftsgeschehen nimmt.

Eine wesentliche Grundlage dieses Denkens ist der (politische) **Liberalismus.** Dieser betont die natürlichen und angeborenen Rechte jedes Menschen auf persönliche Freiheit, Selbstbestimmung und Entwicklungsmöglichkeit. Damit verbunden ist eine Beschränkung der politischen Machtbefugnisse.

Folgende Denkschulen sind als wirtschaftsliberal einzustufen:

Die Landwirtschaft ist bei den Physiokraten eine Quelle des Reichtums.

### Physiokraten

Die **Physiokraten** waren eine ökonomische Denkschule, die v. a. in Frankreich im 18. Jahrhundert populär war. Ihre Anhänger waren der Auffassung, dass allein die Natur die Quelle aller Werte ist. Der Reichtum stammt nur von Grund und Boden – folglich konnten nur Landwirtschaft, Forstwirtschaft und Fischerei einen Überschuss erbringen.

Landwirte wurden als produktive Klasse bezeichnet. Demgegenüber galten Handel und Gewerbe als unproduktiv bzw. „steril", da sie nur die Produkte der Natur umformten.

JACQUES TURGOT als weiteren Physiokraten kennen Sie aus dem Kapitel „Produktionsfaktoren der Volkswirtschaft".

Erinnern Sie sich noch an die Theorie von TURGOT?

**Beispiel:** FRANCOIS QUESNAY
Er gilt als Hauptvertreter der Physiokraten. In seinem ökonomischen Hauptwerk stellte er als erster die Volkswirtschaft in einem Kreislaufschema dar.

### Klassische Nationalökonomie

Die **Klassische Nationalökonomie (Klassik)** galt als erste zusammenhängende Denkschule. Ihre Theorien beherrschten von etwa 1780 für rund 100 Jahre das ökonomische Denken in England und zum Teil auch auf dem europäischen Festland.

Die Bevölkerungstheorie von THOMAS MALTHUS haben Sie bereits im Kapitel „Produktionsfaktoren der Volkswirtschaft" kennengelernt.

Die Klassiker beschäftigten sich mit **makroökonomischen Fragen** zu Wirtschaftswachstum, Verteilung, Bevölkerungsentwicklung und Freihandel. Sie sprachen sich zumeist für eine freie Marktwirtschaft aus. Versuche des Staates, die Wirtschaft in unterschiedlichen Bereichen zu begünstigen oder einzuschränken, werden als schädlich aufgefasst.

Die Staatsaufgaben umfassen daher v. a. die
- Bereitstellung öffentlicher Güter (z. B. Bildungseinrichtungen),
- Bewahrung der inneren und äußeren Sicherheit des Landes,
- Begrenzung von Monopolen.

Die Grafik zu den wirtschaftsliberalen Denkschulen finden Sie auch als interaktive Abbildung in der TRAUNER-DigiBox.

Ihr vielleicht bekanntester Vertreter Adam Smith sah die Verfolgung der **Eigeninteressen** als zentrale **Triebkraft** für den **Wohlstand** eines Landes an. Wer eigennützig handelt, fördert damit auch unbewusst die Gemeinschaft. Dies drückte er mit der Metapher der **„unsichtbaren Hand“** (invisible hand) aus.

*„Jeder Mensch strebt lediglich nach eigenem Gewinn. Er wird von einer unsichtbaren Hand geleitet, um einen Zweck zu fördern, der keineswegs in seiner Absicht lag. Indem er seine eigenen Interessen verfolgt, fördert er oft die Interessen der Gesellschaft auf wirksamere Weise, als wenn er tatsächlich beabsichtigt, sie zu fördern.“*

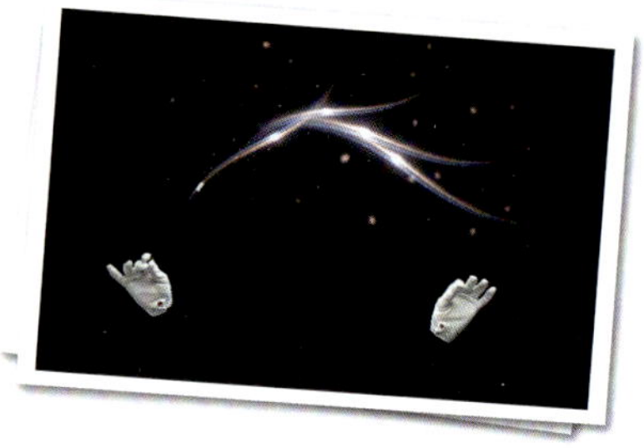

Adam Smith

Adam Smith betonte die Arbeitsteilung. Sie haben sein Stecknadelbeispiel im Kapitel „Produktionsfaktoren der Volkswirtschaft“ kennengelernt.

**Die wichtigsten Vertreter**
Adam Smith, Thomas R. Malthus, David Ricardo, Jean B. Say, John S. Mill

## Alte und neue Neoklassik

Unterbrochen wurde die neoklassische Vormachtstellung zeitweise vom Keynesianismus.

Die Klassik wurde ab 1880 sukzessive von der **Neoklassik** abgelöst. Diese beherrschte bis in die 1930er-Jahre und wiederum ab den 1970er-Jahren das ökonomische Denken.

marginal = auf eine kleine Einheit bezogen.

Am Beginn der alten Neoklassik stand die sogenannte „marginalistische Revolution“. Das Augenmerk verschob sich von der gesamt- auf die **einzelwirtschaftliche Ebene.** Dabei wurde eine neue Form der mathematischen Analyse eingeführt, bei der Änderungen der kleinstmöglichen Einheit betrachtet werden.

Das erste Gossen´sche Gesetz kennen Sie bereits aus dem Kapitel „Markt und Preis“.

**Beispiel:** Hermann Heinrich Gossen und der Grenznutzen
Gossen war ein Pionier der Marginalanalyse. Mit seinem **ersten Gossen´schen Gesetz** hat er gezeigt, dass der Wert eines Gutes mit fortlaufendem Konsum immer weiter abnimmt. Hierfür konzentrierte er sich auf die Betrachtung kleiner (marginaler) Änderungen: Wie ändert sich der Nutzen, wenn um eine Einheit mehr konsumiert wird?

Mehr über das ökonomische Prinzip haben Sie im Kapitel „Volkswirtschaftliche Grundlagen“ erfahren.

Als Hauptproblem wird die **Knappheit** an den verfügbaren Ressourcen bei verschiedenen Verwendungsmöglichkeiten angesehen.

Ziel ist ein optimales Wirtschaften (ökonomisches Prinzip).

**Folgende Merkmale sind für die Neoklassik typisch:**

**Mikroebene**

Betrachtet wird das individuelle Verhalten der einzelnen Wirtschaftsteilnehmer

**Marginalbetrachtung**

Betrachtet wird die Änderung kleiner (marginaler) Einheiten

**Gleichgewicht**

Vorstellung einer Tendenz zum marktwirtschaftlichen Gleichgewicht

Die Neoklassik bildet heute den Kern der Volkswirtschaftslehre. Das Gleichgewichtsdenken ist Ausdruck einer unterstellten Harmonie des ökonomischen Zusammenwirkens. Daher steht man staatlichen Eingriffen reserviert gegenüber.

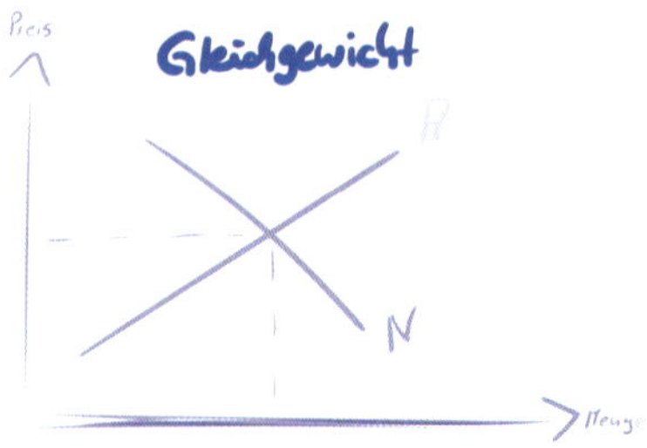


Die Vorstellung von Marktgleichgewichten ist in der Volkswirtschaftslehre bis heute weit verbreitet.

**Die wichtigsten Vertreter**
William Jevons, Leon Walras, Alfred Marshall (alte Neoklassik), Gerard Debreu, Paul Samuelson, Robert Lucas (neue Neoklassik)

## Neoliberalismus

Neoliberalismus ist ein Sammelbegriff für verschiedene wirtschaftsliberale Positionen. Aufgrund dieser inneren Vielfalt ist es schwierig, gemeinsame Positionen zu nennen.

Der Begriff Neoliberalismus wird von politisch „links" eingestellten Personen benutzt. Sie kritisieren damit Gewinnstreben, Egoismus sowie die „kalte Schulter" des Kapitalismus.

Mittlerweile wird die Bezeichnung vermehrt als politisches Schlagwort aus einer kritischen Perspektive verwendet. Historisch gesehen trat der Neoliberalismus als **wirtschaftspolitisches Programm** ab den 1970er-Jahren auf. Er wandte sich gegen den damals führenden Keynesianismus, aber auch gegen jede Form von Sozialismus bzw. Planwirtschaft.

Zentrale Forderungen des Neoliberalismus sind:

Gleichzeitig fordert der Neoliberalismus jedoch, dass der Staat gewisse Rahmenbedingungen (z. B. Vertragsfreiheit, Sicherung der Geldwertstabilität, Beschränkung von Monopolen) setzt, damit der Wettbewerb funktionieren kann.

Eng mit dem Neoliberalismus verbunden ist der österreichische Ökonom und Sozialphilosoph FRIEDRICH AUGUST HAYEK. Er war ein entschiedener Gegner der Planwirtschaft. In seinen Werken vertritt er die Auffassung einer prinzipiellen Unvereinbarkeit von Sozialismus und individueller Freiheit. Neben HAYEK zählt auch MILTON FRIEDMAN zu den bekanntesten Vertretern des Neoliberalismus.

Nähere Informationen zu HAYEK sowie zur Österreichischen Schule der Nationalökonomie finden Sie unter folgendem Link: www.hayek-institut.at

**Beispiel:** MILTON FRIEDMAN und der Monetarismus
Der Monetarismus geht ähnlich der Neoklassik von der Stabilität des marktwirtschaftlichen Systems aus. Als Hauptproblem der Wirtschaftspolitik wird die Geldwertstabilität gesehen. Diese soll durch die Zentralbank gesichert werden, indem diese die Geldmenge steuert. Der Staat sollte keine anderen wirtschaftspolitischen Ziele verfolgen.

Es gibt noch weitere wirtschaftsliberale Schulen, wie z. B. die Österreichische Schule der Nationalökonomie, zu der auch HAYEK und MISES zu zählen sind.

**Die wichtigsten Vertreter**
FRIEDRICH AUGUST HAYEK, LUDWIG MISES, MILTON FRIEDMAN, WALTER EUCKEN, ALEXANDER RÜSTOW

## 2.2 Interventionistische Denkschulen

**Interventionistische Denkschulen** haben ein zwiespältiges Bild zur Marktwirtschaft: Sie befürworten grundsätzlich dieses Wirtschaftssystem, gleichzeitig wird dabei jedoch die Notwendigkeit gesehen, dass der Staat in den Wirtschaftsprozess interveniert – also eingreift.

Folgende Denkschulen sind als interventionistisch einzustufen:

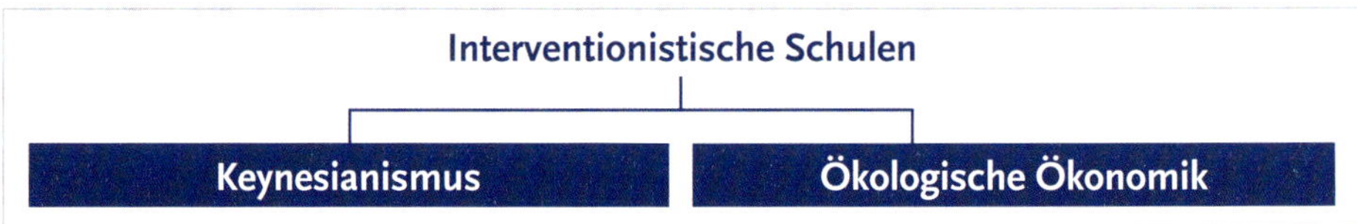


### Keynesianismus

Als es im Zuge der Weltwirtschaftskrise von 1929 zu Massenarbeitslosigkeit kam, wurde die Neoklassik vom Keynesianismus verdrängt.

JOHN MAYNARD KEYNES (1883 – 1946) versuchte in seinem Hauptwerk eine Lösung für die Massenarbeitslosigkeit nach der Weltwirtschaftskrise zu finden

Der Keynesianismus beschäftig sich vorwiegend mit makroökonomischen Fragen. Das wirtschaftliche Hauptproblem ist die Arbeitslosigkeit. Als Begründer dieser Denkschule gilt der britische Ökonom JOHN MAYNARD KEYNES. Dieser vertrat die Ansicht, dass eine (weitgehend) unregulierte Wirtschaft für längere Zeit in Stagnation und Unterbeschäftigung verweilen kann und es keine Tendenz zu einem marktwirtschaftlichen Gleichgewicht gibt.

Wegen dieser Instabilität braucht es eine aktive Wirtschaftspolitik des Staates.

| Maßnahmen | Erklärung |
|---|---|
| **Deficit Spending** | Durch Nachfragestimulierung soll die Wirtschaft angekurbelt werden, bis Vollbeschäftigung erreicht ist. Der Staat muss hierfür Kredite aufnehmen (er akzeptiert also ein Budgetdefizit). In guten Zeiten soll das Budget jedoch wieder saniert werden. |
| **Einkommensverteilung** | Umverteilung zugunsten der ärmeren Bevölkerungsschichten, da auf diesem Weg Konsum und Nachfrage steigen. |

Elemente der keynesianischen Konjunkturpolitik lernen Sie im Kapitel „Konjunktur und Wirtschaftswachstum".

Die heutige Makroökonomie ist in vielen Teilen stark von KEYNES beeinflusst.

**Die wichtigsten Vertreter**
JOHN MAYNARD KEYNES, MICHAL KALECKI, JOAN ROBINSON

### Ökologische Ökonomik

Die **Ökologische Ökonomik** ist eine relativ junge Strömung. Sie entstand in den 1980er-Jahren. Ausgangspunkt ist die Einsicht, dass ein ständiges Wirtschaftswachstum nicht realisierbar ist, da die Ressourcen der Erde **absolut** begrenzt sind.

Das Bruttoinlandsprodukt (BIP) wird als Maß für wirtschaftliche Leistungsfähigkeit und Wohlstand kritisiert.

Ziel ist die Entwicklung eines nachhaltigen Wirtschaftssystems, wobei es unterschiedliche Sichtweisen über die hierfür notwendigen Maßnahmen gibt. Gemeinsam ist jedoch der Standpunkt, dass der Staat die ökologische Transformation gezielt vorantreiben soll.

**Beispiel: Wachstumskritik**
Gefordert wird die Schrumpfung nicht-ökologischer Wirtschaftsbereiche: Ausstieg aus dem fossilen Industriesektor (z. B. Kohle, Erdöl), Stopp von Militär- und Rüstungsproduktion. Gefördert werden sollen dafür zukunftsfähige, sozial-ökologische Sektoren: Ausbau einer ökologischen Kreislaufwirtschaft mit dezentralen und erneuerbaren Energiequellen, Stärkung der Sorgearbeit (Kinderbetreuung, Pflege) und des Bildungsbereichs.

## 2.3 Sozialistische Denkschulen

Die **sozialistischen Denkschulen** stehen jeder Form der Marktwirtschaft ablehnend gegenüber, da diese ihnen krisenhaft und ausbeuterisch erscheint. Angestrebt wird eine Ersetzung der Marktwirtschaft durch ein planwirtschaftliches System.

Der Marxismus ist die bekannteste Form des Sozialismus. Daneben gibt es aber noch weitere Bewegungen und Ansätze.

### Marxistische Ökonomik

Der bekannteste Vertreter des Sozialismus ist mit Sicherheit KARL MARX, der gemeinsam mit seinem Freund und Gönner FRIEDRICH ENGELS das kapitalistische System seiner Zeit aus ökonomischer und philosophischer Perspektive analysierte.

Der Sozialismus ist untrennbar mit dem Namen KARL MARX (1818 – 1883) verbunden

In seinen umfangreichen Werken finden sich u. a. folgende Kritikpunkte an der Marktwirtschaft, die MARX als Kapitalismus bezeichnete.

- Der Wert einer Ware bestimmt sich durch die darauf verwendete Arbeitskraft. Die Arbeiter können allerdings während des Arbeitstages Waren produzieren, die höher sind als ihr Lohn. Die Differenz zwischen Lohn und (verkauftem) Warenwert

„Das Kapital“ Band I, II und III bildet das ökonomische Hauptwerk von MARX. Sie finden es unter folgendem Link: https://www.deutschestextarchiv.de/book/show/marx_kapital01_1867

nennt MARX „Mehrwert“. Dieser geht als Profit an den Kapitalisten. Die Arbeiter bekommen nur einen Subsistenzlohn, der gerade ausreicht, um zu überleben und sich zu reproduzieren.

- MARX sieht im Kapitalismus einen unüberwindbaren Gegensatz zwischen Arbeitern und Kapitalisten. Erstere sind eigentumslos und müssen ihre Arbeitskraft verkaufen. Alle Produktionsmittel (Maschinen, Gebäude, Grund und Boden) sind in der Hand der Kapitalisten. Die Spannungen zwischen den Klassen führen unausweichlich zur kommunistischen Revolution.

**Die wichtigsten Vertreter**
KARL MARX, FRIEDRICH ENGELS, ROSA LUXEMBURG, WLADIMIR LENIN

## WissensCheck – „Ideengeschichtliche Grundlagen“

1. Zählen Sie die Gründe auf, warum es sich lohnt, sich mit ökonomischer Ideengeschichte zu befassen.
2. Erklären Sie, was ADAM SMITH mit der Metapher der „unsichtbaren Hand“ auszudrücken versuchte.
3. Nennen und beschreiben Sie die Merkmale, die für die Neoklassik typisch sind.
4. Geben Sie an, mit welchem ökonomischen Problem sich JOHN MAYNARD KEYNES befasste.
5. Erklären Sie, was KARL MARX unter „Mehrwert“ verstand.

## Ziele erreicht? – „Ideengeschichtliche Grundlagen“

KOMPETENZ-ERWERB

1. In der Volkswirtschaftslehre gibt es eine Vielzahl an Strömungen und Denkschulen.
   a) Welche drei prinzipiellen Richtungen gibt es? Charakterisieren Sie diese und verdeutlichen Sie, worin sie sich in ihrer grundsätzlichen Haltung zur Marktwirtschaft unterscheiden.
   b) Argumentieren Sie, warum es nicht nur eine einzige ökonomische Denkschule gibt, sondern über die Zeit hinweg verschiedene Auffassungen entstanden.
   c) Welcher ökonomischen Denkschule können Sie etwas abgewinnen und welcher weniger? Argumentieren Sie ausführlich.
2. Recherchieren Sie über eine der hier vorgestellten Denkschulen bzw. einen Vertreter dieser Theorien genauer und erstellen Sie eine kurze Präsentation über die darin vorkommenden Theorien und Ansichten.
3. Diskutieren Sie in der Klasse, welche wirtschaftlichen Probleme in der Gegenwart besonders dringlich sind und mit welchen Ansätzen bzw. Lösungen diese am besten zu bewältigen sind. Gerne können Sie hierbei auch aus der Perspektive einer speziellen Denkschule argumentieren.

Einen interaktiven **Safety-Check** finden Sie in der TRAUNER-DigiBox.

# IV Konjunktur und Budget

Die wirtschaftliche Entwicklung folgt keinem geradlinigen Pfad. In manchen Jahren kann beobachtet werden, dass die Wirtschaftsleistung (BIP) stark ansteigt, in anderen Jahren weniger stark und in manchen Jahren sinkt sie sogar.

In Zeiten einer wirtschaftlichen Schwächephase rückt die Finanz- und Budgetpolitik verstärkt in den Mittelpunkt des Interesses. Auch in der Krise rund um COVID-19, jedoch auch in der Finanz- und Wirtschaftskrise von 2007/2008, war und ist vielfach von überschuldeten Staaten zu lesen und der Sorge, dass sich hieraus schwerwiegende Probleme ergeben könnten.

In dem folgenden Abschnitt lernen Sie u. a. den klassischen Konjunkturzyklus kennen, mit welchen Anhaltspunkten versucht wird, die kommende Wirtschaftsentwicklung vorherzusehen, und wie mit dieser im Rahmen der Wirtschaftspolitik umgegangen werden soll. Zudem erfahren Sie etwa, wie hoch Österreich verschuldet ist, wofür der Staat Geld ausgibt und woher diese Geldmittel stammen.

# Konjunktur und Wirtschaftswachstum

Eine Power-Point-Präsentation des Kapitels finden Sie in der TRAUNER-DigiBox.

HERAKLIT VON EPHESOS war ein einflussreicher Philosoph aus Ephesos (um 500 v. Chr.).

*„Alles geht davon und nichts bleibt. Man könne nicht zweimal in denselben Fluss steigen.“*

Nichts ist so beständig wie die Veränderung (frei nach HERAKLIT). Das trifft auch auf die Wirtschaft zu. Auf die Phase eines Wirtschaftswachstums folgt eine Phase mit geringerem Wirtschaftswachstum bzw. einem Rückgang der Wirtschaft. Doch warum ist das so? Betrifft mich das in irgendeiner Weise? Was versteht man unter Begriffen wie Konjunktur, Rezession, Hochkonjunktur, mit denen in den Medien ständig jongliert wird? Und wodurch entsteht eigentlich Wirtschaftswachstum?

Im folgenden Kapitel werden Sie mehr zu diesen Themen erfahren und die Zusammenhänge kennenlernen.

KOMPETENZ-ERWERB

## Meine Ziele

Nach Bearbeitung dieses Kapitels kann ich

- die Begriffe Konjunktur und Konjunkturzyklus erklären;
- die aktuelle Konjunkturphase erkennen und interpretieren;
- die Entwicklung von Konjunkturindikatoren auf die einzelnen Konjunkturphasen übertragen;
- entscheiden, welche konjunkturpolitischen Maßnahmen in den jeweiligen Konjunkturphasen am wirksamsten sind;
- erläutern, was man unter antizyklischer Konjunkturpolitik versteht;
- die Auswirkungen von nachhaltigem Wirtschaftswachstum ableiten.

# 1 Konjunktur

*Eines Morgens lesen Sie in der Zeitung, dass es „der Wirtschaft so gut wie schon lange nicht mehr geht". Es herrscht Vollbeschäftigung und die Auftragsbücher der Unternehmen sind voll. Ein Jahr später ist zu lesen, dass die Wirtschaft schrumpft, die Arbeitslosigkeit steigt und der Staat Maßnahmen ergreifen will, die Wirtschaft wieder anzukurbeln.*

Was könnten Gründe dafür sein, dass es der Wirtschaft eines Landes einmal besser und einmal schlechter geht?

Der Wirtschaftsablauf besteht aus vielen einzelnen Vorgängen. Verträge werden geschlossen, Güter produziert, Lieferungen durchgeführt, Leistungen und Gegenleistungen erbracht. Diese Prozesse sind Schwankungen unterworfen. So wird in manchen Zeitabschnitten z. B. mehr investiert, produziert oder konsumiert als in anderen.

Unter **Konjunktur** versteht man die wirtschaftliche Gesamtlage einer Volkswirtschaft. Diese hat durch mehr oder weniger regelmäßige Schwankungen einen zyklischen Verlauf **(= Konjunkturzyklus).**

Neben konjunkturellen Schwankungen unterscheiden Volkswirte **saisonale** und **strukturelle Schwankungen**, die unterschiedliche Ursachen haben:

| | Saisonale Schwankungen | Konjunkturelle Schwankungen | Strukturelle Schwankungen |
|---|---|---|---|
| **Dauer** | Kurzfristig:<br>einige Wochen oder Monate | Mittelfristig:<br>■ 3–4 Jahre (Kitchin-Zyklus)<br>■ 7–10 Jahre (Juglar-Zyklus) | Langfristig:<br>Dekaden (Kondratieff-Zyklus) |
| **Ursachen** | Jahreszeitenwechsel – nur für einzelne Wirtschaftszweige (Branchen) von Bedeutung | Ständiges Ungleichgewicht zwischen gesamtwirtschaftlicher Nachfrage und gesamtwirtschaftlichem Angebot | Bahnbrechende technologische und gesellschaftliche Innovationen bzw. Erfindungen |
| **Beispiele** | ■ Sommerarbeitslosigkeit im Wintertourismus<br>■ Vermehrte Heiztätigkeit im Winter<br>■ Speiseeisverzehr im Sommer | ■ Nachfrageänderungen der Konsumenten<br>■ Schocks auf der Angebots- und Nachfrageseite<br>■ Veränderung des Preisniveaus, z. B. aufgrund steigender Nachfrage | Erfindung<br>■ der Dampfmaschine<br>■ der Glühbirne<br>■ des Automobils<br>■ des Computers<br>■ des Internets<br>■ Entschlüsselung des menschlichen Genoms |

## 1.1 Saisonale Schwankungen

Saisonale Schwankungen sind kurzfristige wirtschaftliche Bewegungen, die aufgrund von Jahreszeitenwechsel mit großer Regelmäßigkeit in einzelnen Wirtschaftszweigen auftreten. Saisonale Schwankungen haben den Vorteil, dass sie planbar sind.

**Beispiele**
Unterschiedliche Auftragslage in der Baubranche im Sommer und Winter; Winter- und Sommertourismus.

Diese saisonalen wirtschaftlichen Schwankungen werden in der volkswirtschaftlichen Konjunktur nicht betrachtet.

## 1.2 Strukturelle Schwankungen

Bei strukturellen Schwankungen handelt es sich um sehr lange Konjunkturwellen (30–50 Jahre). Zu Beginn eines jeden Aufschwungs standen bahnbrechende Erfindungen bzw. Innovationen, deren wirtschaftliche Nutzung die Expansion herbeiführte. Sie werden auch als **Kondratieff-Zyklen** bezeichnet.

**Kondratieff-Zyklus**
Der russische Ökonom Nikolai Kondratieff (1892–1938) erkannte 1926 drei lange Wellen in der Weltkonjunktur: Aufschwung vor und Abschwung ab 1814, 1873 und 1920. Nach seiner Erkenntnis wird die Boom-Phase des neuen Zyklus von neuen Basisinnovationen ausgelöst. Lässt dieser Wirtschaftsaufschwung nach, schlittert die Volkswirtschaft in einen Abschwung. Kondratieff hat langfristige wirtschaftliche Schwankungen (ca. 50 Jahre) festgestellt. Heute beträgt der Abstand dieser Boom-Phasen rund 30 Jahre.

Basisinnovation = Innovation, die eine grundlegende Änderung der Einstellungen und Verhaltensmuster der Käufer nach sich zieht.

**Die langen Wellen der Weltkonjunktur (Kondratieff-Zyklen)**

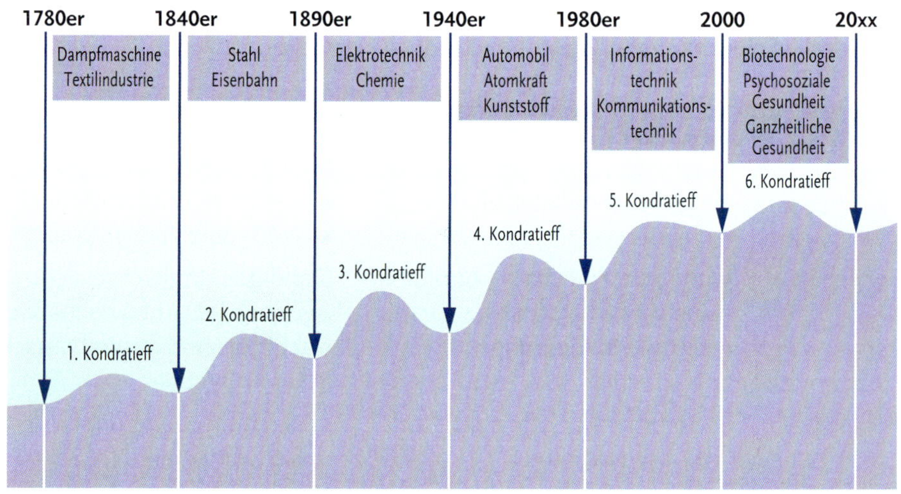

Der Konjunkturverlauf ist in hohem Maße von Stimmungen begleitet und beeinflusst. In guten Zeiten ist man zuversichtlich und in Abschwüngen von Unsicherheit gehemmt.

## 1.3 Konjunkturelle Schwankungen – Konjunkturzyklus

Die Konjunktur verläuft in der Marktwirtschaft stets in Wellenbewegungen. Unter einem **Konjunkturzyklus** versteht man den wellenförmigen Verlauf der Wirtschaft, z. B. von einem Aufschwung zum nächsten.

Grund dafür ist die Tatsache, dass sich das **gesamtwirtschaftliche Angebot** (aggregierte Angebot) und die **gesamtwirtschaftliche Nachfrage** (aggregierte Nachfrage) nie im Gleichgewicht befinden.

Aggregiertes Angebot = alle in einer Volkswirtschaft angebotenen Güter.

Aggregierte Nachfrage = alle in einer Volkswirtschaft nachgefragten Güter.

In der Regel sind **Schwankungen der Gesamtnachfrage** der Grund dafür, z. B. aus Angst vor einem zukünftigen Abschwung sparen die Menschen vermehrt und konsumieren weniger. Oder Unternehmen investieren weniger, weil sie negative Zukunftserwartungen haben. Verschiedenste schwere Störungen, wie z. B. Angebots- oder Nachfrageschocks, können ebenfalls der Auslöser sein.

**Beispiele: Nachfrage- und Angebotsschocks**

- **Nachfrageschock:** Spekulationskrisen oder Preisstürze im Immobilienhandel oder an den Börsen sind häufig diskutierte Gründe für einen Rückgang der Konjunktur. Menschen, die dabei Geld verloren haben, sparen in weiterer Folge wieder vermehrt. Dadurch steht weniger Geld für den Konsum zur Verfügung und die Gesamtnachfrage sinkt.
- **Angebotsschock:** Erhöhung des Erdölpreises aufgrund gestiegener Erdölnachfrage oder gesunkenen Erdölangebots (z. B. durch politische Konflikte, Streiks oder Naturkatastrophen). Das hat zur Folge, dass sich Unternehmen, die viel Erdöl oder Energie für ihre Produktion verwenden, gestiegenen Kosten gegenübersehen und ihre Preise erhöhen. Dadurch steigt bei unveränderter Nachfragesituation das gesamtwirtschaftliche Preisniveau, während die gesamtwirtschaftliche Produktion sinkt.

  Zusätzlich beeinflusst eine Erhöhung des Erdölpreises das verfügbare Einkommen der privaten Haushalte, die nun mehr Geld für Benzin und Heizöl ausgeben müssen. Dadurch sinkt der private Konsum anderer Güter und Dienstleistungen. Die gesamtwirtschaftliche Nachfrage geht zurück.

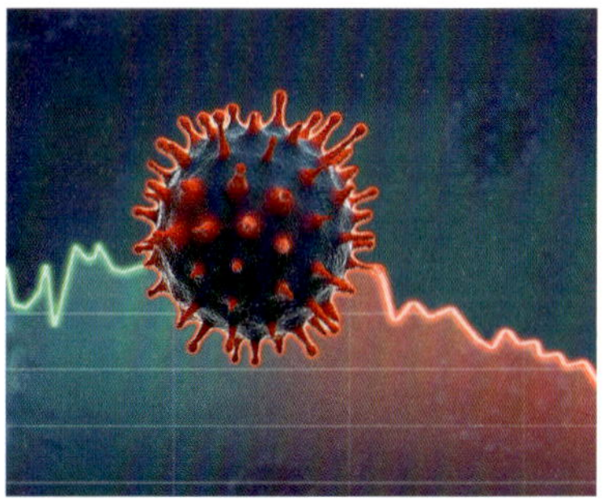

COVID-19 bzw. die damit verbundenen wirtschaftspolitischen Maßnahmen wirkten sich negativ auf die ökonomische Entwicklung aus

## VW Plus – Angebot und Nachfrage auf dem globalen Ölmarkt

Lange Zeit wurden Schwankungen des Ölpreises auf Veränderungen der Fördermenge zurückgeführt. Diese können zum Beispiel durch eine politische Krise im Nahen Osten oder eine Naturkatastrophe in Südamerika verursacht werden. Besondere Aufmerksamkeit galt dabei den Mitgliedern der Organisation Erdöl exportierender Länder (OPEC). Politiker und Ökonomen vertraten die Ansicht, dass die OPEC ihre Marktmacht als größter Erdölproduzent ausnutzt, um den Ölpreis zu beeinflussen.

In den vergangenen zehn Jahren hat sich jedoch die Erkenntnis durchgesetzt, dass der Ölpreis zu jedem Zeitpunkt durch das Angebot und die Nachfrage auf dem globalen Ölmarkt bestimmt wird, während die OPEC einen vergleichsweise geringen Einfluss auf den Ölpreis hat. Wie in anderen Gütermärkten steigt der Ölpreis, wenn das Angebot sinkt oder die Nachfrage nach Rohöl steigt. Abhängig von der Ursache kann ein Anstieg des Ölpreises deshalb unterschiedliche Auswirkungen auf das Bruttoinlandsprodukt, die Inflationsrate oder den Aktienindex eines Landes haben.

Wenn zum Beispiel der Ölpreis steigt, weil die chinesische Volkswirtschaft sehr schnell wächst und viel Rohöl nachfragt, profitieren davon europäische Unternehmen, die Autos und Maschinen nach China exportieren. Nicht jeder Anstieg des Ölpreises ist also schädlich für das Wirtschaftswachstum.

Mehr über die OPEC erfahren Sie im Kapitel „Wirtschaftliche Integration – internationale Organisationen".

Eine interaktive Abbildung des Konjunkturzykluses finden Sie in der TRAUNER-DigiBox.

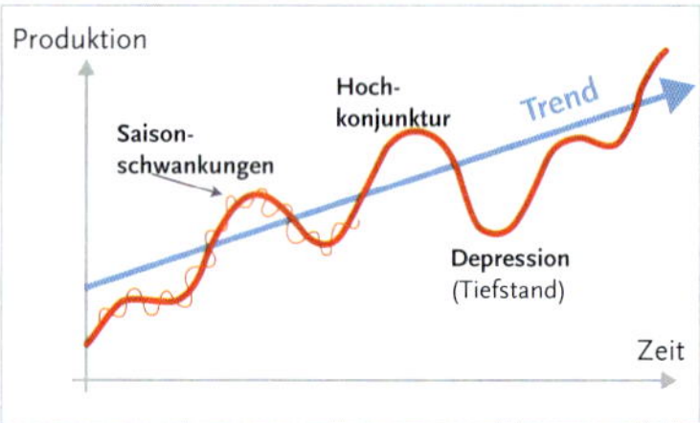


Nach einer Depression folgt immer wieder ein Aufschwung. Aber genauso ist nach einer Überhitzung der Konjunktur (Hochkonjunktur) der Abschwung vorprogrammiert. Langfristig geht es mit der Wirtschaft aber bergauf.

In der folgenden Abbildung sind die vier klassischen Konjunkturphasen dargestellt.

**Konjunkturzyklus in der Marktwirtschaft**

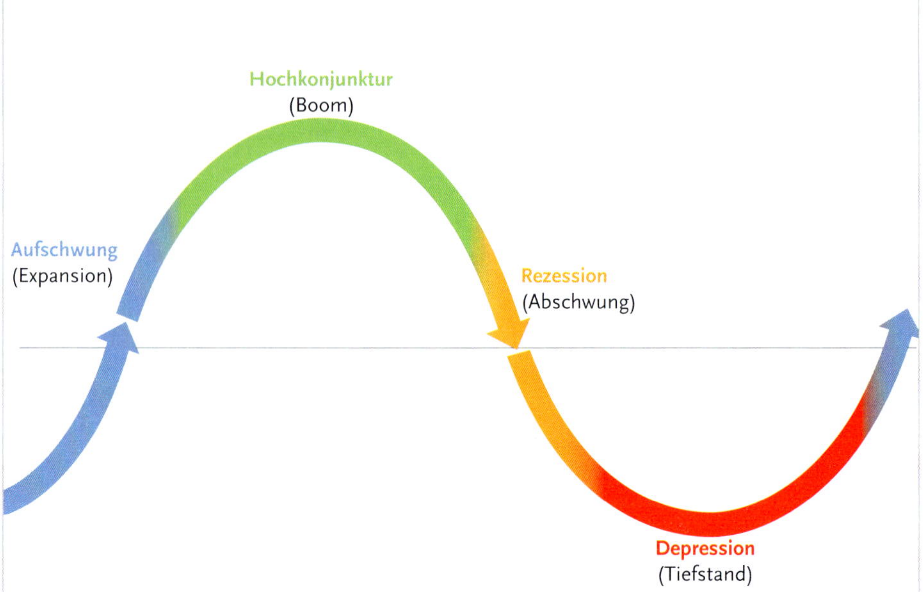


Die folgende Abbildung zeigt sehr gut anhand der realen BIP-Wachstumsraten die Konjunkturschwankungen in Österreich der letzten 20 Jahre. Man sieht dabei, dass die Abschwünge nicht regelmäßig auftreten und dass im langfristigen Trend das reale BIP steigt.

**Konjunkturschwankungen in Österreich ab 2000**

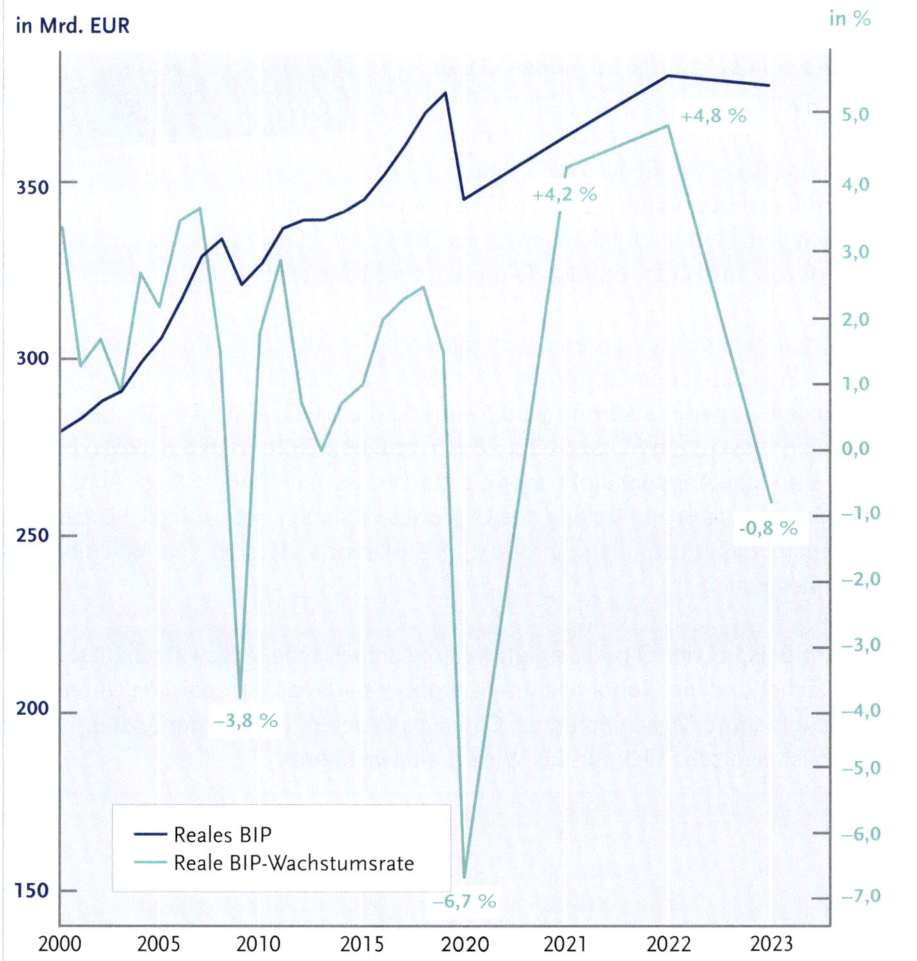


Quelle: OeNB, 2024

Folgende Merkmale sind für die einzelnen Konjunkturphasen typisch:

## Aufschwung (Expansion)

Die Nachfrage steigt. Unternehmen beginnen mehr zu produzieren und brauchen dafür zusätzliche Arbeitskräfte. Regelmäßiges Einkommen und gute Zukunftsaussichten verleiten zu mehr Konsum und weniger zum Sparen. Die Preise für viele Waren und Dienstleistungen werden jetzt steigen, weil die Nachfrage groß ist. Die Inflation steigt an.

**Merkmale:**

- Langsames Ansteigen der gesamtwirtschaftlichen Nachfrage (aggregierte Nachfrage)
- Steigender Konsum der Privathaushalte
- Langsame Zunahme des gesamtwirtschaftlichen Angebotes (aggregiertes Angebot), steigende Güterproduktion
- Anstieg der Investitionstätigkeit
- Steigende Unternehmensgewinne
- Sinkende Arbeitslosigkeit
- Steigende Inflation
- Langsamer Anstieg von Löhnen und Gehältern
- Niedrige bzw. langsam steigende Zinsen

## Hochkonjunktur (Boom)

In einer Hochkonjunkturphase kommt es zu einer maximalen Vollauslastung der Volkswirtschaft und zu einer „Überbeschäftigung". Die Löhne sind hoch, die Preise und Zinsen ziehen weiter an. Die Produktion wird so lange gesteigert, bis eine Überhitzung des Marktes eintritt – die Märkte sind gesättigt. Das BIP nimmt zwar noch zu, doch die Wachstumsraten sinken. Die Abschwungphase wurde eingeleitet ...

**Merkmale:**

- Hohe gesamtwirtschaftliche Nachfrage (aggregierte Nachfrage)
- Hoher Konsum der Privathaushalte
- Hohes gesamtwirtschaftliches Angebot (aggregiertes Angebot), Maschinenauslastung zum Teil über 100 %, hohe Güterproduktion
- Hohe Investitionstätigkeit
- Hohe Unternehmensgewinne
- Vollbeschäftigung
- Hohe Inflation
- Hohe Löhne und Gehälter
- Höheres Zinsniveau

Eine Maschinenauslastung über 100 % ist natürlich mathematisch nicht möglich – gemeint sind damit Produktionen in zusätzlichen Schichten und/oder auf Basis von Überstunden.

## Rezession (Abschwung)

Beginnender Abschwung ist anfangs von wirtschaftlicher Verzögerung geprägt: Keine Einkommenssteigerung, Gewinne nehmen nicht mehr zu, das Konsumverhalten ist noch unverändert, keine Zunahme der Investitionen, noch gibt es ein hohes Beschäftigungsniveau, die Wirtschaft stagniert. In der anschließenden Rezession kommt es zunehmend zu Personalabbau und sinkendem Volkseinkommen, zu sinkender Nachfrage und zum Ende der Sachgüterkonjunktur. Der Rückgang der Investitionen und weitere Abwärtsbewegungen können ohne Eingreifen des Staates zur wirtschaftlichen Krise führen.

Über die Möglichkeiten des Staates, in die Wirtschaft einzugreifen, erfahren Sie mehr im Abschnitt „Wirtschafts- und Konjunkturpolitik".

**Merkmale:**

- Sinken der gesamtwirtschaftlichen Nachfrage (aggregierte Nachfrage)
- Stagnation des Konsums der Privathaushalte
- Sinken des gesamtwirtschaftlichen Angebotes (aggregiertes Angebot), Sinken der Güterproduktion
- Sinken der Investitionstätigkeit
- Sinkende Unternehmensgewinne
- Steigende Arbeitslosigkeit
- Sinkende Inflation
- Sinkende Löhne und Gehälter
- Sinkendes Zinsniveau

### Depression (Tiefstand)

Starker Produktionsrückgang, hohe Arbeitslosigkeit, absoluter Rückgang der Investitionen und rapider Preisverfall gefährden die gesellschaftliche und wirtschaftliche Existenz. Die Nachfrage stagniert, der Konsum wird auf das Notwendigste beschränkt. Konkurse sind an der Tagesordnung. Gelingt es nicht, die pessimistischen Erwartungen abzubauen, wird trotz niedrigstem Zinsniveau für Kredite nicht investiert.

**Merkmale:**

- Niedrige gesamtwirtschaftliche Nachfrage (aggregierte Nachfrage)
- Geringer Konsum der Privathaushalte, Beschränkung der Konsumausgaben auf das Notwendigste
- Niedriges gesamtwirtschaftliches Angebot (aggregiertes Angebot), niedrige Güterproduktion
- Stagnation bzw. gänzliches Einstellen der Investitionstätigkeit
- Sinkende Unternehmensgewinne, hohe Unternehmensverluste, große Zahl an Unternehmenskonkursen
- Hohe Arbeitslosigkeit
- Niedrige Inflation
- Niedrige Löhne und Gehälter
- Niedriges Zinsniveau

Die regelmäßigen Schwankungen betreffen alle wichtigen **ökonomischen Größen,** wie z. B. die Produktion, das Beschäftigungs-, Preis-, Zinsniveau, den privaten Konsum. Anhand dieser **Messgrößen** werden die Schwankungen bestimmt.

## 1.4 Konjunkturindikatoren

Indikator = Umstand oder Merkmal, das als Anzeichen oder als Hinweis auf etwas anderes dient.

**Konjunkturindikatoren** sind wirtschaftliche Messgrößen, die dazu dienen, Schwankungen in der Konjunktur zu erkennen.

Man kann folgende Indikatoren unterscheiden:

- **Frühindikatoren** eilen der gesamtwirtschaftlichen Entwicklung stets mit einem genügend großen zeitlichen Abstand voraus. Sie sind damit geeignet, frühzeitig Änderungen der konjunkturellen Entwicklung anzuzeigen.
- **Präsensindikatoren** geben die aktuelle wirtschaftliche Entwicklung wieder.
- **Spätindikatoren** zeigen bereits vollzogene Entwicklungen an.

Die folgende Übersicht enthält eine Reihe wichtiger gesamtwirtschaftlicher Entwicklungsgrößen, die als Indikatoren dienen.

| Indikatoren | Früh-indikator | Präsens-indikator | Spät-indikator |
|---|---|---|---|
| **Mengenindikatoren** | | | |
| Auftragseingang in Unternehmen | X | | |
| Baugenehmigungen | X | | |
| Lagerstand – Lagerbewirtschaftung | X | | |
| Produktionsmenge | | X | |
| Arbeitslosenquote | | | X |
| Bruttoinlandsprodukt (BIP) | | | X |
| **Preis- oder Kostenindikator** | | | |
| Aktuelles Zinsniveau | | X | |
| Lohnentwicklung | | | X |
| Preisniveauentwicklung | | | X |
| Unternehmensgewinne | | | X |
| Konkurse | | | X |

Zum Nachweis des Konjunkturverlaufes dienen **Mengen-** sowie **Preis- und Kostenindikatoren,** die ständig erhoben und aufgezeichnet werden.

Darüber hinaus gibt es von verschiedenen Organisationen Konjunkturindikatoren, z. B. von der Oesterreichischen Nationalbank (OeNB) oder den Einkaufsmanagerindex der Bank Austria bzw. den ifo-Geschäftsklimaindex (in Deutschland).

**Websites für Interessierte**

- www.oenb.at (Geldpolitik und Volkswirtschaft/Prognosen)
- https://www.bankaustria.at/wirtschaft-oesterreich-emi.jsp

## Aufgabenstellungen – „Konjunktur“

1. Führen Sie die beiden Gedankenexperimente durch:

   a) Die Wirtschaft befindet sich in einer Depression. Der Staat senkt die Steuerbelastung für die Bürger um 10 %. Dadurch haben alle mehr Geld zur Verfügung. Viele werden nun mehr kaufen. Wenn die Menschen mehr kaufen, dann ...

   b) Die Wirtschaft befindet sich schon mehrere Monate in einer Boom-Phase. Banken erhöhen die Kreditzinsen. Daher werden die Kredite für Bankkunden teurer. Das führt dazu, dass ...

2. Warum ist der „Auftragseingang in Unternehmen“ ein Frühindikator für das Erkennen von Schwankungen in der Konjunktur?

3. Recherchieren Sie im Internet, in welchem Kondratieff-Zyklus wir uns gerade befinden. Beschreiben Sie die derzeitige Entwicklung.

# 2 Wirtschafts- und Konjunkturpolitik

Mehr zur Sozialpartnerschaft haben Sie im Kapitel „Träger der Wirtschafts- und Sozialpolitik – die Sozialpartner" erfahren.

Eine schwankungsfreie wirtschaftliche Entwicklung gibt es in keiner Volkswirtschaft. Da sich das aggregierte Angebot und die aggregierte Nachfrage nie im Gleichgewicht befinden, ist es Aufgabe des Staates, in den Wirtschaftsablauf regulierend einzugreifen. Gesetzgeber, Regierung, Sozial- und Wirtschaftspartner sowie Zentralbanken haben dabei nicht unbeträchtliche Einflussmöglichkeiten.

Das Hauptziel der wirtschaftspolitischen Interventionstätigkeit ist, ein **gesamtwirtschaftliches Gleichgewicht** und ein möglichst **gleichmäßiges Wirtschaftswachstum** in der Volkswirtschaft zu erreichen.

Konjunkturpolitiker bedienen sich häufig **zweier bedeutender Lehrmeinungen,** die als Grundüberlegungen zur Wirtschaftssteuerung herangezogen werden können.

Die Fiskalpolitik wird auch als **nachfrageorientierte Wirtschaftspolitik** bezeichnet, die Geldpolitik als **angebotsorientierte Wirtschaftspolitik.**

| Fiskalpolitik (Fiskalismus) | Geldpolitik (Monetarismus) |
|---|---|
|  |  |
| = Beeinflussung der Wirtschaft durch steuerpolitische Einnahmen- und Ausgabenpolitik des Staates | = Steuerung der Konjunktur durch Steuerung der Geldmenge. Eine erhöhte Geldmenge hat automatisch positive Auswirkungen auf die aggregierte Nachfrage in einer Volkswirtschaft, da die Nachfrager mehr Geld zur Verfügung haben – und umgekehrt. |
| ▪ Durch **steuerpolitische Maßnahmen** erhöht oder senkt der Staat seine Einnahmen. Durch z. B. niedrige staatliche Abgaben oder höhere Transferleistungen haben die Nachfrager mehr Geld zur Verfügung, und damit steigt die aggregierte Nachfrage.<br>▪ **Staat als Investor in der Volkswirtschaft:** Durch vermehrte staatliche Investitionen, z. B. in die Infrastruktur (Bau von Schulen, Straßen etc.), wird die aggregierte Nachfrage einer Volkswirtschaft erhöht („Multiplikatorwirkung"). Reduziert hingegen der Staat die Investitionen, sinkt die aggregierte Nachfrage. | ▪ **Erhöhung oder Senkung des Zinsniveaus der Zentralbanken:** Durch die Erhöhung und Senkung des Leitzinssatzes werden Kredite für Banken entweder teurer oder billiger und damit auch für Haushalte und Unternehmen. Wenn z. B. Kredite billiger werden, wird die Investitionstätigkeit aller Wirtschaftssubjekte erhöht, und damit steigt die aggregierte Nachfrage (→ indirekte Steuerung der Geldmenge).<br>▪ **Erhöhung oder Senkung der im Umlauf befindlichen Geldmenge:** Es wird entweder mehr Geld in den Wirtschaftskreislauf gepumpt oder Geld dem Wirtschaftskreislauf entzogen, z. B. durch den Kauf oder Verkauf von Wertpapieren (→ direkte Steuerung der Geldmenge). |

Leitzinssatz = Zinssatz, zu dem sich Geschäftsbanken bei Zentralbanken Geld beschaffen können.

Mehr über den Leitzinssatz und die Möglichkeiten der Zentralbanken, die im Umlauf befindliche Geldmenge zu erhöhen oder zu senken, haben Sie im Kapitel „Geld und Währung" erfahren.

Die „Multiplikatorwirkung" kennen Sie bereits aus dem Kapitel „Produktionsfaktoren der Volkswirtschaft".

Die beiden Lehrmeinungen gehen auf die beiden Ökonomen JOHN M. KEYNES (Fiskalismus) und MILTON FRIEDMAN (Monetarismus) zurück.

### Fiskalismus vs. Monetarismus

Bei der Frage, wie stark sich Zentralbanken und Regierungen bei der Glättung von Wachstumsschwankungen engagieren sollen, vertraten besonders in den 1970er- und 1980er-Jahren zwei Lehrmeinungen gegensätzliche Ansichten. Die unterschiedlichen Auffassungen beruhen zum Teil auch darauf, dass beide Strömungen unterschiedlichen wirtschaftlichen Problemen Vorrang geben. Während im Keynesianismus das Hauptproblem in der Massenarbeitslosigkeit gesehen wird, ist dies im Monetarismus die Inflation.

Beide Strömungen sind auch heute noch von großer Bedeutung:

- **Fiskalismus (Keynesianismus)**
  Der Staat soll zur gleichmäßigen wirtschaftlichen Entwicklung eine aktive Politik betreiben und **in erster Linie fiskalpolitische Instrumente antizyklisch** einsetzen. Die Politik soll jeweils auf die konkrete konjunkturelle Situation reagieren und von Fall zu Fall entscheiden. Regierungen sollen, wenn nötig, auch ein begrenztes Staatsdefizit in Kauf nehmen, um in schlechteren Zeiten die Wirtschaft wieder anzukurbeln („Deficit Spending Policy").

  Diese Schule geht auf den Nationalökonomen JOHN MAYNARD KEYNES zurück. Er geht davon aus, dass die Massenarbeitslosigkeit nicht das Ergebnis hoher Preise ist, sondern vielmehr zu geringer gesamtwirtschaftlicher Nachfrage.

- **Monetarismus**
  Der berühmteste Vertreter dieser Schule ist MILTON FRIEDMAN. Anhänger seiner Lehrmeinung gehen davon aus, dass die notwendige Steuerung der Wirtschaft nicht über die (Staats-)Nachfrage, **sondern über die Geldmenge,** die einer Volkswirtschaft zur Verfügung steht, erfolgen soll.

  Das bedeutet eine Absage an den Fiskalismus. Die Geldmenge muss sich am Geldbedarf der Wirtschaft orientieren, also auf Wachstum und konjunkturelle Erfordernisse eingehen.

JOHN MAYNARD KEYNES (1883–1946), britischer Ökonom, erlebte in den 1920er-Jahren die große Weltwirtschaftskrise mit ihrer hohen Arbeitslosigkeit.

MILTON FRIEDMAN (1912–2006), US-amerikanischer Nationalökonom; war der maßgebliche Anführer der Keynesianischen Gegenrevolution.

Mehr über Fiskalismus und Monetarismus haben Sie im Kapitel „Ideengeschichtliche Grundlagen" erfahren.

## Antizyklische Konjunkturpolitik

Um extreme Konjunkturausschläge zu verhindern, können konjunkturpolitische Maßnahmen und Steuerungsinstrumente gegen den Konjunkturverlauf (= antizyklisch) eingesetzt werden.

Unter **antizyklischer Konjunkturpolitik** versteht man expansive Geld- und Fiskalpolitik in Krisenzeiten, um die Wirtschaft anzukurbeln, und restriktive Geld- und Fiskalpolitik während eines Booms zur Dämpfung der Wirtschaft. Das soll helfen, Konjunkturschwankungen zu glätten.

In Zeiten schwacher Konjunktur kann auch ein Defizit im Staatshaushalt in Kauf genommen werden (= deficit spending). Diese Schulden sollen in Zeiten einer Hochkonjunktur durch die erhöhten Steuereinnahmen wieder zurückgezahlt werden.

**Expansiv** = auf Ausdehnung und Erweiterung bedacht und gerichtet.

**Restriktiv** = einschränkend.

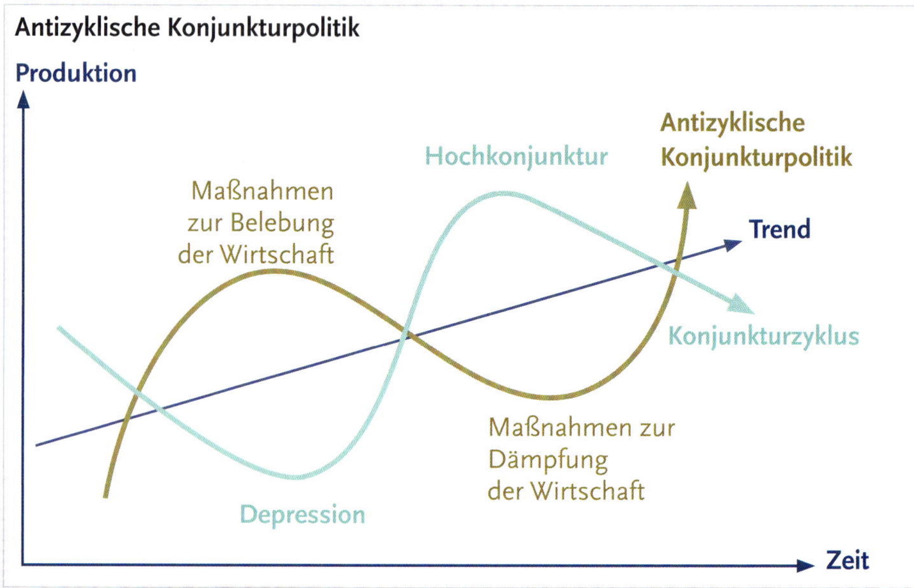


Konkret sieht antizyklische Konjunkturpolitik in Zeiten einer Hochkonjunktur bzw. einer Rezession folgendermaßen aus:

| Fiskalpolitik | Geldpolitik |
|---|---|
| **Hochkonjunktur** | |
| Restriktive Fiskalpolitik<br>■ Erhöhung der Steuern und Verringerung der Transferleistungen<br>■ Zurücknahme der Investitionstätigkeit des Staates | Restriktive Geldpolitik<br>■ Erhöhung des Zinsniveaus<br>■ Verringerung der Geldmenge |
| **Rezession** | |
| Expansive Fiskalpolitik<br>■ Verringerung der Steuern und Erhöhung der Transferleistungen<br>■ Vermehrte Investitionen des Staates | Expansive Geldpolitik<br>■ Senkung des Zinsniveaus<br>■ Erhöhung der Geldmenge |

Diskutieren Sie inwieweit die Konvergenzkriterien die (antizyklische) Konjunkturpolitik eines Landes beeinflussen können.

Es gibt jedoch auch Gegner der antizyklischen Wirtschaftspolitik. Die Kritik bezieht sich zum einen darauf, dass die Konjunktur nur schwer vorherzusagen ist. Zum anderen kann es bei den gesetzten Maßnahmen zu Wirkungs- bzw. Zeitverzögerungen kommen. Es besteht die Gefahr, dass die beabsichtigten Maßnahmen der Gegensteuerung prozyklisch, also verstärkend, wirken.

Zeitverzögerungen = Time Lags.

**Beispiele: Wirkungs- bzw. Zeitverzögerungen**

- Der Bau von Straßen oder die Sanierung von Krankenhäusern erfordert eine gewisse Vorlaufzeit, z. B. für die Planung oder die politische Entscheidung, die Projekte tatsächlich umzusetzen.
- Die Änderung von Zinssätzen hat auch erst nach ca. einem halben Jahr Auswirkungen auf Investitionen und Konsum.

Monetaristen („wirksam, aber Unheil stiftend") und Neoklassiker („nicht nötig") sind Gegner von antizyklischer Wirtschaftspolitik – im Gegensatz zu den Keynesianern.

## Aufgabenstellungen – „Wirtschafts- und Konjunkturpolitik"

1. Um die österreichische Wirtschaft in Folge der Corona-Krise zu unterstützen, hat die Bundesregierung ein spezielles Förderungsprogramm konzipiert. Konkret handelt es sich um einen steuerfreien, nicht rückzahlbaren Zuschuss für geplante unternehmerische Investitionen. Dabei übernimmt der Staat 7 % der förderfähigen Investitionen, bei Investitionen im Bereich Ökologisierung, Digitalisierung und Gesundheit sind es sogar 14 %. Erklären Sie, welche Folgen sich die Bundesregierung von dieser Maßnahme im Hinblick auf die Konjunktur erhofft.
2. Finden Sie ein weiteres konkretes Beispiel, wo in Österreich heute antizyklische Konjunkturpolitik betrieben wird.

# 3 Wirtschaftswachstum

*Was heißt eigentlich „Wirtschaftswachstum"? Gehen wir von der Definition von „wirtschaften" aus: Wirtschaften heißt, mit knappen Ressourcen jene Güter herzustellen, die unsere Bedürfnisse möglichst gut befriedigen. Damit bedeutet Wirtschaftswachstum eine wirtschaftliche Entwicklung, die durch eine Ausdehnung der Produktionsmöglichkeiten zu mehr und begehrteren Waren und Dienstleistungen führt, die die menschlichen Bedürfnisse besser befriedigen. Wirtschaftswachstum ist somit gleichbedeutend mit Wachstum des Wohlstandes. Da es allerdings kaum Daten für die Wohlstandsmessung gibt, wird häufig Wirtschaftswachstum mit Wachstum des BIP oder BNE gleichgesetzt ... doch ist das wirklich richtig?*

Was sind Ihrer Meinung nach Gründe, warum die Wirtschaft tendenziell Jahr für Jahr wächst?

Langfristig anhaltendes Produktionswachstum wurde erst mit der Industrialisierung möglich. England, der Pionier der industriellen Revolution, kennt ab ca. 1750 ein hohes Wachstum, Deutschland ab etwa 1890 und China erst ab etwa 1970.

Wirtschaftswachstum ist in vielen Volkswirtschaften eines der Hauptziele staatlicher Wirtschaftspolitik. Dies hat mehrere Gründe:

- Der **technische Fortschritt,** das Erfinden neuer Technologien führt dazu, dass man – um gleich viel zu produzieren – immer weniger Menschen benötigt. Das heißt, wenn man nicht mehr produziert, die Technik sich aber ständig verbessert, würde eine Vielzahl von Personen arbeitslos.
- Hinzu kommt die **Unbegrenztheit der menschlichen Bedürfnisse.** Kaum hat man etwas gekauft, möchte man schon wieder etwas anderes.
- Aber auch unser Sozialsystem zwingt uns, ständig zu wachsen. Dadurch, dass wir u. a. immer älter werden, wird auch das Sozialsystem immer teurer. Durch Wirtschaftswachstum und den damit verbundenen, höheren Einnahmen des Staates, bleibt das System mittelfristig weiter finanzierbar.

Sie sehen, Wirtschaftswachstum sorgt für einen Anstieg des Wohlstandes in einem Staat. In der nur nach BIP berechneten Wohlstandsmessung **steigt oder sinkt der Wohlstand in einer Volkswirtschaft in direktem Zusammenhang mit Veränderungen des realen BIP.** Die jährliche Produktion an Waren und Dienstleistungen verändert sich laufend aus verschiedenen Gründen. Dadurch steigt oder sinkt das Bruttoinlandsprodukt und damit wächst oder schrumpft die Wirtschaft.

Wiederholen Sie die Kritikpunkte aus dem Kapitel „Volkswirtschaftliche Gesamtrechnung“ am BIP als Wohlstandsmaß.

FILM AB!

Ein Video zu nachhaltigem Wirtschaftswachstum finden Sie unter www.trauner.at/wachstum

Der Begriff Nachhaltigkeit geht auf HANS CARL VON CARLOWITZ (1645–1714) im Kontext der Forstwirtschaft zurück. Er meinte damit, dass immer nur so viel Holz geschlagen werden sollte, wie durch Aufforstung wieder nachwachsen kann.

**Wirtschaftswachstum = steigender Wohlstand?**

Wenn die Wirtschaft wächst, müssen wir uns die Frage nach den Ursachen des Wachstums stellen. Wenn sich jeder in Österreich einen Mittelklassewagen leisten könnte, wäre das ein Zeichen für Wohlstand. Die Lebensqualität würde aber abnehmen, denn wir würden einen großen Teil unserer Zeit im Stau verbringen. Die Umweltschäden würden zudem stark zunehmen. Wie in Mexico City hätten viele Einwohner Augen-, Schleimhaut- und Atemwegsprobleme durch die Abgase. Mehr Autos bedeuten auch mehr Autounfälle. Wegen der notwendigen Reparaturarbeiten käme es allerdings zu einer Zunahme des BIP und damit wieder zu einer Erhöhung des „Wohlstandes“ …

Daher hat der Begriff „quantitatives Wachstum“ Konkurrenz bekommen:

| Quantitatives Wachstum | Qualitatives Wachstum |
|---|---|
| = **mengenmäßiges Wachstum.** Die Wirtschaft wächst von Jahr zu Jahr und die durchschnittlichen Einkommen in einer Volkswirtschaft nehmen zu. | = **nachhaltiges Wachstum.** Dahinter steckt die Idee, dass trotz des Wachstums der Wirtschaft eine intakte Umwelt garantiert sein soll. Außerdem sollen künftige Generationen durch das gegenwärtige Handeln so gering wie möglich belastet werden. Natürliche Vorkommen sollen nur in einem Ausmaß verbraucht werden, dass sie sich auch wieder nachbilden können. |
| Messgrößen sind z. B. eine steigende Zahl an Pkws, PC, Internetanschlüssen, Einfamilienhäusern und Eigentumswohnungen. | Als Messgrößen schlägt die OECD u. a. folgende Ziele vor: Gesundheit, Ausbildung, Freizeit, Sicherheit, Umwelt, Qualität im Arbeitsleben. |

## 3.1 Gründe für Wirtschaftswachstum

Wachstum kann durch den vermehrten Einsatz der Produktionsfaktoren, die Verbesserung der Qualität der eingesetzten Faktoren oder durch eine **Verbesserung der Faktorenkombination** erreicht werden.

Tendenziell wächst die österreichische wie auch die weltweite Wirtschaftsleistung Jahr für Jahr. Es gibt verschiedene Möglichkeiten, wie die Wirtschaft wachsen kann. Diese lassen sich schlussendlich auf zwei Gründe zusammenfassen, von denen Wachstum ausgehen kann:

- Zunahme der Arbeitsleistung
- Steigerung der Arbeitsproduktivität.

**Gründe für Wirtschaftswachstum**

- **Steigerung der Zahl der Erwerbstätigen**
- **Steigerung der Arbeitsstunden der Erwerbstätigen**
- **Zunahme der Produktionsmittel (Investitionen)**
- **Technischer Fortschritt (Innovationen)**
- **Bildung**

führt zu **Zunahme der Arbeitsleistung**

führt zu **Steigerung der Arbeitsproduktivität**

Was würden Sie bevorzugen: pro Woche länger zu arbeiten oder die Arbeitsproduktivität zu erhöhen?

## 3.1.1 Zunahme der Arbeitsleistung

Für die Ausdehnung der Arbeitsleistung können im Wesentlichen zwei Ansatzpunkte genannt werden:

- **Steigerung der Zahl der Erwerbstätigen,** z. B. durch Zuwanderung, Erhöhung der Geburtenzahlen, früheren Eintritt in das Berufsleben, späteren Austritt aus dem Berufsleben, Verminderung von Arbeitslosigkeit.
- **Steigerung der Arbeitsstunden der Erwerbstätigen,** z. B. durch Ausdehnung der wöchentlichen Arbeitszeit, Verminderung von Urlaubs- und Feiertagen, Verminderung von Krankenstand durch Gesundheitsvorsorge, Verkürzung von Karenzzeiten.

Eines der größten Probleme von hoch entwickelten Industrieländern ist die zunehmende Überalterung der Bevölkerung. Die Trends der Bevölkerungsentwicklung in den vergangenen Jahrzehnten beeinflussen auch die aktuelle Bevölkerungsstruktur. Anhaltend niedrige Geburtenraten sorgen für einen weiteren Rückgang der Bevölkerung in jungen Altersgruppen und ein kontinuierliches Ansteigen des Durchschnittsalters der Bevölkerung, das in Österreich momentan (Stand: 2024) bei **43,4 Jahren** liegt.

Mehr über die Überalterung und den sozialen Wandel haben Sie im Kapitel „Sozialer Wandel" erfahren.

Allerdings wird die demografische Alterung durch **Zuwanderung** von Personen im erwerbsfähigen Alter abgeschwächt. Insgesamt ist rund ein Sechstel der österreichischen Bevölkerung ausländischer Herkunft, ist also entweder im Ausland geboren und/oder besitzt eine ausländische Staatsangehörigkeit.

Das Arbeitskräfteangebot nimmt aufgrund der demographischen Entwicklung also tendenziell ab, was auch Probleme bei der Finanzierung des österreichischen Sozialsystems mit sich bringt. Eine Lösung besteht darin, durch Zuzug (Migration) diesen Trend abzumildern, um auch die Konkurrenzfähigkeit der Volkswirtschaft zu erhalten. Parallel dazu gibt es die Entwicklung, dass durch die Automatisierung und Digitalisierung in der Zukunft wohl weniger Arbeitskräfte gebraucht werden.

Die Zunahme der Arbeitsleistung ist für das Wirtschaftswachstum weniger bedeutsam als die Steigerung der Arbeitsproduktivität.

Der Anteil ausländischer Staatsangehöriger erhöhte sich 2023 auf 19 % der Gesamtbevölkerung.

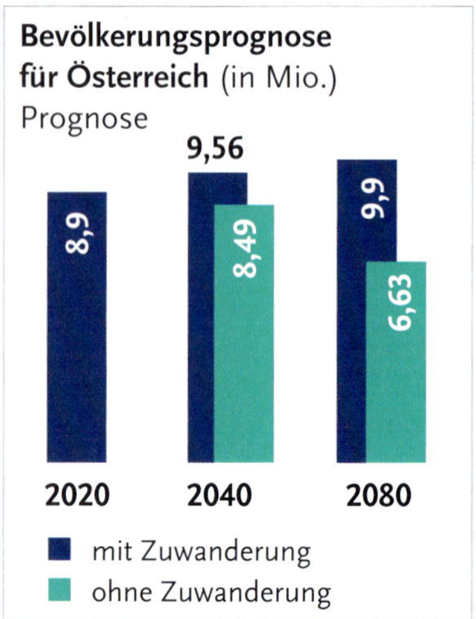


Quelle: Statistik Austria, 2021

**Zuwanderung als Lösung der Probleme?**
Selbst eine massive Zuwanderung in die Europäische Union kann die Überalterung der Bevölkerung nicht umkehren. Um die Anzahl der 15- bis 64-jährigen Erwerbstätigen in den Ländern der EU zu stabilisieren, wäre eine jährliche Nettozuwanderung von ca. 2,9 Mio. Menschen nötig. Diese Zahl bezieht sich auf den Zeitraum von 1995 bis 2050 und würde eine benötigte Gesamtnettozuwanderung von ca. 160 Mio. Menschen in diesen 55 Jahren bedeuten. Das ist die doppelte Anzahl der Menschen, die zurzeit in Deutschland leben (81,74 Mio. Einwohner). Diese Zahlen sind volkswirtschaftlich nur dann sinnvoll, wenn die angehenden Neo-EU-Bürger auch alle werktätig werden und es nicht zu einem Zuzug in die Sozialsysteme der EU kommt.

## 3.1.2 Steigerung der Arbeitsproduktivität

Den Begriff der Produktivität kennen Sie bereits aus dem Kapitel „Volkswirtschaftliche Grundlagen". Unter der **Produktivität** versteht man die **mengenmäßige** Gegenüberstellung von **Input** (Produktionsfaktoren) und **Output** (erzeugte Güter).

**Beispiele für Produktivitätskennzahlen**
- Ein Winzer erntet eine bestimmte Menge Trauben pro Stunde (je mehr, desto produktiver).
- An einer Maschine werden durchschnittlich 168 Stück je Schicht produziert.
- Mit 1 m² Blech können 4,56 Stück hergestellt werden.

Eine höhere Produktivität kann durch verschieden Faktoren beeinflusst werden:

### Zunahme der Produktionsmittel (Investitionen)

Was „investieren" bedeutet, haben Sie bereits im Kapitel „Produktionsfaktoren der Volkswirtschaft" erfahren.

Investitionen dienen der Erhaltung, Verbesserung oder Erweiterung der Produktionsmittel eines Unternehmens. Gleichzeitig wird der Kapitalstock einer Volkswirtschaft langfristig erhöht.

**Ziel** der Investitionspolitik eines Unternehmens muss sein, dass das investierte Kapital mit einer entsprechenden Verzinsung während der Nutzungsdauer der Investition in das Unternehmen zurückfließt.

Die Entscheidung für eine bestimmte Investition bindet Kapital auf lange Sicht. Eine einmal getroffene Investitionsentscheidung ist oft nur mit größeren Verlusten rückgängig zu machen. Richtige Investitionsentscheidungen zu treffen, zählt zu den wichtigsten unternehmerischen Führungsaufgaben.

Investitionen zeigen in der Fristigkeit unterschiedlichste Auswirkungen auf das volkswirtschaftliche Wachstum:

- **Kurzfristige Auswirkungen**
  Investitionen sind Nachfrage nach Produktionsgütern, Produktionsmitteln sowie Dienstleistungen und schaffen somit Einkommen. Dies wirkt sich positiv auf Beschäftigung und Wohlstand einer Volkswirtschaft aus, z. B. direkte Investitionstätigkeit des Staates in wirtschaftlichen Krisenzeiten (Bau von Straßen, Schulen, Ausbau des öffentlichen Verkehrsnetzes).

- **Mittel- und langfristige Auswirkungen**
  Mittel- und langfristige Investitionen entscheiden über die Produktionsmöglichkeiten der Volkswirtschaft in der Zukunft, d. h. über die Kapazitäten der Volkswirtschaft. Darüber hinaus prägen Investitionen die Zusammensetzung der gesamtwirtschaftlichen Produktionspalette und die Strukturen in bestimmten Regionen.

### Technischer Fortschritt (Innovationen)

Als einer der wichtigsten Motoren von Wirtschaftswachstum gilt die Erfindung von neuen Produkten und von neuen Produktionsverfahren (Innovationen). Damit ist es möglich, einerseits neue Märkte zu erschließen und andererseits neue Wachstumsmärkte zu schaffen.

Der Prozess ist dynamisch, d. h., die Produkt- und Prozessinnovationen haben zur Folge, dass sich bestehende Märkte auflösen bzw. Produkte und Dienstleistungen komplett verschwinden können. Im Austausch bestimmen nun andere (neue) Prozess- und Produktinnovationen den Markt.

**Innovationen**

**Produktinnovation**

**Beispiele**
- Navigationssysteme statt Karten
- Nespresso statt Filterkaffee
- Elektroauto statt Kutsche
- E-Mail statt Brief

**Prozessinnovation**

**Beispiele**
- Mechatronische Roboter statt Schweißautomaten
- Hochgeschwindigkeitsbahnverbindungen statt Schnellzügen
- Computerunterstützte Büroorganisation (belegloses Büro) statt Aktenordnern

**Beispiel: Innovationen – Viel hilft nicht viel**
Am Vergleich der Ausgaben für Forschung und Entwicklung (F&E) der beiden Unternehmen Apple und Nokia sieht man jedoch, dass „viel" nicht gleichbedeutend mit „erfolgreich" ist. Nokia hatte in der Vergangenheit meist ein Vielfaches für F&E ausgegeben, der Erfolg war aber nicht andauernd: Bis 2011 noch Marktführer bei Mobiltelefonen, wurde die Entwicklung von Smartphones verpasst. Nokia wurde schließlich 2014 an Microsoft verkauft und spielt heute bei Smartphones nur eine Nebenrolle.

FILM AB!

Welche technischen Fortschritte bei der Herstellung von Robotern gemacht wurden, können Sie in folgendem Video sehen:
www.trauner.at/roboter

**Anteil Ausgaben für Forschung und Entwicklung (F&E) am Umsatz**

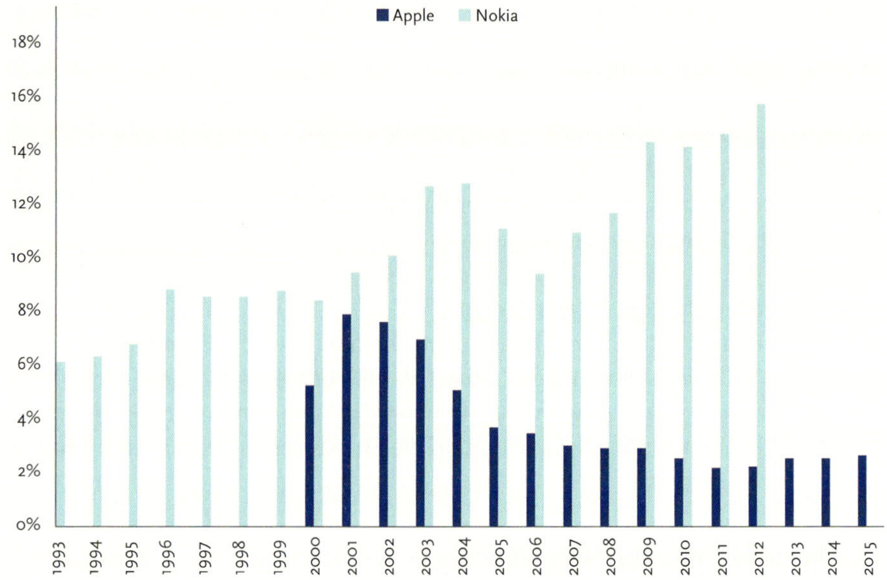


*Quelle: Goldman Sachs Global Investment Research, company data*

Mehr darüber und über den technischen Fortschritt haben Sie bereits im Kapitel „Produktionsfaktoren der Volkswirtschaft" erfahren.

### Bildung

Bildung ist ebenfalls ein Produktionsfaktor, der die Arbeitsproduktivität verbessern kann. Bildung wird gerade in der zunehmend automatisierten und digitalisierten Wirtschaft als eines der wichtigsten Elemente angesehen.

## 3.2 Politische Einflussgrößen

Wachstum ist in erster Linie von den Erwartungen, Hoffnungen, Wünschen und Entscheidungen der Unternehmer, Haushalte, des Staates und ausländischer Nachfrager abhängig.

In einer Wirtschaftsordnung, die im Wesentlichen auf der freien Entscheidung einzelner Wirtschaftssubjekte beruht, ist Wirtschaftswachstum nicht planbar. Es ist jedoch möglich, das Wirtschaftswachstum durch entsprechende **staatliche Rahmenbedingungen** zu fördern:

- Förderung von Forschung, Investitionen und Innovationen
- Ausbildung und Weiterbildung von Arbeitskräften
- Senkung von Kapital- und Lohnkosten
- Sicherung der Rohstoffversorgung
- Verbesserung der Infrastruktur
- Exportförderung, um die Auslandsnachfrage anzuregen
- Förderung der privaten Nachfrage
- Sicherung der Energieversorgung etc.

## 3.3 Grenzen des Wachstums

Theoretisch gibt es keine Grenzen für Wirtschaftswachstum. Aufgrund des technischen Fortschritts und der Bevölkerungszunahme ist jedoch ein BIP-Wachstum von etwa 2 % nötig, um den gewohnten Lebensstandard sowie die Arbeitslosigkeitsquote in den westlichen Volkswirtschaften halten zu können.

Pointiert formuliert heißt das: **„Wir sind verdammt zum Wachsen“**, um unseren gewohnten Lebensstandard zu halten.

1972 wurde eine Studie mit dem Titel „Die Grenzen des Wachstums“ (Originaltitel: The Limits to Growth) im Auftrag des Club of Rome veröffentlicht. Die Grundaussage lautet, dass bei einer anhaltenden globalen Ressourcenverschwendung in den kommenden 100 Jahren das Ende des volkswirtschaftlichen Wirtschaftswachstums erreicht sein wird. Die letzte Aktualisierung dieser Studie fand im Jahr 2004 statt – an dieser Kernaussage hat sich allerdings nichts geändert.

Die zur Verfügung stehenden Nahrungsmittel sind limitiert und nicht unbegrenzt verfügbar. Zudem werden der Klimawandel und die verheerenden Wirkungen des Finanzkapitalismus in besagter Studie von 2004 angeprangert. Die Wirtschaft mit ihrem steten Wachstum schadet dem Klima und den Naturschätzen, zudem erzielt sie nach den Berechnungen der Forscher oft schon jetzt keinen Gewinn mehr – verglichen mit dem Preis der Umweltzerstörung.

Club of Rome = eine Nichtregierungsorganisation (NGO), der Menschen aus unterschiedlichen Wissenschafts- und Fachbereichen angehören und die v. a. zu ökologischen Themen Stellung bezieht. www.clubofrome.org

Vergleichen Sie selbst, wie stark Sie die Umwelt mit Ihrem persönlichen ökologischen Fußabdruck belasten: https://www.mein-fussabdruck.at/

## Aufgabenstellungen – „Wirtschaftswachstum“

1. Zeigen Sie anhand von zwei Beispielen, dass sich die wirtschaftspolitischen Ziele Umweltschutz und Wirtschaftswachstum ergänzen können.
2. Analysieren Sie die Auswirkungen nachhaltigen Wirtschaftswachstums auf:
   a) den Einzelnen,
   b) das Unternehmen und
   c) die Volkswirtschaft.
3. Finden Sie drei Beispiele für Produktinnovationen.

## WissensCheck – „Konjunktur und Wirtschaftswachstum“

1. Erklären Sie den Begriff Konjunktur.
2. Nennen Sie die Ursache für saisonale Schwankungen.
3. Zählen Sie die vier Phasen in einem Konjunkturzyklus auf.
4. Erläutern Sie, welche Gefahren eine Hochkonjunktur in sich birgt.
5. Nennen Sie fünf Merkmale einer Rezession.
6. Nennen Sie drei Konjunkturindikatoren, die dazu dienen, wirtschaftliche Schwankungen zu erkennen.
7. Nennen Sie die Möglichkeiten des Staates, im Rahmen der Fiskalpolitik die Wirtschaftsentwicklung zu beeinflussen.
8. Beschreiben Sie „Deficit Spending Policy“.
9. Soll die Geldmenge in einer Hochkonjunkturphase im Rahmen der antizyklischen Konjunkturpolitik eher erhöht oder gesenkt werden? Begründen Sie Ihre Entscheidung.
10. Erklären Sie „qualitatives Wachstum“.
11. Nennen Sie die möglichen Gründe für Wirtschaftswachstum.

12. Ergänzen Sie die leeren Felder der Tabelle.

| | Aufschwung | Boom | Rezession | Depression |
|---|---|---|---|---|
| **Nachfrage** | steigend | | | |
| **Konsum** | | hoch | | |
| **Angebot** | | | sinkend | |
| **Investitionstätigkeit** | | | | Stagnation |
| **Unternehmensgewinne** | | | | |
| **Arbeitslosigkeit** | | | | |
| **Inflation** | | | | |
| **Löhne und Gehälter** | | | | |
| **Zinsniveau** | | | | |

13. Vegleichen Sie den Fiskalismus mit dem Monetarismus

| Fiskalismus | Monetarismus |
|---|---|
| | |

## Zusammenfassung – „Konjunktur und Wirtschaftswachstum"

Erstellen Sie als Zusammenfassung des Kapitels „Konjunktur und Wirtschaftswachstum" eine Concept-Map.

**Hinweis:**

Eine Concept-Map unterscheidet sich von einer Mind-Map dahingehend, dass die Begriffe, die es zu ordnen gilt, nicht dem freien Lauf der Gedanken entspringen, sondern bereits im Kapitel vorkommen.

## Ziele erreicht? – „Konjunktur und Wirtschaftswachstum“

KOMPETENZ-ERWERB

1. Ausgangssituation

Tagtäglich hören oder lesen Sie von aktuellen Entwicklungen der Wirtschaft in Österreich. Wie steht es im Moment um Österreichs Konjunktur?

**a)** Tragen Sie in der Kurve die vier Phasen der Konjunktur ein: Aufschwung, Hochkonjunktur, Rezession, Depression.

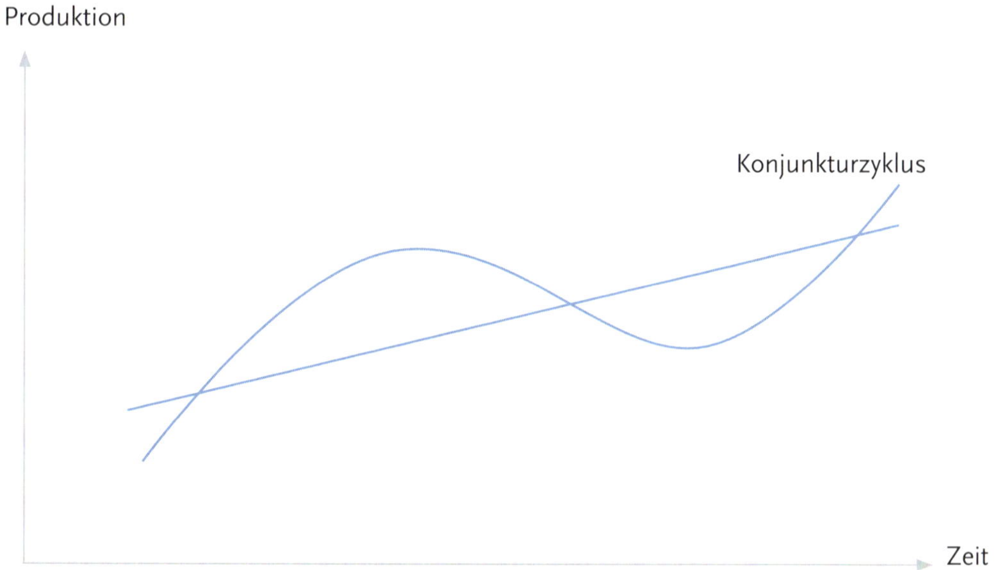


**b)** Analysieren Sie, wie es Ihrer Meinung nach derzeit um Österreichs Wirtschaft steht. Setzen Sie in der Kurve einen Punkt an die entsprechende Stelle. Sie können beispielsweise den Konjunkturindikator der Oesterreichischen Nationalbank dazu als Hilfe verwenden (www.oenb.at unter „Geldpolitik und Volkswirtschaft/Prognose“).

**c)** Charakterisieren Sie diese Konjunkturphase.

**d)** Nennen Sie drei Indikatoren, mit denen der Staat die Konjunkturphase bestimmen kann. Wie werden sich diese in der jetzigen Situation (in Bezug auf b) wahrscheinlich entwickeln?

**e)** Geben Sie an, warum es sich bei der Corona-Krise um eine konjunkturelle und nicht um eine saisonale bzw. strukturelle Schwankung handelte und begründen Sie Ihre Antwort.

**2.** Argumentieren Sie, warum Wirtschaftswachstum längerfristig v. a. auf eine Steigerung der Arbeitsproduktivität und nicht auf eine Zunahme der Arbeitsleistung zurückzuführen ist.

**3.** Lesen Sie sich die kurze Zusammenfassung der 2012 veröffentlichten Studie des Club of Rome in der TRAUNER-DigiBox durch. Darin werden verschiedene Prognosen für das Jahr 2052 vorgestellt. Fassen Sie die wichtigsten Aussagen aus diesem Text kurz zusammen.

4. Lesen Sie folgenden Artikel und Beantworten Sie die anschließenden Fragen.

## Ifo-Geschäftsklima signalisiert konjunkturelle Erholung

**Trotz des Lockdowns steigt Deutschlands wichtigster Frühindikator nach zwei Monaten des Rückgangs überraschend wieder.**

Die deutsche Wirtschaft scheint die Lockdowns bisher gut zu verkraften: Das Ifo-Geschäftsklima ist im Dezember 2020 wieder gestiegen – nach zwei Monaten des leichten Rückgangs. Deutschlands wichtigster Frühindikator betrug 92,1 Punkte nach 90,9 Punkten im November.

Besonders in der Industrie stehen die Zeichen auf Erholung. Vor allem Chemieindustrie und Maschinenbau schöpften laut der Umfrage wieder Hoffnung. Überraschenderweise schätzten auch die Dienstleister und der Handel ihre Lage nicht mehr so trüb ein wie vor einem Monat. Allerdings waren es unter den Dienstleistern vor allem die Transport- und Logistikunternehmen sowie das Grundstücks- und Wohnungswesen, die komplett auf den Aufschwung setzten. Reiseveranstalter, Gastgewerbe und Kulturschaffende leiden laut Ifo jedoch weiter stark unter der Krise und dem Lockdown.

**Der Lockdown bremst weniger als befürchtet**
Die Wirtschaftsforschungsinstitute hatten diese Woche in ihren Winterprognosen festgestellt, dass die Lockdowns in Deutschland und Europa den starken Aufschwung des Sommers zunächst ausbremsen. Ab dem zweiten Quartal 2021 erwarten sie aber wieder Wachstum: Die Prognosen für das neue Jahr liegen zwischen 3,1 % (IfW-Kiel) und 4,9 % (RWI und IMK).

Hoffen lässt die Tatsache, dass die Winter-Lockdowns überall nicht so umfassend sind wie im Frühjahr 2020: Nirgendwo auf der Welt steht die Industrie komplett still, so wie es zeitweise – auch wegen Lieferengpässen aus Asien – im ersten Lockdown der Fall war. Gerade in Deutschland scheint sich der Industrieaufschwung des Sommers bis in den Dezember hinein fortgesetzt zu haben.

Ein Frühindikator dafür ist der Lkw-Verkehr. Nach dem Lkw-Maut-Index hat dieser in den vergangenen Wochen zugenommen und liegt klar über dem Vorkrisenniveau. Positiv entwickelte sich zuletzt auch die Autoindustrie, die im Frühjahr stark von Störungen der Lieferketten betroffen war. Nach Zahlen des Automobilverbandes VDA sind im November 20 % mehr Autos produziert worden als im Oktober.

*(Quelle: Handelsblatt 2020)*

a) Definieren Sie den Begriff „Konjunktur“.

b) Der im Artikel erwähnte ifo-Geschäftsklimaindex ist ein Konjunkturindikator. Erklären Sie den Begriff Konjunkturindikator und geben Sie an, wie sich der ifo-Geschäftsklimaindex entwickelt hat.

c) Nennen Sie die im Artikel genannten Indikatoren, die positive Auswirkungen auf den Index haben.

d) Finden Sie mögliche Gründe, warum die Transport- und Logistikunternehmen sowie das Grundstücks- und Wohnungswesen wieder optimistischer in die Zukunft blicken, während Reiseveranstalter, Gastgewerbe und Kulturschaffende weiterhin einen getrübten Ausblick haben.

e) Erläutern Sie, warum die aktuelle Wachstumsrate nicht als wirtschaftlicher Boom zählt.

f) Analysieren Sie, weshalb Deutschland beispielsweise von der Konjunktur in den USA abhängig ist. Trifft dies Ihrer Meinung nach auch auf Österreich zu?

Einen interaktiven **Safety-Check** finden Sie in der TRAUNER-DigiBox.

# Finanz- und Budgetpolitik

Eine Power-Point-Präsentation des Kapitels finden Sie in der TRAUNER-DigiBox.

Die im Staatshaushalt zusammenfließenden Mittel decken den Bedarf unserer Gesellschaft an öffentlichen Gütern, wie etwa Sicherheit, Rechtsprechung und sozialer Absicherung. Übersteigen die Ausgaben die Einnahmen, so kommt es zu dem, was man Budgetdefizit nennt. Durch Aufnahme von Krediten entsteht die sogenannte Staatsverschuldung, die im Extremfall zu einem Staatsbankrott führen kann, sofern ein Staat seinen Zahlungsverpflichtungen zu einem Zeitpunkt nicht mehr nachkommen kann.

Diesen Begriffen begegnen Sie laufend in Tageszeitungen. In diesem Kapitel lernen Sie, welche Bedeutung hinter ihnen steckt, welche Einnahmen und Ausgaben ein Staat aufweist und warum eine hohe Staatsverschuldung die Wirtschaft eines Landes bedroht.

## Meine Ziele

KOMPETENZ-ERWERB

Nach Bearbeitung dieses Kapitels kann ich

- die Grundlagen des österreichischen Finanz- und Steuerwesens charakterisieren;
- erklären, wie das Budget in Österreich erstellt wird;
- Begriffe wie Primär-, Netto- und Bruttodefizit und Staatsschulden richtig verwenden;
- beschreiben, welche Probleme ständig wachsende Staatsschulden mit sich bringen;
- darstellen, welche Lösungen es für das Problem der Staatsverschuldung gibt.

# 1 Grundlagen des österreichischen Finanz- und Steuerwesens

*Für viele Leistungen, die uns heute selbstverständlich sind, kommt der Staat auf. Ob es das Arbeitslosengeld ist, das Menschen für eine bestimmte Zeit über Wasser hält, die ärztliche Versorgung, die wir brauchen, wenn wir uns beim Sport verletzen, etc. Der Staat übernimmt eine Vielzahl von Aufgaben, wofür er entsprechende Einnahmen braucht.*

Welche Beispiele fallen Ihnen noch ein und wie kommt der Staat zum notwendigen Geld?

Die **Volkswirtschaftliche Gesamtrechnung (VGR)** geht von folgender Staatsdefinition aus: Zum Sektor **Staat** gehören alle Institutionen, die Dienstleitungen für die Allgemeinheit erbringen, sich hauptsächlich aus Abgaben finanzieren oder deren Mittel aus staatlichen Zuwendungen kommen. Dazu zählen Bund, Länder, Gemeinden (Gebietskörperschaften) und Körperschaften öffentlichen Rechts.

**Staat** = öffentliche Hand.

Körperschaften öffentlichen Rechts sind z. B. Sozialversicherungsträger, Kammern.

Der **Staatshaushalt** ist die zusammenfassende Darstellung der öffentlichen Finanzwirtschaft. Die **haushaltsführenden Stellen** verfolgen dabei nicht das Ziel der Gewinnmaximierung, sondern der Ausgabendeckung.

Der Staat braucht Einnahmen, um seine Ausgaben zu decken und seine Aufgaben erfüllen zu können.

Häufig werden die Begriffe „Steuern" und „Abgaben" synonym verwendet. Die Abgabe ist jedoch ein finanzwissenschaftlicher Überbegriff.

| Einnahmen | Ausgaben |
|---|---|
| Einnahmequellen des Staates sind Abgaben, z. B.<br>■ Steuern,<br>■ Gebühren,<br>■ Beiträge,<br>■ Strafen, Zölle, Mauteinnahmen, die Unternehmen und private Personen an den Staat abführen, sowie<br>■ sonstige Einnahmequellen, z. B.<br>▸ Einnahmen aus der Wirtschaftstätigkeit des Staates oder<br>▸ Kreditaufnahme. | Die staatlichen Einnahmen werden zur Deckung zahlreicher Ausgaben verwendet.<br>**Beispiele**<br>■ Soziale Wohlfahrt, z. B. Kindergeld<br>■ Gesundheitswesen<br>■ Zuschüsse zu den Sozialversicherungen, z. B. zur Finanzierung der Pensionen, Zuschüsse zur Arbeitslosenversicherung<br>■ Sozialer Wohnbau, z. B. Wohnbauförderung, Heizkostenzuschüsse<br>■ Bau öffentlicher Straßen<br>■ Bildung (öffentliche Schulen)<br>■ Wissenschaft und Forschung<br>■ Recht und Sicherheit |

Unterschied zwischen Steuern, Gebühren und Beiträgen:
- **Steuern** stehen keine direkten Gegenleistungen gegenüber (z. B. Einkommensteuer, Umsatzsteuer).
- **Gebühren** werden für konkrete Gegenleistungen entrichtet (z. B. Ausstellung eines Führerscheins, Reisepasses).
- **Beiträge** werden für öffentliche Einrichtungen eingehoben, die bei Bedarf in Anspruch genommen werden können (z. B. Sozialversicherungsbeiträge, Beiträge zum Familienlastenausgleichsfonds).

Wiederholen Sie die drei Begriffe mit einer Übung in der TRAUNER-DigiBox.

**Die größten Einnahmequellen und Staatsausgaben Österreichs**
(in % der Staatseinnahmen und -ausgaben insgesamt, 2018)

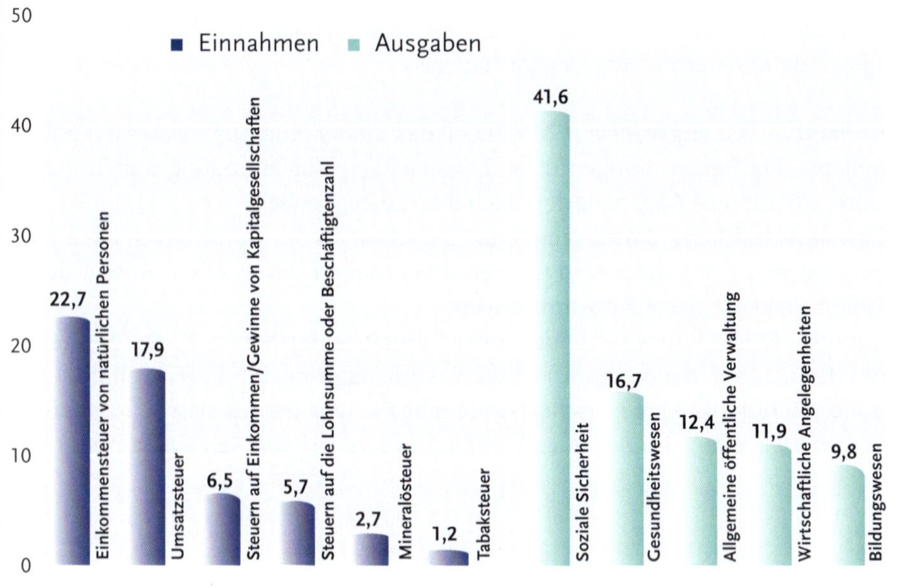


Quelle: Statistik Austria, 2020

Eine Auflistung der gesamten Einnahmen und Ausgaben des Staates finden Sie in der TRAUNER-DigiBox.

Die **Staatsquote** bezeichnet das Verhältnis der gesamten Haushaltsausgaben der haushaltsführenden Stellen zum Bruttoinlandsprodukt einer Volkswirtschaft. Sprich: Wie viel Prozent des BIP gibt der Staat aus?

$$\text{Staatsquote (in \%)} = \frac{\text{Staatsausgaben x 100}}{\text{BIP}}$$

**Staatsquoten im europäischen Vergleich**

Recherchieren Sie, wie hoch die Staatsquote in Österreich zurzeit ist.

**Staatsausgaben** (einschließlich Sozialversicherungsausgaben) als Anteil des BIP:
- > 52,95–58,3 %
- > 47,43–52,95 %
- > 44,35–47,43 %
- > 42–44,35 %
- > 39,22–42 %
- > 21,2–39,22 %

Stand: 2022, (Quelle: Eurostat 2024)

## 1.1 Österreichische Finanzverfassung

Die **österreichische Finanzverfassung** regelt die finanziellen Beziehungen zwischen den Gebietskörperschaften und besteht im Wesentlichen aus dem Finanzverfassungsgesetz und dem Finanzausgleichsgesetz.

Das **Finanzverfassungsgesetz (F-VG)** regelt das Steuer- und Abgabenwesen und die grundlegenden Bestimmungen über (gegenseitige) Kostentragung und Transfers. Es unterscheidet die Abgabenarten nach ihrer Ertragshoheit:

- **Gemeinschaftliche Bundesabgaben:** Sie werden vom Bund beschlossen und eingehoben. Die Länder und Gemeinden erhalten davon einen Anteil, der im Finanzausgleichsgesetz bestimmt wird.
- **Ausschließliche Bundes-, Landes- oder Gemeindeabgaben:** z. B. Stempelgebühren, Dienstgeberbeitrag zum Familienlastenausgleichsfonds (eingehoben vom Bund), Rundfunkabgabe, Fischereikartenabgabe (von den Ländern), Grundsteuer, Kommunalsteuer, Hundesteuer, Vergnügungssteuer (von den Gemeinden).

Die **Ertragshoheit** bestimmt, welche Gebietskörperschaft welche Einnahmen bekommt.

**Beispiel**
Die Gemeinde schreibt die Hundesteuer oder die Vergnügungssteuer vor, der Bund die Einkommensteuer.

Rund 85 % des gesamten Abgabenaufkommens in Österreich fallen unter die **gemeinschaftlichen Bundesabgaben.** Die größten Einnahmequellen sind die Lohn-, veranlagte Einkommens-, Umsatz- und Körperschaftsteuer.

### Finanzausgleich

Die Bestimmungen des F-VG werden im **Finanzausgleichsgesetz (FAG)** zwischen dem Bund und den anderen Gebietskörperschaften umgesetzt. Das FAG ist mehrere Jahre gültig (aktueller Finanzausgleich für die Jahre 2024 bis 2028).

Der **Finanzausgleich** regelt im weiteren Sinne die finanziellen Beziehungen zwischen Bund, Ländern und Gemeinden. Er wird etwa alle vier bis sechs Jahre neu verhandelt.

Die vom Bund eingehobenen Steuern werden nach dem im Finanzausgleichsgesetz beschlossenen Verteilungsschlüssel auf Bund, Länder und Gemeinden aufgeteilt. Nach dem im Finanzrecht angewandten System des **„abgestuften Bevölkerungsschlüssels“** wird von der jeweiligen Einwohnerzahl ausgegangen.

Die Höhe des Betrags, den jede Gemeinde erhält, hängt von ihrer Einwohnerzahl ab.

Recherchieren Sie bei der Statistik Austria, www.statistik.at, unter „Wirtschaft → Öffentliche Finanzen, Steuern → Finanzausgleich“, wie die Ausgaben- und Einnahmenverteilung derzeit aussieht.

## 1.2 Finanz- und Steuerpolitik

*Nach Berechnungen des „Austrian Economic Center" arbeiteten die Österreicher im Jahr 2023 bis 15. August, nur um Abgaben zu tilgen. Erst ab diesem Tag, auch „Tax Freedom Day" genannt, wirtschafteten die Österreicher in die eigene Tasche. Den „Höchststand" erreichte Österreich im Jahr 2001, als die heimischen Steuerzahler bis zum 22. August für das Gemeinwohl arbeiteten.*

Weitere Informationen zum Tax Freedom Day finden Sie in der TRAUNER-DigiBox.

Fallen Ihnen Beispiele ein, wofür Sie Geld an den Staat zahlen?

Staatseinnahmen und Staatsausgaben beeinflussen den Konsum der Haushalte und das Investitionsvolumen der Unternehmen entweder direkt oder indirekt:

| Direkte Beeinflussung | Indirekte Beeinflussung |
|---|---|
| **Beispiele**<br>▪ Senkung der Lohnsteuer<br>▪ Erhöhung der Familienbeihilfe<br>▪ Bausparprämien | **Beispiele**<br>▪ Erhöhung der Umsatzsteuer<br>▪ Gewährung von Subventionen |

Inwieweit beeinflusst die Erhöhung der Umsatzsteuer den Konsum von Haushalten?

Ein **gerechtes Steuersystem** muss bestimmte Grundsätze erfüllen, wie etwa:

- Bestimmtheit: Jeder soll wissen, was er zu zahlen hat
- Gleichmäßigkeit: Gleiches darf vom Steuergesetzgeber ohne sachliche Rechtfertigung nicht ungleich behandelt werden
- Erhaltung der Leistungsbereitschaft
- Korrektur ungerechter Vermögens- und Einkommensverteilung, z. B. durch progressive Besteuerung
- Achtung der Privatsphäre der Steuerzahler
- Minimale Verwaltungs- und Entrichtungskosten: Es sollen keine Steuern im Verwaltungsapparat versickern

Zu hohe Steuern können zu Schwarzarbeit führen!

Die geforderte Gerechtigkeit in Bezug auf die Höhe der Abgaben kann nach dem **Äquivalenzprinzip** oder dem **Leistungsfähigkeitsprinzip** erreicht werden.

| Äquivalenzprinzip | Leistungsfähigkeitsprinzip |
|---|---|
| Diejenigen, die von einer Leistung profitieren, sollen über eine Abgabe zur Finanzierung dieser Leistung beitragen. | Jeder soll entsprechend seiner Leistungsfähigkeit zur Erfüllung der Staatsausgaben beitragen. |
| **Beispiel**<br><br>Der Bau von Straßen wird durch die Mineralölsteuer und Mautgebühren finanziert. | **Beispiel**<br>Personen mit höherem Einkommen haben eine höhere Steuerbelastung (progressiver Einkommensteuertarif).<br> |

Welches Gerechtigkeitsprinzip erscheint Ihnen sinnvoller zu sein? Für die Einführung welcher Abgaben könnte welches Prinzip als Rechtfertigung herangezogen werden?

ARTHUR B. LAFFER (* 1940) ist ein US-amerikanischer Ökonom. Er war einst auch wirtschaftspolitischer Berater von US-Präsident RONALD REAGAN.

FILM AB!

Eine englischsprachige Erklärung zur Laffer-Kurve finden Sie hier: www.trauner.at/lafferkurve

Das Empfinden, ob eine Steuer gerecht oder ungerecht ist, hängt stark mit der **persönlichen Betroffenheit** zusammen. Der Steuerwiderstand nimmt mit zunehmender Steuerlast zu. Dadurch werden die Steuereinnahmen des Staates bei sehr hohen Steuern sinken (z. B. durch Schwarzarbeit).

Der Zusammenhang zwischen Steuereinnahmen und Steuersatz kann mithilfe der **Laffer-Kurve** dargestellt werden.

**Laffer-Kurve**

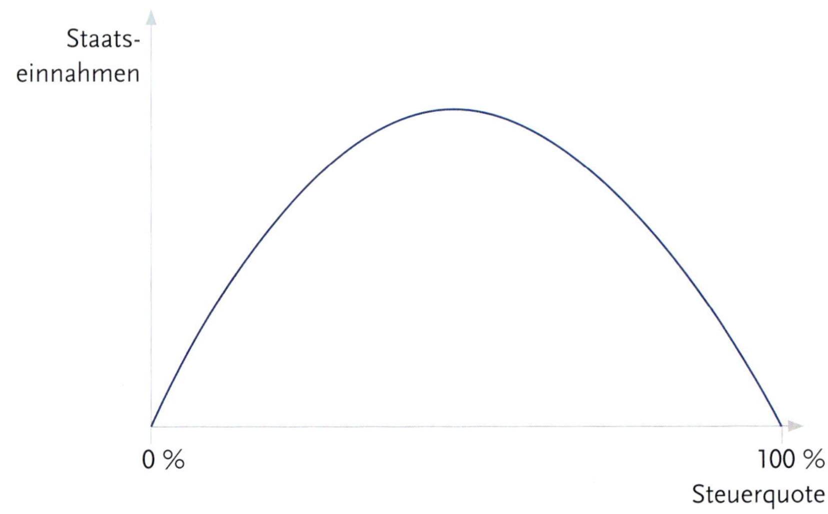


Gemäß dieser Theorie steigen die Steuereinnahmen zunächst mit steigendem Steuersatz, nach Erreichen des Maximums sinken sie jedoch wieder. Bei hohen Steuersätzen kann eine Senkung der Einkommensteuer das Steueraufkommen demzufolge erhöhen.

Österreich liegt im Vergleich im Spitzenfeld, was die Abgabenquote betrifft.

### Steuer- und Abgabenquote

Häufig werden anhand der Steuer- und Abgabenquote Staaten miteinander verglichen, insbesondere wenn über den sinnvollen Umfang der Staatstätigkeit in einer Volkswirtschaft diskutiert wird.

- Die **Steuerquote** ist der Anteil der eingehobenen Steuern des Staates im Verhältnis zum BIP oder BNE. Sie gibt allerdings nur einen groben Anhaltspunkt für die Gesamtbelastung, da sie weder Abgaben noch Sozialversicherungsbeiträge beinhaltet und auch nichts über die Verteilung der Steuerlast aussagt.
- Die **Abgabenquote** ist der Anteil von Abgaben am BIP oder am BNE.

### Aufgabenstellungen – „Grundlagen des österreichischen Finanz- und Steuerwesens"

1. Einkommensteuer in Österreich
   a) Recherchieren Sie, wie hoch in Österreich derzeit der Spitzensteuersatz für Einkommen ist.
   b) Empfinden Sie diesen Steuersatz als angemessen? Begründen Sie Ihren Standpunkt.
2. Beurteilen Sie die Auswirkungen einer Erhöhung der Einkommensteuer im Vergleich zur Erhöhung der Umsatzsteuer.
3. Begründen Sie, warum eine Senkung der Lohnsteuer oder eine Erhöhung der Familienbeihilfe den Konsum der Haushalte beeinflussen.
4. Recherchieren Sie, wie hoch die österreichische Steuerquote ist. Wie hoch ist sie im Vergleich zu den anderen EU-Ländern?

# 2 Budget und Budgetpolitik

*Von der Budgetpolitik wird die Wirtschaft des Landes maßgeblich beeinflusst. Laut Regierungsprogramm verfolgt die österreichische Bundesregierung mit ihrer Budgetpolitik unter anderem folgende Ziele: Vollbeschäftigung, Modernisierung und Unterstützung des Wirtschaftsstandortes, nachhaltige Finanzierung der sozialen Sicherheit, Effizienzsteigerung der öffentlichen Verwaltung und einen über den Konjunkturzyklus ausgeglichenen Haushalt.*

Das **Budget (Haushaltsplan)** ist die Gegenüberstellung von erwarteten Einnahmen und geplanten Ausgaben für eine **Haushaltsperiode**. Das Budget zeigt, wie viel finanzielle Mittel zum Erfüllen der Aufgaben des Bundes im jeweiligen Finanzjahr nötig sind, und wie diese Mittel aufgebracht werden.

Haushaltsperiode = üblicherweise ein Wirtschaftsjahr, es besteht jedoch auch die Möglichkeit, über mehrere Jahre zu budgetieren.

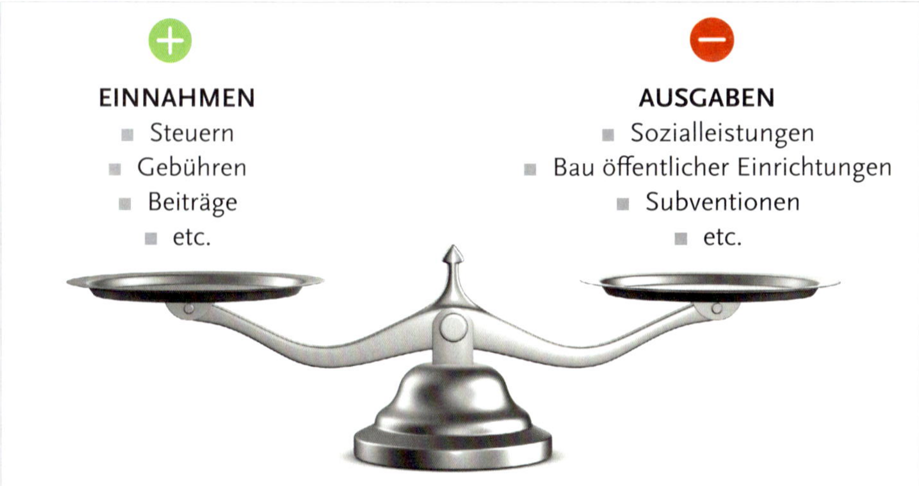


Grundsätzlich wird ein (langfristig) ausgeglichenes Budget angestrebt. Einnahmen und Ausgaben des Staates sollen sich in der Waage halten.

Umgesetzt wird das Budget durch das **Bundesfinanzgesetz (BFG)** mit dem **Bundesvoranschlag (BVA).** Dieses sieht die Einnahmen und Ausgaben des kommenden Jahres vor und ist entsprechend für jedes Finanzjahr neu zu erlassen.

BVA = Teil (Anlage) des BFG; ist die systematische Zusammenstellung der **für das nächste Finanzjahr** voraussichtlich zu leistenden Ausgaben und der zu erwartenden Einnahmen.

Im Jahr 2009 wurde erstmals ein **Finanzrahmen** mit verbindlichen Ausgabenobergrenzen eingeführt. Der Großteil der Obergrenzen ist dabei betraglich fixiert. Lediglich bei bestimmten konjunkturabhängigen oder vom Abgabenaufkommen abhängigen Ausgabenbestandteilen werden variable Grenzen festgelegt.

## 2.1 Budgeterstellung

Die Planungsphase für das Budget der nächsten Haushaltsperiode beginnt bereits zu Jahresbeginn des Jahres, in dem das noch gültige Budget ausläuft.

**Website für Interessierte**
www.bmf.gv.at/budget

### Budgetkreis

Die Staatsvorhaben werden im Rahmen des Haushaltsplanes aufeinander abgestimmt. Die budgetinterne Koordination wird von den in Regierung und Parlament damit befassten Bundesorganen, die gesetzlich zur Mitwirkung am Haushaltsplan berufen sind, wahrgenommen.

Die Staatseinnahmen reichen nicht aus, um allen Wünschen und Begehrlichkeiten der Fachminister gerecht zu werden. Deshalb werden politische (nicht unbedingt volkswirtschaftlich sinnvolle) Kompromisse geschlossen.

**Budgetkreis**

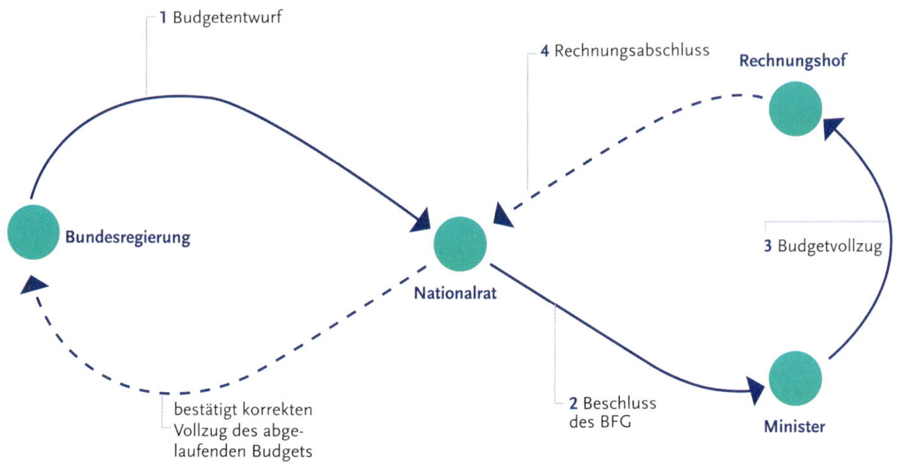


**1 Budgetentwurf**

Auf Basis der Budgetrichtlinien des Finanzministeriums übermitteln die einzelnen Bundesministerien die in ihren Zuständigkeitsbereich fallenden Voranschläge. In Verhandlungen mit dem/der Finanzminister/in werden die Vorschläge überprüft und gegebenenfalls an die Budgetrichtlinien angepasst.

Der/die Finanzminister/in erstellt daraus den **Entwurf des Bundesfinanzgesetzes,** der von der Bundesregierung mit Ministerratsbeschluss (einstimmig) verabschiedet wird. Er wird dem Nationalrat spätestens zehn Wochen vor Ablauf des Jahres als Regierungsvorlage übermittelt.

Das BFG ist das in ein Gesetz gegossene Budget eines Jahres

**2 Beschluss des Bundesfinanzgesetzes (BFG)**

Der Nationalrat beschließt für den festgelegten Zeitraum das Budget des Bundes in Form des Bundesfinanzgesetzes (BFG). Diesem Beschluss gehen die Budgetrede des Finanzministers/der Finanzministerin sowie parlamentarische Beratungen im Budgetausschuss und im Plenum des Nationalrates voraus.

Budgetvollzug bezeichnet die Umsetzung des Budgets durch die Fachminister gemeinsam mit dem Finanzminister.

**3 Budgetvollzug**

Die Vollziehung des Bundesfinanzgesetzes obliegt dem jeweils zuständigen Bundesminister und dem Bundesminister für Finanzen. In bestimmten Bereichen des Budgetvollzugs wirken auch Nationalrat und Rechnungshof mit.

Dem/Der Finanzminister/in kommt allerdings beim Budgetvollzug aufgrund der Bundesverfassung eine besondere Stellung zu. Er/Sie ist für die Gesamtführung des Bundeshaushalts verantwortlich.

Der Rechnungshof ist weisungsfrei und nur dem Gesetz unterworfen.

**4 (Bundes)Rechnungsabschluss**

Für die Kontrolle des Budgetvollzugs steht dem Nationalrat der Rechnungshof als Hilfsorgan zur Verfügung. Er überprüft die gesamten Staatsfinanzen und bestätigt den korrekten Vollzug des abgelaufenen Budgets.

Der Rechnungshof ist verpflichtet, dem Nationalrat jährlich den Rechnungsabschluss vorzulegen. Dieser enthält die tatsächlich getätigten Ausgaben und erhaltenen Einnahmen für das vergangene Finanzjahr. Der Bundesrechnungsabschluss muss vom Nationalrat in Form eines Gesetzesbeschlusses genehmigt werden.

## 2.2 Gliederung des Budgets

Der Bundesvoranschlag (BVA) besteht aus der allgemeinen Gebarung und dem Geldfluss aus der Finanzierungstätigkeit. Jede Ausgabe wird entweder durch Einnahmen (Steuern, Gebühren etc.) oder durch Aufnahme von Finanzschulden finanziert. Im **Gesamthaushalt** sind die Staatseinnahmen und die Staatsausgaben gleich hoch.

**Gesamthaushalt**

| Allgemeine Gebarung | Geldfluss aus der Finanzierungstätigkeit (ausgeglichenes Budget) |
|---|---|
| Umfasst alle Ausgaben und Einnahmen des Bundes. Ausgenommen davon sind jedoch jene Einnahmen und Ausgaben des Bundes, die aus der Aufnahme und Tilgung von Finanzschulden entstehen. | Umfasst die Einnahmen aus der Aufnahme von Finanzschulden sowie die Ausgaben für die Rückzahlung von Finanzschulden. Die höhere Kreditaufnahme des Staates gleicht die Differenz des allgemeinen Haushalts aus. |
| **Beispiel: BVA 2023** (in Mio. Euro) | **Beispiel: BVA 2023** (in Mio. Euro) |
| Ausgaben: 115.197 | Ausgaben: 150.283 |
| Einnahmen: 98.088 | Einnahmen: 167.392 |
| Abgang: 17.109 | Abgang: – |
| Überschuss: – | Überschuss: 17.109 |

**Gesamthaushalt:**
Ausgaben: 265.480
Einnahmen: 265.480

Quelle: Bundesministerium für Finanzen, 2024

**Website für Interessierte**
https://www.bmf.gv.at/themen/budget/das-budget.html

Aufgrund von COVID-19 übersteigen die Ausgaben des Staats die Einnahmen in einem erheblichen Ausmaß

## 2.3 Budgetdefizit und -überschuss

*Im Kapitel „Geld und Währung" haben Sie gehört, dass im Vertrag von Maastricht bestimmte Kriterien festgelegt wurden. Diese müssen erfüllt werden, wenn ein Staat der Europäischen Währungsunion angehören möchte. Die EU-Konvergenzkriterien beziehen sich dabei auch auf die Finanzlage der öffentlichen Hand. So darf das jährliche Haushaltsdefizit eines Staates nicht mehr als 3 % des BIP betragen. Dies wird in der letzten Zeit in vielen Staaten nicht erreicht.*

Sind die Einnahmen eines Staates größer als die Ausgaben, spricht man von einem Budgetüberschuss. In vielen Ländern, auch in Österreich, sind derzeit die Staatsausgaben höher als die Staatseinnahmen. Wenn dies der Fall ist, bezeichnet man dies als Budgetdefizit.

**Budgetdefizit** = Staatsausgaben (Ausgaben + Schuldenzinsen) > Staatseinnahmen
**Budgetüberschuss** = Staatseinnahmen > Staatsausgaben (Ausgaben + Schuldenzinsen)
**Ausgeglichenes Staatsbudget** = Staatseinnahmen = Staatsausgaben (Ausgaben + Schuldenzinsen)

Wenn man von einem **Budgetdefizit** spricht, ist immer der **allgemeine Haushalt** und nicht der Gesamthaushalt gemeint.

Im Allgemeinen wird mit dem Begriff „Budgetdefizit“ das **Nettodefizit** bezeichnet.

FILM AB!

Ein Erklärvideo zum Thema Budget finden Sie unter www.trauner.at/budget

Beim **Budgetdefizit** sind drei verschiedene Begriffe zu unterscheiden:

| Primärdefizit | Nettodefizit | Bruttodefizit |
|---|---|---|
| = jährliche Einnahmen – jährliche Ausgaben (ohne Schuldenzinsen) | = jährliche Neuverschuldung (Schuldenzuwachs) | = Nettodefizit + Ausgaben für die Tilgung von Finanzschulden |

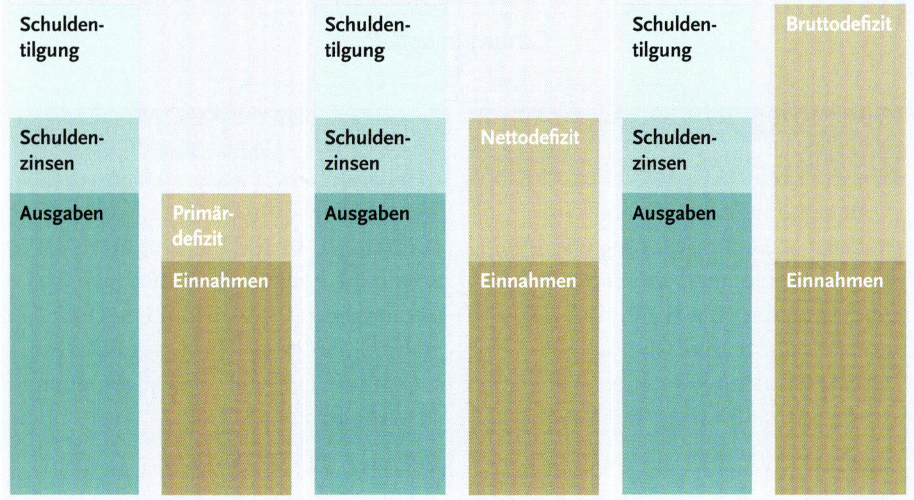


Versuchen Sie zu ermitteln,
- wie hoch das Budgetdefizit derzeit in Österreich ist.
- wann Österreich zuletzt ein ausgeglichenes Budget bzw. einen Budgetüberschuss hatte.

## 2.4 Konjunkturelles und strukturelles Defizit

Die Entstehung eines Budgetdefizits hat unterschiedlichste Ursachen. Die Volkswirtschaftslehre unterscheidet hier zwischen folgenden zwei Arten:

**Ursachen für ein Budgetdefizit**

| konjunkturelles Defizit | strukturelles Defizit |
|---|---|
|  |  |
| = der Teil des Budgetdefizits, der aus konjunkturellen wirtschaftlichen Schwankungen entstanden ist. | = der Teil des Budgetdefizits, der nicht auf konjunkturelle wirtschaftliche Schwankungen zurückzuführen ist. Es zeugt von einem generellen Missverhältnis zwischen Einnahmen und Ausgaben. |
| **Beispiel**<br>Sinkende Einnahmen des Staates durch eine Rezession, damit verbunden höhere Ausgaben durch die antizyklische Budgetpolitik. | **Beispiel**<br>Die Staatsausgaben sind ständig höher als die zu erwartenden Einnahmen. Der Staat lebt über seine Verhältnisse. Es kann nur durch Reformen, die die Struktur der Ausgaben und Einnahmen betreffen, abgebaut werden, nicht durch die Förderung des Wirtschaftswachstums. |

Das strukturelle Defizit ist also das, was im Normalzustand der Wirtschaft (langfristig betrachtet) dennoch einen unausgeglichenen Staatshaushalt verursacht.

## Aufgabenstellungen – „Budget und Budgetpolitik“

1. Entscheiden Sie, in welchen Bereichen Ihrer Meinung nach der Sparstift in Österreich angesetzt werden sollte.
2. Begründen Sie, warum das strukturelle Defizit ein recht verlässlicher Indikator für die nachhaltige Gesundheit des Budgets ist.

# 3 Staatsverschuldung

*Budgetdefizite werden fälschlicherweise oft mit dem Schuldenstand eines Staates gleichgesetzt. Jedoch sind Schulden die Folge aller vergangenen Defizite abzüglich aller vergangenen Überschüsse. Der österreichische Staat zahlt jährlich etwa 4,5 Milliarden Euro nur an Zinsen für die Staatsschulden. Das sind 584,00 EUR an Zinsen pro Jahr und Einwohner/in.*

Milliarden von Euro fließen alleine in die Zahlung von Zinsen für unsere Staatsverschuldung …

Unter der **Staatsverschuldung** versteht man die gesamten Schulden eines Staates gegenüber seinen Gläubigern. Meist wird die Staatsverschuldung im Verhältnis zum BIP (oder BNE) gemessen. Dies wird als **Staatsschuldenquote** bezeichnet.

Im Zuge der Finanz- und Wirtschaftskrise stiegen die Staatsschulden auf über 80 % des BIP. Nach einer kurzen Phase des Schuldenabbaus kam es durch die Corona-Krise zu einem erneuten Anstieg der Staatsschulden. Dadurch ist der Spielraum eines Finanzministers eingeschränkt. Sollte sich das Zinsniveau in Zukunft erhöhen, steigen auch die Zinszahlungen aufgrund der Schulden und würden zukünftige Budgets zusätzlich belasten.

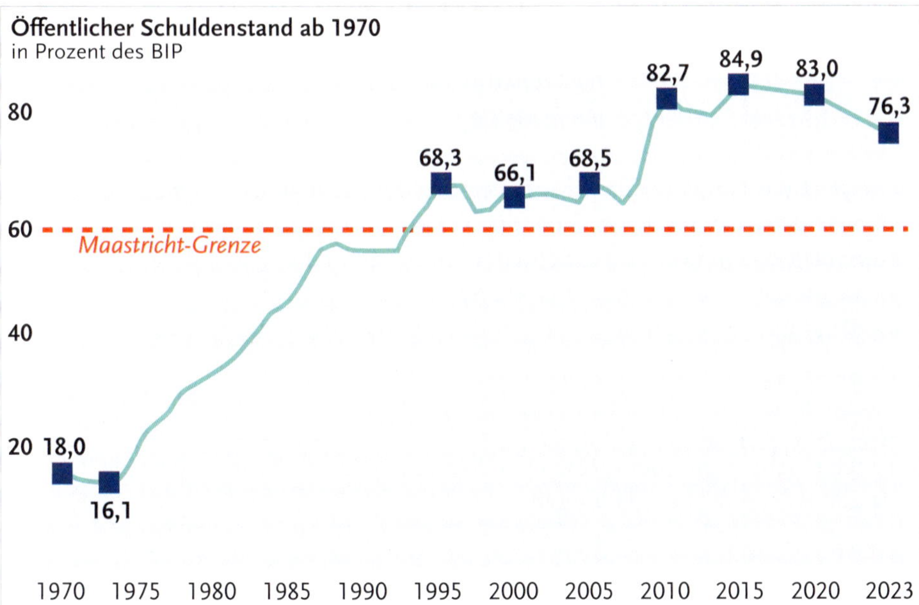


Quelle: Statistik Austria, 2024

Aus dem **Bundesfinanzgesetz** ergibt sich, ob und in welcher Höhe neue Schulden gemacht werden dürfen/müssen. Zur Ermittlung der Gesamtverschuldung eines Staates hat die OECD ein Standardsystem entwickelt.

**OECD (Organisation for Economic Co-operation and Development)** = Organisation für wirtschaftliche Zusammenarbeit und Entwicklung. 34 Mitgliedsstaaten, der Großteil gilt als entwickelte Länder mit hohem Pro-Kopf-Einkommen. Mehr dazu erfahren Sie in einem späteren Kapitel.

Die aktuelle Höhe der Staatsverschuldung können Sie auf www.staatsschulden.at abrufen.

**Staatsschulden der Republik Österreich**
**Die Verschuldung der Republik Österreich beträgt per 20. 04. 2024** insgesamt 368.353.800.000,00 EUR. Das entspricht einer Pro-Kopf-Verschuldung je Staatsbürger von 49.800,00 EUR.

## 3.1 Probleme ständig wachsender Staatsschulden

Ein Staat, der sein Budget nicht im Griff hat, wirtschaftet u. a. auf Kosten von zukünftigen Generationen und deren Lebensstandard. Wachsende Staatsschulden entfalten folgende ökonomische Wirkung:

| Belastung künftiger Generationen | Verringerung des Handlungsspielraumes | Verdrängung von privaten Investitionen |
| --- | --- | --- |
|  | 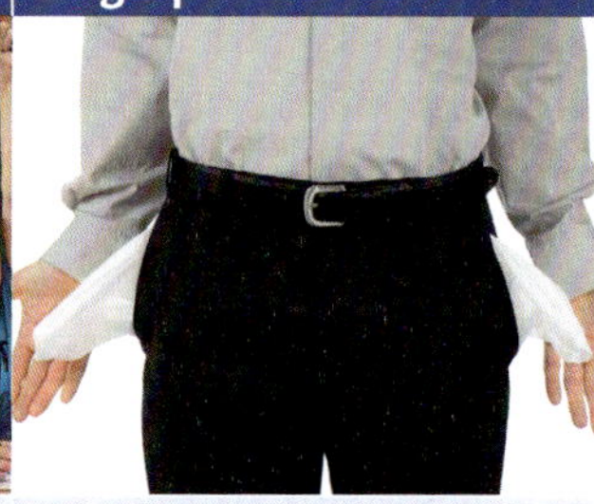 |  |
| Die Staatsverschuldung hat zur Folge, dass die jetzige Generation auf Kosten zukünftiger Generationen lebt (Generationenbilanz). Staatsschulden müssen von **künftigen Generationen** übernommen werden. | Mit höheren Schulden wachsen die Zinszahlungen. Der Staat muss einen immer größeren Teil der Einnahmen für den Schuldendienst aufwenden. Diese Finanzmittel fehlen dann für notwendige Investitionen, z. B. für den Straßenbau oder die Sicherung der sozialen Systeme. | Durch die hohe Kreditnachfrage des Staates steigen die Zinsen und damit die Finanzierungskosten für Unternehmen (Crowding-out-Effekt). Dadurch gehen die Investitionen zurück und das Wirtschaftswachstum leidet darunter. |

Die Zinszahlungen haben sich jedoch in den vergangenen Jahren reduziert, da aufgrund der Niedrigzinspolitik der EZB das allgemeine Zinsniveau stark gefallen ist.

Schuldendienst = vom Schuldner zu leistende Zahlungsverpflichtungen, die sich aus Zins- und Tilgungsleistung zusammensetzen.

Wichtig ist die Frage, wofür wir uns verschulden. Konsumschulden eines Staates sind aus volkswirtschaftlicher Sicht abzulehnen. Denn dann werden unsere Nachfahren nicht davon profitieren. Schulden für Infrastruktur, Forschung, Entwicklung und für Innovationen können aus ökonomischer Sicht sinnvoll sein. Die Beurteilung hängt davon ab, wie stark man in Zukunft davon profitieren kann.

Für laufende Konsumausgaben und Transferzahlungen sollten keine Schulden gemacht werden!

Die schlimmste Konsequenz der Staatsverschuldung ist letztlich der **Staatsbankrott (Staatsinsolvenz).** Darunter versteht man die Erklärung einer Regierung, fällige Forderungen nicht mehr oder nur noch teilweise erfüllen zu können, bzw. die tatsächliche Einstellung fälliger Zahlungen.

## 3.2 Lösung des Problems der Staatsverschuldung

Durch die Kombination folgender Lösungsmöglichkeiten können einseitige Finanzentwicklungen verhindert werden:

### Budgetkonsolidierung

Budgetkonsolidierung bedeutet die Begrenzung und Rückführung von öffentlichen Defiziten in den Haushalten der Gebietskörperschaften (Bund, Länder, Gemeinden).

- Durch Einnahmenerhöhung: höhere Steuern, Gebühren, Beiträge etc.
- Durch Ausgabensenkung: Verringerung der Staatsleistungen, z. B. Abbau von Subventionen, Sozialleistungen, Beamten

Wiederholen Sie die wichtigsten Begriffe dieses Kapitels mithilfe von Dialog Cards in der TRAUNER-DigiBox.

### Stärkere Inflation

Durch eine stärkere Inflation verliert der Schuldenstock real an Wert.

### Verzicht auf außerbudgetäre Sonderfinanzierung

Der Bund haftet für Zinsen und Tilgung, die – wenn „endlastig" vereinbart – die Folgegeneration stärker trifft. Denn hier werden während der Laufzeit keine Zahlungen geleistet. Sowohl Zinsen als auch das Kapital werden erst mit Laufzeitende fällig.

### Verkauf vorhandener staatlicher Vermögenswerte

Die Erhaltung bestimmter staatlicher Vermögenswerte kostet häufig mehr, als sie einbringen. Der Veräußerungsertrag stärkt gegebenenfalls die Staatsfinanzen, allerdings nur einmalig und damit kurzfristig.

Bei diesem Artikel handelt sich um eine modellhafte Darstellung, die es ermöglichen soll, Zusammenhänge zu erkennen.

**Beispiel: Lösung der Staatsverschuldung durch Inflation?**

**Countdown zum Staatsbankrott**

#### Wäre die Flucht in eine Inflation die Lösung des Problems?

Egal, ob sie den Schuldenberg über Steuererhöhungen oder Ausgabenkürzungen abtragen – mit beidem machen sich die amerikanischen Regierungspolitiker bei ihrer Bevölkerung nicht gerade beliebt. Zumal es – theoretisch – auch noch ein anderes Verfahren gäbe, um die reale Schuldenbelastung des Staates zu senken: über den Umweg der Inflation. Dabei könnte die Notenbank Fed behilflich sein, indem sie neues Geld in Umlauf bringt. […]

Wenn der gestiegenen Geldmenge kein entsprechendes Wachstum realer Gütermengen gegenübersteht, steigen nach den Gesetzen der Volkswirtschaftslehre mittel- und langfristig die Preise. Das bedeutet, dass das vorhandene Geld weniger wert ist, weil man sich davon weniger kaufen kann. Mit anderen Worten: Es käme zur Inflation. Sie lässt das nominale Bruttoinlandsprodukt eines Landes steigen. Den Staat freut's: Denn seine Verschuldungsquote, die sich am nominalen BIP bemisst, schrumpft.

Im gleichen Maße, wie das Geld entwertet wird, ist durch die Inflation der gleichbleibende Schuldenberg real weniger wert. Denn weil Preissteigerungen in Tarifverhandlungen eine gute Argumentationshilfe für die Arbeitnehmer sind, steigen auch die Löhne. Private Schuldner können aufgrund des höheren Einkommens ihre Forderungen leichter begleichen als vorher. […]

*(Quelle: focus, 2011)*

## Aufgabenstellungen – „Staatsverschuldung“

1. Das gefährliche Spiel mit der Inflation. Welche Vorteile hat die Bekämpfung der Staatsschulden durch eine stärkere Inflation laut dem Zeitungsartikel auf der vorherigen Seite? Welche negativen Folgen könnte diese Vorgehensweise haben?

2. Analysieren Sie die Auswirkungen, die eine starke Senkung der Staatsausgaben im Hinblick auf die Konjunktur haben könnte.

3. Vergleichen Sie die Verschuldung der Republik Österreich mit anderen Volkswirtschaften. Welche Länder weisen eine besonders hohe Verschuldung auf? Gibt es Länder, die schuldenfrei sind?

## WissensCheck – „Finanz- und Budgetpolitik“

1. Nennen Sie die Einnahmequellen, über die der Staat verfügt.
2. Erklären Sie den Begriff der Staatsquote.
3. Erläutern Sie gemeinschaftliche Bundesabgaben.
4. Erklären Sie, was beim Finanzausgleich passiert.
5. Erklären Sie den Unterschied zwischen dem Äquivalenzprinzip und dem Leistungsfähigkeitsprinzip in Bezug auf die Höhe von Abgaben.
6. Nennen Sie die Phasen der Budgeterstellung.
7. Erklären Sie den Unterschied zwischen Netto- und Bruttodefizit.
8. Charakterisieren Sie ein strukturelles Budgetdefizit.
9. Beschreiben Sie die ökonomischen Auswirkungen einer hohen Staatsverschuldung.
10. Nennen Sie drei Möglichkeiten, die Staatsverschuldung in den Griff zu bekommen.
11. Erläutern Sie, welche Investitionen unter Umständen auch durch die Aufnahme neuer Schulden finanziert werden können.

## Zusammenfassung – „Finanz- und Budgetpolitik“

Speichern Sie nun das wesentliche Wissen des Kapitels „Finanz- und Budgetpolitik“ in Ihrem Kopf ab. Erstellen Sie dazu eine Zusammenfassung, indem Sie

1. eine übersichtliche Struktur (Tabelle) oder
2. eine Mindmap anfertigen.

**Tipp:** Nur eine selbst erstellte Zusammenfassung ist eine gute Zusammenfassung.

## Ziele erreicht? – „Finanz- und Budgetpolitik"

KOMPETENZ-ERWERB

1. Erklären Sie, warum die Überschrift des fiktiven Artikels falsch ist. Wie müsste sie richtigerweise lauten?

### Die Schulden des Staates sinken nur schleppend

Nachdem die Corona-Krise bewältigt wurde, verordnet die Regierung Österreich ein 26,5-Milliarden-Sparpaket. Mit dem vorgelegten Paket sollen die jährlichen Budgetdefizite gesenkt werden. Ziel ist 2027 ein Nulldefizit zu erreichen.

2. Analysieren Sie, warum es sinnvoll ist, dass die Republik Österreich bei der Budgeterstellung mittelfristig und nicht kurzfristig (auf ein Jahr) plant.

3. Lesen Sie folgenden Zeitungsartikel und beantworten Sie anschließend die Fragen

### EU-Parlament lehnt Finanzrahmen bis 2020 ab

**Das EU-Parlament stimmt gegen die Sparpläne der EU-Staaten. Der Grund: Der Finanzrahmen 2014–2020 führe zu einem „strukturellen Defizit" der EU – und sei damit vertragswidrig.**

Das Europäische Parlament hat am heutigen Mittwoch über die Vorschläge der EU-Staaten für den Finanzrahmen von 2014 bis 2020 abgestimmt.

Das Ergebnis: ein Nein zu den Sparplänen der Regierungen. Den Prioritäten und Bedenken des EU-Parlaments werde in dem Entwurf nicht Rechnung getragen, kritisierten die EU-Abgeordneten in einer am Mittwoch in Straßburg mit breiter Mehrheit angenommenen Entschließung.

Der Finanzrahmen führe zu einem „strukturellen Defizit" der EU, was gegen den EU-Vertrag verstoße, heißt es. Die EU-Abgeordneten seien aber zu Verhandlungen und Nachbesserungen mit den Staaten bereit. […]

*(Quelle: Die Presse, 2013)*

a) Charakterisieren Sie ein strukturelles Defizit.

b) Analysieren Sie den Grund dafür, warum ein strukturelles Defizit der EU gegen den EU-Vertrag verstößt.

4. Stellen Sie sich vor, Sie könnten die im Folgenden aufgelisteten Budgetposten nach Ihrem persönlichen Ermessen reihen. Welche sind für Sie die wichtigsten, welche wenige wichtig und warum? Diskutieren Sie mit Ihren Mitschülerinnen und Mitschülern, welche Folgen Budgetkürzungen bzw. -erhöhungen der einzelnen Posten für die österreichische Gesellschaft hätten. Wie begründen Ihrer Meinung nach Politiker/innen ihre Entscheidungen?
   - Justiz
   - Soziales, Pensionen
   - Familie & Jugend
   - Wissenschaft & Forschung
   - Umwelt
   - Militärische Angelegenheiten
   - Gesundheit
   - Unterricht, Kunst & Kultur
   - Wirtschaft

5. Vor allem in Wahlkampfzeiten wird die sogenannte Flat Tax diskutiert: Unabhängig von der Höhe sollen alle Einkommen mit dem gleichen Steuersatz (z. B. 20 %) besteuert werden. Analysieren Sie die Vor- und Nachteile einer solchen Flat Tax. Und weshalb, meinen Sie, hat sich die österreichische Politik bewusst dagegen entschieden?

Einen interaktiven **Safety-Check** finden Sie in der TRAUNER-DigiBox.

**public debt**
Öffentliche Verschuldung

The budget of a country consists, among other things, of
- **income** (Einnahmen):
  - taxes (Steuern)
  - fees (Gebühren)
  - contributions (Beiträge)
- **expenditure** (Ausgaben)
  - services (Leistungen)
  - social services (Sozialleistungen)
  - subsidies (Subventionen)

## Going international

Now let's use the basics of the chapter "Konjunktur und Budget" in English!

### Exercise 1

**Public debt.** There are several ways for governments to reduce public debt. Connect the options with their explanations.

| Fiscal consolidation | Increase inflation | Sell state property | Restructure financial debt |
|---|---|---|---|
| If the interest on debt is below the price rise, the debt decreases in the short term. | In order to gain liquidity, interest rates or debt are converted. | Increase of income or decrease of expenditure in order to reduce the net deficit. | In order to gain liquidity, interest rates or debt are converted. |

### Exercise 2

**The business cycle.** The economy is never steady and is never in permanent growth. On the contrary, it experiences different trends on a regular basis.

a) Fill in the missing words:
recession ■ prosperity ■ depression ■ recovery

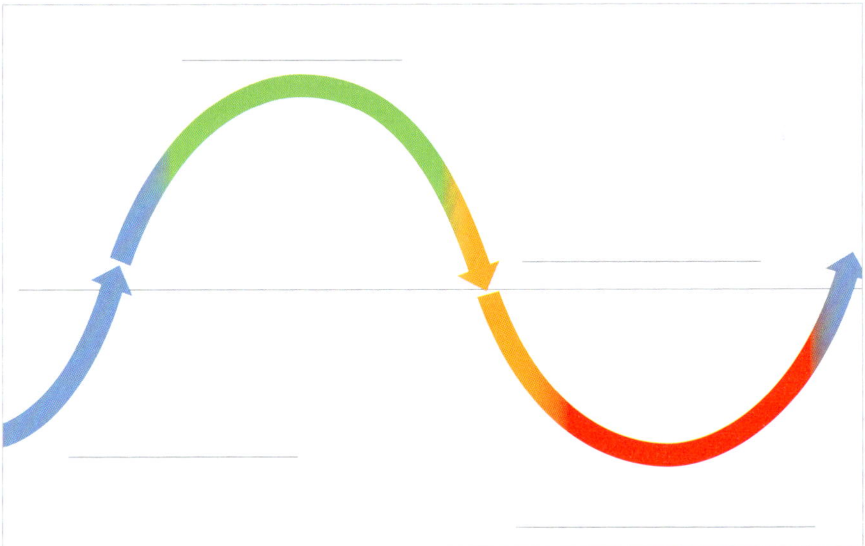

Discuss in English:
b) How do businesses act in a phase of depression?
c) How do consumers act in a phase of prosperity?
d) How does the government act in phases of depression/prosperity?

# V Europäische Wirtschaft

Europa im Jahr 1950: Fünf Jahre nach Ende des Zweiten Weltkrieges ist der Kontinent von echtem Frieden und Wohlstand weit entfernt. Der Wiederaufbau hat die gewaltigen Zerstörungen erst teilweise beseitigt. Und neue politische Spannungen sorgen dafür, dass durch ganz Europa ein „Eiserner Vorhang" gezogen wird.

Nach zwei leidvollen Kriegen wurde in Europa die Chance zu einer grundsätzlichen neuen Politik ergriffen. Die EU ist Wertegemeinschaft, Wirtschaftsraum, Rechtsgemeinschaft und vor allem Lebensraum von einer halben Milliarde Menschen. Wie sie entstand, wie sie funktioniert, wie sie unsere Wirtschaft prägt und welche Auswirkungen das auf unser Leben hat, erfahren Sie in den folgenden Kapiteln.

# Die Europäische Union und ihre Institutionen

Eine Power-Point-Präsentation des Kapitels finden Sie in der TRAUNER-DigiBox.

Von Deutschland trennt uns eine Ortstafel. Die Gurke aus Andalusien kostet weniger als jene aus dem Innviertel. Wir können in Wien, London oder Helsinki arbeiten. Wir halten uns an Gesetze, die in Brüssel beschlossen worden sind. Was heute selbstverständlich ist, war nicht immer so.

Heute leben in der Europäischen Union ca. 450 Millionen Menschen auf einer Fläche von mehr als vier Millionen Quadratkilometer. Das ist nach China und Indien die drittgrößte Bevölkerungsgruppe der Welt. In diesem Kapitel lernen Sie, wie die EU in ihrer heutigen Form entstand, welche Institutionen es gibt und welche Entscheidungen dort getroffen werden.

KOMPETENZ-ERWERB

## Meine Ziele

Nach Bearbeitung dieses Kapitels kann ich

- die Entstehungsgeschichte der EU zusammenfassen;
- beurteilen, wie die Entwicklungen der EU mein Leben beeinflussen;
- die Vernetzung der EU-Institutionen darstellen;
- angeben, in welcher Form Österreich in den EU-Institutionen mitwirkt;
- analysieren, warum Staaten der EU gerne beitreten würden bzw. warum sich andere Staaten wiederum gegen einen EU-Beitritt entschieden haben.

# 1 Was ist die Europäische Union?

*Julia liest und hört in den Nachrichten fast täglich von der Europäischen Union. Sie fühlt sich nicht direkt betroffen, die EU ist für sie weit weg. Am Nachmittag geht sie einkaufen. Dabei fällt ihr auf vielen Verpackungen das CE-Logo auf, das auf Waren, die in der EU hergestellt wurden, abgebildet ist. Beim Bezahlen merkt sie, dass sie Euromünzen aus den verschiedensten Ländern in der Geldbörse hat. Julia wird bewusst, welche Rolle „Europa" in ihrem Alltag spielt, sei es bei Lebensmitteln, Geld, in der Schule oder auf Reisen …*

Fallen Ihnen noch weitere Beispiele dafür ein, wie die EU in Ihrem Alltag eine Rolle spielt?

Die **Europäische Union (EU)** ist die Partnerschaft von derzeit 27 demokratischen europäischen Staaten (Stand: Mai 2024). Sie haben sich zusammengeschlossen, um **Frieden zu wahren** und **Wohlstand zu fördern.**

**Die EU ist**

- … eine **internationale Organisation,** weil die einzelnen Mitgliedsstaaten zwischenstaatliche Verträge über die gemeinsame Arbeitsweise, Entscheidungsregeln, Strukturen und Prozeduren verhandelt haben.
- … eine **supranationale Organisation,** weil sie über gemeinsame Organe verfügt, die für die Mitgliedsstaaten verbindliches Recht und demokratische Entscheidungen setzen können.
- … wegen ihres stabilen Institutionengefüges auch ein **politisches System.** Die Entscheidungen, die sie fällt, sind kollektiv verbindlich, das heißt, dass diese für alle EU-Bürger/innen gelten.

„In Vielfalt geeint!" – das Motto der EU

Was verbinden Sie mit der EU? Welche Werte sind für Sie typisch europäisch?

## Die Mitgliedsstaaten der EU

Seit der Gründung im Jahr 1993 wuchs die Europäische Union von zwölf auf **27 Mitgliedsstaaten** an. Mit insgesamt ca. 450 Millionen Einwohnern landet die EU nach China und Indien auf Platz 3 der bevölkerungsreichsten Volkswirtschaften der Welt – noch vor den USA oder Russland.

Jedes europäische Land, das die **Kopenhagener Kriterien** erfüllt, darf die Mitgliedschaft in der EU beantragen. Zu diesen Kriterien gehören u. a.

- eine stabile **rechtsstaatliche Ordnung** sowie die **Wahrung der Menschenrechte,**
- eine funktionierende **Marktwirtschaft,** die dem Wettbewerbsdruck des EU-Binnenmarkts standhalten kann, und
- die Fähigkeit, sämtliche politische und wirtschaftliche **Verpflichtungen** einer EU-Mitgliedschaft zu **erfüllen.**

Die EU hat 24 Amtssprachen und ist nach den USA und China die drittgrößte Volkswirtschaft der Welt. Sie erwirtschaftet knapp ein Fünftel des globalen Bruttonationaleinkommens.

Mehr über die EGKS (Europäische Gemeinschaft für Kohle und Stahl) und die Geschichte der EU erfahren Sie im nächsten Abschnitt.

**Websites für Interessierte**
https://europa.eu/
https://europainfo.at/

Im Juni 2016 entschieden sich die Briten in einem Referendum für den Austritt aus der EU (Stichwort „Brexit"). Nach langen Verhandlungen stand der Austritt von Großbritannien mit 1.1.2021 fest. Der Austritt bedeutet aus wirtschaftlicher Sicht eine deutliche Reduktion des Gewichts der EU in der Welt. Auch kommt es dadurch innerhalb der EU zu politischen Machtverschiebungen.

Eine Studie des WPZ, dem wirtschaftspolitischen Zentrum der Universität St. Gallen, kommt zu dem Schluss, dass ein Öxit große Nachteile für die österreichische Wirtschaft bringen würde. Die Studie können Sie in der TRAUNER-DigiBox nachlesen.

| Jahr | Gründung und Erweiterungsrunden |
|---|---|
| **1951/1952 (Gründung der EGKS)** | Belgien, Bundesrepublik Deutschland, Frankreich, Italien, Luxemburg, Niederlande („Gründerstaaten") |
| **1973 (Norderweiterung)** | Dänemark, Großbritannien, Irland |
| **1981 (Süderweiterung, Teil 1)** | Griechenland |
| **1986 (Süderweiterung, Teil 2)** | Portugal, Spanien |
| **1993 Gründung der Europäischen Union (EU)** | |
| **1995** | Finnland, **Österreich,** Schweden |
| **2004 (Osterweiterung, Teil 1)** | Estland, Lettland, Litauen, Malta, Polen, Slowakische Republik, Slowenien, Tschechische Republik, Ungarn, Zypern |
| **2007 (Osterweiterung, Teil 2)** | Bulgarien, Rumänien |
| **2013** | Kroatien |
| **2020** | Austritt Großbritanniens aus der EU |

Am 12. Juni 1994 fand in Österreich eine Volksabstimmung über den EU-Beitritt statt: Zwei Drittel der Österreicher/innen stimmten dabei für eine Mitgliedschaft.

FILM AB!

Ein Video über den Beitritt Österreichs finden Sie unter www.trauner.at/EU-Beitritt

## Was bedeutet die EU für Österreich?

Nach jahrzehntelanger scheinbar proeuropäischer Stimmung in sämtlichen Mitgliedsstaaten werden die kritischen Parteien in zahlreichen EU-Ländern immer lauter. Die nationalen Wahlkämpfe in den kommenden Jahren werden zeigen, in welche Richtung sich die Europäische Union entwickeln wird.

### Bedeutung der EU für Österreich

Nicht alle Vor- und Nachteile des EU-Beitritts für Österreich lassen sich verlässlich quantifizieren, allerdings hat sich der Beitritt für Österreich im Großen und Ganzen ausgezahlt. Obwohl Österreich einen Nettobeitrag leistet und einiges an Autonomie und Selbstbestimmung aufgeben musste, wurde die heimische Wirtschaft durchwegs belebt.

Der Zugewinn an Wohlstand übersteigt die Beitragszahlungen bei Weitem. So wurden etwa Handelsbarrieren abgebaut, was sich wiederum in Preissenkungen durch Einsparungen bei Importen widerspiegelt. Direktinvestitionen ausländischer Konzerne haben in Österreich zugenommen. Die Personenfreizügigkeit eröffnet Österreicherinnen und Österreichern Reisetätigkeiten sowie zunehmende Studien- und Karrierechancen. Erhöhte Konkurrenz am Arbeitsmarkt relativiert sich durch den nationalen und internationalen Fachkräftemangel wieder.

## Aufgabenstellungen – „Was ist die Europäische Union?“

1. Recherchieren Sie im Internet:
   a) Welche Nachbarstaaten Österreichs sind nicht bei der EU?
   b) Welche Folgen hat das für die Beziehung mit Österreich?
   c) Welche Konsequenzen hat das für Sie?
2. Beschreiben Sie, in welchen Bereichen Ihres Lebens die EU eine Rolle spielt.
   a) Reflektieren Sie über Ihre persönlichen Vor- und Nachteile als EU-Bürger/in.
   b) Die Grundstimmung der EU-Bürger/innen wirkt – den Medien zufolge – oft sehr kritisch. Weshalb könnte das so sein?
   c) Als Ihre Eltern so alt waren, wie Sie heute sind, war Österreich noch kein Mitglied der EU. Inwiefern gestaltete sich damals das Leben anders für die Österreicher/innen?
3. Argumentieren Sie, weshalb die Kopenhagener Kriterien von so hoher Bedeutung für eine Mitgliedschaft sind.

# 2 Europäische Integration

*Nach zwei Weltkriegen war Europa ein Trümmerhaufen. Der Eiserne Vorhang teilte den Kontinent. Eine europäische Integration war aus damaliger Sicht ein ferner Traum. Doch durch die Kontrolle der militärisch relevanten Wirtschaftssektoren Kohle und Stahl sollte einem Krieg zwischen früheren Gegnern vorgebeugt werden. In weiterer Folge sollten auch die politische Annäherung und dauerhafte Versöhnung der beteiligten Staaten erreicht werden.*

Es gibt verschiedene Formen wirtschaftlicher Integration, vom Assoziierungsabkommen bis hin zu einer Währungsunion. Mehr dazu erfahren Sie im Kapitel „Wirtschaftliche Integration“.

Aus dem Vertrag zur Gründung der Europäischen Gemeinschaft für Kohle und Stahl (EGKS) entwickelte sich über mehrere Zwischenstufen die EU zu einer umfassenden **politischen, wirtschaftlichen und rechtlichen (Werte-)Gemeinschaft.**

FILM AB!

Ein Video zur EU-Gründung finden Sie unter www.trauner.at/EU-Geschichte

## 2.1 Gründungsverträge

*„Europa lässt sich nicht mit einem Schlage herstellen [...]. Es wird durch konkrete Tatsachen entstehen, die zunächst eine Solidarität der Tat schaffen.“*
ROBERT SCHUMAN, FRZ. AUSSENMINISTER

Jedes Jahr feiert die EU daher am 9. Mai ihren Europatag.

Der damalige französische Außenminister ROBERT SCHUMAN schlug in einer Rede am 9.5.1950 vor, die gesamte französisch-deutsche Kohle- und Stahlproduktion einer gemeinsamen Behörde zu unterstellen. Die wirtschaftliche Kooperation sollte ein Grundpfeiler zur dauerhaften Sicherung des Friedens sein.

Der EGKS-Vertrag war auf 50 Jahre begrenzt und lief 2002 planmäßig aus.

In Italiens Hauptstadt unterzeichneten 1957 die Vertreter der sechs Gründungsstaaten die Römischen Verträge.

### 2.1.1 Vertrag über die Europäische Gemeinschaft für Kohle und Stahl (EGKS) 1951/52

Schumans Plan führte **1951** zur **Gründung** der **Europäischen Gemeinschaft für Kohle und Stahl** (EGKS, auch „Montanunion“ genannt), die 1952 in Kraft trat.

**Belgien, die Bundesrepublik Deutschland, Frankreich, Italien, Luxemburg und die Niederlande** vereinbarten, ihre Kohle- und Stahlindustrie unter gemeinsame Verwaltung zu stellen und sie nicht länger zu Kriegszwecken gegeneinander einzusetzen. Diese Staaten werden auch als die **„Gründungsstaaten“** bezeichnet.

### 2.1.2 Die Römischen Verträge (1957/58)

Bereits wenige Jahre später weiteten die sechs Gründungsmitglieder ihre wirtschaftliche Zusammenarbeit aus, was zu einem der wichtigsten Schritte der europäischen Integration führte: dem **Vertrag über die Europäische Wirtschaftsgemeinschaft (EWG).**

1957 unterzeichnet und 1958 in Kraft getreten, diente er der **Schaffung eines gemeinsamen Marktes.** Weitere Ziele waren die Förderung der gemeinsamen Wirtschaftspolitik und die Schaffung einer Zollunion. Dies beinhaltete z. B.:
- Abschaffung der Zölle und mengenmäßigen Beschränkungen im Warenverkehr
- Einführung eines gemeinsamen Zolltarifs und einer gemeinsamen Handelspolitik
- Beseitigung der Hindernisse für den freien Personen-, Dienstleistungs- und Kapitalverkehr
- Einrichtung einer gemeinsamen Agrar- und Verkehrspolitik

Weitere Ziele der Euratom waren u. a. die Erstellung einheitlicher Sicherheitsnormen und Verbreitung technischer Kenntnisse.

Weiters wurde die **Europäische Atomgemeinschaft (Euratom)** gegründet, welche die Forschung und Entwicklung der Mitgliedstaaten zur **friedlichen Nutzung der Atomenergie** koordinieren sollte.

## 2.2 Fusionsvertrag (1967) und die Einheitliche Europäische Akte (1987)

Die EWG wurde in Europäische Gemeinschaft (EG) umbenannt, da sie nun auch Zuständigkeiten in anderen Bereichen als der Wirtschaft erhielt, z. B. Umweltpolitik.

EGKS, EWG und Euratom hatten zunächst jeweils eine eigene Kommission und einen eigenen Rat. Mit dem sogenannten **Fusionsvertrag** wurden diese Institutionen 1967 jedoch zusammengelegt und nun als Organe der **Europäischen Gemeinschaften (EG)** bezeichnet. Es wurden ein gemeinsamer Rat und eine gemeinsame Kommission geschaffen.

Die **Einheitliche Europäische Akte (1987)** definierte zum allerersten Mal den Begriff **„Binnenmarkt“** und löste damit den alten Begriff „Gemeinsamer Markt“ ab.

## 2.3 Vertrag von Maastricht (1993)

Ein Meilenstein in der europäischen Integration ist die **Gründung der Europäischen Union** durch den Vertrag von Maastricht. Die neue weltpolitische Lage durch die Wiedervereinigung Deutschlands sowie das Ziel, die wirtschaftliche Zusammenarbeit zu forcieren, führten zu einer neuen Struktur.

Durch diesen Vertrag wurden die drei europäischen Gemeinschaften (EGKS, Euratom, EWG) und die institutionalisierte politische Zusammenarbeit in den Bereichen

Außenpolitik, Verteidigung, Polizei und Justiz unter dem Dach der **Europäischen Union (EU)** zusammengefasst.

Von nun an steht die EU auf **drei unabhängigen Säulen:**

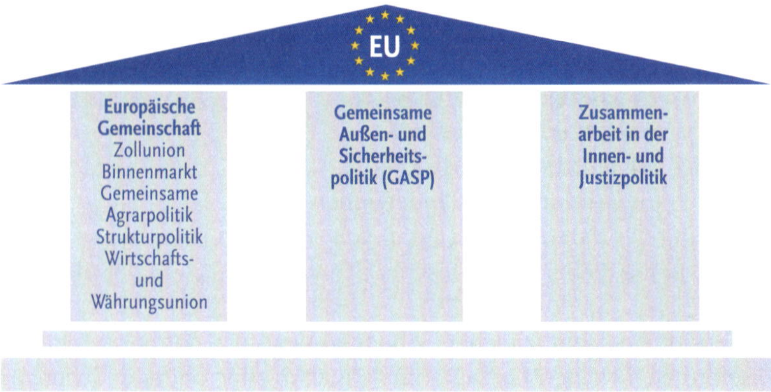


Im Vertrag von Maastricht wurde einerseits die **Europäische Wirtschafts- und Währungsunion (EWWU)** eingeführt. Zum anderen wurde auch der **Europäische Binnenmarkt** Wirklichkeit, der durch die **vier europäischen Grundfreiheiten** gekennzeichnet ist: freier Waren-, Personen-, Kapital- und Dienstleistungsverkehr.

Mehr über den Binnenmarkt erfahren Sie im Kapitel „Europäische Wirtschaftspolitik".

**Weitere wichtige Eckpfeiler des Vertrags vom Maastricht:**

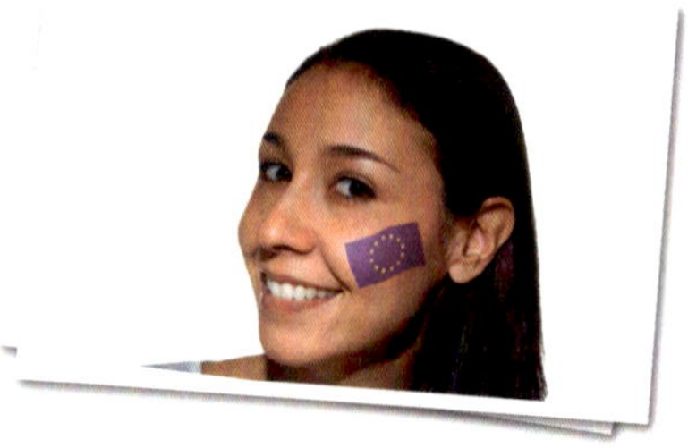

- Einführung des **„Subsidiaritätsprinzips":** Es basiert im Wesentlichen darauf, dass im Regelfall die kleinere Einheit am besten zur Aufgabenerfüllung geeignet ist. Die größere Einheit soll nur dann zuständig sein, wenn die kleinere Einheit ein Problem nicht bestmöglich bewältigen kann. Entscheidungen sollten möglichst nahe beim Bürger getroffen werden. Die EU sollte nur noch in jenen Bereichen tätig werden, in denen sie Ziele besser verwirklichen kann als ein Mitgliedsstaat allein.
- Einführung der **„Unionsbürgerschaft":** erlaubt EU-Bürgerinnen und EU-Bürgern, in jedem EU-Land einen Wohnsitz zu gründen und an Wahlen in Gemeinden und Bezirken des Wohnsitzlandes teilzunehmen.
- Es wurde festgelegt, dass bis spätestens 1999 eine **Währungsunion** mit einer gemeinsamen Währung verwirklicht werden sollte.

Es wurden auch die **Konvergenzkriterien („Maastricht-Kriterien")** festgelegt, die die Teilnahme am Euro voraussetzen. Damit sollte sichergestellt werden, dass nur Länder mit stabilen Volkswirtschaften an der Währungsunion teilnehmen. Mehr darüber haben Sie bereits im Kapitel „Geld und Währung" erfahren.

## 2.4 Vertrag von Amsterdam (1999)

Um die Rolle der EU in der Weltpolitik zu festigen und um den Beitrittsprozess weiterer Länder zu optimieren, wurde der Vertrag von Amsterdam verhandelt. Es wurde u. a. festgelegt, das Abkommen von Schengen in das EU-Recht zu integrieren. Zudem wurde der Stabilitäts- und Wachstumspakt geltendes EU-Recht.

### Das Abkommen von Schengen (Schengener Abkommen)

Eine der Folgen war, dass ab sofort alle Beitrittskandidaten das Schengener Abkommen unterzeichnen mussten.

⚠ Auch wenn durch das Abkommen von Schengen die Grenzkontrollen für den Personenverkehr abgeschafft wurden, ist es trotzdem verpflichtend, einen Ausweis (z. B. einen Pass) bei Reisen in der EU mit sich zu führen.

**Der Rechtskodex des Schengen-Abkommens beinhaltet:**

- Wegfall der Grenzkontrollen innerhalb der Binnengrenzen der Mitgliedsstaaten
- Kontrolle der Schengen-Außengrenzen nach einem einheitlichen Standard
- Schaffung einheitlicher Einreisevoraussetzungen für Drittlands-Ausländer/innen
- Einführung des datenbankbasierten Schengen-Informationssystems (SIS, ein einheitlicher elektronischer Fahndungsverbund der Mitgliedsstaaten)
- Einführung eines einheitlichen Schengen-Visums – damit besteht Reisefreiheit für einen Kurzaufenthalt auch in allen anderen Schengen-Mitgliedsstaaten
- Aufenthaltsverbote für den gesamten Schengen-Raum

Sonderfälle, z. B. Krisen, internationale Großereignisse, Kongresse, Weltmeisterschaften, erlauben allen Mitgliedsstaaten ein Außerkraftsetzen der Schengen-Regelungen bezüglich der Grenzkontrollen an den Binnengrenzen des Schengen-Raumes.

Wir sind es gewohnt, dass keine systematischen Personengrenzkontrollen stattfinden und auch kein Visum für andere Staaten benötigt wird. Doch nicht überall ist es so einfach zu reisen. Vergleichen Sie, welche Möglichkeiten Sie als Österreicher/in mit Ihrem Pass haben: https://www.passportindex.org/byRank.php

**Übersichtskarte zum Schengener Abkommen**

### Stabilitäts- und Wachstumspakt

Im Vertrag von Maastricht wurden die Konvergenzkriterien als Voraussetzung für die Einführung des Euros festgesetzt. Im Vertrag von Amsterdam wurde festgelegt, dass zwei dieser Kriterien von den Euro-Staaten auch nach Einführung des Euro eingehalten werden müssen. Dieser Stabilitäts- und Wachstumspakt soll für finanzpolitische Stabilität und Wachstum sorgen.

**Ziel** ist die Stabilisierung des Euros. Es gilt zu verhindern, dass durch übermäßiges Verschulden die Inflation in den Euroländern steigt. Mittelfristig sollen die Staatshaushalte ausgeglichen sein oder einen Überschuss aufweisen.

Die Mitgliedsstaaten müssen jährliche **Stabilitäts- bzw. Konvergenzprogramme** vorlegen, in denen sie darstellen, wie eine solide Haushaltslage erreicht werden soll. Bei Nichteinhaltung kann der Rat Frühwarnungen („Blauer Brief") und Empfehlungen zur Problembeseitigung aussprechen. Bei Nichtberücksichtigung der Empfehlungen drohen dem Mitgliedsstaat **Sanktionen.** Im Jahr 2011 verabschiedeten die EU-Abgeordneten sechs Gesetzesinitiativen zur Reform und Verschärfung des Stabilitätspaktes (das sogenannte „Sixpack").

Die beiden Kriterien betreffen die Finanzlage der öffentlichen Hand: eine jährliche Neuverschuldung von höchstens 3 % und eine Gesamtverschuldung von höchstens 60 % des BIP. Derzeit verstößt der Großteil der Staaten gegen diese Kriterien.

## 2.5 Vertrag von Nizza (2003)

Ziel des Vertrages von Nizza war eine Reform der EU-Institutionen, damit die EU auch nach ihrer Erweiterung auf 25 Mitgliedsstaaten ihre Aufgaben wirksam erfüllen konnte.

Folgendes wurde u. a. im Vertrag von Nizza geregelt:
- Grundlage für die EU-Osterweiterung (Aufnahme der MOE-Länder)
- Erweiterung der Kommissionsmitglieder der EU-Kommission auf 27
- Neufestlegung der Größe des Europäischen Parlamentes
- Aufhebung des Prinzips der Einstimmigkeit bei vielen Beschlussfassungen in den EU-Gremien und Einführung der Entscheidungsfindung durch eine qualifizierte Mehrheit

MOE-Länder = mittel- und osteuropäische Staaten.

Was man unter einer „qualifizierten Mehrheit" versteht, erfahren Sie etwas später im Kapitel.

## 2.6 Vertrag von Lissabon (2007/2009)

Die 2007 auf 27 Mitgliedsstaaten angewachsene EU erwies sich zunehmend nicht mehr in der Lage, unter diesen Rahmenbedingungen sowohl international mitzuspielen als auch innerhalb der EU Probleme zu bewältigen. Daher wurde schließlich unter Inkaufnahme vieler Kompromisse 2007 der Vertrag von Lissabon abgeschlossen und mit **1.12.2009** in Kraft gesetzt.

### Auflösung des 3-Säulen-Modells durch den Vertrag von Lissabon

Durch den Vertrag von Lissabon wurden die „drei Säulen" aufgelöst, die EU hat eine **eigene Rechtspersönlichkeit** bekommen. Dadurch kann sie z. B.
- internationale Verträge und Abkommen unterzeichnen,
- über den/die **Hohe/n Vertreter/in für Außen- und Sicherheitspolitik** diplomatische Beziehungen mit anderen Staaten aufnehmen und
- die Mitgliedschaft in internationalen Organisationen – etwa dem Europarat oder den Vereinten Nationen – beantragen.

JOSEP BORRELL, der Hohe Vertreter der EU für Außen- und Sicherheitspolitik, wird umgangssprachlich auch als EU-Außenminister bezeichnet.

Die einzelnen Stufen zur Europäischen Integration finden Sie auch als Timeline in der TRAUNER-DigiBox.

### Weitere wichtige Neuerungen durch den Vertrag von Lissabon im Überblick

**Neue gemeinsame Rechtsgrundlage**

- Klare Kompetenzabgrenzung zwischen der EU und den Mitgliedsstaaten
- Gemeinsamer Zielekatalog
- Regelung der Austrittsmöglichkeit
- Vorrang des Unionrechts vor nationalem Gesetz

**Mehr Demokratie und Bürgerbeteiligung**

- Stärkung des Europäischen Parlaments vor allem in der Gesetzgebung
- Wahl der Kommissionspräsidentschaft durch das Europäische Parlament
- Stärkere Einbeziehung der Nationalstaaten bei Rahmengesetzgebung
- Einführung der Europäischen Bürgerinitiative

**Stärkung und Erweiterung von Grundrechten und Kompetenzen**

- Rechtsverbindlichkeit der Charta der Grundrechte
- Stärkung der Verteidigungspolitik
- Verstärkte gemeinsame Energie-, Umwelt- und Klimaschutzpolitik
- Solidarität im (Natur-)Katastrophenfall

**Zeittafel: Europäische Integration**

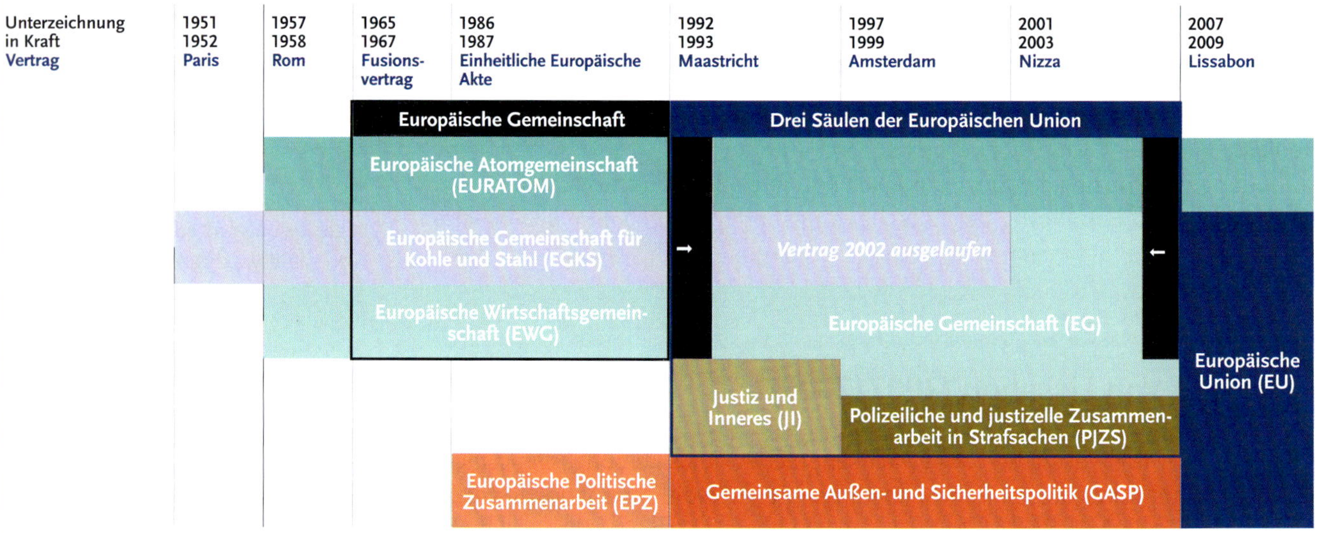


## Aufgabenstellungen – „Europäische Integration“

1. Erläutern Sie, inwiefern im Vertrag von Maastricht eine Regelung über die Verteilung von Entscheidungs- und Handlungskompetenzen getroffen wurde.
2. Recherchieren Sie online auf http://ec.europa.eu/citizens-initiative, wie eine Bürgerinitiative in der EU funktioniert.
   a) In welchen Schritten läuft die Bürgerinitiative ab?
   b) Wählen Sie eine der dort gezeigten Initiativen aus und beschreiben Sie deren Anliegen.
   c) Diskutieren Sie, inwieweit die EU-Bürger/innen über dieses Recht Bescheid wissen, und begründen Sie Ihre Vermutungen.

# 3 Institutionen der EU

Wie jedes politische System verfügt auch die EU über eine sehr komplexe institutionelle Architektur. Das bedeutet, dass sämtliche Institutionen nicht nur unterschiedlichste Aufgaben erfüllen, sondern vor allem in verschiedenen wechselseitigen Beziehungen untereinander stehen.

| Organ für die allgemeine politische Richtung | Institutionen der Rechtsetzung | Kontrollorgane | Finanz- und Finanzierungsinstitutionen | Beratende Institutionen |
|---|---|---|---|---|
|  |  | 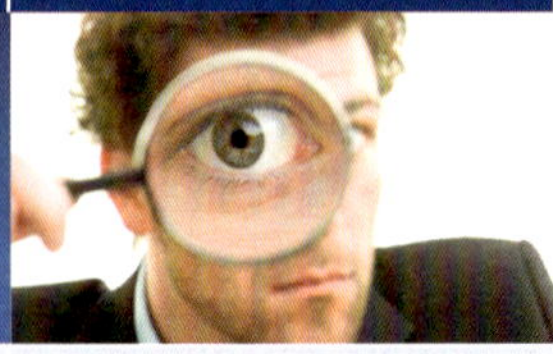 |  |  |
| ▪ Europäischer Rat | ▪ Rat der Europäischen Union (Ministerrat)<br>▪ Europäische Kommission | ▪ Europäischer Gerichtshof (EuGH)<br>▪ Europäischer Rechnungshof (EuRH) | ▪ Europäische Zentralbank (EZB)<br>▪ Europäische Investitionsbank (EIB)<br>▪ Europäischer Stabilitätsmechanismus (ESM) | ▪ Wirtschafts- und Sozialausschuss<br>▪ Ausschuss der Regionen<br>▪ etc. |
| | ▪ Europäisches Parlament | | | |

In diesem Gefüge werden die **allgemeinen politischen Prioritäten** vorgegeben, die **Bürger/innen** sowie die **Interessen der EU** vertreten und die einzelnen **Landesinteressen** verteidigt.

## 3.1 Europäischer Rat (= Gremium der Staats- und Regierungschefs)

Der **Europäische Rat** ist das **höchste Gremium in der EU,** weil er über der Gemeinschaft steht und sich außerhalb ihrer Entscheidungsregeln befindet.

Er setzt sich aus
- den Staats- und Regierungschefs der Mitgliedsstaaten,
- dem Präsidenten/der Präsidentin der EU-Kommission und
- dem Präsidenten/der Präsidentin des Europäischen Rates als Vorsitz

zusammen.

| | |
|---|---|
| **Sitz:** | Brüssel |
| **Vorsitz:** | ständiger Präsident/ständige Präsidentin (oft auch als „EU-Ratspräsident/in" bezeichnet), Amtszeit: 2,5 Jahre |
| **Tagungen:** | mindestens zweimal jährlich. In der Regel finden jedes Jahr etwa vier Gipfeltreffen („EU-Gipfel") statt, anlassbezogen auch öfter |
| **Entscheidungsfindung:** | üblicherweise im Konsens (in Ausnahmen auch einstimmig); kein Stimmrecht für EU-Kommissionspräsident/in und EU-Ratspräsident/in |

**Der Motor der Integration:** Der Europäische Rat war in der Vergangenheit für die „history-making decisions", also die Meilensteine der europäischen Integration, verantwortlich. Dazu zählen etwa die Erweiterungsrunden oder die Lissabon-Strategie.

Wie heißt der/die derzeitige Präsident/in des Europäischen Rates?

Konsens: Eine Entscheidung gilt als gebilligt, wenn kein Mitglied Bedenken dagegen oder seine Ablehnung äußert.

Der Europäische Rat ist quasi der **konstitutionelle Architekt** der EU. Er ist Richtungsgeber ohne gesetzgebende Gewalt.

Der Europäische Rat gibt Impulse für die Entwicklung der Union und legt die **allgemeinen politischen Zielvorstellungen und Prioritäten** in allen EU-Tätigkeitsbereichen fest. Er dient auch dazu, Kompromisse zwischen den Mitgliedsstaaten zu finden, und er setzt sich mit strittigen Fragen auseinander, die auf Ministerebene nicht zu klären sind.

Der Europäische Rat nimmt zwar Einfluss auf die Festlegung der politischen Agenda der EU, er ist jedoch **nicht befugt, Rechtsvorschriften zu erlassen.**

Mehr über das Gesetzgebungsverfahren in der EU erfahren Sie im Gegenstand „Politische Bildung und Recht".

## 3.2 Institutionen der Rechtsetzung

Der Rat der Europäischen Union (Ministerrat), die EU-Kommission und das Europäische Parlament entwickeln gemeinsam im **ordentlichen Gesetzgebungsverfahren** die politischen Strategien und Rechtsvorschriften, die in der gesamten EU Anwendung finden.

Die Kommission schlägt neue Rechtsvorschriften vor, das Parlament und der Rat verabschieden sie.

Die Europäische Kommission hat dabei das alleinige Vorschlagsrecht. Erlassen wird die überwiegende Mehrheit aller Gesetze der EU gemeinsam vom Europäischen Parlament und vom Rat der Europäischen Union.

### 3.2.1 Rat der Europäischen Union (= Ministerrat der EU)

Der Rat der Europäischen Union ist auch jenes Organ, in dem die Vertreter/innen der Regierungen der Mitgliedsstaaten ihre Interessen geltend machen können.

Im **Rat der Europäischen Union** („Rat" oder „EU-Ministerrat") treten die **nationalen Minister/innen aller EU-Mitgliedsstaaten** zusammen, um Rechtsvorschriften zu verabschieden und politische Strategien zu koordinieren.

Je nach Politikbereich treffen immer andere Fachminister/innen aus den Mitgliedsstaaten zusammen, etwa alle Umweltminister/innen oder Finanzminister/innen.

**Reihenfolge der EU-Ratsvorsitze (bis 2026):**

Im Rat der Europäischen Union wechselt alle sechs Monate – jeweils am 1.1. und am 1.7. – der Vorsitz (Rotationsprinzip).

| | |
|---|---|
| Belgien | 1. Halbjahr/2024 |
| Ungarn | 2. Halbjahr/2024 |
| Polen | 1. Halbjahr/2025 |
| Dänemark | 2. Halbjahr/2025 |
| Zypern | 1. Halbjahr/2026 |
| Irland | 2. Halbjahr/2026 |

| | |
|---|---|
| **Sitz:** | Brüssel |
| **Vorsitz:** | betreffender Minister/ betreffende Ministerin des EU-Mitgliedsstaates, der gerade den EU-Ratsvorsitz innehat |
| **Tagungen:** | Tagungen finden ca. zweimal pro Woche statt |
| **Entscheidungsfindung:** | durch eine qualifizierte Mehrheit (System der „doppelten Mehrheit") |

Der Ministerrat hat die **Leitlinien** für die Unionspolitik festzulegen, indem er über die Vorschläge der EU-Kommission entscheidet. Er hat weiters folgende **Aufgaben:**

- Verabschiedung der Rechtsvorschriften der EU (gemeinsam mit dem EU-Parlament)
- Koordination der Wirtschaftspolitik in den Mitgliedsstaaten
- Beschluss von Übereinkünften zwischen der EU und anderen Staaten
- Genehmigung des Haushaltsplans der EU (gemeinsam mit dem EU-Parlament)
- Entwicklung der Gemeinsamen Außen- und Sicherheitspolitik (GASP)
- Koordination der nationalen Gerichte und Polizeikräfte der EU-Mitgliedsstaaten

**Geändertes Stimmgewichtungsverfahren zur Erreichung einer qualifizierten Mehrheit durch den Vertrag von Lissabon**

| Änderungen durch den Vertrag von Lissabon | Mit diesem Verfahren soll Folgendes erreicht werden: |
|---|---|
| Qualifizierte Mehrheit wird nach **doppelter Mehrheit** berechnet:<br>■ Die Mehrheit der EU-Staaten (d. h. mindestens 15)<br>■ Bei gleichzeitiger Repräsentanz von 65 % der EU-Bevölkerung (ca. 300 Mio. Menschen)<br><br>Sperrminorität: Sind vier Minister/innen, die zusammen 35 % der Bevölkerung repräsentieren, gegen eine Alternative, ist die qualifizierte Mehrheit in jedem Fall verfehlt | ■ Keine Möglichkeit der Überstimmung von Ländern, die eine Mehrheit der Gesamtbevölkerung vertreten<br>■ Keine Möglichkeit für die bevölkerungsmäßig größten Staaten, die übrigen Staaten zu überstimmen<br>■ Es ist durch die Sperrminorität unmöglich, eine beliebige Gruppe von vier Staaten zu überstimmen |

Doppelte Mehrheit bedeutet:
- **Mehrheit der Bevölkerung** und
- **Mehrheit der Mitgliedsstaaten**

Sperrminorität = Möglichkeit einer Minderheit, bei Abstimmungen trotz Unterzahl einen bestimmten Beschluss zu verhindern.

## 3.2.2 Europäische Kommission (EU-Kommission)

Die **Europäische Kommission** nimmt vor allem Aufgaben der **Exekutive** wahr. Sie ist eines der bedeutendsten Organe der Europäischen Union, sie **vertritt und wahrt die Interessen der gesamten EU.** Ihre Tätigkeit entspricht am ehesten der einer Regierung eines Nationalstaates, obwohl ihre Aufgaben weit darüber hinausgehen. Da sie einerseits **Gesetze vorschlägt** und andererseits zum Teil auch exekutiert, gilt sie vielmehr als zentrale Vermittlerin innerhalb des komplizierten Systems der EU.

Exekutive = vollziehende Gewalt. Die Aufgabe ist es, die Beschlüsse der gesetzgebenden Gewalt umzusetzen.

Durch den Vertrag von Nizza gilt das Prinzip, dass sich die Europäische Kommission aus je einem Staatsangehörigen pro Mitgliedsstaat zusammensetzt. Die **27 Kommissare/Kommissarinnen** aus den einzelnen EU-Mitgliedsstaaten übernehmen die politische Leitung der Kommission für einen Zeitraum von fünf Jahren. Der/Die Präsident/in der Kommission überträgt jedem Kommissar/jeder Kommissarin die Verantwortung für einen bestimmten Politikbereich, z. B. gibt es einen Kommissar/eine Kommissarin für Verkehr, eine/n für Handel.

Für die weitere Entwicklung der EU sieht der Vertrag vor, dass die Zahl der Mitglieder der Kommission geringer wird als die Zahl der Mitgliedsstaaten.

| | |
|---|---|
| **Sitz:** | Brüssel und Luxemburg |
| **Vorsitz:** | ständiger Präsident/ständige Präsidentin, Amtszeit 5 Jahre |
| **Tagungen:** | Sitzungen des Kommissionskollegiums finden meist einmal wöchentlich statt |
| **Entscheidungsfindung:** | Beschlüsse werden mit einfacher Mehrheit gefasst, bei Stimmengleichheit entscheidet die Stimme des Kommissionspräsidenten/der Kommissionspräsidentin |

Wie heißt der/die derzeitige Kommissionspräsident/in?

Um zu gewährleisten, dass die gemeinsamen Verträge und Richtlinien in allen EU-Ländern auch eingehalten werden, kann die EU-Kommission bei Verstößen Klage beim Europäischen Gerichtshof einreichen.

**Aufgaben:**
- Vorlage neuer Vorschläge für Rechtsvorschriften beim Parlament und dem Rat
- Verwaltung des Haushaltsplans und Zuweisung der Finanzhilfen
- Durchsetzung des EU-Rechts (gemeinsam mit dem Europäischen Gerichtshof)
- Vertretung der EU auf internationaler Ebene

### 3.2.3 Europäisches Parlament

*„Alle Staatsgewalt geht vom Volke aus.“ So oder ähnlich findet sich der demokratische Grundsatz in vielen Verfassungen der EU-Mitgliedsstaaten. Deshalb liegt es nahe, das EU-System ebenfalls darauf aufzubauen, auch wenn die EU aus mehreren Völkern besteht*

Der Plenarsaal des Europäischen Parlaments in Straßburg

Die Mitglieder des Europäischen Parlaments sind die **Vertreter der europäischen Bürger/innen.** Sie werden in **direkten Wahlen** für eine Amtsperiode von fünf Jahren gewählt.

Die 705 Abgeordneten sind nach **Fraktionen** und nicht nach Staatsangehörigkeit gruppiert, die Anzahl richtet sich nach der jeweiligen **Bevölkerungszahl** des Landes: mindestens sechs wie bei Malta, maximal 96 wie im Falle Deutschlands. Österreich hat 19 Abgeordnete.

Die Gesetze und Rahmengesetze der EU gelten den Mitgliedsstaaten als Basis für die eigene Gesetzesgestaltung.

| | |
|---|---|
| **Sitz:** | Straßburg (weitere Arbeitsorte: Brüssel und Luxemburg) |
| **Vorsitz:** | Präsident/in wird für die halbe Legislaturperiode gewählt (= 2,5 Jahre) |
| **Tagungen:** | ▪ Einmal im Monat **Plenartagung** (4-tägig); einige ein- oder zweitägige Kurzsitzungen<br>▪ **Ausschüsse,** um die Gesetzesvorschläge der Kommission zu bearbeiten und Ideen für neue Politiken oder die Verbesserung bestehender Politikbereiche zu sammeln |
| **Entscheidungsfindung:** | In den meisten Fällen genügt eine einfache Mehrheit. In manchen Fällen (Budgetfragen oder Misstrauensantrag) können aber auch höhere Mindestanforderungen (Zweidrittelmehrheit) gelten. |

Gemeinsam mit dem Rat der Europäischen Union bildet das Parlament die gesetzgebende Gewalt der EU. Zudem nimmt es politische Kontrolle wahr.

**Website für Interessierte**
https://www.europarl.europa.eu/meps/de/home

Das Europäische Parlament hat drei wesentliche **Aufgaben:**
- **Verabschiedung von EU-Rechtsvorschriften:** Es teilt sich in vielen Politikbereichen die gesetzgebende Gewalt mit dem Rat der Europäischen Union. Durch die direkte Wahl des Parlaments wird die demokratische Legitimierung des europäischen Rechts gewährleistet.
- **Demokratische Kontrolle:** Es übt eine demokratische Kontrolle über alle Organe der EU und insbesondere über die Kommission aus. Es stimmt der Benennung der EU-Kommissionsmitglieder zu oder lehnt sie ab. Weiters kann es einen Misstrauensantrag (mit Zweidrittelmehrheit) gegen die gesamte EU-Kommission einbringen und sie damit zum Rücktritt zwingen.

Die aktuellen Mitglieder des EU-Parlaments nach Fraktionen und gemäß Sitzordnung im Plenarsaal finden Sie in der TRAUNER-DigiBox.

- **Haushaltskontrolle:** Das Parlament verabschiedet jährlich gemeinsam mit dem Rat der Europäischen Union den EU-Haushalt und beurteilt den Umgang der Kommission mit dem Vorjahreshaushalt.

Überprüfen Sie Ihr Wissen zu den Institutionen der Rechtssetzung in der TRAUNER-DigiBox.

## 3.3 Kontrollorgane der EU

Neben dem Europäischen Parlament übernehmen insbesondere folgende zwei Institutionen die Kontrolle innerhalb der Europäischen Union.

### Europäischer Gerichtshof (EuGH)

Der Europäische Gerichtshof mit Sitz in Luxemburg ist die **höchste Entscheidungsinstanz in der EU,** die garantiert, dass die EU eine funktionierende Rechtsgemeinschaft darstellt. Er setzt sich aus einem Richter/einer Richterin je Mitgliedsstaat und acht Generalanwälten, die alle sechs Jahre gewählt werden, zusammen.

Die Urteile des EuGH sind für die Mitgliedsstaaten maßgebend und beeinflussen das nationale Verfassungsrecht, obwohl er keine Sanktionen verhängen kann.

**Aufgaben:**
- Auslegung der EU-Rechts, um zu gewährleisten, dass alle Mitgliedsstaaten EU-Recht als oberste Instanz anwenden.
- Entscheidungsgremium bei Rechtsstreitigkeiten zwischen EU-Mitgliedsstaaten, EU-Organen oder Privatpersonen, Organisationen und Unternehmen, wenn sie der Auffassung sind, dass ihre Rechte von einem EU-Organ verletzt wurden.

**Website für Interessierte**
https://curia.europa.eu/

### Europäischer Rechnungshof (EuRH)

Der Europäische Rechnungshof sitzt ebenfalls in Luxemburg und setzt sich aus 27 Mitgliedern (eines je Mitgliedsstaat) zusammen. Er ist das **Kontrollorgan der EU-Finanzen,** das sämtliche Personen und Organisationen, die EU-Mittel verwalten, prüfen darf. So soll sichergestellt werden, dass das Geld der EU-Steuerzahler/innen sinnvoll ausgegeben wird.

**Aufgaben:**
- Erstellung des Prüfberichtes über die Verwendung der EU-Mittel, der beim Europäischen Parlament und beim Rat vorgelegt wird
- Stellungnahme zu EU-Finanzvorschriften
- Prüfbesuche bei EU-Organen, Mitgliedsstaaten und Ländern, die von der EU Hilfe erhalten

Eine Übungsaufgabe zu den Kontrollorganen der EU finden Sie in der TRAUNER-DigiBox.

## 3.4 Finanz- und Finanzierungsinstitutionen

Die Finanzinstitutionen der EU bewegen sich geldpolitisch wie ein Einzelstaat.

Mehr über die EZB haben Sie bereits im Kapitel „Geld und Währung“ erfahren.

### 3.4.1 Europäische Zentralbank (EZB)

Die **Europäische Zentralbank (EZB)** mit Sitz in Frankfurt am Main verwaltet den Euro, sorgt für Preisstabilität in der EU und ist für die Gestaltung und Umsetzung der Wirtschafts- und Währungspolitik der EU verantwortlich.

CHRISTINE LAGARDE, Präsidentin der EZB

Sie arbeitet mit den Zentralbanken aller Mitgliedsstaaten zusammen und leitet die Zusammenarbeit der Zentralbanken des Euroraums.

### 3.4.2 Europäische Investitionsbank (EIB)

Die **Europäische Investitionsbank (EIB)** mit Sitz in Luxemburg ist die **Finanzierungseinrichtung der EU.** Sie befindet sich im Besitz der Mitgliedsstaaten. Die EIB leiht sich an den Kapitalmärkten Geld, um zu niedrigen Zinsen EU-Projeke zu unterstützen und in künftige Mitgliedsstaaten und Partnerländer zu investieren.

Die EIB arbeitet **nicht gewinnorientiert** und kann deshalb Darlehen zu Zinssätzen gewähren, die nur minimal über denen liegen, zu denen sie selbst Geld geliehen hat.

Die Mitgliedsstaaten entsenden in den Gouverneursrat der EIB Gouverneure, bei denen es sich in der Regel um die Finanzminister/innen dieser Länder handelt.

Ihre **Aufgabe** ist die langfristige Finanzierung von unterschiedlichen Projekten:

- Förderung des wirtschaftlichen und sozialen Zusammenhalts
- Unterstützung kleiner und mittlerer Unternehmen
- Engagement für ökologische Nachhaltigkeit
- Förderung von Bildung, Forschung und Entwicklung
- Ausbau der transeuropäischen Verkehrs- und Energienetze (TEN)
- Nachhaltige, wettbewerbsfähige Energieversorgung

**Beispiel: Europäische Investitionsbank**

Die Europäische Investitionsbank (EIB) vergibt 30 Millionen EUR an das Wiener Unternehmen TTTech Auto – ein schnell wachsendes Softwareunternehmen, das sich auf die Entwicklung einer Sicherheits-Softwareplattform für fortgeschrittene Fahrerassistenzsysteme und automatisiertes Fahren spezialisiert. Die Finanzierung unterstützt TTTech Auto, seine kontinuierlichen Innovationen voranzutreiben und mit seinen technologischen Neuerungen international zu expandieren.

*(Quelle: EIB 2020)*

### 3.4.3 Europäischer Stabilitätsmechanismus (ESM)

Der **Europäische Stabilitätsmechanismus (ESM)** ist eine internationale **Finanzinstitution** mit Sitz in Luxemburg, den die Euroländer eingerichtet haben, um

- **die Schuldenkrise in der Eurozone** zu bekämpfen und
- die **Eurozone zu stabilisieren.**

Mehr über die Schuldenkrise der Euroländer und wie es überhaupt zu dieser Finanz- und Wirtschaftskrise gekommen ist, haben Sie im Kapitel „Geld und Währung" erfahren.

Der **Gouverneursrat** des ESM besteht aus **Vertreterinnen/Vertretern aller Euroländer** und entscheidet, ob und in welcher Höhe Staaten Unterstützungen erhalten. Die Beschlüsse werden bei den wichtigsten Entscheidungen nach dem Einstimmigkeitsprinzip gefasst.

European Stability Mechanism

esm

**Website für Interessierte**
www.esm.europa.eu

Unterstützung vom ESM können grundsätzlich alle Euroländer beantragen, wenn ihre Finanzstabilität und folglich auch der Euro als Ganzes gefährdet ist. Der ESM sieht folgende **Unterstützungsmöglichkeiten** vor:

- Direkte Kreditvergabe an die Länder.
- Indirekte Kreditvergabe an die Banken der betroffenen Länder. Die Länder erhalten ein Darlehen, das sie für die Bankenstabilisierung einsetzen müssen.
- Kauf von Staatsanleihen gefährdeter Staaten, um deren Zinsen zu senken.

## 3.5 Beratende Institutionen

Für die europäischen Entscheidungsorgane ist es wichtig, dass unterschiedliche Interessen und Meinungen in ihre Beschlüsse einfließen. Zu diesem Zweck wurden beratende Ausschüsse gegründet, die ihre Vorschläge u. a. der EU-Kommission, dem Rat oder dem EU-Parlament vorlegen.

| | |
|---|---|
| **Europäischer Wirtschafts- und Sozialausschuss (EWSA)** | Der EWSA setzt sich aus Arbeitgeber- und Arbeitnehmervertretungen sowie sonstigen Interessengruppen (wie z. B. Landwirte, Konsumenten) zusammen, die ihre Ansichten zu EU-Angelegenheiten zum Ausdruck bringen.<br>Bei den 329 Mitgliedern handelt es sich um Vertreter/innen europäischer Interessengruppen, die für ihre Teilnahme an Sitzungen kein Gehalt beziehen. Der Ausschuss vertritt den Standpunkt der Gruppen zu Gesetzesvorschlägen und dient als Plattform für den Austausch von Meinungen zu Angelegenheiten des Binnenmarktes. |
| **Ausschuss der Regionen (AdR)** | Zwischen den Regionen der Europäischen Union besteht ein auffallendes **Wohlstandsgefälle** in Bezug auf Einkommen und Chancen. Mit dem Beitritt zwölf neuer Mitgliedsstaaten (2004–2007), deren Einkommen deutlich unter dem Unionsdurchschnitt liegen, hat sich diese Kluft vertieft. **Durch die Regionalpolitik werden Mittel von den wohlhabenden auf die ärmeren Regionen übertragen.** Sie ist ein Instrument der finanziellen Solidarität und gibt zudem wichtige Impulse für die wirtschaftliche Integration. Im AdR werden alle wichtigen die Regionen betreffenden Angelegenheiten erörtert. Er hat beratende Funktion und dient dem Informationsfluss zwischen der europäischen und der regionalen Ebene. |

Recherchieren Sie online und finden Sie weitere Institutionen, die innerhalb der EU beratende und unterstützende Funktionen innehaben.

Im EWSA sitzen auch Vertreter/innen der **europäischen Sozialpartner.** Mehr dazu haben Sie bereits im Kapitel „Sozialpartnerschaft" erfahren.

Die Stellungnahmen der beiden Institutionen sind **nicht verbindlich,** was mitunter ein Grund für ihre faktisch **geringe Bedeutung** ist.

### Aufgabenstellungen – „Institutionen der EU"

1. Fassen Sie zusammen, in welcher Form Österreich in den einzelnen EU-Institutionen mitwirkt. Kennen Sie auch die konkreten Namen der Personen (Sie können auch das Internet als Hilfe heranziehen)?

| **EU-Institutionen** | **So wirkt Österreich mit …** |
|---|---|
| Europäischer Rat | Bundeskanzler |
| Rat der Europäischen Union | |
| EU-Kommission | |
| Europäisches Parlament | |
| EZB | |
| Europäischer Gerichtshof | |
| Europäischer Rechnungshof | |

2. Analysieren Sie, warum ist die Berücksichtigung von Interessensgruppen in der EU wichtig ist. Welche Wege gibt es, um seine Interessen vertreten zu lassen?
3. Im Juni 2024 fanden EU-Parlamentswahlen statt. Zuletzt wurde 2019 gewählt, damals betrug die Wahlbeteiligung 50,2 % in der gesamten EU.
   a) Recherchieren Sie, wie hoch die Wahlbeteiligung in der gesamten EU 2024 war.
   b) Analysieren Sie, warum die Wahlbeteiligung im Vergleich z. B. zu nationalen Wahlen doch um einiges niedriger ist.

## WissensCheck – „Die Europäische Union und ihre Institutionen"

1. Erklären Sie die Grundidee, aus der sich die EU, wie wir sie heute kennen, entwickelte.
2. Nennen Sie die Ziele der Kopenhagener Kriterien und der Konvergenzkriterien.
3. Beschreiben Sie, inwiefern die EU eine supranationale Organisation ist.
4. Führen Sie an, warum der 9. Mai in allen EU-Ländern als Europatag gefeiert wird.
5. Nennen Sie die „Gründerstaaten" der EU.
6. Beschreiben Sie die drei Säulen der EU nach dem Vertrag von Maastricht.
7. Erläutern Sie das Subsidiaritätsprinzip.
8. Nennen Sie die wesentlichen Inhalte des Vertrags von Lissabon.
9. Erklären Sie kurz, welche Institutionen der EU an der Gesetzgebung beteiligt sind. Wer erarbeitet die Gesetzesvorschläge, wer verabschiedet Gesetze?
10. Erläutern Sie das System der „doppelten Mehrheit".
11. Nennen Sie die Aufgaben der Europäischen Investitionsbank.
12. Erklären Sie den Zweck, den der Europäische Stabilitätsmechanismus (ESM) erfüllt.

## Zusammenfassung – „Die Europäische Union und ihre Institutionen"

Speichern Sie nun das wesentliche Wissen des Kapitels „Die Europäische Union und ihre Institutionen" in Ihrem Kopf ab. Erstellen Sie dazu eine Zusammenfassung, indem Sie

1. eine übersichtliche Struktur (Tabelle) oder
2. eine Mindmap anfertigen.

**Tipp:** Nur eine selbst erstellte Zusammenfassung ist eine gute Zusammenfassung.

## Ziele erreicht? – „Die Europäische Union und ihre Institutionen"

KOMPETENZ-ERWERB

**1.** Vervollständigen Sie die Grafik, indem Sie die korrekten Begriffe in die freien Felder einfügen.

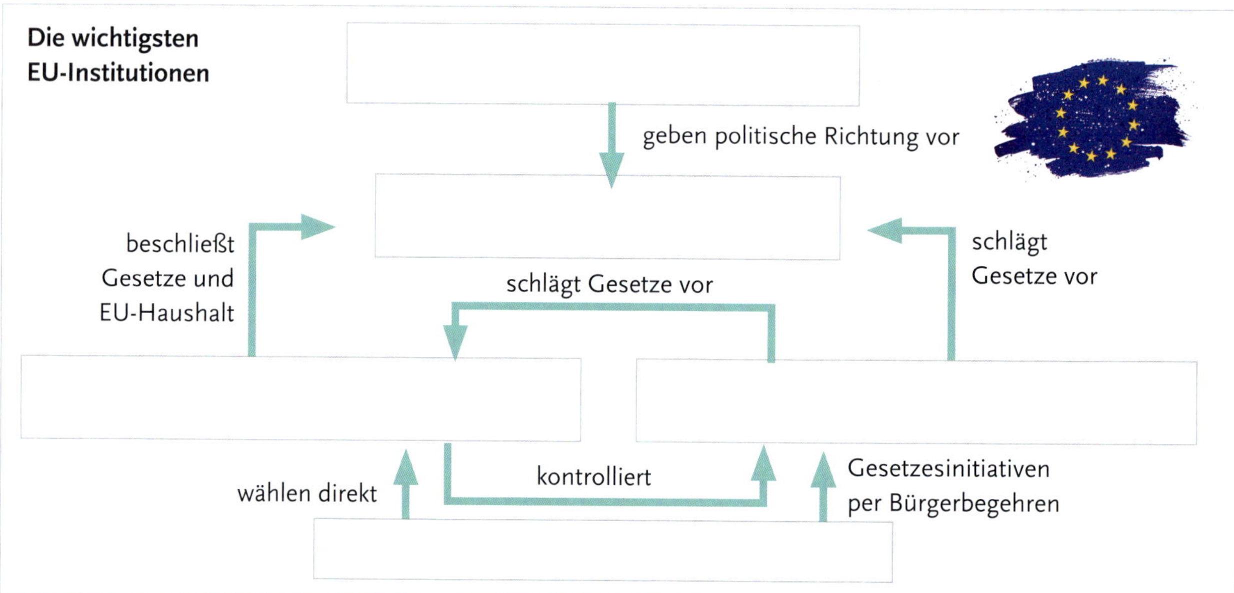

2. Recherchieren Sie im Internet, welche Staaten zurzeit Beitrittsländer bzw. Beitrittskandidaten sind. Welche Vor- und Nachteile würden eine Mitgliedschaft für das jeweilige Land bzw. für die EU bringen?

3. Die Schweiz und Norwegen haben sich bewusst gegen eine Mitgliedschaft entschieden. Welche Gründe könnte dies haben? Recherchieren Sie hierzu im Internet.

4. Geben Sie an, auf welche EU-Institutionen folgende Schlagzeilen zutreffen.

| Schlagzeilen | Europäische Institution |
|---|---|
| „Das ... stimmte am Mittwoch mit großer Mehrheit für eine Finanzsteuer." | |
| „Sie macht Wirtschaftspolitik durch Kreditvergabe. Sie beteiligt sich an der Finanzierung von sinnvollen Projekten und holt so private Kreditgeber mit ins Boot. Das gilt z. B. zur Förderung von großen Infrastrukturprojekten, wie etwa Breitbandnetzen, Stromtrassen oder Schienenwegen." | |
| „Der EU-Gipfel hat sich am Freitag auf ein Paket zur Abwehr der Schuldenkrise geeinigt." | |
| „Gebrauchte Software-Lizenzen dürfen generell weiterverkauft werden. Dies gilt auch, wenn die Software im Internet gekauft und von dort heruntergeladen wurde. Das wurde vom ... entschieden." | |
| „Die ... stellt der rumänischen Regierung ein schlechtes Zeugnis aus: Sie wirft ihr systematische Verletzungen des Rechtsstaats und der Unabhängigkeit der Justiz vor und will das Land deswegen unter verschärfte Beobachtung stellen." | |
| „Bei einem Treffen des ... zum Thema Bildung, Jugend und Kultur diskutieren die jeweiligen EU-Minister die Rolle von Bildung und Weiterbildung zur Wachstums- und Beschäftigungsförderung." | |

5. Auf der Website der Vertretung der Europäischen Kommission in Österreich, ec.europa.eu/austria, finden Sie aktuelle Themen der EU. Wählen Sie ein spezielles Thema aus, das einen Bezug zu Österreich hat und fassen Sie dieses in wenigen Sätzen zusammen.

6. Lesen Sie folgenden Artikel und beantworten Sie dann die Fragen. Nehmen Sie dabei das Internet zur Hilfe.

## Bedingungslose Grundeinkommen in der gesamten EU

Unser Ziel ist es, als Grundlage für die Existenzsicherung und die gesellschaftliche Teilhabe jedes Menschen ein bedingungsloses Grundeinkommen in der gesamten EU einzuführen. Wir fordern die EU-Kommission auf, einen Vorschlag für ein bedingungsloses Grundeinkommen in der gesamten Union vorzulegen, mit denen regionale Unterschiede verringert werden, um den wirtschaftlichen und sozialen Zusammenhalt in der Union zu stärken. Damit soll das Ziel der gemeinsamen Erklärung des Europäischen Rates, des Europäischen Parlaments und der Europäischen Kommission aus dem Jahr 2017 verwirklicht werden. Gemäß dieser Erklärung sollen zur Beseitigung von Ungleichheiten „die EU und ihre Mitgliedstaaten effiziente, nachhaltige und gerechte Sozialschutzsysteme unterstützen, um ein Grundeinkommen sicherzustellen".

*(Quelle: https://europa.eu/citizens-initiative)*

a) Erläutern Sie die weiteren Schritte, nachdem die benötigte Zahl an Unterstützungen erreicht wird.

b) Geben Sie an, welche Institutionen von dem weiteren Prozess betroffen sind.

c) Welche Folgen hätte eine erfolgreiche Initiative, also ein Gesetzesbeschluss, für Österreich und für Sie?

d) Formulieren Sie selbst ein Anliegen, das zu einer Bürgerinitiative führen könnte. Begründen Sie, warum Ihnen dieses Thema wichtig ist.

Einen interaktiven **Safety-Check** finden Sie in der TRAUNER-DigiBox.

# Europäische Wirtschaftspolitik

Eine Power-Point-Präsentation des Kapitels finden Sie in der TRAUNER-DigiBox.

„Der Euro ist ein Teuro!" „Der globale Handel ruiniert unsere Landwirte und Landwirtinnen!" „Wir EU-Bürger müssen die teure EU-Verwaltung finanzieren!"

Dies sind nur einige der Vorurteile, die an Stammtischen Anklang finden. Doch bei genauerer Betrachtung kann man erkennen, dass hinter diesen Aussagen häufig nur Mythen stecken. Das vorliegende Kapitel erklärt Ihnen, wie der Europäische Wirtschaftsraum funktioniert und welche Chancen und tatsächlichen Risiken er mit sich bringt.

KOMPETENZ-ERWERB

## Meine Ziele

Nach Bearbeitung dieses Kapitels kann ich

- die vier Grundfreiheiten des EU-Binnenmarktes erläutern;
- die Vor- und Nachteile der Europäischen Währungsunion für Österreich ableiten;
- politische Auswirkungen der Konvergenzkriterien ableiten;
- erklären, wie sich die EU finanziert und welche ihre größten Ausgabeposten sind;
- die Absichten der EU interpretieren, die sie mit ihrer Kohäsionspolitik verfolgt.

# 1 Europäischer Binnenmarkt

*Wir können aus privaten oder beruflichen Gründen quer durch die EU reisen oder, wenn wir zu Hause bleiben, aus einem riesigen Angebot an Produkten aus ganz Europa wählen: ein Europa ohne Grenzen. Der EU-Binnenmarkt wurde erstmals im Vertrag über die EWG im Jahr 1957 unter dem Begriff „Gemeinsamer Markt" als Ziel definiert.*

Der Europäische Binnenmarkt scheint zwar heute selbstverständlich zu sein, er ist jedoch eine der größten Errungenschaften der EU und ein wichtiger Schritt in Richtung wirtschaftliche Integration. Er wurde 1993 im **Vertrag von Maastricht** Wirklichkeit und ist durch die **vier europäischen Grundfreiheiten** gekennzeichnet:

## Freier Warenverkehr

Jedes Produkt, das in einem EU-Land produziert wird, muss ungehindert auch in allen anderen EU-Staaten erhältlich sein.

Dazu ist eine Vereinheitlichung in Bezug auf Gesundheitsschutz, technische Sicherheit und Umweltschutz sowie sonstige Rechtsbestimmungen von besonderer Bedeutung – aber auch von besonders großer Schwierigkeit. Strengere nationale Gesetze und Regelungen, wie das Lebensmittelgesetz in Österreich, sind für die Produktion eigener Güter nach wie vor erlaubt. Durch das **Prinzip der gegenseitigen Anerkennung** gelten für importierte Waren aus anderen EU-Ländern jedoch die **Bestimmungen ihrer Herkunftsländer.**

Auch **steuerlich** ist der freie Warenverkehr eine Herausforderung, weil vor allem die indirekten Steuern wie die Umsatzsteuer stark variieren. Zwar wurde ein Mindeststeuersatz von 15 % festgelegt, doch bis heute schwankt dieser zwischen 15 % in Luxemburg und 25 % in Schweden.

## Freier Personenverkehr

Mit dem **Abkommen von Schengen** wurde der freie Personenverkehr innerhalb der EU geboren und ein für die EU-Bürger/innen spürbarer historischer Schritt der europäischen Integration vollzogen.

Die EU ist einst als **Friedens- und Wirtschaftsgemeinschaft** gegründet worden. Dieser Kernbereich „Wirtschaftspolitik" dominiert noch immer die gemeinsame Politik.

Entscheidungen, die den Binnenmarkt betreffen, fallen im Rat der Europäischen Union mit doppelter Mehrheit, sodass einzelne Staaten überstimmt werden können.

**Nationale Monopole** (z. B. bei Telefon oder Energieversorgung) sorgten dafür, dass Konsumenten überhöhte Preise zahlen mussten. Durch die Zunahme der **globalisierten Märkte** (Billigkonkurrenz aus Fernost etc.) zeigte sich rasch, dass Europa ein **verbessertes Wirtschaftssystem** braucht, um im weltweiten Wettbewerb bestehen zu können.

Wiederholen Sie die wesentlichen Bestandpunkte des Schengener Abkommens aus dem vorherigen Kapitel.

In der EU herrscht allgemeine **Arbeitnehmerfreizügigkeit,** die EU-Bürgern/Bürgerinnen erlaubt, in jedem anderen EU-Land zu arbeiten. Durch das **Diskriminierungsverbot** gelten für sie die gleichen Rechte und Pflichten wie für inländische Arbeitnehmer/innen, vom Arbeitnehmerschutz bis hin zur Arbeitslosenversicherung.

In vielen Berufen können die in einem EU-Land erworbenen beruflichen Qualifikationen sowie Zeugnisse auch in den anderen EU-Ländern anerkannt werden. Dies soll die grenzüberschreitende Berufsausübung erleichtern.

## Freier Dienstleistungsverkehr

Die größte Herausforderung für den Binnenmarkt stellte die Liberalisierung des Dienstleistungsverkehrs dar: Es stellte sich die Frage, welche Bestimmungen für Dienstleistende gelten sollten, die des Herkunfts- oder des Bestimmungslandes.

Man einigte sich darauf, dass Unternehmen von EU-Staaten in einem anderen Mitgliedsstaat Dienstleistungen nur **unter gleichen Arbeitsbedingungen** anbieten dürfen, **wie sie im Zielland gültig sind.** Damit wurde verhindert, dass Unternehmen aus Ländern mit geringerem Lohnniveau heimische Unternehmen vom Markt verdrängen.

Etwa zwei Drittel der Arbeitnehmer/innen in der EU sind im Dienstleistungssektor beschäftigt.

## Freier Kapitalverkehr

Durch die Schaffung des freien Kapitalverkehrs entstand ein **einheitlicher Eurofinanzmarkt.** Kapitalströme dürfen keinen nationalen Kontrollen unterliegen und sämtliche Kapitalmarktgeschäfte sind in allen Ländern unter gleichen Bedingungen durchzuführen.

Von einfachen Geldtransaktionen wie Überweisungen über Devisengeschäfte und Aktienhandel bis hin zu Schenkungen und Erbschaften unterliegen sämtliche Varianten des Geld- und Kapitalverkehrs diesen Bestimmungen.

Nennen Sie Beispiele für Finanztransaktionen.

Riskante Finanzspekulationen, die durch den freien Kapitalverkehr begünstigt sind, werden für die Finanzkrise der letzten Jahre verantwortlich gemacht. Um ihnen in Zukunft vorzubeugen, wird die Einführung einer Finanztransaktionssteuer diskutiert. Der Handel von Finanzprodukten wie Aktien würde demnach innerhalb der EU besteuert werden.

## Verstöße gegen das Prinzip des Binnenmarktes

Verstößt ein Mitgliedsstaat gegen das Prinzip des Binnenmarktes, kann die **EU-Kommission** ein Vertragsverletzungsverfahren einleiten. Die EU-Kommission kann aber auch gegen einzelne Unternehmen vorgehen, die sich durch Tricks eine Monopolstellung auf dem Markt geschaffen haben oder die mit anderen Unternehmen die Preise abgesprochen haben („Kartelle“).

**Beispiele: Strafen der EU-Kommission**

- 2013 wurden der Deutschen Bahn 50 Millionen Euro an Schadensersatzzahlungen zugesprochen. Ein „Schienenkartell“ hatte ihr aufgrund von Preisabsprachen jahrelang überteuerte Gleise geliefert.
- Google wurde 2021 zu einem Bußgeld in Höhe von 2,42 Milliarden Euro verdonnert. Die Begründung: Google benachteiligte konkurrierende Shopping-Portale und Preisvergleichsdienste, indem es bezahlte Ergebnisse aus dem eigenen Shopping-Portal unangemessen weit vorne reihte.

Die EU-Kommission hat auch schon gegen internationale Unternehmen derartige Strafen ausgesprochen, z. B. gegen Microsoft.

### Aufgabenstellungen – „Europäischer Binnenmarkt“

1. Fassen Sie die wesentlichen Zielsetzungen des Binnenmarktes zusammen und diskutieren Sie, welche Auswirkungen der Binnenmarkt auf Ihr persönliches Leben hat.
2. Wie wirkt sich der freie Warenverkehr auf die Lebensmittelgeschäfte in Ihrer Umgebung aus?
3. Welche Auswirkungen könnte eine Finanztransaktionssteuer auf Sie, auf Österreich und auf die EU haben?

## 2 Europäische Wirtschafts- und Währungsunion (EWWU)

*„One market needs one money!“, das war die Grundidee, die dazu führte, dass heute ca. 450 Millionen Europäer/innen täglich mit der gemeinsamen Währung bezahlen. 20 der 27 EU-Länder haben den Euro bisher als offizielle Währung eingeführt.*

Welche EU-Länder haben den Euro nicht als gesetzliches Zahlungsmittel eingeführt?

Neben dem EU-Binnenmarkt wurde im Vertrag von Maastricht auch die Verwirklichung einer Währungsunion bis zum Jahr 1999 festgelegt. Folgende Vorteile werden mit der Einführung einer gemeinsamen Währung verbunden:

- **Geringere Transaktionskosten,** was zu einer Effizienzsteigerung im Handel führt
- **Höhere Investitionsbereitschaft** der Investoren und auch der Konsumentinnen und Konsumenten, weil sie Kosten besser vergleichen können
- **Höheres Wirtschaftswachstum,** weil mehr investiert wird
- **Größere wirtschaftliche Sicherheit,** weil durch eine stabile Währung die Wirtschaftsentwicklung sicherer wird
- Mit dem Euro entsteht eine **internationale Leitwährung,** die im Weltfinanzsystem an Bedeutung gewinnt
- Durch die Schaffung eines **Identifikationssymbols** wird die politische Integration gefördert

Vor der Euro-Einführung waren die einzelnen Landeswährungen leichter Spekulationen ausgesetzt

Österreich führte am 1. Jänner 2002 den Euro als Bargeld ein. Bereits drei Monate davor hat man begonnen, die Preise doppelt – sowohl in Schilling als auch in Euro – auszuzeichnen. Zwei Monate nach Einführung konnte man mit beiden Währungen zahlen.

Um der Wirtschafts- und Währungsunion beitreten zu können, müssen die Kandidatenländer die **Konvergenzkriterien** erfüllen:

Ein Land, das die Konvergenzkriterien erfüllt und der EWWU beitritt,
- führt den Euro als neue Währung ein,
- unterstellt seine Nationalbank der EZB,
- überträgt seine währungspolitische Souveränität auf die Organe der EZB und
- unterzieht sich der strengen Kontrolle der EZB.

## Aufgabenstellungen – „EWWU“

1. Erinnern Sie sich noch, wie die einzelnen Konvergenzkriterien erfüllt werden müssen?
   - **Preisstabilität:**
   - **Finanzlage der öffentlichen Hand:**
   - **Wechselkursstabilität:**
   - **Zinssätze:**
2. Analysieren Sie, welche Nachteile die Wirtschafts- und Währungsunion mit sich bringen könnte.

# 3 Haushalt und Finanzen der EU

*Die EU-Wirtschaftspolitik sieht im Grunde die Umverteilung von wirtschaftlich Starken auf Schwache vor und ist damit Ausdruck europäischer Solidarität. Die Bereitschaft der Mitgliedsstaaten, zugunsten anderer auf materielle Leistungen zu verzichten, hält sich allerdings in Grenzen: Medial wird von der Nettozahlerdebatte berichtet.*

Wissen Sie, was man unter „Nettozahlern“ versteht? Ist Österreich ein EU-Nettozahler?

Die **Haushaltspolitik der Europäischen Union** arbeitet grundsätzlich mit zwei unterschiedlichen Bezugszeiträumen.
- Einerseits erarbeitet die Kommission einen **jährlichen Haushaltsentwurf,** der von Rat und Parlament bewilligt werden muss.
- Andererseits erarbeitet die Kommission einen **Finanzrahmen** („Sieben-Jahres-Plan“), der dem Europäischen Rat zur Entscheidung vorgelegt wird. Am 17. Dezember 2020 hat der Rat nach Zustimmung des Europäischen Parlaments den Finanzrahmen für die Jahre 2021 bis 2027 beschlossen.

**Website für Interessierte**
http://ec.europa.eu/budget

Anders als die Nationalstaaten darf die EU grundsätzlich weder Steuern einheben noch Schulden machen. Das hat zur Folge, dass sich die EU ausschließlich aus Eigenmitteln finanzieren muss.

Folgende drei Einnahmequellen stehen der EU zur Verfügung:

- **„BNE-Eigenmittel":** Die größte Einnahmequelle ist der **Anteil des Bruttonationaleinkommens (BNE),** den jeder Mitgliedsstaat einmal jährlich an die EU überführt. Somit zahlen reichere Länder mehr, ärmere weniger ein.
- **„Mehrwertsteuer-Eigenmittel":** Jeder Mitgliedsstaat führt einen gewissen Anteil seiner Umsatzsteuereinnahmen an die EU ab (zwischen 0,1 und 0,3 %).
- **„Traditionelle Eigenmittel":** sind vor allem **Zölle,** die von den Mitgliedsstaaten beim Handel mit Drittstaaten zugunsten der EU erhoben werden.

Nachdem viele EU-Staaten von der Corona-Krise im Jahr 2020 betroffen waren, kam es dazu, dass die EU erstmals selbst Geldmittel aufnahm. Der Betrag von 750 Mrd. EUR wird an die Länder verteilt und soll diese bei der Bewältigung der Krise unterstützen.

## Jahreshaushalt

Für 2024 sind im EU-Haushalt Ausgaben von 189,3 Mrd. EUR geplant, wie nachfolgende Grafik zeigt:

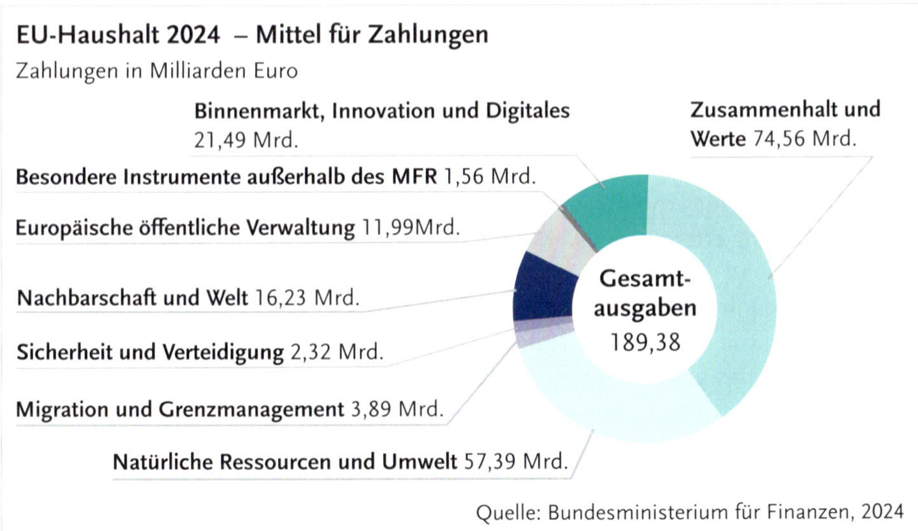


**Die größten Ausgabenposten**

Der EU-Haushalt steht ganz im Zeichen des ressourcenschonenden Umgangs mit der Umwelt:

- **Nachhaltiges Wachstum** bedeutet den Aufbau einer wettbewerbsfähigeren, emissionsarmen Wirtschaft, Umweltschutz und Förderung umweltfreundlicher Technologien.
  - **Kohäsion:** Der größte Anteil dieses Postens steht der Entwicklung der ärmsten Mitgliedsländer und Regionen zur Verfügung. Sie erhalten unter anderem Unterstützungsleistungen für Investitionsprogramme in den Bereichen Umwelt oder überregionale Zusammenarbeit.
- **Bewahrung und Bewirtschaftung der natürlichen Ressourcen** wie Gemeinsame Agrarpolitik, Entwicklung des ländlichen Raums und Umweltschutzmaßnahmen

Kohäsion = Zusammenhalt.

Die Kohäsionspolitik ist Folge der europäischen Solidarität.

## Der „Nettobeitrag"

Die EU-Mitgliedsstaaten müssen aber nicht nur Gelder an die EU überweisen. Viele Gelder fließen in Form von Förderungen auch wieder zurück. Manche Länder erhalten sogar mehr von der EU zurück, als sie einzahlen, wie etwa Spanien, Portugal und Griechenland. So wurden in diesen Ländern u. a. Infrastrukturprojekte finanziert, womit diese Länder ihren wirtschaftlichen Rückstand gegenüber den reicheren Staaten aufholen sollen.

**Aufgabenstellungen – „Haushalt und Finanzen der EU“**

1. Ist der EU-Haushalt groß? Recherchieren Sie online und vergleichen Sie ihn mit dem Haushalt von Deutschland.
2. Recherchieren Sie, welche Länder in der EU derzeit zu den größten Nettozahlern und welche zu den größten Nettoempfängern gehören.

# 4 Europäische Agrarpolitik

Die Europäische Agrarpolitik wurde 1962 eingeführt und stellt eine Partnerschaft zwischen Europa und seinen Landwirten dar.

Bis 2050 ist laut EU mit der Verdoppelung der weltweiten Lebensmittelproduktion zu rechnen

## Ziele der Gemeinsamen Agrarpolitik

Die Europäische Agrarpolitik ist eine gemeinsame Politik für alle Mitgliedstaaten. Die Finanzierung erfolgt aus den Mitteln des EU-Haushalts. Dabei werden folgende Ziele verfolgt:

- Produktivität in der Landwirtschaft verbessern, um der Bevölkerung eine sichere Versorgung mit bezahlbaren Nahrungsmitteln zu gewährleisten
- Sicherung eines angemessenen Einkommens für die Landwirte in der EU
- Nachhaltige Bewirtschaftung der natürlichen Ressourcen, um den Klimawandel zu bekämpfen
- Erhalt ländlicher Gebiete und Landschaften in der EU
- Belebung der Wirtschaft im ländlichen Raum durch Förderung von Arbeitsplätzen in der Landwirtschaft

## Herausforderungen der Landwirtschaft

Die Landwirtschaft ist kein normaler Wirtschaftszweig, da dort besondere Bedingungen vorherrschen. Trotz der Bedeutung der Lebensmittelerzeugung sind die Einkommen der Landwirte im Vergleich zu Einkommen aus nicht-landwirtschaftlichen Tätigkeiten rund 40 % niedriger. Auch hängt die Landwirtschaft stärker von der Witterung und dem Klima ab als andere Bereiche. Als Ausgleich erhalten Landwirte deshalb Einkommensunterstützung durch Direktzahlungen. Diese sollen ein stabiles Einkommen gewährleisten.

Im letzten Jahrzehnt kamen zahlreiche weitere Herausforderungen auf die Landwirte zu, die sich nicht nur aus den Folgen des Klimawandels ergeben:

**Aktuelle Herausforderungen**

- Schäden durch Wetterextreme
- Pflanzenkrankheiten
- Höhere Tierwohlstandards
- Verschärfte Umweltauflagen

# 5 Regionalentwicklung in der EU

Der Europäische Fonds für Regionale Entwicklung (EFRE) unterstützt Regionen mit Entwicklungsrückstand und Strukturproblemen.

Der EFRE finanziert vor allem
- Investitionen zur Stärkung der betrieblichen Wettbewerbsfähigkeit und
- Schaffung von Arbeitsplätzen in kleinen und mittleren Unternehmen sowie
- Maßnahmen, die der Energieeffizienz, der Forschung und technologischen Entwicklung sowie dem Schutz der Umwelt dienen.

Für den Zeitraum 2021–2027 sollen rund 330 Mrd. EUR an EU-Mitteln für wirtschaftliche, soziale und regionale Fonds zu Verfügung gestellt werden.

**Förderfähigkeit der EU-Regionen**

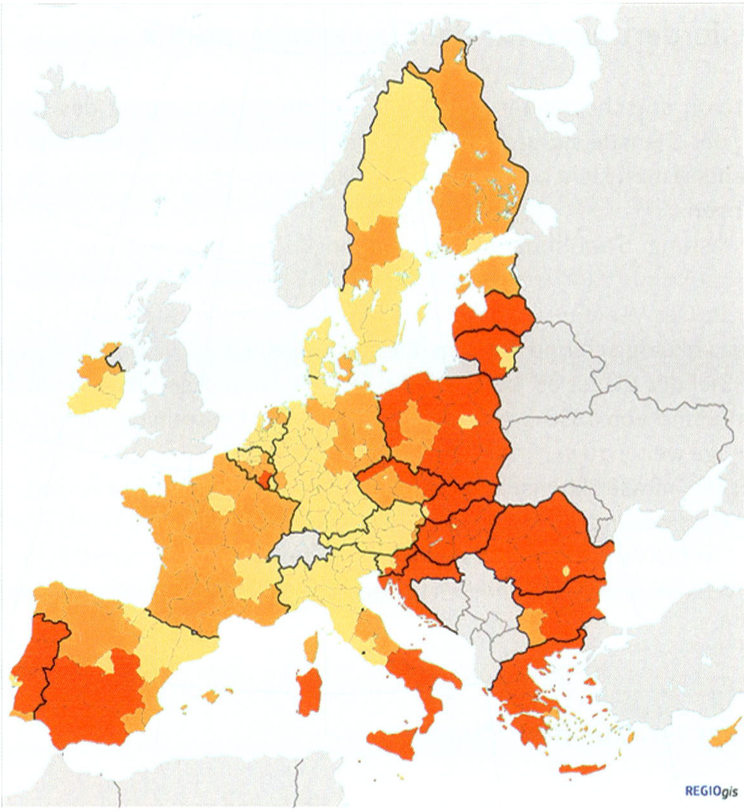


- Weniger entwickelte Regionen (Pro-Kopf-BIP < 75 % des EU-Durchschnitts)
- Übergangsregionen (Pro-Kopf-BIP 75–90 % des EU-Durchschnitts)
- Stark entwickelte Regionen (Pro-Kopf-BIP > 90 % des EU-Durchschnitts)

Die EU-Regionalpolitik gehört zu den zentralen Politikbereichen und ist das wichtigste Investitionsinstrument der Union. Sie fördert und festigt den wirtschaftlichen, sozialen und territorialen Zusammenhalt in der Gemeinschaft und trägt maßgeblich zu den Wachstumszielen bei.

Die Europäische Regionalpolitik wird auch als Kohäsions- oder Strukturpolitik bezeichnet.

## Aufgabenstellungen – „Regionalentwicklung in der EU"

1. Erläutern Sie, wieso die Unterstützung strukturschwacher Regionen den sozialen Zusammenhalt fördert.
2. Recherchieren Sie im Internet, welche Prioritäten die Europäische Union für Investitionen zur regionalen Entwicklung im Zeitraum von 2021 bis 2027 festgelegt hat.
3. Recherchieren Sie unter https://kohesio.ec.europa.eu/de/, welche EU-Projekte in Ihrer Umgebung derzeit gefördert werden. Erstellen Sie eine Übersicht über das Projekt/die Projekte.

Verkehrspolitische Maßnahmen der EU unterliegen dem Subsidiaritätsprinzip, das Sie schon kennengelernt haben.

# 6 Europäische Verkehrspolitik

Seit dem Maastricht-Vertrag herrscht innerhalb der EU prinzipiell freier Güter- und Personenverkehr, weshalb eine Zusammenführung der nationalen Verkehrsnetze und -systeme nötig ist.

Die Europäische Kommission verwaltet und kontrolliert die verkehrspolitischen Maßnahmen der EU, die den innereuropäischen wie internationalen Personen-, Güter- und Datenverkehr verbessern sollen. Dies ist von zentraler Bedeutung für Wirtschaft, Handel, Sicherheit und Umweltschutz.

## 6.1 Herausforderungen für die EU-Verkehrspolitik

Der Verkehr ist von entscheidender Bedeutung für die Verwirklichung des freien Warenverkehrs, der Dienstleistungsfreiheit und der Personenfreizügigkeit. Das europäische Verkehrssystem steht auch angesichts des Klimawandels vor besonderen Herausforderungen:

- Verkehrsüberlastung: Sowohl der Straßen- als auch der Luftverkehr sind davon betroffen.
- Nachhaltigkeit: Der Verkehr wird nach wie vor zu einem Großteil durch Erdöl abgedeckt, was ökologisch und wirtschaftlich untragbar ist.
- Luftqualität: Ziel der EU ist es, bis 2050 die verkehrsbedingten Emissionen gegenüber dem Stand von 1990 um 60 % senken und die Umweltverschmutzung durch Fahrzeuge weiter zu verringern.
- Infrastruktur: Die Infrastruktur ist innerhalb der EU unterschiedlich gut entwickelt, wodurch die Zusammenführung der Verkehrspolitik erschwert wird.
- Wettbewerb: Der EU-Verkehrssektor ist einem zunehmenden Wettbewerb in rasch wachsenden Verkehrsmärkten in anderen Ländern der Welt (v. a. China) ausgesetzt.

Eine Übung zur EU-Verkehrspolitik finden Sie in der TRAUNER-DigiBox.

## 6.2 Maßnahmen zur Bewältigung

Die EU-Kommission setzt einige Impulse, um die oben genannten Herausforderungen zu bewältigen:

- Um die Verkehrssicherheit zur erhöhen, wurden neue **Sicherheitsnormen** definiert, die bei neuen Infrastrukturprojekten berücksichtigt werden müssen, einheitliche Verkehrsstandards tragen zur Sicherheit im Individualverkehr bei.
- **Nachhaltigkeit** hat auch bei der Verkehrspolitik eine hohe Priorität, weshalb nicht nur in Forschung & Entwicklung investiert wird, sondern neue Technologien gefördert werden.

Über die Einrichtung „Connecting Europe“ wird die Verkehrsinfrastruktur ausgebaut, damit Lücken in Verkehrsnetzen innerhalb der EU geschlossen werden können.

**Aufgabenstellungen – „Europäische Verkehrspolitik“**

1. Erläutern Sie, warum verkehrspolitische Maßnahmen innerhalb der EU von zentraler Bedeutung für Wirtschaft, Handel, Sicherheit und Umweltschutz sind.
2. Recherchieren Sie zwei Projekte der Einrichtung „Connecting Europe“, die im letzten Jahr umgesetzt wurden.

# 7 Europäische Energiepolitik

Auch in der Energiepolitik steht die EU vor immensen Herausforderungen, weil der Energiebedarf kontinuierlich steigt, die Preise schwanken und vor allem die negativen Auswirkungen auf die Umwelt reduziert werden sollen.

Die EU-Energiepolitik verfolgt drei Ziele: Energie sicherer, leistbarer und nachhaltiger zu machen. Dafür wurde im November 2015 die **Energieunion** ins Leben gerufen, die jährlich über den Fortschritt berichtet.

Auf der Pariser Klimaschutzkonferenz im Dezember 2015 haben sich 195 Länder erstmals auf ein allgemeines, rechtsverbindliches weltweites Klimaschutzübereinkommen geeinigt.

## Bereiche der Energiepolitik

### 1. Sicherheit, Solidarität und Vertrauen

Damit EU-Bürger/innen weiterhin darauf vertrauen können, dass ihre Energieversorgung gewährleistet ist, setzt die Energieunion auf Solidarität und Zusammenarbeit zwischen den EU-Staaten und Diversität bei den Energiequellen.

### 2. Ein vollständig integrierter Energiebinnenmarkt

Ausbau der Infrastruktur, um ungehinderten Energiefluss zu garantieren, sowie der Abbau technischer oder regulatorischer Hindernisse stehen ganz im Sinne einer gemeinschaftlichen Versorgung.

### 3. Energieeffizienz

Durch die Erhöhung von Energieeffizenz im privaten, öffentlichen und industriellen Sektor verringert die EU ihre Abhängigkeit von Energieimporten, reduziert Emissionen und kurbelt Wachstum und Beschäftigung an.

EU-Klimaziele für 2030:
- Verringerung der Treibhausgasemissionen um 55 % (im Vergleich zu 1990)
- Anteil von Energie aus erneuerbaren Quellen von mindestens 32 %
- Steigerung der Energieeffizienz um mindestens 32,5 %

## Aufgabenstellungen – „Europäische Energiepolitik“

1. Recherchieren Sie, welches ambitionierte klimapolitische Ziel sich die EU bis 2050 gesetzt hat und beschreiben Sie dieses kurz.
2. Analysieren Sie, wovon Preisschwankungen im Energiesektor abhängen.

## WissensCheck – „Europäische Wirtschaftspolitik“

1. Erläutern Sie kurz die vier Grundfreiheiten des EU-Binnenmarktes.
2. Erklären Sie, ob beim Import von Gütern und Dienstleistungen in der EU die Bestimmungen der Herkunfts- oder der Bestimmungsländer gelten.
3. Nennen Sie den Vertrag, in dem die Europäische Währungsunion festgelegt wurde.
4. Nennen Sie drei Vorteile, die eine gemeinsame Währung mit sich bringt.
5. Geben Sie die größten Ausgabeposten der EU an.
6. Schildern Sie, was man unter „BNE-Eigenmittel“ der EU versteht.
7. Erklären Sie den Begriff „Nettozahler“.
8. Beschreiben Sie die Kohäsionspolitik der EU.

## Zusammenfassung – „Europäische Wirtschaftspolitik“

Speichern Sie nun das wesentliche Wissen des Kapitels „Europäische Wirtschaftspolitik“ in Ihrem Kopf ab. Erstellen Sie dazu eine Zusammenfassung, indem Sie

1. eine übersichtliche Struktur (Tabelle) oder
2. eine Mindmap anfertigen.

**Tipp:** Nur eine selbst erstellte Zusammenfassung ist eine gute Zusammenfassung.

## Ziele erreicht? – „Europäische Wirtschaftspolitik“

KOMPETENZ-ERWERB

1. John M. Keynes hätte keine Freude mit den Konvergenzkriterien der EWWU. Schildern Sie, warum nicht.
2. Welche Absichten könnte die EU mit ihrer Kohäsionspolitik in diesem Beispiel verfolgen?

### Rumänien: Große Brücke ins Donaudelta eingeweiht

Die Hängebrücke über die Donau bei Braila ist eines der größten Projekte, das die EU aus ihren Kohäsionsfonds unterstützt.
Sie soll das Donaudelta und die Schwarzmeerhäfen in Constanta, Ovidiu und Navodari besser mit dem Rest Rumäniens und dem europäischen Verkehrsnetz verbinden. Die Brücke ist zwei Kilometer lang und führt mit vier Fahrspuren in 38 Meter Höhe über das Wasser; das macht sie laut EU-Kommission zur längsten Brücke sowohl in Rumänien als auch an der ganzen Donau und zur drittlängsten Hängebrücke in der EU. Der Bau wurde mit 363 Millionen Euro aus den EU-Kohäsionsfonds gefördert.

*(Quelle: DVZ, 2023)*

3. Erklären Sie, die Vorteile, die sich für Sie als EU-Bürger/in aus dem Europäischen Binnenmarkt ergeben. Was empfinden Sie als nachteilig?
4. Lesen Sie folgenden Zeitungsausschnitt und beantworten Sie die Fragen.

Chefin Christine Lagarde hat vor einer wachsenden wirtschaftlichen Kluft zwischen den Nord- und Südstaaten in der EU gewarnt: Während die osteuropäischen Länder in den vergangenen Jahren den Abstand zu den alten EU-Mitgliedsstaaten verringert hätten, sei die Anpassung zwischen Nord und Süd in den vergangenen 20 Jahren nicht vorangekommen.

*(Quelle: ORF, 2019)*

**a)** Charakterisieren Sie den Begriff „Nord-Süd-Gefälle“.

**b)** Erstellen Sie einen Maßnahmenplan, wie man dem entgegenwirken kann.

Einen interaktiven **Safety-Check** finden Sie in der TRAUNER-DigiBox.

## Going international

Now let's use the basics of the chapter "Europäische Wirtschaft" in English!

### Exercise 1

Connect the respective treaties on the left with their explanations on the right.

- European Coal and Steel Community
- Treaty of Rome
- Single European Act
- Treaty of Maastricht
- Treaty of Amsterdam
- Treaty of Nice
- Treaty of Lisbon

It was a major EU milestone, since it sets clear rules for the future single currency as well as for foreign and security policy. Under the treaty, the name 'European Union' officially replaced 'European Community'.

It brought together France, Germany, Italy and the Benelux countries in a community whose aim to achieve integration via trade, with a view to economic expansion. The EEC was founded.

Its purpose was to add new momentum to European integration and to complete the internal market.

Its intention was to strengthen the EU's position in global affairs and to optimise the procedure of joining.

It was created in the aftermath of the Second World War when reconstructing the economy of the European continent and ensuring a lasting peace appeared necessary.

It stands for more democracy, a common legal basis, and increased competenced and basic rights.

The EU institutions were reformed to enable more efficiency with even more member states.

**The EU Institutions**

European Council

European Parliament

Council of the European Union

European Commission

Court of Justice

Court of Auditors

European Central Bank

European Investment Bank

European Stability Mechanism

European Social and Economic Committee

Committee of the Regions

**establishment**
Gründung, Schaffung
**precedence**
Vorrang, Priorität
**issue**
Belang
**recommendation**
Empfehlung
**to govern**
regieren, regeln

### Exercise 2

In the EU's unique set-up:

- the EU's broad priorities are set by the European Council, which brings together national and EU-level leaders
- directly elected members represent European citizens in the European Parliament
- the interests of the EU as a whole are promoted by the European Commission, whose members are appointed by national governments
- governments defend their own countries' national interests in the Council of the European Union.

Find the English translation of these words in the text. (Hint: They are in the same order)

einzigartig = ______________________

Anführer/in = ______________________

vertreten = ______________________

ernennen = ______________________

verteidigen = ______________________

### Exercise 3

To see how EU-law affects Austria's law, fill in the missing words from the box:

issues | precedence | integration | recommendations | governing | binding | regulations | establishment | movement | systems

**EU law**

The main goal of the EU is the progressive ______________________ of Member States' economic and political ______________________ and the ______________________ of a single market based on the free ______________________ of goods, people, money and services. These laws (______________________, directives and decisions) take ______________________ over national law and are ______________________ on national authorities. The EU also ______________________ non-binding instruments, such as ______________________ and opinions, as well as rules ______________________ how EU institutions and programmes work, etc.

# VI Globale Wirtschaft

Die Kontroverse um die Folgen der weltweiten Verflechtung hat an Heftigkeit zugenommen. Ihre Befürworter betonen, dass dadurch alle beteiligten Staaten Wohlstandsgewinne erzielen. Ihre Kritiker verweisen auf gegenteilige Erfahrungen wie etwa die Finanz- und Wirtschaftskrise, von deren Auswirkungen große Teile der Weltwirtschaft noch immer betroffen sind. Ihrer Ansicht nach dient die derzeitige Form der Globalisierung vorwiegend den Interessen von Finanzanlegern und multinationalen Konzernen.

Im Zentrum der Debatte stehen die gesellschaftspolitischen Folgen der globalen wirtschaftlichen Vernetzung, der Globalisierungsdruck, unter dem die Staaten und Regierungen stehen, wenn es um Fragen des Standortwettbewerbs im Hinblick auf die Arbeits- und Lebensverhältnisse, etwa auch in Österreich, geht. Gibt es auch Chancen und Risiken für Entwicklungsländer?

# Globalisierung – Weltwirtschaft

Eine Power-Point-Präsentation des Kapitels finden Sie in der TRAUNER-DigiBox.

Trifft diese Aussage von Ulrich Beck heute noch zu? Diskutieren Sie mit Ihren Mitschülerinnen und Mitschülern.

*Globalisierung ist sicher das am meisten gebrauchte – missbrauchte – und am seltensten definierte, wahrscheinlich missverständlichste, nebulöseste und politisch wirkungsvollste (Schlag- und Streit-)Wort der letzten, aber auch der kommenden Jahre.*

ULRICH BECK, SOZIOLOGE, 1997

Der Begriff der Globalisierung ist heute in aller Munde. Gibt man den Begriff in die Suchmaschine Google ein, finden sich dazu über 16 Millionen Einträge. So deutlich der Begriff Globalisierung unser aller Leben durchdrungen hat, so unscharf ist er in seiner Definition. Alle Welt spricht von der Globalisierung, die alles verändern wird. Hängen wir damit nur einem Glauben an, der uns vermeintlich eine Orientierung und einen Sinn der Entwicklung verschafft, der aber grundlos ist?

KOMPETENZ-ERWERB

## Meine Ziele

Nach Bearbeitung dieses Kapitels kann ich

- den Begriff Globalisierung erläutern und die Ursprünge der wirtschaftlichen Globalisierung beschreiben;
- positive und negative Aspekte der Globalisierung aufzählen;
- die Faktoren, die die Globalisierung ermöglichen, erläutern;
- die Gewinner und Verlierer der Globalisierung ableiten und einer kritischen Analyse unterziehen.

# 1 Bedeutung der Globalisierung

*Julia hat sich eine neue Jeans gekauft. „Made in Greece" steht auf dem Etikett. Aber wie viele Länder hat die Jeans vom Baumwollpflänzchen bis zum Jeanshändler tatsächlich durchwandert? Die internationale Arbeitsteilung und Spezialisierung hat zu einer regelrechten „Weltreise" von Gütern geführt …*

Welche Produkte, die Sie regelmäßig kaufen, werden im Ausland hergestellt? Wissen Sie, woher diese Produkte kommen?

Am folgenden Beispiel können Sie so eine Weltreise einer Jeans verfolgen.

**Beispiel: Die Weltreise einer Jeans und wer verdient wie viel Prozent vom Verkaufspreis?**

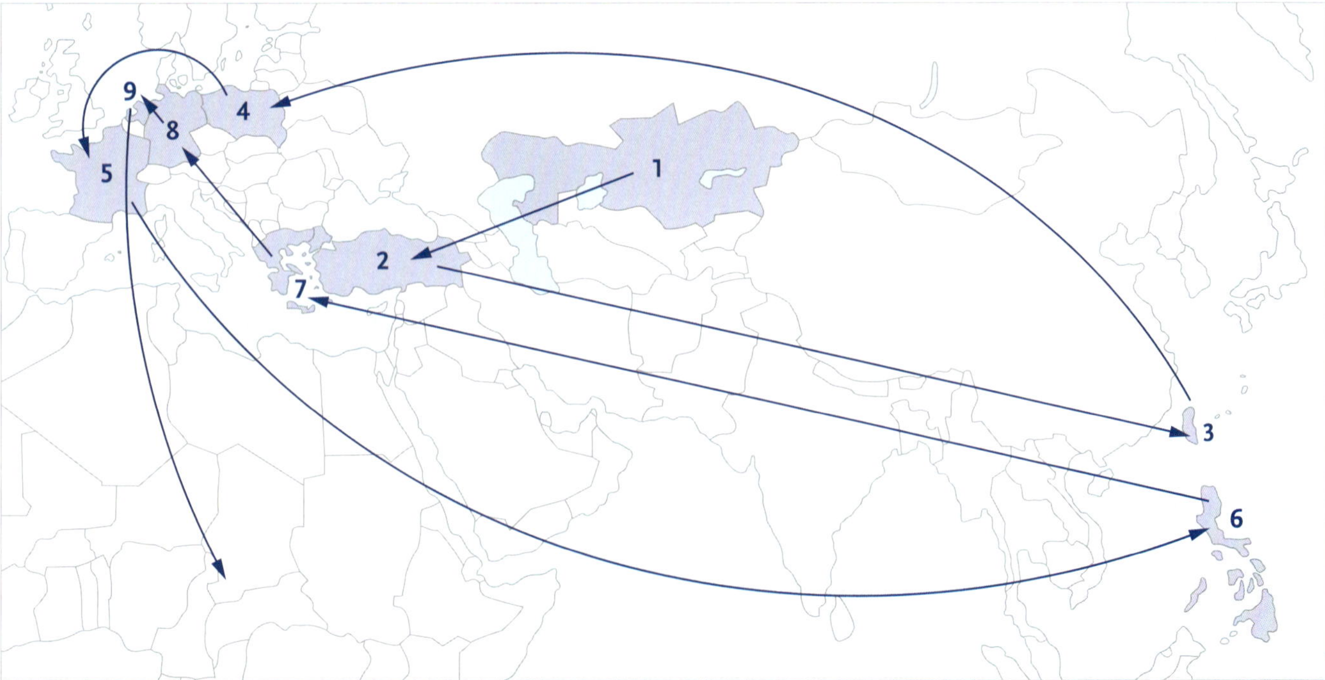


Sie sehen die Kilometerleistung einer Jeans-Reise:

| | | |
|---|---|---|
| 1 | **Kasachstan:** Hier wird die Baumwolle auf Plantagen geerntet und in die Türkei verschickt. | ~ 4.800 km |
| 2 | **Türkei:** Hier wird die Baumwolle zu Garn versponnen und nach Taiwan befördert. | ~ 10.200 km |
| 3 | **Taiwan:** Hier wird das Garn gefärbt und weiter nach Polen geschickt. | ~ 12.000 km |
| 4 | **Polen:** Das gefärbte Garn wird zu Stoff gewebt und weiter nach Frankreich transportiert. | ~ 1.600 km |
| 5 | **Frankreich:** Hier kommen das Innenfutter, die Metallknöpfe und das Logo-Schild dazu, dann geht es weiter auf die Philippinen. | ~ 13.700 km |
| 6 | **Philippinen:** Hier wird der Stoff zu Hosen genäht, die Ware geht nach Griechenland. | ~ 11.700 km |
| 7 | **Griechenland:** Hier findet die Endfertigung statt, die Hosen werden mit Bimssteinen gewaschen, was den modischen „Stone-washed"-Effekt erzeugt. Dann geht es weiter nach Deutschland. | ~ 2.300 km |
| 8 | **Deutschland:** Die Jeans werden verkauft und getragen. Über die Altkleidersammlung gehen sie später weiter in die Niederlande. | ~ 300 km |
| 9 | **Niederlande:** Sortiert und gewaschen werden die Jeans zur weiteren Nutzung nach Afrika transportiert. | ~ 7 400 km |
| → | Die Jeans sind damit eineinhalb Mal um die Erde gereist. **Insgesamt** | **~ 64.000 km** |

**Beispiel (Fortsetzung): Wer verdient wie viel an einer Jeans?**

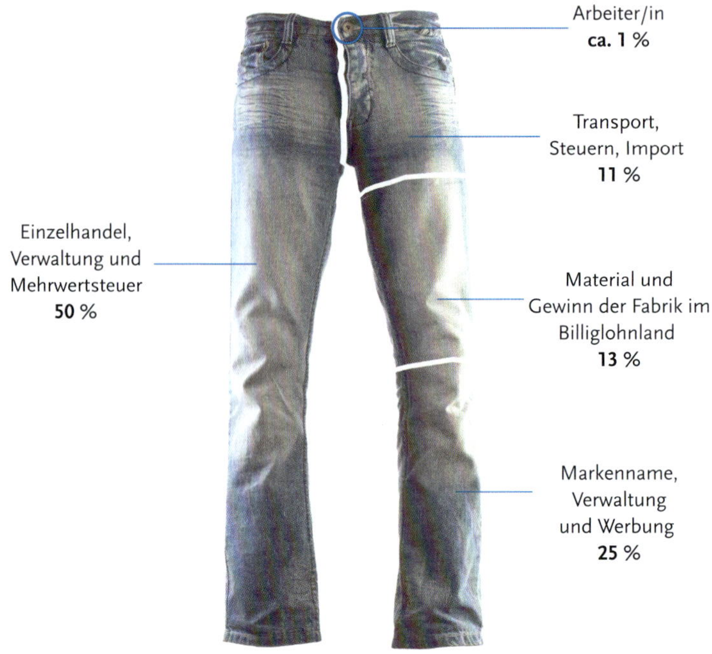


Nationale Grenzen existieren nicht mehr – weder für Produzenten und Anbieter von Gütern noch für Konsumenten und auch nicht für den Geldverkehr. Der Begriff der Globalisierung ist trotzdem meist sehr unscharf, immer wieder versuchen Personen, eine passende Definition zu finden:

Lesen Sie die Definitionen genau durch und diskutieren Sie sie mit Ihrem Nachbarn/Ihrer Nachbarin.

*„Globalisierung bedeutet (…) das erfahrbare Grenzenloswerden alltäglichen Handelns in den verschiedensten Dimensionen der Wirtschaft, der Information, der Ökologie, der Technik, der transkulturellen Konflikte und Zivilgesellschaft …"*

Ulrich Beck, Soziologe

*„Einst pflegte man zu sagen, dass die Sonne über dem Britischen Empire niemals untergehe. Heute geht sie zwar über dem Britischen Empire unter, aber nicht über den Weltreichen großer globaler Konzerne wie IBM, Unilever, Volkswagen und Hitachi."*

Lester Brown, Autor

*„Wir erleben eine Transformation, aus der im kommenden Jahrhundert neue Formen von Politik und Wirtschaft hervorgehen werden. Es wird dann keine nationalen Produkte und Technologien, keine nationalen Unternehmen, keine nationalen Industrien mehr geben. Es ist das Ende der Volkswirtschaften."*

Robert B. Reich, Universitätsprofessor

Globalisierung ist aber nicht nur auf die Wirtschaft beschränkt, sondern zieht sich durch viele Lebensbereiche.

**Beispiele**
- Globalisierung der Kommunikation durch Mobilfunk und Internet
- Globalisierung der Politik durch internationale Kooperation bei gemeinsamen Problemen (z. B. Umweltschutz)
- Globalisierung der Wirtschaft durch ausgeprägte internationale Handelsbeziehungen

Dabei ist Globalisierung keine neue „Erfindung", vielmehr zeigten sich bereits in früheren Zeiten Tendenzen. Diese bereiteten den Weg für das heutige „global village".

**Beispiele**

- Durch die Entdeckung fremder Länder wurde der weltweite Handel mit Gewürzen möglich.
- Die Erfindung des Morseapparates machte es erstmals möglich, Nachrichten unabhängig von der Entfernung zu übermitteln.
- Adam Smith forderte bereits im 18. Jahrhundert die Abschaffung von Handelshemmnissen.

**Aufgabenstellung – „Bedeutung der Globalisierung"**

- In welchen Bereichen profitieren Sie von der Globalisierung? Welche Gefahren bringt sie mit sich?

# 2 Gründe für Globalisierung

Folgende **Faktoren** ermöglichen das starke Zusammenwachsen von Märkten über die Grenzen von Staaten hinaus:

| Faktoren | Erläuterung |
|---|---|
| **Entwicklung der Verkehrs- und Transportmöglichkeiten** | Die Transportkosten sind stark gesunken und sinken weiter. Containerschiffe, Supertanker, Frachtflugzeuge etc. ermöglichen eine schnelle und kostengünstige Lieferung der Waren. |
| **Entwicklung der Kommunikationseinrichtungen – verbesserte Informationsmöglichkeiten** | Der rasche Datenaustausch, die einfachere Kommunikation und die riesigen internationalen Kapitalströme wären ohne moderne Kommunikationstechniken (Internet, E-Mail, Social-Media etc.) nicht denkbar. Dadurch haben potenzielle Käufer auch bessere Möglichkeiten, sich über Preis und Qualität zu informieren, unabhängig davon, wo das Produkt hergestellt wird. |
| **Politische Entscheidungen** | Zwischenstaatliche Handelshemmnisse werden durch internationale Verträge oder Auflagen internationaler Organisationen zunehmend abgebaut. |
| **Transnationale Unternehmen** | Große multinationale Konzerne überwinden Distanzen und Schranken und können so Güter, Kapital und Technik leichter über Grenzen bewegen. |
| **Neue Märkte** | Länder, wie die ehemaligen Sowjetrepubliken, Indien, China und viele weitere Länder Asiens, Lateinamerikas und Afrikas, haben wirtschaftliche und politische Reformen durchgeführt und sich dem Weltmarkt geöffnet. |

Transport- und Kommunikationskosten haben sich deutlich reduziert. Dadurch können Produkte weltweit bestellt, geliefert und verkauft werden

Mehr darüber erfahren Sie im Kapitel „Wirtschaftliche Integration – internationale Organisationen".

# 3 Weltmarkt und Welthandelsgüter

*Einer der Gründe, warum es zum Handel mit anderen Volkswirtschaften kommt, ist, dass nicht jeder Staat alle Produkte selbst herstellen kann. Verschiedene auf dem Weltmarkt angebotene Waren und Dienstleistungen sind für uns in Österreich mittlerweile zur Selbstverständlichkeit geworden.*

Nennen Sie Waren und Dienstleistungen, die Ihnen dazu einfallen.

Welthandelsgüter = Güter, die über den nationalen Markt hinaus und im internationalen Handel von Bedeutung sind.

| | |
|---|---|
| **Weltmarkt** | Der **Weltmarkt** ist ein gedachter, nicht zu lokalisierender Markt für Welthandelsgüter, auf dem die Güter ausgetauscht werden, die außerhalb der Grenzen einer Volkswirtschaft gehandelt und produziert werden.<br><br>An diversen Welthandelsplätzen, vor allem an Warenterminbörsen, werden die Güter gehandelt. Der Preis, der dort zustande kommt, wird auch als **Weltmarktpreis** bezeichnet. |
| **Warenterminbörsen** | **Warenterminbörsen** sind Börsenplätze, die sich auf den Handel mit Waren spezialisiert haben, die im Welthandel eine Rolle spielen. Es werden dort Warentermingeschäfte über mengen- und qualitätsmäßig standardisierte Einheiten von Naturprodukten abgeschlossen. |
| **Warentermingeschäfte** | Bei **Warentermingeschäften** werden bestimmte Güter, wie z. B. Kaffee oder Kakao, gekauft, ehe sie geerntet sind. Die Käufer spekulieren darauf, dass zur Erntezeit die Preise steigen oder fallen, sodass sich durch den Weiterverkauf Gewinne erzielen lassen. |

**Rohöl** ist das wichtigste Welthandelsgut. Es ist Energielieferant, Grundstoff für die chemische Industrie und es wird weiterverarbeitet zu Kraftstoffen, Medikamenten, Farben, Textilien etc. Vorkommen und Verbrauch von Erdöl sind aber auf der Welt unterschiedlich verteilt. Österreich kann z. B. seinen Erdölbedarf nicht annähernd selbst decken. Überwiegend wird Erdöl in den Industrieländern verbraucht, die meist aber nicht über ergiebige Lagerstätten verfügen.

FILM AB!

Ein Video unter www.trauner.at/global_transport informiert Sie über den Welthandel.

Neben Rohöl gehören u. a. auch Güter wie Baumwolle, Erdnüsse, Weizen, Mais, Soja, Tee, Kakao, Zucker, Kaffee und Bananen zu den **Welthandelsgütern.** Lieferanten dieser Güter sind von uns weit entfernte Staaten wie zum Beispiel Brasilien, Costa Rica, Ecuador und die Philippinen.

Die Waren sind trotz langer Transportwege erschwinglich, weil die weltweite Containerschifffahrt auf den Hauptweltseeverkehrswegen in Kombination mit billigem Rohöl dies ermöglicht. Auf folgenden Welthandelswegen wird der Güteraustausch durchgeführt.

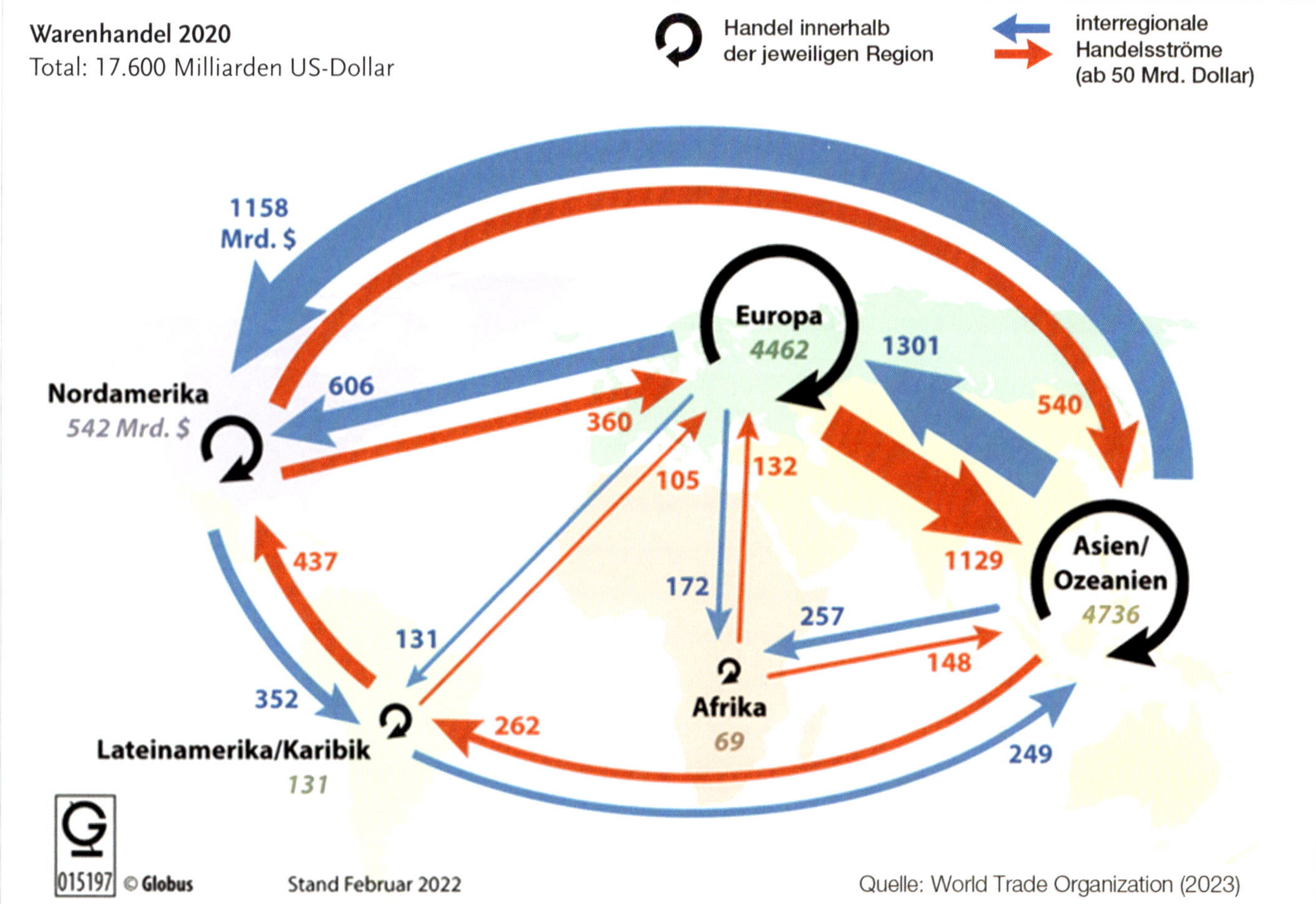


## Aufgabenstellungen – „Weltmarkt und Welthandelsgüter“

1. Finden Sie drei Beispiele für Welthandelsgüter, die in diesem Abschnitt nicht genannt wurden.
2. Erklären Sie, warum Güter, wie zum Beispiel Kaffee und Kakao, die aus weit entfernten Ländern stammen, für uns Güter des täglichen Bedarfs sind.

## WissensCheck – „Globalisierung – Weltwirtschaft“

1. Nennen Sie die fünf Faktoren, die das Zusammenwachsen von Märkten über Staatsgrenzen hinweg ermöglichen.
2. Erklären Sie den Begriff „Weltmarktpreis“.
3. Beschreiben Sie ein Warentermingeschäft.

## Zusammenfassung – „Globalisierung – Weltwirtschaft“

Erstellen Sie als Zusammenfassung des Kapitels „Globalisierung – Weltwirtschaft“ eine Concept-Map.

**Hinweis:**

Eine Concept-Map unterscheidet sich von einer Mind-Map dahingehend, dass die Begriffe, die es zu ordnen gilt, nicht dem freien Lauf der Gedanken entspringen, sondern bereits im Kapitel vorkommen.

## Ziele erreicht? – „Globalisierung – Weltwirtschaft"

KOMPETENZ-ERWERB

**1.** Die Globalisierung hat große Auswirkungen auf Unternehmen, Arbeitnehmer/innen, Sozialstaat und Entwicklungsländer. Sammeln Sie in Kleingruppen Vor- und Nachteile, die die Globalisierung mit sich bringt, und vergleichen Sie anschließend Ihre Ergebnisse mit Ihren Mitschülerinnen und Mitschülern.

| **Auswirkungen der Globalisierung auf …** | **Vorteile** | **Nachteile** |
|---|---|---|
| Unternehmen | | |
| Arbeitnehmer/innen in Entwicklungsländern | | |
| Sozialstaat | | |
| Arbeitnehmer in Industriestaaten | | |
| Entwicklungsländer | | |

**2.** Lesen Sie nachstehende Definitionen für Globalisierung und die am Beginn dieses Kapitels aufgeführten und erstellen Sie als Ergebnis eine für Sie stimmige Definition von „Globalisierung":

- „Globalisierung ist die Zunahme und Verdichtung der weltweiten sozialen Beziehungen."
- „Wir betrachten Globalisierung als einen historischen Prozess, in dessen Verlauf die Netzwerke und Systeme gesellschaftlicher Beziehungen sich räumlich ausdehnen und die menschlichen Verhaltensweisen, Aktivitäten sowie die Ausübung gesellschaftlicher Macht transkontinentalen (oder interregionalen) Charakter annehmen."
- „... die engere Verflechtung von Ländern und Völkern in der Welt, die durch die enorme Senkung der Transport- und Kommunikationskosten herbeigeführt wurde, und die Beseitigung künstlicher Schranken für den ungehinderten grenzüberschreitenden Strom von Gütern, Dienstleistungen, Kapital, Wissen [und ... Menschen]."
- „Globalisierung ist das, was wir in der Dritten Welt einige Jahrhunderte lang Kolonisierung genannt haben."

**3.** Beuten wir arme Leute aus, wenn wir Güter aus Ländern importieren, in denen die Löhne sehr niedrig sind? Was ist Ihre Meinung dazu? Unterscheiden Sie dabei zwischen

a) einem Entwicklungsland, in dem die Menschenrechte missachtet werden und wo die Arbeiter/innen durch schlechte Arbeitsbedingungen und tiefe Löhne ausgebeutet werden, und

b) einem demokratischen Entwicklungsland, in dem die Löhne den Marktlöhnen entsprechen, aber niedrig sind.

**4.** In vielen Ländern gewinnen globalisierungskritische Meinungen Zulauf. Berechtigte Kritiken an der Globalisierung haben Sie bereits in Aufgabe 1 ausgearbeitet. Doch was würde theoretisch passieren, wenn sich eine Volkswirtschaft vollständig vom Weltmarkt isolieren würde? Schildern Sie zumindest drei Auswirkungen.

Einen interaktiven **Safety-Check** finden Sie in der TRAUNER-DigiBox.

# Außenwirtschaftspolitik

Eine Power-Point-Präsentation des Kapitels finden Sie in der TRAUNER-DigiBox.

*„Die Vermehrung unserer Annehmlichkeiten durch eine bessere Verteilung der Arbeit, indem jedes Land jene Waren produziert, für die es durch seine Lage, sein Klima sowie durch seine anderen natürlichen oder künstlichen Vorteile geeignet ist, und sie gegen die Waren anderer Länder eintauscht, ist für das Wohl der Menschheit genauso wichtig wie ihre Verwendung."*

DAVID RICARDO (ENGL. ÖKONOM 1772–1823)

Bereits zu Beginn des 19. Jahrhunderts plädierte der Ökonom DAVID RICARDO für die Internationalisierung, also Globalisierung der Wirtschaft. Was dies bedeutet und welche Konsequenzen internationale Wirtschaftspolitik für die Welt, die nationalen Volkswirtschaften und jeden einzelnen Menschen hat, werden Sie in diesem Kapitel erfahren.

## Meine Ziele

KOMPETENZ-ERWERB

Nach Bearbeitung dieses Kapitels kann ich

- liberale und protektionistische Außenwirtschaftspolitik charakterisieren und deren Vor- und Nachteile nennen;
- die Chancen und Risiken von Außenhandel erklären;
- den Begriff „Terms of Trade" erläutern;
- die Teilbilanzen der Zahlungsbilanz erläutern;
- die Auswirkungen von realen Beispielen auf die Zahlungsbilanz übertragen;
- die österreichische Leistungsbilanz interpretieren.

# 1 Was ist Außenwirtschaftspolitik?

*Für eine kleine Volkswirtschaft wie Österreich sind Exporte und Importe von Waren, Dienstleistungen, Kapital und Know-how entscheidende Bestimmungsfaktoren der wirtschaftlichen Entwicklung. Österreich exportiert rund 40 % seiner Waren und Dienstleistungen. Lagen die österreichischen Warenexporte zum Zeitpunkt des EU-Beitritts (1995) noch bei einem Volumen von 42 Mrd. EUR, so konnten im Jahr 2022 Waren im Wert von 194 Mrd. EUR exportiert werden.*

Mit jeweils knapp 30 % Anteil am heimischen Import und am heimischen Export ist Deutschland der Haupthandelspartner Österreichs.

**Außenwirtschaftspolitik** ist die **politische Gestaltung der internationalen Wirtschaftsbeziehungen** eines Staates, die er durch Gesetzgebung und Verwaltung beeinflusst.

Außenwirtschaftliche Beziehungen umfassen im Wesentlichen folgende Bereiche:

Außenwirtschaftspolitik umfasst daneben auch **Integrationspolitik** und kann in anderen Politikbereichen wie etwa Bildungs- oder Umweltpolitik enthalten sein.

Die **Ziele** der Außenwirtschaftspolitik stimmen im Allgemeinen mit den Zielen der innerstaatlichen Wirtschaftspolitik überein: Vollbeschäftigung, Geldwertstabilität, Wachstum etc.

Ein Staat kann unterschiedlich stark in die außenwirtschaftlichen Beziehungen eingreifen. Je nachdem, in welcher Intensität er das tut, spricht man von liberaler oder protektionistischer Außenwirtschaftspolitik.

## 1.1 Liberale Außenwirtschaftspolitik

FILM AB!

Ein Erklärvideo zum Thema „Freier Handel und Protektionismus" finden Sie unter www.trauner.at/handel

Die liberale Außenwirtschaftspolitik **vermeidet direkte staatliche Eingriffe** in den Außenwirtschaftsverkehr so weit wie möglich.

Im Wesentlichen beschränkt sie sich darauf, die **Rahmenbedingungen** für freien Waren-, Kapital- oder auch Personenverkehr zu gestalten und zu verbessern. Ausnahmen hiervon sind sehr eng begrenzt (etwa Verbot des Drogenhandels) und oft nur temporär (wie Schutzzölle für bestimmte Produktionseinrichtungen).

Die liberale Außenwirtschaftspolitik verfolgt folgende **Ziele:**

- Förderung des Wirtschaftswachstums bzw. des Wohlstandes durch Handelsgewinne
- Gewährleistung individueller Freiheitsrechte
- Abbau politischer und militärischer Spannungen
- internationale politische und wirtschaftliche Integration

Genaueres über Freihandelszonen erfahren Sie im nächsten Kapitel „Wirtschaftliche Integration – internationale Organisationen“.

**Beispiel: CETA – Handelsabkommen der EU mit Kanada**

CETA (Comprehensive Economic and Trade Agreement) ist ein europäisch-kanadisches Freihandelsabkommen und soll den Handel mit Waren, Dienstleistungen und Investitionen der EU mit Kanada fördern und die Wirtschaftsbeziehungen stärken. Das Handelsabkommen wird seit 21. September 2017 vorläufig angewendet. Für ein vollständiges Inkrafttreten bedarf das Abkommen noch der Ratifizierung durch die nationalen Parlamente in der EU, Kanadas und der EU selbst.

Ratifizieren = als gesetzgebende Körperschaft einen völkerrechtlichen Vertrag in Kraft setzen.

Recherchieren Sie eine konkrete Vereinbarung, die das CETA-Abkommen beinhaltet.

## 1.2 Protektionistische Außenwirtschaftspolitik

Der freie Waren-, Kapital- und auch Personenverkehr ist durch staatliche Maßnahmen beschränkt oder ganz aufgehoben.

Die **Ziele,** die sie damit verfolgt, sind u. a. folgende:

- Schutz der heimischen Wirtschaft vor ausländischer Konkurrenz
- Einnahmequellen für den Staat durch Zölle etc.
- Vermeidung von Abhängigkeiten von anderen Ländern
- Sanierung der Zahlungsbilanz

Um diese zu realisieren, gibt es eine Vielzahl von **Instrumenten:**

- Zölle: Abgaben auf importierte Güter
- Kontigentierung (Quoten): Beschränkung der Mengen der einzuführenden Produkte
- Embargo: Verbot von Importen und Exporten
- Subventionen für inländische Produktion (Produkte werden billiger)

**Beispiel: Protektionismus in der EU**

Die EU-Kommission verhängte 2013 Strafzölle auf chinesische Solarmodule. Der Vorwurf lautete: Die chinesische Solarbranche genoss durch Subventionen große Vorteile gegenüber der europäischen Konkurrenz und konnte ihre Module zu Dumpingpreisen in Europa verkaufen. China warf der EU Protektionismus vor und drohte mit Gegenmaßnahmen. Erst 2018 beschloss die EU, die Maßnahmen auslaufen zu lassen.

Die EU-Kommission versuchte, mit dieser Maßnahme die Solarindustrie in Europa und damit Arbeitsplätze zu schützen. Doch welche Gefahren drohen anderen europäischen Unternehmen (und damit Arbeitsplätzen), wenn derartige Streitigkeiten eskalieren?

Beide Formen der Außenwirtschaftspolitik haben bestimmte Vorteile:

| Protektionismus | Freihandel |
|---|---|
| ■ Schafft Arbeitsplätze im Inland<br>■ Schutz heimischer Industrie<br>■ Stabilisiert den Wirtschaftsablauf<br>■ Zölle finanzieren Staatsausgaben<br>■ Selbstversorgung bleibt erhalten<br>■ Erhält Einkommen | ■ Wohlfahrtsgewinn durch erhöhtes Konsumangebot<br>■ Erleichtert den Zugang zu Rohstoffen für die Güterproduktion<br>■ Führt zu mehr Marktwirtschaft und regt den Wettbewerb an<br>■ Teure heimische Produkte können durch billigere Importe ersetzt werden |

Übungen zu den Formen der Außenwirtschaftspolitik finden Sie in der TRAUNER-DigiBox.

## Aufgabenstellungen – „Was ist Außenwirtschaftspolitik?"

1. Welche Form der Außenwirtschaftspolitik hätte wohl ADAM SMITH bevorzugt? Welche KARL MARX?
2. In der auf der vorherigen Seite dargestellten Tabelle sind Argumente angeführt, die für die jeweilige Außenwirtschaftspolitik sprechen.
   a) Reflektieren Sie über die Nachteile der jeweiligen Form der Außenwirtschaftspolitik.
   b) Welche Form der Außenwirtschaftspolitik halten Sie eher für zielführend? Begründen Sie Ihre Meinung.

# 2 Außenhandel

Diskutieren Sie mit Ihrem Sitznachbarn/Ihrer Sitznachbarin, welche Güter wir nach Österreich importieren (müssen), weil die heimische Nachfrage sonst nicht zu decken wäre.

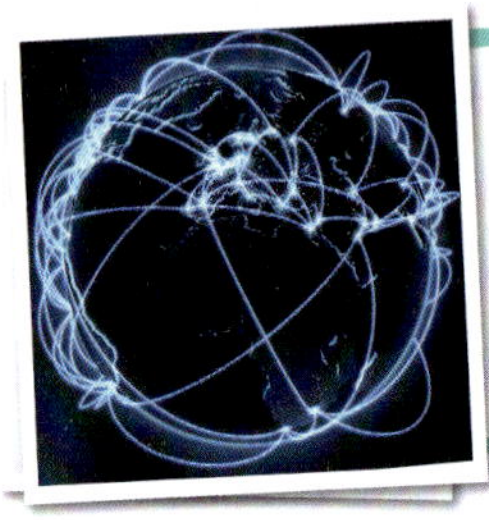

*Wir kaufen unser asiatisches Smartphone im Handyshop nebenan. Wir schreiben unsere E-Mails auf einem Computer aus Kalifornien. Wenn wir ein englisches Buch möchten, können wir dies auch im Internet bestellen und uns nach Hause schicken lassen ...*

Seit dem Zweiten Weltkrieg erleben wir eine ständige Zunahme des internationalen Handels. Jedoch ist diese Weltoffenheit nicht neu. Schon vor dem Ersten Weltkrieg lagen die Exporte der westlichen Industrieländer bei 8 % des BIP – ein Wert, der erst in den 1980er-Jahren wieder erreicht wurde.

Bemerkenswert ist die Entwicklung Chinas im internationalen Handel. China hat mittlerweile die USA in vielen Ländern als wichtigsten Handelspartner abgelöst.

Zum Außenhandel zählt man:

- **Importe:** Güterströme aus dem Ausland in das Inland
- **Exporte:** Güterströme aus dem Inland in das Ausland
- **Transithandel:** Durchfuhr von Waren durch ein bestimmtes Gebiet (z. B. Staatsgebiet), ohne dass sie dabei be- und verarbeitet werden
- Sonderform: **Veredelungsverkehr:** Zollfreie Ein- bzw. Ausfuhr von Gütern, die nach einer Bearbeitung (Veredelung) wieder in den ursprünglichen Wirtschaftsraum zurückgelangen

**Entwicklung der österreichischen Außenhandelsströme ab 2009**

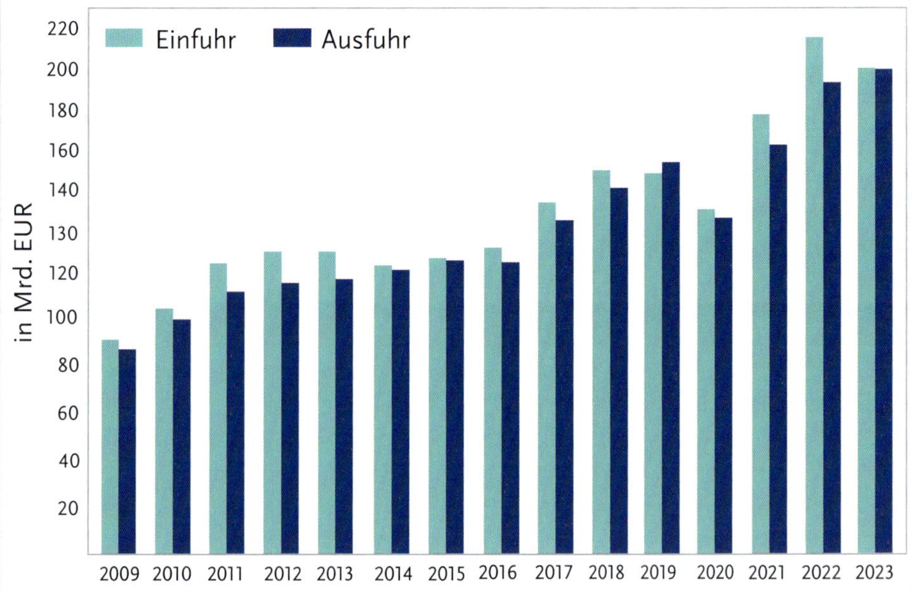

## 2.1 Ursachen des Außenhandels

Folgende Ursachen führen dazu, dass Außenhandel entsteht:

### Gütermangel

Die eigene Volkswirtschaft kann das nachgefragte Gut nicht oder nicht in ausreichender Menge oder Qualität herstellen und anbieten.

Gründe hierfür können sein:
- Mangel an Ressourcen (Rohstoffen, technischem Wissen, Kapital, Infrastruktur u. a.)
- Natürliche Ursachen, wie z. B. das Klima

### Kostenvorteile

Manche Länder haben aus unterschiedlichsten Ursachen Kostenvorteile gegenüber anderen:
- Mehr qualifizierte Arbeitskräfte
- Niedrigeres Lohnniveau
- Günstigere klimatische Bedingungen
- Produktion übersteigt den tatsächlichen Bedarf im Inland
- Niedrigere öffentliche Abgaben etc.

### Spezialisierung

Wenn sich bestimmte Länder oder Ländergruppen auf gewisse Produktionsaktivitäten spezialisieren, spricht man von **internationaler Arbeitsteilung.** Dadurch kann ein Land in größeren Mengen produzieren und günstiger anbieten.

### Politische Ursachen

Die Teilnahme am Außenhandel ist stets auch eine politische Entscheidung. Politisches Ziel eines jeden Landes ist es, den Wohlstand zu fördern und zu erhalten. In der Globalisierung sehen viele Politiker/innen die Chance, den Lebensstandard im eigenen Land anzuheben.

## 2.2 Chancen des Außenhandels

*In Österreich ist jeder zweite Arbeitsplatz direkt oder indirekt vom Export abhängig. 6 von 10 Euro verdienen wir durch Export. 1 % mehr Export bedeuten 10 000 zusätzliche Arbeitsplätze.*

Die Erhöhung des Outputs reduziert die anteiligen Fixkosten pro Mengeneinheit **(Fixkostendegression)** und damit die Stückkosten in der Fertigung.

Internationaler Handel bietet für die volkswirtschaftlichen Akteure eine Reihe von Vorteilen:

### Volkswirtschaftliche Vorteile

- Wirtschaftswachstum und Steigerung der Anzahl der Arbeitsplätze
- Höheres Einkommen und Vermögen
- Größere Produktvielfalt

### Politische Stabilität

Länder, die intensive Handelsbeziehungen miteinander pflegen, führen mit großer Wahrscheinlichkeit keine Kriege gegeneinander.

### Größere Märkte

Größere Märkte erlauben den Absatz größerer Produktmengen.

### Fertigungsbezogener Vorteil

Größere Märkte ermöglichen bei der Fertigung eine Erhöhung des mengenmäßigen Outputs (Massenfertigung, Fertigung von großen Serien).

### Produktbezogener Vorteil

Größere Auswahl für die Konsumenten. Es stehen qualitativ unterschiedliche Produkte in größerer Vielfalt zur Verfügung.

Ein weiterer Nachteil ist die höhere Umweltbelastung durch die längeren Transportwege

## 2.3 Risiken des Außenhandels

Neben den zahlreichen Vorteilen birgt der internationale Handel mit seiner Arbeitsteilung auch Risiken für die Akteure einer Volkswirtschaft:

- **Volkswirtschaftliche Risiken**
  - Verlust von Arbeitsplätzen, weil Unternehmen abwandern
  - Sinkende Löhne aufgrund der Konkurrenz auf dem Arbeitsmarkt
  - Regionale Produkte verlieren an Attraktivität
- **Politische Risiken**
  Abhängigkeiten von gewissen Produkten (wie Erdöl oder Erdgas) können zu Konfliktsituationen und zur Knappheit dieser Güter im Inland führen.
- **Kleine Marktteilnehmer verlieren Absatzmärkte,** weil sie weniger Produkte anbieten können und/oder diese nur zu höheren Kosten erzeugen können.

### Aufgabenstellungen – „Außenhandel“

1. Denken Sie an Unternehmen aus Ihrem Umfeld: In welchem Zusammenhang stehen diese mit dem Außenhandel?
2. Geben Sie an, welche Vorteile sich Länder erhoffen, wenn sie Investitionen ausländischer Unternehmen in ihrem Staatsgebiet fördern.
3. Regional versus international: Überlegen Sie, welche Vorteile es Ihnen bzw. der Weltwirtschaft bringt, wenn Sie nur mehr regionale Produkte kaufen. Welche Nachteile hat dies?

Von 182 Staaten weltweit gehören nur rund 40 Länder zu den Nettogläubigern. Ihnen stehen 100 Schuldnerländer gegenüber. Vom Rest gibt es keine verlässlichen Daten.

Was könnte man unter dem Begriff „Nettogläubiger“ verstehen?

# 3 Zahlungsbilanz

*Die österreichische Volkswirtschaft weist seit Anfang der 2000er-Jahre eine positive Zahlungsbilanz auf. Das bedeutet, dass Österreich gegenüber dem Rest der Welt Nettogläubiger ist. Entscheidend für diese erfreuliche Entwicklung sind die kontinuierlichen Überschüsse in der Leistungsbilanz.*

Um über das Ausmaß des Güter- und Kapitalaustausches einer Volkswirtschaft Bescheid zu wissen, werden sämtliche Geschäfte mit dem Ausland registriert und in der **Zahlungsbilanz** dargestellt. Diese stellt sämtliche Ausgaben und Einnahmen, die sich aus dem internationalen Wirtschaftsverkehr aller Unternehmen eines Staates ergeben, einander gegenüber.

## 3.1 Teilbilanzen der Zahlungsbilanz

Unter www.oenb.at (Statistik – Außenwirtschaft – Zahlungsbilanz) finden Sie aktuelle Daten für Österreich.

Der Internationale Währungsfonds (IWF) gibt weltweit die Bilanzform, Inhalt und Gliederung im **„Balance of Payments Manual“ (BPM)** vor – das Zahlungsbilanzhandbuch in sechster Auflage wurde 2009 neu erlassen. In Europa wurden die entsprechenden Rechtsakte durch die EZB und die EU-Kommission angepasst. Die Umstellung auf BPM6 hat 2014 stattgefunden.

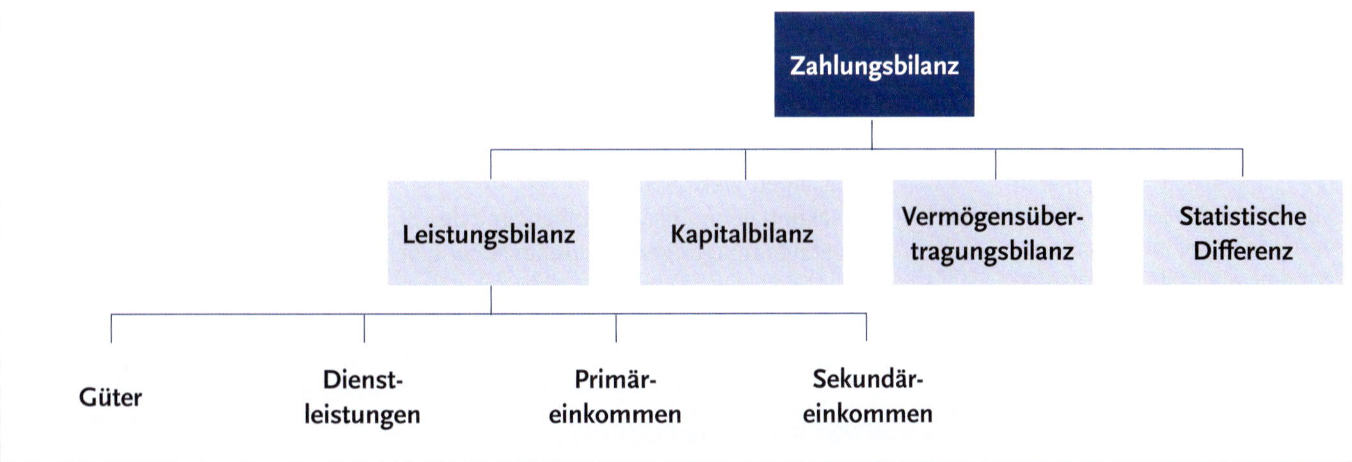


## Leistungsbilanz

Die Leistungsbilanz ist die Gegenüberstellung aller entgeltlichen Güter- und Dienstleistungen, Einkommen und solcher laufender Transfers, die Einfluss auf das Einkommen und den Verbrauch der Volkswirtschaft haben. Sie setzt sich folgendermaßen zusammen:

- Unter **Güter** (Warenhandel) werden die Werte der Importe den Werten der Exporte von Gütern gegenübergestellt.
- **Dienstleistungen** stellen grenzüberschreitende Einnahmen und Ausgaben für Dienstleistungen gegenüber. Erfasst werden insbesondere:
  - Reiseverkehr/Tourismus
  - Transportleistungen
  - Kommunikationsdienstleistungen (grenzüberschreitende Telefongespräche, internationale TV-Übertragungen etc.)
  - Versicherungs- und Finanzdienstleistungen
  - Etc.
- Als **Primäreinkommen** zählen grenzüberschreitende Zahlungen aus Erwerbstätigkeit und Vermögensanlagen, u. a. Arbeitnehmerentgelte, Vermögenseinkommen, sowie weitere Posten, wie z. B. Subventionen und Mieterträge.
- Als **Sekundäreinkommen** werden regelmäßige Zahlungen verstanden, denen keine erkennbare Leistung der anderen Seite gegenübersteht, z. B. Überweisungen der in Österreich beschäftigten ausländischen Arbeitnehmer in ihre Heimatländer, Zahlungen des Staates an internationale Organisationen wie die Vereinten Nationen oder Leistungen im Rahmen der Entwicklungshilfe.

Die Tourismuswirtschaft liefert einen weltweit einzigartig hohen, positiven Beitrag zur Dienstleistungsbilanz und damit zur Leistungsbilanz Österreichs.

**Leistungsbilanz Österreichs (2020–2022)**

| | Leistungsbilanz (in Mio. Euro) | | |
|---|---|---|---|
| | **2020** | **2021** | **2022** |
| **Güter** | 4.458 | –59 | –6.747 |
| **Dienstleistungen** | 8.230 | 3.089 | 8.283 |
| **Primäreinkommen** | 3.951 | 6.308 | –290 |
| **Sekundäreinkommen** | –3.529 | –2.670 | –2.547 |
| **Leistungsbilanz netto** | **13.110** | **6.669** | **–1.301** |

Quelle: Oesterreichische Nationalbank, 2023

Portfolioinvestitionen = Saldo aus ausländischen Wertpapieren im Besitz von österreichischen Investoren sowie inländischen Wertpapieren im Besitz von ausländischen Investoren.

### Kapitalbilanz

Die Kapitalbilanz umfasst die Gegenüberstellung u. a. von

- **Direktinvestitionen** (z. B. Beteiligungen, Erwerb von Grundstücken im In- und Ausland) von Österreichern im Ausland und Ausländern in Österreich,
- **Portfolioinvestitionen** (z. B. Forderungen und Verbindlichkeiten aus kurz- und langfristigen Wertpapieren),
- Transaktionen im Zusammenhang mit den offiziellen **Währungsreserven** (z. B. Termingeldveranlagungen, Quotenerhöhung beim Internationalen Währungsfonds) und
- sonstigen **Investitionen** (z. B. kurzfristige Bankeinlagen und -kredite).

### Vermögensübertragungsbilanz

Gegenüberstellung der Vermögen, die vom Ausland ins Inland und vom Inland ins Ausland fließen. Es werden sowohl die unentgeltlichen als auch die entgeltlichen Übertragungen erfasst:

- **Entgeltliche Übertragungen:** z. B. Ankauf von Patenten, Verkauf eines Kundenstockes oder Sportlerablösen
- **Unentgeltliche Vermögensübertragungen:** öffentliche (z. B. Rückflüsse aus der EU) und private (privater Schuldenerlass, Wirkungen von Ein- und Auswanderung, Erbschaften etc.) Vermögensübertragungen

## 3.2 Überschuss oder Defizit?

Die **Zahlungsbilanz** ist aufgrund der doppelten Verbuchung **immer ausgeglichen.** Bei den Teilbilanzen der Zahlungsbilanz kann es jedoch zu einem Überschuss oder zu einem Defizit kommen.

| Aktive/Positive Bilanz | Ausgeglichene Bilanz | Passive/Negative Bilanz |
| --- | --- | --- |
|   **= Bilanzüberschuss** |  | 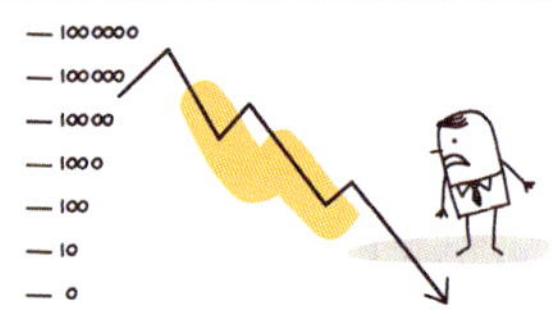  **= Bilanzdefizit** |
| In diesem Fall übersteigen die Exporte die Importe. Man spricht von einem Leistungsbilanzüberschuss. | In diesem Fall würden die Ausgaben und die Einnahmen exakt gleich hoch sein. Dies kommt in der Realität kaum vor. | In diesem Fall übersteigen die Importe die Exporte. Man spricht von einem Leistungsbilanzdefizit. |

Welche Auswirkungen hat eine positive Leistungsbilanz Österreichs auf Sie persönlich?

**Beispiel: Leistungsbilanzdefizit**

- Ein Leistungsbilanzdefizit, das durch anhaltend hohe **Konsumgütereinfuhren** entsteht, kann ein Land in Schwierigkeiten bringen. Es lebt „über seine Verhältnisse". Dies ist im Moment in den Wirtschaftsbeziehungen zwischen den USA und China gegeben. In diesem Fall werden Güter in den USA konsumiert, die nicht im eigenen Land hergestellt wurden.
- Sind dagegen hohe **Investitionsgüterimporte** die Ursache für ein Leistungsbilanzdefizit, kann damit auch eine Beschleunigung des Wirtschaftswachstums verbunden sein, z. B. bei Maschinenimporten für eine effizientere Produktion.

**Aufgabenstellungen – „Zahlungsbilanz"**

1. Warum ist es für eine Volkswirtschaft überhaupt interessant, über die Zahlungsbilanz Bescheid zu wissen?
2. Analysieren Sie, welche Folgen eine positive, welche eine negative Leistungsbilanz für ein Land hat.
3. Die Zahlungsbilanz ist keine Bilanz im üblichen Sinn. Inwiefern unterscheidet sie sich von der Bilanz im Rechnungswesen?

# 4 Terms of Trade

Die **Terms of Trade (TOT)** zeigen, wie sich das **reale Austauschverhältnis von Importen und Exporten** über einen Zeitraum entwickelt. Sie geben an, wie viele Güter ausgeführt werden müssen, um eine bestimmte Menge von Gütern einführen zu können.

Informieren Sie sich auf der Website der Wirtschaftskammer (www.wko.at), Abteilung Außenwirtschaft im dort angebotenen Länderprofil Österreichs, welche Produkte Österreich hauptsächlich exportiert.

Bleiben z. B. die Ausfuhrpreise konstant, während die Einfuhrpreise sinken, verbessern sich die Terms of Trade, weil für die gleiche Exportmenge nun mehr Güter importiert werden können.

Die Terms of Trade werden wie folgt ausgedrückt:

$$\text{TOT} = \frac{\text{Preis des Exportgutes (in Euro)}}{\text{Preis des Importgutes (in ausländischer Währung x Wechselkurs)}}$$

**Beispiel**
Österreich exportiert Stahl (gemessen in Tonnen) in die USA und importiert im Gegengeschäft Erdöl (gemessen in Barrel).

$$\text{TOT} = \frac{\text{EUR / Tonne}}{\text{Dollar / Barrel x EUR / Dollar}}$$

In diesem Beispiel ist berücksichtigt, dass die Tauschakte über Geld abgewickelt werden. Daher sind die entsprechenden Währungen der am Tausch beteiligten Länder angeführt.

In der Praxis werden die TOT nicht für jedes einzelne Exportgut ermittelt. Es wird der Wert mehrerer repräsentativer Exportgüter einem entsprechenden Importgüterbündel gegenübergestellt.

Ein hoher TOT-Wert bedeutet, dass der Preis des Exportgutes (was wir bekommen) höher ist als der Preis des Importgutes (was wir zahlen).

Die TOT-Kennziffern dienen dem internationalen **Wohlfahrtsvergleich.** Die Teilnahme am zwischenstaatlichen Güteraustausch ist für ein Land umso vorteilhafter, je weniger sich die internationalen niedrigen TOT den heimischen TOT annähern. Länder mit hohem Industrialisierungsgrad haben hier im Gegensatz zu Entwicklungsländern Vorteile. Gründe gibt es dafür mehrere:

- Industrieländer können Rohstoffe zum Teil durch synthetische Produkte ersetzen.
- Industrieländer können den Selbstversorgungsgrad bei Nahrungsmitteln erhöhen.
- Die Preise auf den Agrar-Rohstoffmärkten verfallen zum Teil, während die Preise für Produkte der Industrieländer wie z. B. pharmazeutische Produkte und Geräte steigen.

In diesem Buch haben Sie bereits mehrere Kennziffern für den Wohlstandsvergleich kennengelernt? Welche?

Recherchieren Sie, wie hoch die Preise für die Agrar-Rohstoffe der Grafik derzeit sind. Haben sich die TOT für die Entwicklungsländer inzwischen verbessert?

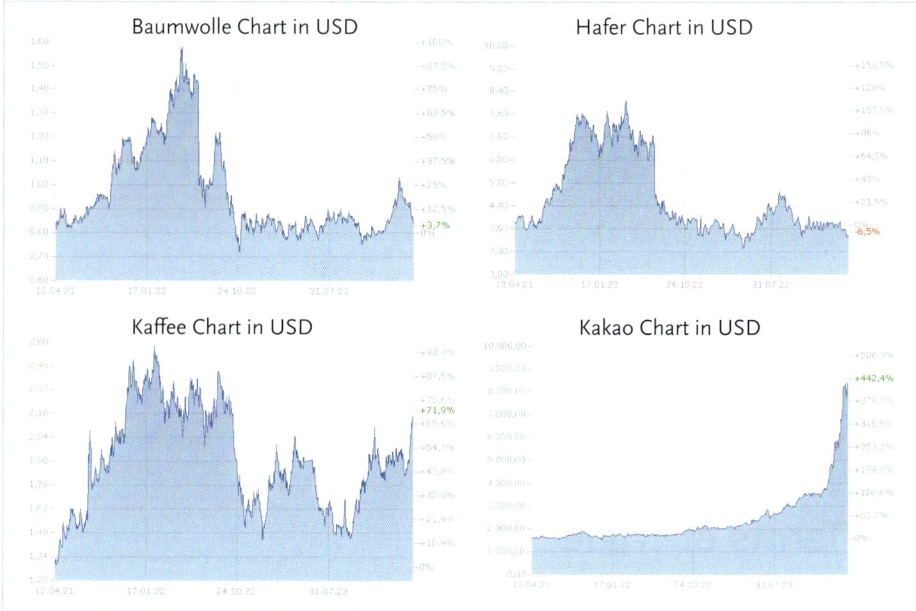


Quelle: finanzen.net, 05/2024

Den nominellen Wechselkurs und die Auswirkungen einer Auf- bzw. Abwertung haben Sie bereits im Kapitel „Geld und Währung“ kennengelernt.

## VW Plus – Reales Austauschverhältnis: ein Zahlenbeispiel

Der **nominelle Wechselkurs (W)** ist der Preis der heimischen Währung (€), ausgedrückt in Einheiten einer Fremdwährung (z. B. Dollar: $):

- In diesem Fall gibt W = $/€ an, wie teuer unsere Währung ist.

Was Sie aus diesem Abschnitt schon kennen:
Eine bestimmende Rolle für die **preisliche Wettbewerbsfähigkeit** unserer heimischen Güter sowohl im Export als auch in der Konkurrenz mit Importen spielen

- der Preis (W) unserer Währung relativ zu anderen Währungen (hier $/€) und
- der Preis unserer heimischen Güter ($P^{Inland}_{€}$) im Vergleich zu dem der ausländischen Güter ($P^{Ausland}_{\$}$).

Der **reale Wechselkurs (R)** ist somit ein **Preisvergleich zwischen den handelbaren Inlands- und Auslandsgütern,** denn $W \cdot (P^{Inland}_{€}) = P^{Inland}_{\$}$ und unmittelbar vergleichbar mit $P^{Ausland}_{\$}$.

$$R = W \cdot (P^{Inland}_{€} / P^{Ausland}_{\$})$$

**Aha!**
Ein **hohes R** weist, auf **hohe Preissetzungsfähigkeit** und **qualitative Wettbewerbsfähigkeit** hin.

So gibt R **das reale Austauschverhältnis zwischen Inlands- und Auslandsgütern** an, und zwar bei gegebenem Wechselkurs (W) und gegebenem Preisverhältnis ($P^{Inland}_{€} / P^{Ausland}_{\$}$).

**Zahlenbeispiel:**
W = 1,5 $ (pro €)

| **Exportgut: Wiener Riesenradfahrten (WRRF)** | **Importgut: Grand-Cañon-Helikopterflüge (GCHF)** |
|---|---|
| Exportmenge = 100 WRRF | |
| Exportpreis in €: $P^{Export}_{€} = 10\ €$ | |
| Exportpreis in $: $P^{Export}_{\$} = W \cdot P^{Export}_{€}$ $= 1{,}5(\$/€) \cdot 10\ € = 15\ \$$ | Importpreis in $: $P^{Import}_{\$} = 100\ \$$ |
| Exporteinnahmen (X) beim Verkauf von 100 WRRF: $X_{€} = 100 \cdot 10{,}00\ € = 1.000{,}00\ €$, | Die Exporteinnahmen aus den WRRF von 1.000,00 €, umgerechnet 1.500,00 $, ermöglichen Importausgaben in dieser Höhe. |
| zum Vergleich umgerechnet in $: $X_{\$} = W \cdot X_{€}$ $= 1{,}5(\$/€) \cdot 1.000{,}00\ €$ $= 1.500{,}00\ \$$ | Das ergibt eine Importmenge von 15 GCHF (zu je 100 $): $1.500{,}00\ \$/100{,}00\ \$$ $= 15$ GCHF |

**Ergebnis: Reales Austauschverhältnis**

$R = W \cdot (P^{Inland}_{€}/P^{Ausland}_{\$}) = 1{,}5(\$/€) \cdot (10\ €/100\ \$) = 15\ \$/\ 100\ \$ =$
15 GCHF/100 WRRF

**15 GCHF können importiert werden, wenn 100 WRRF exportiert werden.**

## Aufgabenstellung – „Terms of Trade"

- Angenommen Österreich exportiert nur 1 Packung Mozartkugeln im Wert von 20 EUR in die USA. Im Gegenzug importiert Österreich 1 VWL-Buch im Wert von 20 US-Dollar aus den USA. Der Wechselkurs sei zudem 1 EURO = 2 US-Dollar. Berechnen Sie den TOT.

## WissensCheck – „Außenwirtschaftspolitik"

1. Beschreiben Sie die unterschiedlichen Formen der Außenwirtschaftspolitik.
2. Nennen Sie die Ursachen des Außenhandels.
3. Erklären Sie, welche Chancen der Außenhandel mit sich bringt.
4. Nennen Sie die Teilbilanzen der Zahlungsbilanz.
5. Schildern Sie, was die Leistungsbilanz erfasst.
6. Erklären Sie „Terms of Trade".

## Zusammenfassung – „Außenwirtschaftspolitik“

Speichern Sie nun das wesentliche Wissen des Kapitels „Außenwirtschaftspolitik“ in Ihrem Kopf ab. Erstellen Sie dazu eine Zusammenfassung, indem Sie

1. eine übersichtliche Struktur (Tabelle) oder
2. eine Mindmap anfertigen.

**Tipp:** Nur eine selbst erstellte Zusammenfassung ist eine gute Zusammenfassung.

## Ziele erreicht? – „Außenwirtschaftspolitik“

KOMPETENZ-ERWERB

1. Die folgende Abbildung zeigt die wichtigsten Außenhandelspartner Österreichs.
   a) Geben Sie die Aussagen der Grafik in eigenen Worten wieder.
   b) Österreichische Unternehmen konzentrieren sich demnach schwerpunktmäßig auf Exporte in einem 500-km-Radius. Was könnten die Gründe dafür sein?

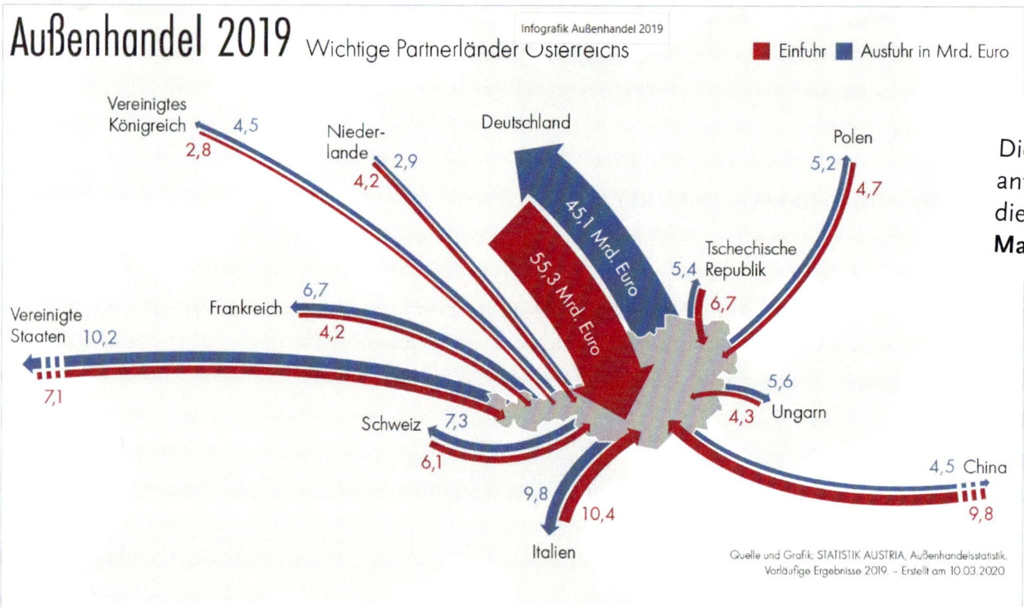


Die bedeutendsten Exportanteile entfallen dabei auf die Sparten **Fahrzeuge und Maschinen.**

2. Entscheiden Sie, ob folgende Ereignisse positive, negative oder keine Auswirkungen auf die österreichische Leistungsbilanz haben.

| Ereignisse | Positive Auswirkung | Negative Auswirkung | Keine Auswirkung |
|---|---|---|---|
| Ein Inder macht Urlaub in Salzburg. | | | |
| Ein privater Haushalt importiert Wein zum Eigenverbrauch aus Südafrika. | | | |
| Sie machen Urlaub in Ägypten. | | | |
| Ein Spediteur transportiert Käse von der Schweiz nach Ungarn. | | | |
| Österreich erhält von der EU eine Landwirtschaftsförderung. | | | |
| In Mattighofen werden Motorräder gefertigt, die in die USA ausgeführt werden. | | | |

**3.** Analysieren Sie, was dazu beitragen kann, dass die österreichische Leistungsbilanz verbessert wird. Nennen Sie vier Beispiele.

4. Lesen Sie folgenden Zeitungsartikel zum Thema „Handelskriege" und beantworten Sie die anschließenden Aufgabenstellungen. (Anmerkung: dieser Text stammt aus der Zeit, wo Donald Trump noch Präsident der USA war.)

## Trump: Handelskriege „gut und leicht zu gewinnen"

**Der US-Präsident versucht mit einem Verweis auf Milliardendefizite im Außenhandel die angekündigten Strafzölle auf den Import von Stahl und Aluminium zu rechtfertigen.**

Im Streit um angekündigte Strafzölle auf Stahl und Aluminium hat US-Präsident Donald Trump noch nachgelegt: Handelskriege seien „gut und leicht zu gewinnen", schrieb er am Freitag im Kurzbotschaf-tendienst Twitter. Er reagierte damit auf scharfe Kritik aus aller Welt an seiner Ankündigung, Importe von Stahl und Aluminium in die USA mit hohen Strafzöllen zu belegen.

Trump schrieb: „Wenn ein Land viele Milliarden Dollar im Handel mit quasi jedem Land verliert, mit dem es Geschäfte macht, sind Handelskriege gut und einfach zu gewinnen. Wenn die USA zum Beispiel ein Handelsdefizit von 100 Mrd. Dollar (82 Mrd. Euro) mit einem anderen Land haben, und dieses unschuldig tut, dann höre auf mit dem Handel." Die USA würden in dem Fall „groß gewinnen. Es ist einfach!" [...]

**Kritik aus den eigenen Reihen**

In ersten politischen Reaktionen gingen Trumps Parteikollegen mit ihm hart ins Gericht. „Immer wenn man so was macht, gibt es Vergeltung", sagte der republikanische Vorsitzende des Landwirtschaftsausschusses im Senat, Pat Roberts. „Ziel Nummer eins ist die Landwirtschaft." In den US-Medien schlossen sich seine Kollegen der Kritik an: Orrin Hatch, Vorsitzender des Finanzausschusses, nannte die Maßnahme „eine Steuererhöhung, die sich das amerikanische Volk nicht leisten kann".

Trump hatte am Donnerstag Strafzölle auf den Import von Stahl und Aluminium in die USA angekündigt. Durch die Schutzzölle könnten US-Unternehmen deutlich wachsen und neue Jobs schaffen, begründete er den Schritt. Kritik daran kam aus der ganzen Welt, unter anderem von der EU, China und Deutschland.

So befürchtet der europäische Stahlverband Eurofer, dass die angekündigten US-Strafzölle die EU-Stahlexporte nach Amerika „von einem auf den anderen Tag" drastisch einschränken dürften. Eurofer geht von einem Minus von 50 Prozent oder mehr aus – bei einem aktuellen Volumen von rund fünf Millionen Tonnen aus der EU.

**Berlin kritisiert scharf**

Auch die deutsche Wirtschaft sorgt sich angesichts neuer US-Strafzölle um den Welthandel. Es bestehe die Gefahr, dass andere Länder folgen und das gesamte Welthandelssystem „zum Nachteil aller weiter aushöhlen", sagte der Hauptgeschäftsführer der Deutschen Industrie- und Handelskammer (DIHK), Martin Wansleben, am Freitag in Berlin. „Klar ist, die Zölle erschweren den Marktzugang in die USA und führen letztlich auch zu höheren Preisen beim US-Verbraucher", sagte Wansleben.

Die deutsche Bundesregierung lehne solche Zölle ab, sagte Regierungssprecher Steffen Seibert am Freitag in Berlin. Sie würden „globale Handelsströme empfindlich treffen". Deutschland zählt zu den zehn größten Stahlimporteuren in die USA. Das Problem weltweiter Überkapazitäten bei Stahl und Aluminium lasse sich durch „einseitige Maßnahmen der USA nicht lösen". Seibert begrüßte die harsche Reaktion der Europäischen Union auf die Ankündigung Trumps. [...]

*(Quelle: Die Presse, 2018)*

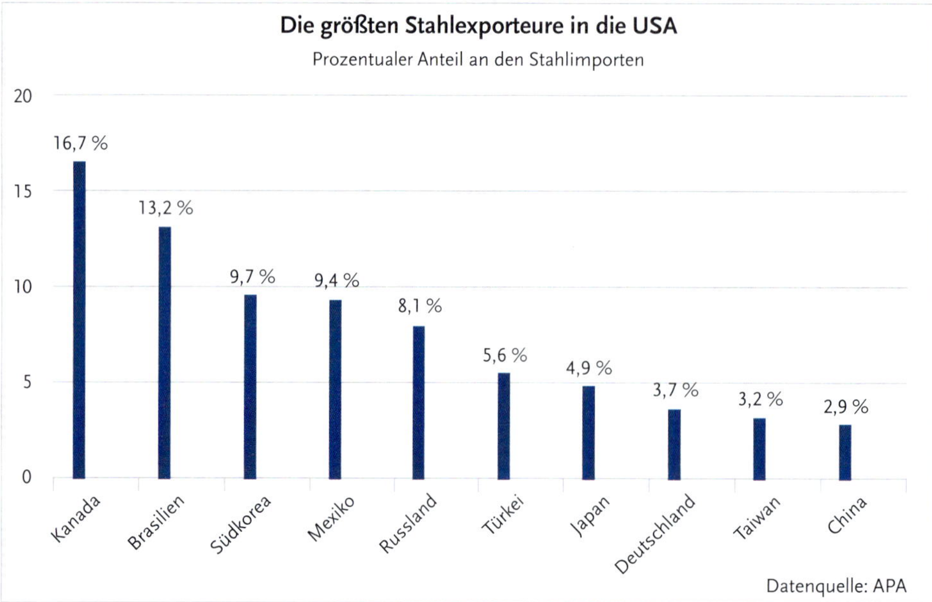


**a)** Fassen Sie Trumps Argumente zusammen, warum er für die Einführung von Schutzzöllen auf Stahl- und Aluminiumimporte ist.

**b)** Fassen Sie die Argumente seiner Kritiker zusammen.

**c)** Trump spricht in diesem Artikel auf das Leistungsbilanzdefizit der USA an. Erklären Sie die Bestandteile einer Leistungsbilanz und was eine negative Bilanz bedeutet.

**d)** Analysieren Sie, warum Staaten Zölle auf verschiedene Produkte bei der Einfuhr erheben und welche Auswirkungen der neue Vorstoß Amerikas haben könnte.

**e)** In Österreich legen wir viel Gewicht auf biologische Landwirtschaft und auf artgerechte Tierhaltung. Recherchieren Sie, ob das in vielen Ländern Lateinamerikas auch so ist. Argumentieren Sie, ob es aus Ihrer Sicht gut ist, wenn für landwirtschaftliche Produkte z. B. mit vielen Staaten Südamerikas ein Freihandelsabkommen geschlossen wird.

**5.** Interpretieren Sie folgende Grafik zur österreichischen Leistungsbilanz:

**Österreichs Leistungsbilanz erstmals seit 20 Jahren negativ**

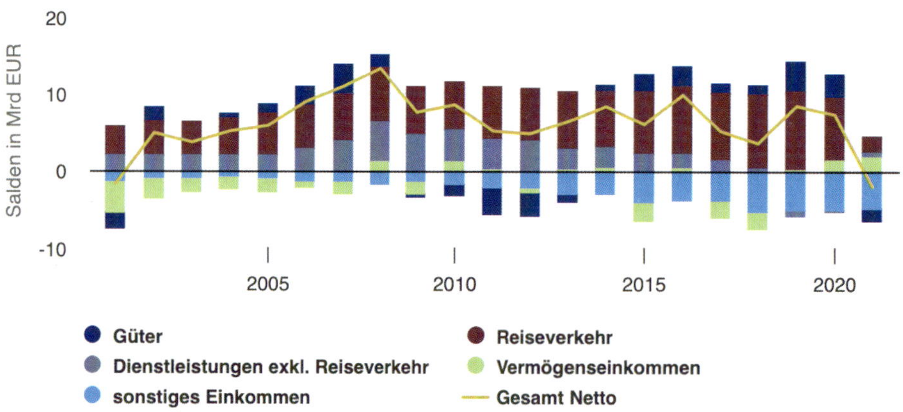


Quelle: OeNB, Statistik Austria.

a) Geben Sie an, wie sich die Leistungsbilanz 2021 gegenüber dem Vorjahr verändert hat.

b) Nennen Sie die Bereiche, welche sich im angegebenen Zeitintervall auf die österreichische Leistungsbilanz positiv ausgewirkt haben.

Einen interaktiven **Safety-Check** finden Sie in der TRAUNER-DigiBox.

# Wirtschaftliche Integration – internationale Organisationen

Eine Power-Point-Präsentation des Kapitels finden Sie in der TRAUNER-DigiBox.

In einer vernetzten Welt, wie wir sie heute haben, sind Organisationen und Stellen notwendig, die besonders die wirtschaftlichen Vorgänge koordinieren und aufeinander abstimmen. Die wichtigsten internationalen Organisationen und Kooperationen lernen Sie in diesem Kapitel kennen.

Außerdem erfahren Sie, wie es überhaupt zu einer derartigen wirtschaftlichen Integration gekommen ist, welche Formen der wirtschaftlichen Integration es gibt und was sich die Staaten davon erhoffen.

## Meine Ziele

KOMPETENZ-ERWERB

Nach Bearbeitung dieses Kapitels kann ich

- die verschiedenen Formen wirtschaftlicher Integration erklären;
- beurteilen, welche Folgen eine Freihandelszone zwischen der EU und den USA mit sich bringen würde;
- bedeutende internationale Organisationen beschreiben und charakterisieren.

# 1 Wirtschaftliche Integration

*Seit gut einem halben Jahrhundert ist die weltweite wirtschaftliche Zusammenarbeit und Abstimmung zwischen den Staaten immer mehr gewachsen. Was nach dem Zweiten Weltkrieg mit dem Abbau einzelner Zölle und Handelsbarrieren begann, mündete in Europa am Ende des 20. Jahrhunderts in die Bildung einer Wirtschafts- und Währungsunion. Diese wirtschaftliche Integration spiegelt sich in einem deutlichen Anstieg des Handels mit Waren und Dienstleistungen innerhalb des Euroraums wider. Sie zeigt sich aber beispielsweise auch darin, dass sich die Konjunkturzyklen vieler Volkswirtschaften im Euroraum inzwischen immer mehr ähneln.*

Welche Auswirkungen hat die wirtschaftliche Integration auf Ihr Leben?

In Europa wurde aufgrund von politischen Entscheidungen die Währungsunion vor der Wirtschaftsunion installiert.

Unter **wirtschaftlicher Integration** versteht man die Art und Intensität der wirtschaftlichen und politischen Abstimmungen zwischen Staaten. Sie entsteht durch den Zusammenschluss mehrerer (kleiner) Volkswirtschaften zu einer größeren Volkswirtschaft.

**Ziel** ist es, durch den Zusammenschluss Handelshemmnisse zu beseitigen und damit Behinderungen im Wirtschaftsverkehr zwischen Ländern und Regionen abzubauen.

### Formen wirtschaftlicher Integration

Entsprechend einer zunehmenden Intensität der wirtschaftlichen Integration kann man folgende Integrationsformen unterscheiden:

**Überblick über die Formen wirtschaftlicher Integration**

| | | | |
|---|---|---|---|
| **Währungsunion** | + gemeinsame Währung | z. B. Europäische Währungsunion | hohe wirtschaftliche Integration |
| **Wirtschaftsunion** | + Koordination der Wirtschaftspolitiken | z. B. Gemeinsame Agrarpolitik der Europäischen Wirtschaftsunion | |
| **Gemeinsamer Markt (Binnenmarkt)** | + freier Verkehr von Waren, Dienstleistungen, Arbeitnehmern, Kapital | z. B. Europäischer Binnenmarkt, MERCOSUR | |
| **Zollunion** | + gemeinsame Außenzölle | z. B. Zollunion Schweiz-Liechtenstein, SACU | |
| **Freihandelszone** | keine internen Handelshemmnisse | z. B. EFTA, USMCA | |
| **Assoziierungsabkommen (Assoziierungsvertrag)** | Bilaterale Verträge mit dem Ziel, die wirtschaftliche Zusammenarbeit zu vertiefen | z. B. EU mit der Türkei | keine wirtschaftliche Integration |

## 1.1 Assoziierungsabkommen (Assoziierungsverträge)

**Assoziierungsabkommen (Assoziierungsverträge)** sind völkerrechtliche Verträge zwischen mindestens zwei Staaten oder von Wirtschaftsgemeinschaften mit Drittstaaten mit folgenden Zielen:

- Sie helfen, engere wirtschaftliche Bindungen zwischen Staaten oder Wirtschaftsgemeinschaften zum beiderseitigen Vorteil einzugehen.
- Sie dienen zur Vorbereitung auf einen zukünftigen Teil- oder Vollbeitritt eines Staates zu einer Wirtschaftsgemeinschaft (z. B. vor Eintritt in die EU).

Assoziierte Staaten besitzen eine je nach Vertrag lose oder vertiefende Annäherung an einen Staat oder eine Wirtschaftsgemeinschaft. Diese Annäherungen werden durch einzelne Wirtschaftsverträge für unabhängige Teilbereiche abgeschlossen.

**Beispiele: Assoziierungsabkommen der EU mit Drittstaaten**

- Assoziierungsabkommen der EU mit der Türkei
- Assoziationsabkommen der EU mit der Ukraine
- Assoziierungsabkommen der EU mit Albanien

Assoziierungsabkommen sind keine wirtschaftliche Integrationsform. Es gelten nur die im Assoziierungsabkommen vereinbarten Rechte und Pflichten. Ansonsten bleiben die volle staatliche Autonomie und die staatliche Souveränität aller beteiligten Staaten bzw. Wirtschaftsgemeinschaften erhalten.

## 1.2 Freihandelszone

Die Freihandelszone ist der erste Schritt einer wirtschaftlichen Integration von verschiedenen Volkswirtschaften.

Die Mitglieder einer Freihandelszone bauen die zwischen ihnen bestehenden Handelsbeschränkungen (z. B. Zölle, Kontingente) ab. Jedes Mitgliedsland behält allerdings weiterhin seine volle staatliche Autonomie bei der Gestaltung seiner Handelspolitik gegenüber Drittstaaten. Wegen des unterschiedlichen Außenzollniveaus kommt es zu internen Wettbewerbsverzerrungen, wodurch die Freihandelszone einer Ursprungsregelung bedarf.

Die EU und die USA planen, eine gemeinsame Freihandelszone einzuführen: das Transatlantic Trade and Investment Partnership (TTIP). Derzeit sind die Gespräche jedoch ausgesetzt.

**Ursprungsregelung:** Beim Import von Gütern muss der Beweis erbracht werden, dass das Importgut ausschließlich oder überwiegend im Exportland (= Mitglied der Freihandelszone) erzeugt wurde. Dann besteht Zollfreiheit.

**Beispiele für Freihandelszonen (FHZ):**

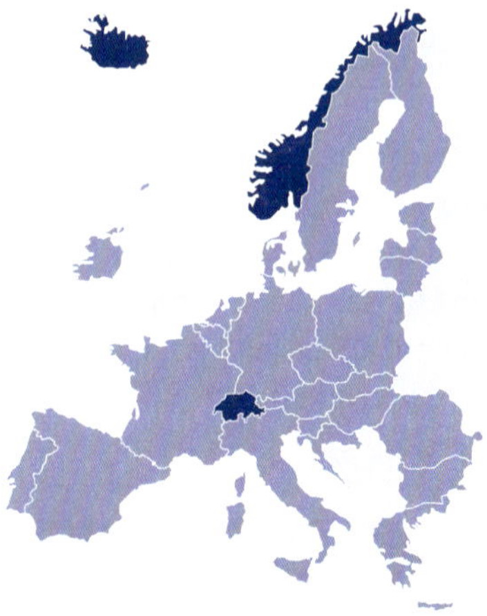

**EFTA**
European Free Trade Association
*Europäische Freihandelsassoziation*

Island, Norwegen, Schweiz, Liechtenstein

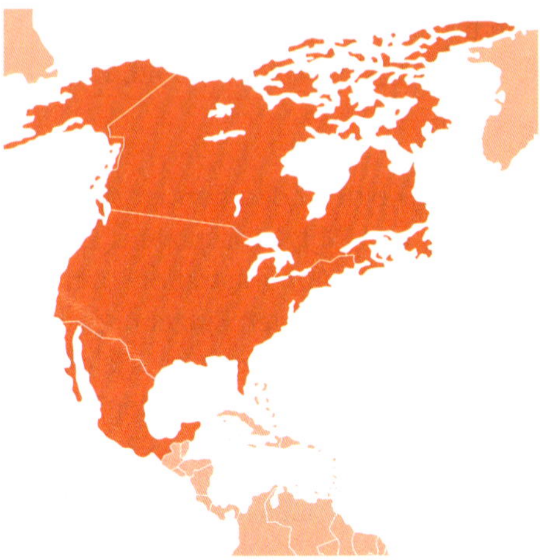

**USMCA**
United States-Mexico-Canada-Agreement
*Nordamerikanisches Freihandelsabkommen*

Kanada, USA, Mexiko

**Merkmale Freihandelszone:**

- Keine internen Handelsbeschränkungen
- Keine einheitlichen Außenzölle

**Website für Interessierte:**
https://ustr.gov/usmca

**Website für Interessierte**
https://rcepsec.org/

**RCEP**
Regional Comprehensive Economic Partnership
*Regionale umfassende Wirtschaftspartnerschaft*

Seit 2020 umfasst diese größte Freihandelszone die 10 ASEAN-Mitgliedsstaaten (Brunei, Indonesien, Kambodscha, Laos, Malaysia, Myanmar, Philippinen, Singapur, Thailand und Vietnam) sowie China, Japan, Südkorea, Australien und Neuseeland.

**Weitere Freihandelszone:**
**CEFTA** (Central European Free Trade Agreement, Mitteleuropäisches Freihandelsabkommen)
**AfCFTA** (African Continental Free Trade Area)

## 1.3 Zollunion

Die Mitgliedsländer einer Zollunion vereinbaren untereinander Zollfreiheit (keine Binnenzölle) und den Abbau von Kontingenten. Gegenüber Nichtmitgliedern der Zollunion (Drittländern) werden **einheitliche Außenzölle** erhoben.

**Merkmale Zollunion:**
- Keine internen Handelsbeschränkungen
- Gemeinsame Außenzölle

**Schematische Darstellung der Zollunion**

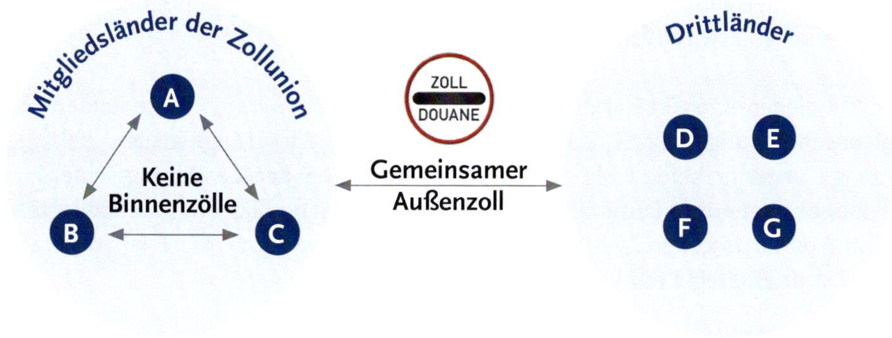


Jede Wirtschafts- bzw. Währungsunion hat auch eine Zollunion.

Durch die gegenseitig eingeräumte Zollfreiheit unter den Unionsländern kommt es zur Marktöffnung innerhalb der Zollunion sowie zur Abschirmung gegen Drittländer.

Der **Vorteil** einer Zollunion ist der freie Verkehr der Importgüter aus Drittstaaten zwischen den Mitgliedsstaaten. Eine weitere Verzollung und damit auch weitere Kosten für die Administration und die Durchführung der Zollkontrollen an den Grenzen der jeweiligen Einzelmitgliedsstaaten entfallen. Diese fehlenden volkswirtschaftlichen Kosten und die Erleichterung des Handels wirken sich BIP-steigernd auf die einzelnen teilnehmenden Volkswirtschaften aus.

| Einige Zollunionen im Überblick | |
|---|---|
| **Europäische Zollunion** | = die in der EU seit 1968 bestehende Zollunion + Türkei, San Marino und Andorra |
| **SACU** | Southern African Customs Union – Südafrikanische Zollunion: Republik Südafrika, Eswatini, Lesotho, Botswana, Namibia |

## 1.4 Gemeinsamer Markt (Binnenmarkt)

In gemeinsamen Märkten (Binnenmärkten) kommt es zu einer vertraglich vereinbarten und von allen Beteiligten gewollten engen Verflechtung der verschiedenen teilnehmenden Volkswirtschaften.

Ein **Binnenmarkt** ist ein einheitlicher Markt, der durch den freien Verkehr von Waren, Dienstleistungen, Kapital und Personen gekennzeichnet ist. Wir sprechen dabei auch von den „vier Freiheiten".

**Merkmale gemeinsamer Markt:**

- Enge Verflechtung der Volkswirtschaften
- Freier Verkehr von Waren, Dienstleistungen, Kapital und Personen

**Folgende gemeinsame Märkte gibt es beispielsweise:**

**EWR – Europäischer Wirtschaftsraum**
Mitglieder: EU-Staaten und die EFTA-Staaten (außer der Schweiz).

Im EWR gibt es keine Zölle zwischen den Mitgliedsstaaten und es gelten ca. 80 % der Binnenmarktvorschriften der EU.

Mehr über die vier Freiheiten haben Sie im Kapitel „Europäische Wirtschaftspolitik" erfahren.

**MERCOSUR**
Mercado Común del Sur
*„Gemeinsamer Markt des Südens"*

- Argentinien, Brasilien, Paraguay, Uruguay
- **Suspendierter Staat:** Venezuela
- **Assoziierte Staaten:** Chile, Bolivien, Peru, Kolumbien, Ecuador

MERCOSUR
https://www.mercosur.int/en/
*auch:* MERCOSUL (Mercado Comum do Sul)

**ECOWAS**
Economic Community of West African States
*Westafrikanische Wirtschaftsgemeinschaft*

Benin, Elfenbeinküste, Gambia, Ghana, Guinea, Guinea-Bissau, Kap Verde, Liberia, Nigeria, Senegal, Sierra Leone, Togo

## 1.5 Wirtschaftsunion

Die nächste Stufe der wirtschaftlichen Integration stellt die Wirtschaftsunion dar. Zusätzlich zu einem gemeinsamen Markt erfolgt auch eine Koordination der Wirtschaftspolitiken der teilnehmenden Staaten.

Die vier Freiheiten des Binnenmarktes bestehen auch bei der Wirtschaftsunion. Daneben muss ein Teil der **wirtschaftspolitischen Souveränität** aufgegeben werden.

**Merkmale Wirtschaftsunion**

- Koordination der Wirtschaftspolitiken
- Supranationale Institutionen

Außerdem ist die Wirtschaftsunion mit der Schaffung entsprechender supranationaler Institutionen mit eigenen Kompetenzen verbunden. Sie sind den einzelnen Volkswirtschaften übergeordnete Organe und garantieren die Einhaltung und den Vollzug der binnen- und außenwirtschaftlichen gemeinsamen Ziele.

**Beispiele**
- Gemeinsame Agrarpolitik der Europäischen Wirtschaftsunion
- Wirtschaftsunion zwischen der Bundesrepublik Deutschland und der DDR im Jahr 1990 vor der Wiedervereinigung

## 1.6 Währungsunion

Eine Währungsunion stellt die höchste Stufe der wirtschaftlichen Integration zwischen Staaten dar.

Letztlich führt die Einführung einer einheitlichen Währung zur Währungsunion. Eine **Währungsunion** ist ein Zusammenschluss von mindestens zwei unabhängigen Staaten, die eine gemeinsame Währung besitzen.

Dies erleichtert den Güteraustausch und sichert die Geldwertstabilität. Eine den einzelnen Mitgliedsvolkswirtschaften übergeordnete und unabhängige **Zentralbank** wacht über die Einhaltung der Währungsgesetze, setzt die Leitzinshöhe und die im Währungsraum vorhandene Geldmenge fest.

In der TRAUNER-DigiBox finden Sie eine Übung zur Wirtschaftlichen Integration.

**Folgende Währungsunionen gibt es bzw. sind in Planung:**

| Bestehende Währungsunionen | Geplante Währungsunionen |
|---|---|
| ▪ Europäische Wirtschafts- und Währungsunion (EWWU)<br>▪ Westafrikanische Wirtschafts- und Währungsunion (UEMOA)<br>▪ Zentralafrikanische Wirtschafts- und Währungsunion (CEMAC)<br>▪ Ostkaribische Währungsunion<br>▪ Schweiz und Fürstentum Liechtenstein | ▪ EAC (Ostafrikanische Gemeinschaft)<br>▪ ECOWAS<br>▪ GCC (Golf-Kooperationsrat)<br>▪ CARICOM (Karibische Gemeinschaft)<br>▪ UNASUR (UNASUL): Union Südamerikanischer Nationen<br>▪ Südostasiatische Währungsunion (Plan der ASEAN-Staaten) |

### Aufgabenstellungen – „Wirtschaftliche Integration"

1. Nennen Sie je ein Beispiel für die verschiedenen Formen wirtschaftlicher Integration.

Assoziierungsabkommen

Freihandelszone

Zollunion

Gemeinsamer Markt

Wirtschaftsunion

Währungsunion

2. Lesen Sie folgenden Zeitungsartikel und beantworten Sie dazu die Fragen.

### Weltgrößter Freihandelspakt vereinbart

Peking schließt ein großes Freihandelsbündnis mit wichtigen Volkswirtschaften in der Asien-Pazifik-Region. Das Handelsvolumen des Abkommens könnte in Zukunft das der EU überholen.

China hat mit 14 anderen Asien-Pazifik-Staaten den größten Freihandelsblock der Welt geschmiedet. Nach achtjährigen Verhandlungen erfolgte die Unterzeichnung zum Abschluss des virtuellen Gipfels der südostasiatischen Staatengemeinschaft ASEAN in Vietnams Hauptstadt Hanoi. Die Regionale umfassende Wirtschaftspartnerschaft oder RCEP, wie der Pakt abgekürzt wird, umfasst 2,2 Milliarden Menschen und rund ein Drittel der weltweiten Wirtschaftsleistung.

Das Abkommen verringert Zölle, legt gemeinsame Handelsregeln fest und erleichtert damit auch Lieferketten. Es umfasst Handel, Dienstleistungen, Investitionen, E-Commerce, Telekommunikation und Urheberrechte. Neben China und den zehn ASEAN-Staaten Vietnam, Singapur, Indonesien, Malaysia, Thailand, Philippinen, Myanmar, Brunei, Laos und Kambodscha beteiligen sich auch Japan, Australien, Südkorea und Neuseeland.

Das Abkommen wird nach Ansicht von Experten die wirtschaftliche Integration in der Asien-Pazifik-Region voranbringen und protektionistischen Tendenzen entgegenwirken. Die RCEP-Staaten stehen gegenwärtig für rund 29 % des weltweiten Handelsvolumens – etwas weniger als die EU mit 33 %. Der Anteil der RCEP-Gemeinschaft dürfte aber steigen, wie Experten erwarten.

Der Einigung waren 31 Verhandlungsrunden vorausgegangen. Sechs Mal waren selbst auferlegte Fristen nicht eingehalten worden. Am Ende hing das Abkommen besonders an Indien, welches sich nicht so weit öffnen wollte. Indem sich Neu Delhi aber aus den Verhandlungen zurückgezogen hatte, wurde der Weg geebnet für die Einigung.

*(Quelle: Tagesschau, 2020)*

a) Begründen Sie, warum es sich bei RCEP um eine Freihandelszone handelt.

b) Welche Gründe könnte Indien gehabt haben, sich aus den Verhandlungen zu RCEP zurückzuziehen?

c) Überlegen Sie, welche Folgen die Gründung von RCEP für die Europäische Union haben könnte.

## 2 Internationale Organisationen

*Artikel wie den folgenden können Sie immer wieder in Tageszeitungen lesen. „Der Handelsstreit um die sogenannten Seltenen Erden (wie Scandium, Lanthan oder Promethium) spitzt sich zu. Die USA, die EU und Japan haben im März Klage vor der Welthandelsorganisation (WTO) wegen der chinesischen Beschränkungen eingereicht. Der Hintergrund: China kontrolliert 95 Prozent der Seltenen Erden. Diese Rohstoffe sind wichtig für die Herstellung vieler moderner elektronischer Geräte. Die EU und die USA befürchten, dass China mit Exportquoten, Zöllen und Mindestpreisen die globalen Abnehmer benachteilige und gegen WTO-Regeln verstoße.“*

Was ist die WTO? Welche Ziele verfolgt sie? Kennen Sie ähnliche Beispiele wie das nebenstehende?

Ein globaler wirtschaftlicher Markt ist ohne allgemein verbindliche Rahmenbedingungen und global tätige Organisationen nicht administrierbar. Die durch internationale Organisationen geschlossenen Abkommen und Regelungen sind daher von besonderer Bedeutung. Folgende internationale Organisationen verfügen über beachtlichen Einfluss auf das weltweite Wirtschaftsgeschehen.

**Internationale Organisationen**

| OECD | WTO | OPEC | IWF | Weltbank |
|---|---|---|---|---|
| Organisation of Economic Co-operation and Development | World Trade Organization | Organization of the Petroleum Exporting Countries | Internationaler Währungsfonds | World Bank |
| *Organisation für wirtschaftliche Zusammenarbeit und Entwicklung* | *Welthandelsorganisation* | *Organisation erdölexportierender Länder* | *International Monetary Fund (IMF)* | (World Bank Group, Weltbankgruppe) |

Neben den angeführten internationalen Organisationen spielen aber auch andere Kooperationen und Einrichtungen eine gewichtige Rolle für das globale wirtschaftliche Leben: Beispiele dafür sind die Treffen der großen Wirtschaftsmächte, wie der Gruppe der Acht (G 8)/seit 2014 Gruppe der Sieben (G 7) oder der Gruppe der Zwanzig (G 20), sowie Non-Governmental Organizations (NGOs).

NGO = Nichtregierungsorganisation (NRO), z. B. Greenpeace, Global 2000.

Die G-8-Staaten vereinigen ca. 50 % des Welthandels und erbringen über 50 % der weltweiten Wirtschaftsleistung. In diesen Ländern leben aber nur rund 14 % der Weltbevölkerung.
**Seit März 2014 wird Russland aufgrund der Annexion der Krim bis auf weiteres nicht mehr zu den Gipfeltreffen eingeladen.**

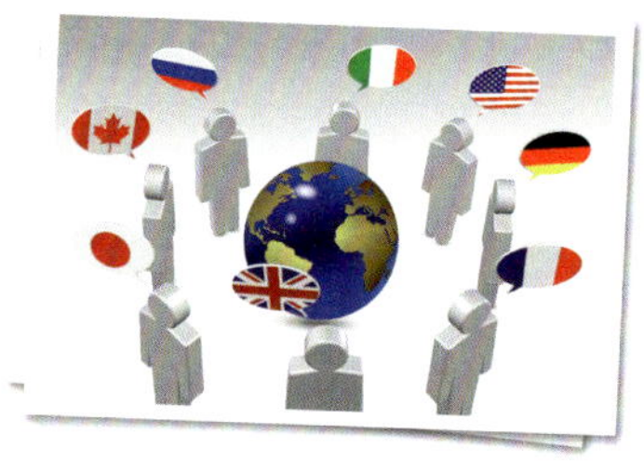

**Die Gruppe der Acht (G 8)/ Gruppe der Sieben (G 7)**
Der medial wirksame Teil der G 8 sind die jährlichen Gipfeltreffen. Diese Treffen bieten die Möglichkeit, im persönlichen Gespräch die Standpunkte auszutauschen. Sie sind außerdem Ausgangspunkt der gemeinsamen G-8-Initiativen (Beschlüsse sind rechtlich aber nicht bindend). Zu den Aufgaben zählen die Erörterung globaler Wirtschafts- und Währungsfragen sowie wirtschaftlich relevante Sonderprobleme: Energiepolitik, Verschuldung, Umweltschutz etc.

## 2.1 OECD

www.oecd.org

Die **OECD** (Organisation for Economic Cooperation and Development) ist die **Organisation für wirtschaftliche Zusammenarbeit und Entwicklung** mit Sitz in Paris. Sie wurde 1961 als Nachfolgeorganisation der OEEC (= Organisation für europäische wirtschaftliche Zusammenarbeit) und des Marshallplanes für den Wiederaufbau Europas gegründet.

Die OECD hat als **Ziele** die Planung, Koordinierung und Vertiefung der Zusammenarbeit sowie die Förderung der Wirtschaft der Mitgliedsländer. Konkret heißt das die Förderung von nachhaltigem Wirtschaftswachstum, höhere Beschäftigung, Steigerung des Lebensstandards, Beitrag zum Wachstum des Welthandels etc.

Die OECD umfasst derzeit 38 Vollmitglieder, Österreich ist Gründungsmitglied.

Durch eigene **Studien und Forschungsaktivitäten** entwickelt die OECD Lösungsmodelle für wirtschaftliche Problemstellungen. So veröffentlicht sie einen jährlichen **Länderbericht** über die Wirtschaftslage der einzelnen Mitgliedsstaaten.

Seit Anfang der 1990er-Jahre unterstützt die OECD den Aufbau von Marktwirtschaften in den Transformationsstaaten in Mittel- und Osteuropa wie auch in anderen Teilen der Welt. Eine verstärkte Zusammenarbeit wurde mit Russland, Brasilien, China, Indonesien und Südafrika vereinbart. Mitgliedsstaaten müssen die Werte der OECD teilen: offene Marktwirtschaft, pluralistische Demokratie und die Achtung der Menschenrechte.

Transformationsstaaten = Länder, die sich in einem Umbruch von Plan- zu Marktwirtschaft befinden oder einen Wechsel von Diktatur zu Demokratie durchmachen.

Pluralismus = innerhalb eines Staates bestehende gleichberechtigte Vielfalt, z. B. von Organisationen, Werten, Meinungen.

**Beispiele: Tätigkeitsbereiche der OECD**

- Die PISA-Studien der OECD sind internationale Schulleistungsuntersuchungen. Sie haben das Ziel, berufsrelevante Kenntnisse und Fähigkeiten 15-Jähriger zu messen. Sie sollen nicht nur eine Beschreibung des Ist-Zustandes liefern, sondern auch Verbesserungen auslösen. Die Koordination und Endredaktion der Berichte unterliegt der OECD.
- Publikation von Länderberichten über ihre Mitgliedsstaaten, in Österreich z. B. zu den Themen Arbeitsmarktintegration, Innovationen im Vergleich, Geldwäsche und Terrorismusfinanzierung, Fiskalquote und Steueraufkommen, Empfehlungen für Strukturreformen.

FILM AB!

Ein Video (in Englisch) über 50 Jahre OECD finden Sie unter www.trauner.at/oecd

## 2.2 WTO (World Trade Organization)

Gegründet wurde die **WTO (Welthandelsorganisation)** 1994 in Marrakesch (Marokko), sie nahm 1995 ihre Tätigkeit auf. Sitz der Organisation ist Genf. Sie beschäftigt sich mit der Regelung von Handels- und Wirtschaftsbeziehungen.

Ziele der WTO sind der weltweite Freihandel durch den Abbau von Zöllen und anderen Handelshemmnissen sowie die Beseitigung sonstiger Benachteiligungen.

Die Weiterentwicklung der WTO-Verträge wird in den **Welthandelskonferenzen (Welthandelsrunden)** betrieben. Diese Verhandlungsrunden dauern üblicherweise mehrere Jahre, gegenwärtig läuft seit 2001 die sogenannte Doha-Runde, wobei die Verhandlungen aktuell stocken. Die WTO-Abkommen berühren nationales und europäisches Recht. Denn die Mitgliedsstaaten haben sich verpflichtet, ihre nationalen Gesetze den Verpflichtungen aus den Welthandelsverträgen anzupassen.

Die WTO fungiert als Dachorganisation der internationalen Verträge **GATT, GATS, TRIPS.** Das GATT wurde 1948 gegründet und 1994 um die verpflichtenden völkerrechtlichen Verträge GATS und TRIPS erweitert.

Kernpunkte aller geschlossenen Abkommen (GATT, GATS, TRIPS) sind die Einräumung der Meistbegünstigungsklausel und die Inländerbehandlung.

Meistbegünstigungsklausel = sämtliche bilateral eingeräumten Handelsvergünstigungen müssen automatisch auch allen anderen Mitgliedsstaaten der WTO gewährt werden.

Inländerbehandlung = Gleichbehandlung und Gleichstellung aller Unternehmen der Mitgliedsländer mit inländischen Unternehmen.

FILM AB!

Im Video unter www.trauner.at/wto erfahren Sie mehr über die WTO.

Die WTO-Mitgliedsstaaten erwirtschaften zusammen mehr als 90 % des Welthandelsvolumens.

**WTO-Abkommen**

| GATT | GATS | TRIPS |
|---|---|---|
| **General Agreement on Tariffs and Trade** | **General Agreement on Trade in Services** | **Trade-Related Aspects of Intellectual Property Rights** |
| Das GATT war der Vorläufer der WTO, mit dem Ziel Zoll- und Handelsschranken abzubauen und der Liberalisierung des Welthandels Vorschub zu leisten. | Ziel ist die Liberalisierung von sämtlichen Dienstleistungen (z. B. Post- und Telekommunikation, Banken und Versicherungen, Tourismus und Transport, Bildung, medizinische und soziale Dienste). | Ziel ist die Vereinheitlichung des Patent-, Marken-, Urheber- und Produktnamenrechtes. |

Die WTO umfasst 164 Mitgliedsstaaten, darunter alle OECD- und EU-Staaten.

**WTO-Mitgliedsländer**

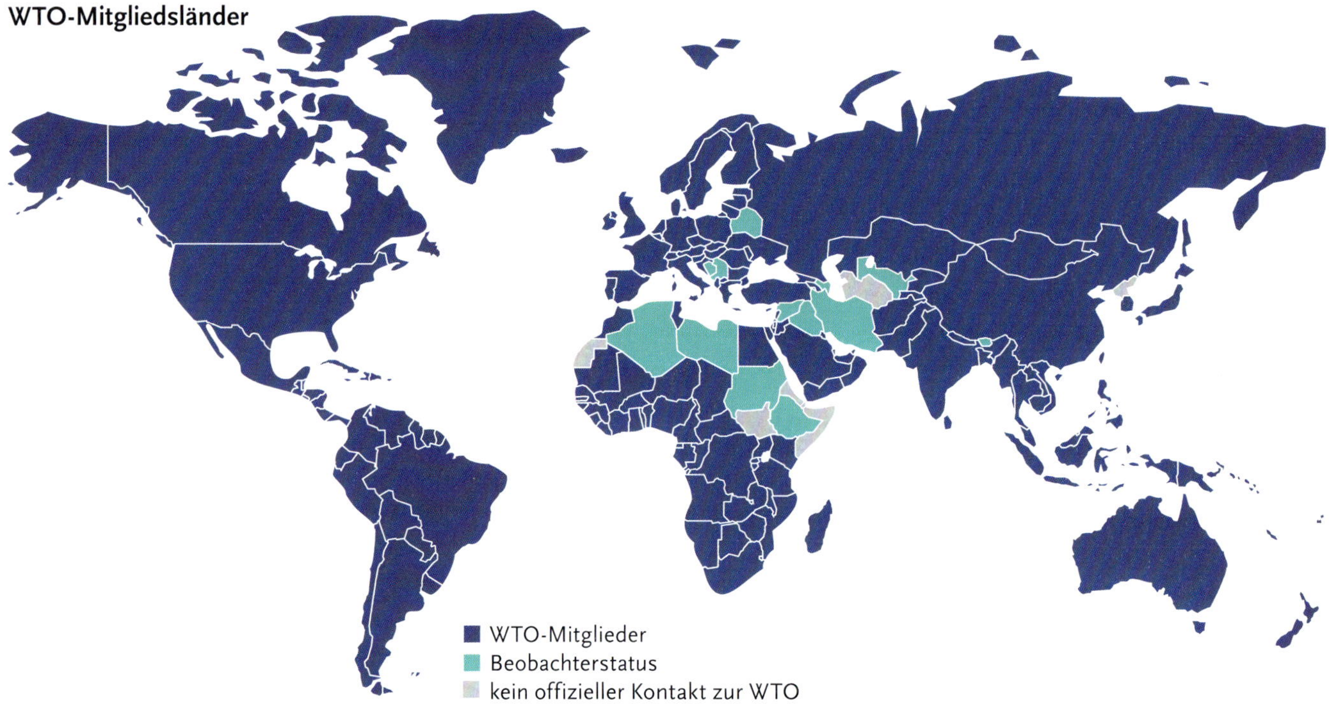


## 2.2.1 Aufgaben der WTO

**Website für Interessierte**
www.wto.org

Die WTO verfolgt im Wesentlichen folgende drei Kernaufgaben:

- **Förderung der Liberalisierung der Märkte**
  Durch Verhandlungen über den Abbau von Zöllen und Handelsbarrieren will die WTO die Liberalisierung der weltweiten Märkte noch weiter vorantreiben.

- **Beratung und Koordination der Handelspolitik der Mitgliedsstaaten**
  Aufgabe der WTO ist die Beratung der Mitgliedsstaaten hinsichtlich ihrer Handelspolitik und der Koordinierung ihrer Wirtschaftspolitik. Außerdem überprüft sie die Handelspraktiken ihrer Mitgliedsstaaten.

- **Streitschlichtungsstelle**
  Die WTO dient als Streitschlichtungsstelle und hat Streitentscheidungsfunktion bei Handelsrechtsstreitigkeiten zwischen den Mitgliedsstaaten. Beispielsweise wenn ein Land einem anderen einen Verstoß gegen die vereinbarten Regeln vorwirft. Zur Beilegung von Streitigkeiten bestehen Schlichtungsregeln.

Der WTO fällt dabei häufig die Funktion einer Schiedsstelle zu (dispute settlement body).

**Beispiel: Verstoß gegen GATT-Regeln**
Die EU wirft den USA unfaire Exportsubventionen bei landwirtschaftlichen Produkten vor. Problematisch ist es, den Beschlüssen des Schiedsgerichts Geltung zu verschaffen. Die einzige Möglichkeit des unfair behandelten Landes ist, dass es seinerseits das Recht auf Vergeltungsmaßnahmen in Anspruch nehmen kann, falls die regelwidrigen Subventionen nicht eingestellt werden.

### 2.2.2 WTO – Pro und Kontra

Die WTO steht im Dienst des Welthandels. Es gibt aber auch kritische Stimmen, die hinterfragen: Wem nutzt der Welthandel eigentlich am meisten?

| Pro-WTO-Stimmen | Kontra-WTO-Stimmen |
|---|---|
| ▪ Die WTO unterstützt Entwicklungsländer in Handelsfragen und überprüft Handelspraktiken ihrer Mitgliedsstaaten<br>▪ Freier Handel → Wirtschaftswachstum = Förderung der Entwicklungsländer<br>▪ Anti-Dumping-Regeln erhöhen die Absatzchancen der Entwicklungs- und Schwellenländer auf dem Weltmarkt<br>▪ WTO-Schiedsgerichtsbarkeit sorgt für faire und ausgewogene Machtverhältnisse zwischen wirtschaftlich großen und kleinen Staaten<br>▪ Standardisierte Agrarprodukte ermöglichen auch den Entwicklungsländern Absatzchancen auf dem Weltmarkt | ▪ Schutz und Aufrechterhaltung der Subventionierung der eigenen Agrarprodukte der Industrieländer benachteiligen v. a. die unterentwickelten und von der Landwirtschaft besonders abhängigen Länder<br>▪ Den Welthandelskonferenzen wird vorgeworfen, sie gebärden sich als Weltregierung und bedrohen die Souveränität der Nationen<br>▪ WTO-Beschlüsse hebeln auch nationale Regelungen in den sensiblen Bereichen, wie z. B. Bildung, Kultur, Umweltschutz und Gesundheit, aus<br>▪ Fehlende direkte demokratische Kontrolle der WTO-Bürokratie<br>▪ Fehlende Transparenz (keine direkte Bevölkerungsbeteiligung) bei den WTO-Welthandelsrunden |

## 2.3 OPEC

Die **OPEC** (Organization of the Petroleum Exporting Countries) ist die Organisation erdölexportierender Länder – ein Rohstoffkartell, das 1960 gegründet wurde.

Das **Ziel** der OPEC ist eine **gemeinsame Ölpolitik** der Mitgliedsstaaten, um einen stabilen Ölmarkt zu erreichen und um sich gegen einen Preisverfall abzusichern.

Durch die Festlegung von Förderquoten für die einzelnen OPEC-Mitglieder soll die Erdölproduktion geregelt werden. Aufgrund der künstlichen Verknappung oder Steigerung der Ölfördermenge wird der Preis für Erdöl gedrückt, stabilisiert oder angehoben. Der Preis für Erdöl soll so variiert werden, damit er innerhalb eines von allen Mitgliedsländern vereinbarten Preisbandes liegt.

www.opec.org

Der Sitz der OPEC in Wien

**Mitgliedsstaaten der OPEC sind u. a.**
Algerien, Angola, Libyen, Nigeria, Irak, Iran, Katar, Kuwait, Saudi-Arabien, Vereinte Arabische Emirate (VAE), Venezuela.

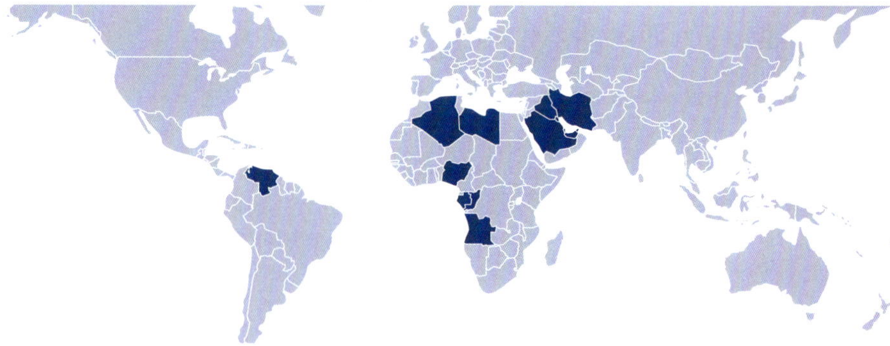

Die OPEC-Mitgliedsstaaten fördern etwa 40 % der weltweiten Erdölproduktion und verfügen über drei Viertel der derzeit bekannten weltweiten Erdölreserven. Die gewinnmaximierende Menge wird auf alle Kartellmitglieder aufgeteilt (Ölförderquoten).

Für viele ihrer Mitgliedsländer hat jede Mengen- bzw. Preisänderung direkte Auswirkungen auf den Staatshaushalt, weil Rohöl oft das wichtigste Exportgut ist.

**Wichtige Förderstaaten, die der OPEC nicht angehören:** Russland, Mexico, USA, Indonesien, Brunei, China, Brasilien, Norwegen, Großbritannien, Kolumbien, Kanada.

## 2.4 IWF und Weltbank – zwei Sonderorganisationen der UNO

Nach dem Zweiten Weltkrieg kam es zur Gründung des Internationalen Währungsfonds (IWF) und der Weltbank. Das Ziel war, ein stabiles Umfeld für den internationalen Warenverkehr zu schaffen, z. B. durch gegenseitige Hilfe bei Zahlungsbilanzdefiziten. Der IWF und die Weltbank sind Sonderorganisationen der Vereinten Nationen (UNO).

Österreich ist seit 1948 Mitglied des IWF und der Weltbank. Der IWF hat zurzeit 190 Mitgliedsstaaten.

### 2.4.1 IWF (Internationaler Währungsfonds)

Der Internationale Währungsfonds (engl.: International Monetary Fund, IMF) wurde 1944 gegründet und hat seinen Sitz in Washington D.C., USA.

Der IWF hat das **Ziel,** durch Einsatz seiner finanziellen Mittel den Welthandel auszuweiten und dadurch den Wohlstand seiner Mitglieder zu fördern. Er trägt nicht unwesentlich dazu bei, Schuldenkrisen unter Kontrolle zu bringen, um damit die Stabilität des internationalen Finanzsystems zu wahren.

#### Aufgaben des IWF

Zu den Aufgaben des IWF gehören: Förderung der internationalen Zusammenarbeit in der Währungspolitik, Ausweitung des Welthandels, Stabilisierung von Wechselkursen, Kreditvergabe, Überwachung der Geldpolitik, technische Hilfe.

Technische Hilfe durch den IWF:
- Entwurf und Umsetzung der Fiskal- und Geldpolitik
- Aufbau von Institutionen wie Zentralbanken, Steuer- und Zollbehörden
- Ausarbeitung und Überprüfung der Wirtschafts- und Finanzgesetze

Wenn ein Mitglied in Zahlungsschwierigkeiten gerät, kann es beim IWF Hilfe beanspruchen, z. B. Irland (2010) oder Griechenland (2010). Bedingungen für die Gewährung von Krediten sind zum Beispiel: Kürzung der Staatsausgaben, niedrige Inflation, Steigerung des Exports sowie Liberalisierung des Bankenwesens.

Darüber hinaus unterstützt der IWF Entwicklungsländer in Afrika, Asien und Südamerika bei der Erarbeitung von Wachstums- und Wohlstandskonzepten und fördert diese durch direkte Geldhilfen der gebenden Mitgliedsstaaten. Ebenso wie die Kreditvergabe ist auch die Entwicklungszusammenarbeit oft an Bedingungen der Good Governance (Korruptionsabbau, Demokratie etc.) und der Liberalisierung gekoppelt.

### 2.4.2 Weltbank (Weltbankgruppe)

Als **Weltbank** bezeichnet man im weiteren Sinne die Weltbankgruppe. Diese umfasst fünf eng miteinander verbundene Institutionen. Im engeren Sinn bezeichnet die Weltbank die **Internationale Bank für Wiederaufbau und Entwicklung** als Teil dieser Gruppe.

www.worldbank.org

Die Weltbank wurde 1945 mit dem Ziel gegründet, den Wiederaufbau der durch den Zweiten Weltkrieg verwüsteten Staaten zu finanzieren. Sitz der Weltbank ist Washington D.C., USA.

Als internationales Bankinstitut liegt heute ihre Hauptaufgabe in der **finanziellen und technischen Hilfe für Entwicklungsländer.** Dazu gewährt sie Darlehen für ihren Grundsätzen entsprechende Investitionsprojekte, sofern privates Kapital zu angemessenen Bedingungen nicht zu beschaffen ist. Darlehen werden zu einem einheitlichen (niedrigen) Zinssatz auf 10 bis 35 Jahre vergeben und in Teilbeträgen ausgezahlt. Ein weiterer Bereich sind Schuldenerlässe, durch die die Länder finanzielle Mittel einsparen und für Projekte, wie z. B. Wohnungsbau oder Gesundheitsprogramme, aufwenden können.

Die Weltbankgruppe finanziert sich nur zu einem geringen Teil über ihr Grundkapital (Einlagen der Mitgliedsstaaten). Ihre Finanzierung geschieht weitgehend durch die Aufnahme von Kapital auf den internationalen Kapitalmärkten.

**Beispiel**
Für die Weltbank ist es ein wichtiges Ziel, die Entwicklungsländer im Kampf gegen HIV/Aids zu unterstützen. Die finanziellen Zusagen für HIV/Aids-Programme belaufen sich derzeit auf ca. 1,3 Milliarden US-Dollar. Die Hälfte des Geldes kommt afrikanischen Ländern südlich der Sahara zugute. Weitere Beispiele für die Projekte der Weltbank sind: Förderung der Bildungsmöglichkeiten für Mädchen in Bangladesch, Verbesserung der medizinischen Versorgung in Mexiko und ein Projekt zur Entwicklung der Landwirtschaft in Bolivien.

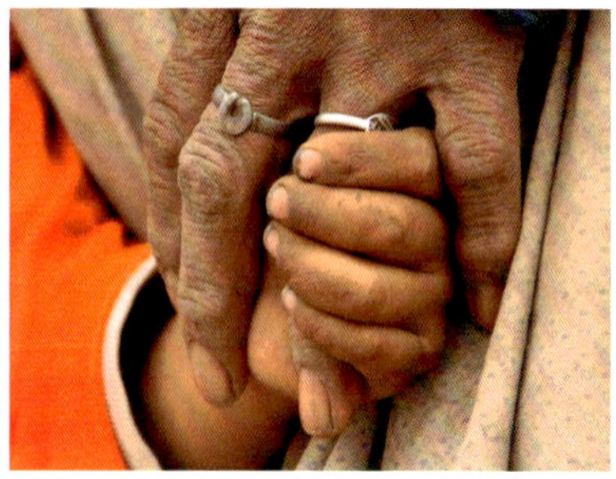

### 2.4.3 Kritik an IWF und Weltbank

Es gibt aber auch kritische Stimmen zu den Schwesterorganisationen IWF und Weltbank. Folgende Punkte werden häufig angeführt:

- Durch auflagengebundene Darlehen an Entwicklungsländer wird maßgeblich in deren Wirtschaftskreisläufe eingegriffen mit dem Ziel, **neue Absatzmärkte** zu **erschließen** und die **natürlichen Ressourcen** des jeweiligen Landes **auszubeuten.** Somit diene die Weltbank nicht primär der Förderung eines Entwicklungslandes, sondern der Manifestierung des wirtschaftspolitischen Einflusses der Industrienationen (also der Anteilseigner).
- Die **Gewinne** aus den IWF- bzw. Weltbank-Projekten sehen meist **nur die politische Elite** des jeweiligen Entwicklungslandes und große Unternehmen der westlichen Industrieländer.

FILM AB!

Ein kritisches Video über die Arbeit der Weltbank finden Sie unter www.trauner.at/weltbank

- Der Einsatz beider Institutionen für Riesenprojekte, z. B. für Staudämme oder Pipelines, geschieht häufig **auf Kosten sozialer und ökologischer Belange.** So sind sie in großem Ausmaß an der Umweltzerstörung in Entwicklungsländern beteiligt.
- Die volkswirtschaftliche **Stabilität eines Staates ist wichtiger** als Armutsbekämpfungsstrategien, der Ausbau des Gesundheitswesens und der sozialen Wohlfahrt.
- Beim Einsatz für die **absolute Öffnung und Liberalisierung der Märkte** in den Entwicklungsländern haben diese keine Möglichkeit, eigene schützenswerte Strukturen zu erhalten.

## Aufgabenstellung – „Internationale Organisationen“

- In diesem Kapitel haben Sie die wichtigsten internationalen Organisationen kennengelernt. Doch wofür stehen diese jetzt eigentlich? Nehmen Sie an, Sie wären ein Journalist. Wie könnte eine „typische“ Schlagzeile für folgende internationale Organisationen lauten? (Sie können auch das Internet als Unterstützung heranziehen).

| Internationale Organisation | Mögliche Schlagzeile |
|---|---|
| OPEC | |
| WTO | |
| IWF | |
| OECD | |
| Weltbank | |
| G7 | |

## WissensCheck – „Wirtschaftliche Integration – internationale Organisationen“

1. Charakterisieren Sie eine Zollunion.
2. Erklären Sie die Unterschiede zwischen einem Assoziierungsabkommen und einer Freihandelszone.
3. Erläutern Sie die Eigenheiten eines Binnenmarktes.
4. Erläutern Sie, wie eine Wirtschaftsunion gegenüber Nicht-Mitgliedern dieser Union auftritt.
5. Beschreiben Sie den Unterschied zwischen einer Wirtschafts- und einer Währungsunion.
6. Erklären Sie den Begriff „Meistbegünstigungsklausel“.
7. Nennen Sie die Aufgaben der WTO.
8. Nennen Sie die Aufgaben des IWF.
9. Erklären Sie das vorrangige Ziel der OPEC.
10. Nennen Sie die Ziele der OECD.

## Zusammenfassung – „Wirtschaftliche Integration – internationale Organisationen“

Erstellen Sie als Zusammenfassung des Kapitels „Wirtschaftliche Integration – internationale Organisationen“ eine Concept-Map.

**Hinweis:**

Eine Concept-Map unterscheidet sich von einer Mind-Map dahingehend, dass die Begriffe, die es zu ordnen gilt, nicht dem freien Lauf der Gedanken entspringen, sondern bereits im Kapitel vorkommen.

## Ziele erreicht? – „Wirtschaftliche Integration – internationale Organisationen“

KOMPETENZ-ERWERB

1. Die EU und die USA planen seit 2013 die Transatlantische Handels-und Investitionspartnerschaft (TTIP), durch welche ein Markt von über 750 Millionen Menschen entstehen würde. Tatsächlich scheint die Umsetzung eines solchen Abkommens aktuell eher unrealistisch.

FILM AB!

Ein Video über die TTIP finden Sie unter www.trauner.at/ttip

a) Erklären Sie, was man unter einer Freihandelszone versteht.

b) Überlegen Sie, welche Vorteile eine Freihandelszone zwischen der EU und den USA mit sich bringen würde.

c) Welche Nachteile könnte TTIP mit sich bringen? – Denken Sie insbesondere an Standards, Normen etc.

d) Welche Gefahr hätte so ein Abkommen für österreichische Unternehmen, die ihre Produkte in andere europäische Länder liefern, z. B. nach Deutschland?

e) Angenommen, so ein Abkommen zwischen der EU und der USA würde doch noch umgesetzt werden. Welche Auswirkungen hätte dies dann auf das USMCA?

* *dt.:* THIP (Transatlantische Handels- und Investitionspartnerschaft)

2. Recherchieren Sie, welche Empfehlungen die OECD in ihrem letzten Länderbericht an Österreich ausstellt.

3. Die Internationale Organisation für Erneuerbare Energien (IRENA) ist eine internationale Regierungsorganisation zur weltweiten Förderung des Ausbaus und der nachhaltigen Nutzung erneuerbarer Energie. Seit ihrer Gründung 2009 zählt die Organisation mittlerweile über 160 Mitglieder.

   **a)** Haben Sie schon einmal von dieser Organisation gehört?

   **b)** Dass IRENA auch in diesem Buch nicht unter den wichtigsten internationalen Organisationen angeführt ist, deutet auf einen geringen Bekanntheitsgrad hin: Woran könnte das liegen?

   **c)** IRENA könnte auch in etwa die „OPEC für erneuerbare Energien" sein. Halten Sie es für sinnvoller, eine eigene Organisation wie IRENA zu gründen, oder wäre es besser, wenn sich die OPEC auch mit erneuerbaren Energien auseinandersetzt? Begründen Sie Ihre Entscheidung!

**4.** Geben Sie an, um welche Form der wirtschaftlichen Integration es sich bei den folgenden Beispielen handelt.

| **Beispiele** | **Form der wirtschaftlichen Integration** |
|---|---|
| SACU | |
| EWR | |
| EFTA | |
| EWWU | |
| ECOWAS | |
| UEMOA | |
| RCEP | |
| Agrarpolitik der EU | |

Einen interaktiven **Safety-Check** finden Sie in der TRAUNER-DigiBox.

# Entwicklungszusammenarbeit

Eine Power-Point-Präsentation des Kapitels finden Sie in der TRAUNER-DigiBox.

Die Globalisierung bringt viele Vorteile für die Menschen, sie ist aber auch mitverantwortlich für viele soziale Probleme, vor allem in den Entwicklungsländern. Über 80 % der Weltbevölkerung leben in Entwicklungsländern. Ein großer Teil der Bevölkerung lebt dort in Armut, ist unzureichend ernährt und existiert unter menschenunwürdigen Bedingungen.

Seit über 50 Jahren wird Entwicklungszusammenarbeit zwischen den industrialisierten Ländern und den Ländern der Dritten Welt durchgeführt. Die Ergebnisse sind alles andere als befriedigend. Bisher hat kaum ein Entwicklungsland durch die ihm gewährte Hilfe einen so nachhaltigen Aufschwung erfahren, dass es von weiterer Unterstützung unabhängig geworden ist.

Das Massenelend auf der einen Seite und der Wohlstand auf der anderen sind im heutigen Ausmaß noch nie da gewesen. Es ist dringend notwendig, Lösungen für dieses Problem zu finden.

*Die Weltlandwirtschaft könnte problemlos zwölf Milliarden Menschen ernähren. Das heißt, ein Kind, das heute an Hunger stirbt, wird ermordet.*

Jean Ziegler (* 1934), Schweizer Soziologe und UN-Sonderberichterstatter für das Recht auf Nahrung

## Meine Ziele

KOMPETENZ-ERWERB

Nach Bearbeitung dieses Kapitels kann ich

- gemeinsame Merkmale, die Entwicklungsländer kennzeichnen, aufzählen;
- Gründe für die Armut in Entwicklungsländern nennen;
- die verschiedenen Arten der Entwicklungszusammenarbeit beschreiben;
- ableiten, welche Maßnahmen ich persönlich setzen kann, um Entwicklungsländer zu unterstützen.

# 1 Warum ist Entwicklungszusammenarbeit notwendig?

*Von den globalen Problemen ist das größte soziale Problem die Unterernährung bzw. der Hunger. Gemäß einer Schätzung der Vereinten Nationen hungern weltweit 735 Millionen Menschen. Rund 148 Millionen Kinder unter 5 Jahren sind wachstumsverzögert und 45 Millionen Kinder sind akut mangelernährt. An Hunger bzw. Unterernährung leiden mehr Menschen als an Aids, Malaria und Tuberkulose zusammen.*

Diskutieren Sie mögliche Gründe, warum auf der Welt immer noch so viele Menschen an Hunger leiden.

Die Einwohner in der westlichen Welt verfügen über ein Vielfaches des Einkommens wie beispielsweise die Einwohner aus Simbabwe. Die ärmsten Länder der Welt befinden sich größtenteils in Afrika. An dieser geografischen Schieflage dürfte sich so schnell nichts ändern, obwohl das Bruttoinlandsprodukt (BIP) in vielen Ländern des Schwarzen Kontinents steigt.

Doch gerade in einigen großen Staaten ist das Wachstumstempo des BIP sehr niedrig. Die schwachen Preise für viele Rohstoffe sowie wetterbedingte Missernten bremsen ebenfalls den wirtschaftlichen Fortschritt. Viele dieser Staaten kämpfen auch mit den Folgen der Coronakrise.

Das Bevölkerungswachstum der Erde zu verschiedenen Zeiten können Sie hier einsehen: https://population.un.org/wpp2019/Maps/

Darüber hinaus leiden viele Regionen am afrikanischen Kontinent nach wie vor unter anhaltenden **Bürgerkriegen** und dem **rapiden Bevölkerungswachstum.**

**Bevölkerungswachstum**

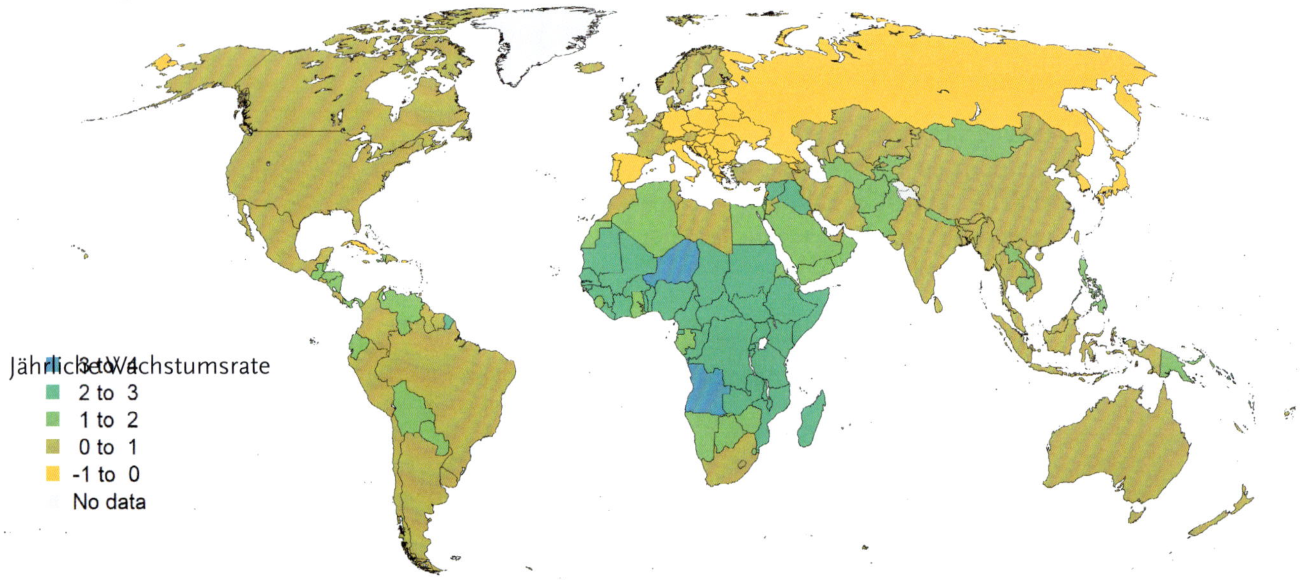


Vergleichen Sie das Pro-Kopf-Einkommen Österreichs mit dem von Uganda.

Es gibt eklatante Unterschiede im **Pro-Kopf-Einkommen** zwischen den wohlhabenden Ländern der Welt und den ärmsten der armen Länder. Dieses Auseinanderklaffen zwischen reichen und armen Staaten stellt ein zunehmendes Konfliktpotenzial dar.

Die reichen Länder (Industrieländer) sind gefordert, den armen vielfältige Hilfe anzubieten, einerseits aus humanitären Gründen, andererseits besteht sonst die Gefahr, dass das Konfliktpotenzial auch auf die reichen Länder übergreift.

**Aufgabenstellungen – „Warum ist Entwicklungszu...."**

1. Erstellen Sie eine Liste mit den zehn ärmsten und den zehn reichsten Ländern der Welt, gegliedert nach BIP/Kopf.
2. Analysieren Sie, zu welchen Problemen es für die wohlhabenden Staaten führen kann, wenn die dargestellte Entwicklung weiter anhält.

## 2 Arten der Entwicklungszusammenarbeit

*Bei der Definition von Entwicklungshilfe kommt es auf die Höhe des Zuschusses an. In den offiziellen Statistiken werden alle Leistungen als Hilfe gezählt, die einen Zuschuss von mindestens 25 % enthalten. Hilfe im Sinne der Definition liegt also vor, wenn ein Entwicklungsland für eine Leistung weniger als 75 % des Marktpreises zahlen muss.*

Hilfe wird also nicht danach bemessen und bewertet, was sie dem Entwicklungsland bringt, sondern danach, was sie den Gebern kostet. Warum, denken Sie, ist das so?

**Entwicklungszusammenarbeit,** auch **Entwicklungshilfe** genannt, kann in vielen verschiedenen Formen erfolgen.

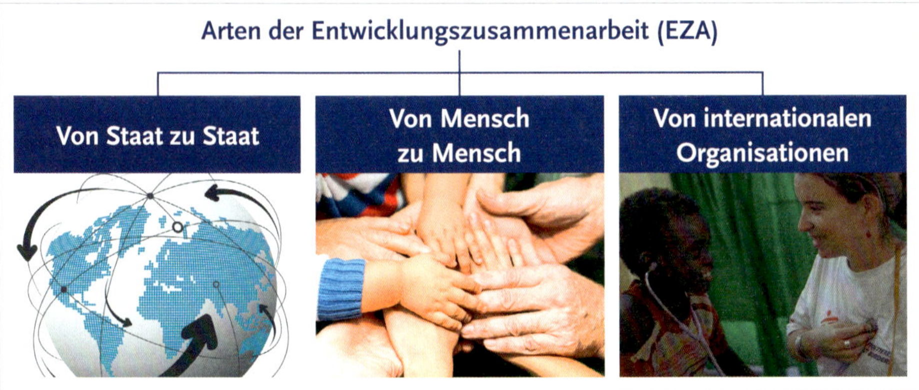


### Hilfe von Staat zu Staat

Öffentliche Entwicklungszusammenarbeit kann nur von Staat zu Staat gegeben werden. Es kann kein Staat – und sei es in der besten Absicht – auf dem Gebiet eines anderen Staates Straßen bauen, Fabriken errichten und Staudämme anlegen. Entwicklungszusammenarbeit von Staat zu Staat kann also **nur mit dem Einverständnis der Regierung des Empfängerlandes** erfolgen und wird meist als Beitrag zu Projekten und Maßnahmen realisiert.

Ein Staat, der seine Souveränität nicht durchsetzt, würde sich selbst aufgeben. Gerade die Entwicklungsländer, die ihre Eigenstaatlichkeit und Unabhängigkeit mühsam erkämpft haben, wollen keine Fremdeingriffe.

Es ist völkerrechtlich nicht zulässig, sich in die inneren Angelegenheiten eines anderen Staates einzumischen.

Recherchieren Sie den Anteil der österreichischen Entwicklungshilfe am BIP.

Die Grundprinzipien der **Österreichischen Entwicklungszusammenarbeit (OEZA)** sind Eigenverantwortung der Partnerländer für ihren Entwicklungsweg, Respekt vor kultureller Vielfalt, Gleichstellung von Frauen und Männern und Rücksicht auf die Bedürfnisse von Kindern und Menschen mit Behinderung.

**Website für Interessierte**
www.entwicklung.at

**Beispiel: Österreichisches Energie-Know-how für Westafrika**

Erneuerbare Energien und Energieeffizienz spielen in Westafrika eine wichtige Rolle zur Bewältigung der Energiekrise und der damit verbundenen sozialen, wirtschaftlichen und ökologischen Probleme. Das gegründete Zentrum für erneuerbare Energie und Energieeffizienz in Kap Verde wird westafrikanische Länder beim Aus- und Aufbau von Rahmenbedingungen für die Nutzung erneuerbarer Energien unterstützen. Die Österreichische Entwicklungszusammenarbeit (OEZA) fördert die erste dreijährige Projektphase mit technischer Hilfe und rund 1,8 Millionen Euro. Dezentrale erneuerbare Energielösungen sind insbesondere für arme Bevölkerungsgruppen in ländlichen Regionen wichtig, da sie oft keine Aussicht auf Anschluss an zentrale Elektrizitäts- oder Vertriebsnetze haben.

Viele NGOs (Non-Governmental Organizations), wie z. B. Oxfam, World Vision, „Menschen für Menschen", sind entwicklungspolitisch tätig.

## Hilfe von Mensch zu Mensch

Diese Hilfe richtet sich in der Regel sehr direkt an die Bevölkerung und wird durch Sammlungen kirchlicher, privater oder politischer Initiativen realisiert. Die Regierung des Empfängerlandes muss allerdings diese Hilfe unterstützen oder zumindest dulden, da die kirchlichen oder privaten Organisationen ihre Arbeit nur leisten können, wenn

- die Einfuhr von Hilfsgütern,
- der Transfer von Devisen,
- der Geldumtausch für Hilfszwecke und
- die Reisetätigkeit der Entwicklungshelfer/innen

nicht verboten werden.

Die Regierung auf der Geberseite kann Privatinitiativen zusätzlich unterstützen, z. B. indirekt durch Steuererleichterung oder direkt in Form von Zuschüssen aus Haushaltsmitteln zu Maßnahmen nicht staatlicher Träger.

**Wäre das etwas für Sie?**
Die Organisation AFS bietet jungen Menschen direkt nach dem Schulabschluss die Möglichkeit, bei Projekten in Entwicklungsländern ehrenamtlich mitzuarbeiten.
www.afs.at

**Beispiel: Caritas hilft Kindern im Kongo**

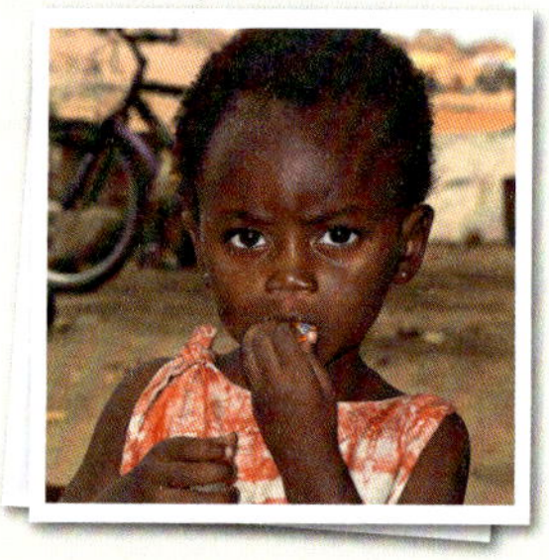

Mithilfe von verbesserten Anbaumethoden und produktiverem Saatgut soll im Kongo die Ernte gesteigert werden. Damit sollen 300 arme und kinderreiche Familien unterstützt werden. Durch Schulungen zur Bestellung der Felder soll ihr tägliches Essen gesichert werden. Das überschüssige Getreide und Gemüse kann verkauft werden, um vielen Kindern den Schulbesuch zu finanzieren. Speziell für Jugendliche werden Lehrstellen organisiert, die ihnen ein eigenständiges Leben und die Versorgung ihrer Kinder ermöglichen. Sie sollen lernen, Werkzeuge und landwirtschaftliche Geräte herzustellen, die sie an Bauern verkaufen können.

Quelle: www.caritas.at

Wiederholen Sie die Arten der Entwicklungszusammenarbeit in der TRAUNER-DigiBox.

## Hilfe über internationale Organisationen

Ein großer Teil der Hilfe läuft über internationale Organisationen. Sie bringen die Hilfsmittel nicht selbst auf, sondern sind auf die Beiträge leistungsfähiger Staaten angewiesen. Diese Form der Hilfe hat sowohl für die Geber- als auch für die Nehmerseite Vor- und Nachteile.

Ein **Vorteil** liegt in der Kontinuität der eingeleiteten Maßnahmen, d. h., die Tätigkeit der multilateralen Institutionen wird durch politische Veränderungen auf der

Geber- oder Nehmerseite wenig berührt. Außerdem können Institutionen, wie die Weltbank mit ihren Entwicklungsfonds, größere Projekte finanzieren.

Auf der anderen Seite dauert es beispielsweise lange und verursacht hohe Verfahrenskosten, bis die eingehobenen Beträge in Entwicklungsprojekte umgesetzt sind.

In Zusammenhang mit der Entwicklungszusammenarbeit sind folgende **Organisationen und Institutionen** von Bedeutung:

| | |
|---|---|
| **UNO** | Bereits 1970 hat die UNO festgelegt, dass Industrieländer 0,7 Prozent ihres Bruttonationaleinkommens (BNE) als Transferzahlungen für die Entwicklungshilfe zur Verfügung stellen sollen. Die meisten OECD-Länder – so auch Österreich – sind von dieser Zielvorgabe jedoch weit entfernt (siehe Darstellung in der Randspalte). |
| **Banken und ihre Sonderfonds** | Die Weltbank ist die Informationszentrale und Koordinierungsstelle für die gesamte Entwicklungszusammenarbeit.<br>■ IDA (International Development Association): Sonderfonds, die seit 1960 bei der Weltbank verwaltet werden und aus denen die ärmsten Länder Kredite erhalten. |
| **IWF** | Im Rahmen des IWF gibt es den Entwicklungsausschuss, der als beratender Ausschuss der Gouverneursräte von Weltbank und IWF für die Gewährung von Unterstützungen an Entwicklungsländer zuständig ist. |
| **Fachorganisationen** | Zum Beispiel:<br>■ FAO (Welternährungsorganisation mit Sitz in Rom)<br>■ UNESCO (UN-Organisation für Erziehung, Wissenschaft und Kultur mit Sitz in Paris)<br>■ ILO (Internationale Arbeitsorganisation mit Sitz in Genf)<br>■ UNDP (Entwicklungsprogramm mit Sitz in New York) |
| **EU** | Die EU engagiert sich schwerpunktmäßig in Ländern Afrikas, die sich der EU assoziiert haben. Durch diese Aktivitäten ergibt sich oft ein Doppelengagement der EU und ihrer eigenen Mitglieder. |

Im November 2015 haben 193 Staaten der Vereinten Nationen 17 Ziele für nachhaltige Entwicklung, die SDGs (Sustainable Development Goals) beschlossen. Sie sollen bis 2030 erreicht werden.

SUSTAINABLE DEVELOPMENT GOALS

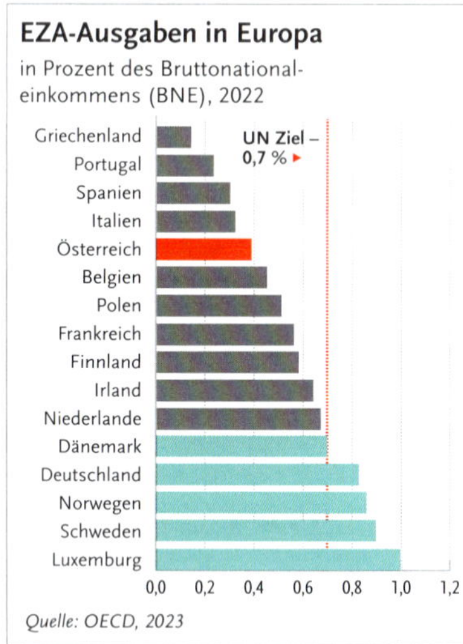


Mehr über die Weltbank und den IWF und die kritischen Stimmen zu ihrer Politik haben Sie im Kapitel „Wirtschaftliche Integration – internationale Organisationen" erfahren.

FILM AB!

Unter www.trauner.at/sdg sehen Sie ein Video zu den SDGs.

## Aufgabenstellungen – „Arten der Entwicklungszusammenarbeit"

1. Unter www.entwicklung.at stellt die Agentur der Österreichischen Entwicklungszusammenarbeit (Austrian Development Agency) Entwicklungsprojekte vor, die Österreich weltweit unterstützt. Wählen Sie – gemeinsam mit Ihrem Sitznachbarn/Ihrer Sitznachbarin – ein Projekt aus und stellen Sie es der Klasse kurz vor.

2. Beantworten Sie mithilfe des folgenden Diagramms und den dazugehörigen Aussagen die untenstehenden Fragen zum ersten der 17 Sustainable Goals der UNO.

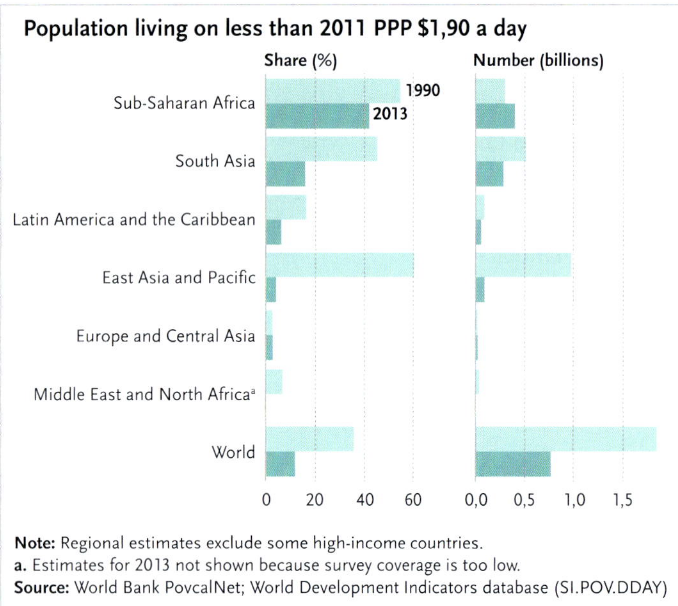


Quelle: World Development Indicators, Weltbank 2017

**Sustainable Goal 1: Poverty**

In 1990 more than a third of the world's population – 1,8 billion people – lived in extreme poverty.

In 2017 just 9,2 percent of the world's population lived in extreme poverty.

a) Überraschen Sie die Zahlen? Warum bzw. warum nicht?

b) Analysieren Sie das Diagramm und geben Sie an, worauf diese Entwicklung zurückzuführen ist und wie sich die einzelnen Regionen entwickelt haben.

c) Diskutieren Sie mit Ihren Kolleginnen und Kollegen, ob die Entwicklungszusammenarbeit reduziert werden sollte, wenn der Welthunger sinkt.

# 3 Entwicklungspolitik

Entwicklungszusammenarbeit ist Teil der Außenpolitik der jeweiligen Länder. Die Geberländer wollen die Struktur der Weltwirtschaft von morgen beeinflussen (z. B. durch Liefer- bzw. Markenbindungen). Es ist zu klären, ob das Ziel die Förderung der eigenen Industrieexporte oder die Hilfe für Entwicklungsländer ist.

## Politik auf der Geberseite

Die Entwicklungspolitik auf der Geberseite wird von vier wesentlichen Komponenten geprägt:

| Komponenten der Entwicklungszusammenarbeit auf der Geberseite | |
|---|---|
| **Außenpolitische Komponente** | Entwicklungszusammenarbeit spiegelt die offiziellen Beziehungen eines Staates zu anderen Staaten. Sie ist auch Bestandteil der Mitarbeit in internationalen Organisationen. |
| **Wirtschaftspolitische Komponente** | Die Entwicklungszusammenarbeit zielt auf die Verbesserung der wirtschaftlichen Infrastruktur und darüber hinaus auf die Steigerung der kaufkräftigen Nachfrage in und vonseiten der Entwicklungsländer ab. |

Kritisch zu bemerken bleibt die deutliche Präferenz der Geberländer für die Kapitalhilfe. Die technische Hilfe unterliegt häufig Kürzungen.

| | |
|---|---|
| **Finanzpolitische Komponente** | Projekte ziehen sich oft über Jahre, daher müssen<br>▪ die jährlichen Kosten ursprünglicher Projekte und<br>▪ die Kosten neu eingegangener Verpflichtungen<br>berücksichtigt werden. |
| **Entwicklungs-politische Komponente** | ▪ Bereitstellung angemessener Mittel für die Entwicklungsländer<br>▪ Klärung der entwicklungspolitischen Ziele und der Abstufung ihrer Prioritäten |

Umfassende Hilfeleistungen eines Geberlandes werden zuweilen wie selbstverständlich stillschweigend angenommen. Im Gegensatz dazu wird der Empfang weit geringerer Zuwendungen eines anderen Geberlandes umso strahlender gefeiert.

### Politik auf der Nehmerseite

Es wurde bereits deutlich, dass auch der Empfang öffentlicher Hilfe ein Stück Politik darstellt. Eigene Hilfsbedürftigkeit ist keineswegs ein Hindernis, mit dem Empfang von Hilfe Politik zu betreiben.

Ziel der meisten Länder ist es, gleichmäßig gute Beziehungen zu allen Partnern zu schaffen bzw. aufrechtzuerhalten. Dies bedeutet oft ein nicht dem Hilfsbedarf des Entwicklungslandes entsprechendes Verhalten des Geberlandes.

Die verfügbaren Mittel können oft auch nur auf die sogenannten Schwellenländer (Entwicklungsländer mit bereits höherem Einkommen der Bevölkerung) verteilt werden, da nur diese die Voraussetzungen für so zugeschnittene Projekte erfüllen.

# 4 Verschuldungsproblematik der Entwicklungsländer

Ihre hochgradige Verschuldung hat viele Entwicklungsländer an den Rand des Ruins gebracht und zu einer Entwicklungsblockade geführt. Die Deviseneinnahmen wurden vor allem für den Schuldendienst statt für notwendige Importe, Infrastrukturmaßnahmen, Bildung oder Gesundheitsversorgung verwendet.

Schuldendienst = die vom Schuldner zu leistenden Zahlungsverpflichtungen, die sich aus Zins- und Tilgungsleistung zusammensetzen.

Da hohe Verschuldung als Signal für eine Abwertung verstanden wird, sind diese Staaten auch für Investoren nicht sehr attraktiv. Als Schuldner wurden die Entwicklungsländer durch die stagnierende Nachfrage der Industrieländer nach ihren Rohstoffen und den damit Hand in Hand gehenden Preisverfall, Kursschwankungen des Dollars (die meisten Kredite werden auf Dollarbasis vergeben) usw. von mehreren Seiten gleichzeitig in die Zange genommen.

## 4.1 Ursachen der Verschuldungskrisen

*Die Staatsverschuldung ist ein heftig diskutiertes Thema der Weltwirtschafts- und Währungspolitik. Problematisch ist weniger die absolute Schuldenhöhe als vielmehr das Verhältnis von Schulden zu Wirtschaftsleistung und finanzieller Leistungsfähigkeit. Das Hauptproblem liegt in der Unfähigkeit vieler Entwicklungsländer, ihre Auslandsschulden fristgerecht zurückzuzahlen. Die Auslandsverschuldung von vielen Entwicklungsländern ist sehr hoch und bindet durch die Zinszahlungen anderweitig nötiges Kapital. Doch auch die hoch entwickelten Staaten sind verschuldet.*

**Website für Interessierte**
www.economist.com
„The global debt clock“

Die folgende Abbildung zeigt die gesamte weltweite öffentliche Verschuldung. Auffällig ist, dass die USA und viele westeuropäische Staaten zwar hoch verschuldet sind, doch handelt es sich weitgehend um Inlandsverschuldung.

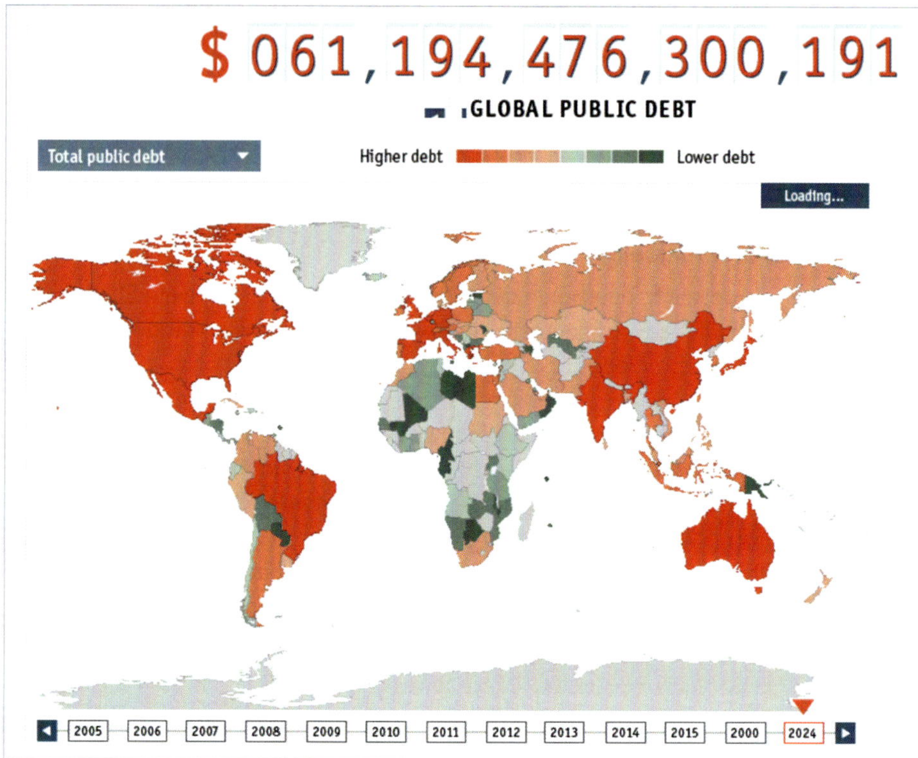


Quelle: www.economist.com, 05/2024

**Warum sind Inlandsschulden besser als Auslandsschulden?**
Eine Inlandsverschuldung kann durch die Regierung mit einem Federstrich – z. B. eine Währungsreform – von einem auf den anderen Tag gestrichen werden. Die Auslandsverschuldung bekommt man nicht weg, diese Kredite müssen ewig bedient werden.

In den **Entwicklungsländern** lassen sich – nach unterschiedlichen Verschuldungsursachen – insbesondere folgende Krisentypen unterscheiden:

| | |
|---|---|
| **Industrialisierung durch Schuldenaufnahme über Auslandskredite** | Fast alle Entwicklungsländer ersetzten ihre Importe durch Eigenproduktion als einzig gangbare Entwicklungsalternative. Die Industrialisierung, für die schon Kredite aufgenommen werden mussten, ließ die Agrarproduktion stagnieren oder sinken. Notwendige Nahrungsmittelimporte belasteten die Zahlungsbilanz. Die Agrarentwicklung wurde vernachlässigt, dies veranlasste viele Menschen, in die Städte abzuwandern. Ihre Ernährung erforderte steigende Nahrungsmittelimporte, die durch weitere Auslandskredite finanziert wurden. |
| **Versäumte Exportdiversifizierung** | Statt Ausfuhren auf mehrere Produkte zu streuen, werden häufig Haupteinnahmequellen erhalten, die auf wenigen traditionellen Produkten basieren. Durch diese einseitige und wenig diversifizierte Produktpalette geraten die entsprechenden Länder schnell in Turbulenzen, wenn sich die Weltmarktpreise für ihre wenigen Produkte verschlechtern. |

| | |
|---|---|
| **Verschuldungsträchtige Sozialreformen** | Industrialisierungsprozesse bringen soziale Ungerechtigkeiten mit sich. Sozialreformen führen zur Einkommensumverteilung, die eine Nachfragesteigerung auslöst. Wenn die gestiegene Nachfrage nicht durch inländische Angebote befriedigt werden kann, führt diese zu höheren Importen. Diese werden oft durch Auslandskredite und Währungsreserven finanziert. |
| **Kleptokratie** | Staatskassen neigen dazu, Reichtümer auf Auslandskonten anzuhäufen. Korruption wird zur zentralen Verschuldungsursache. Durch direkten Zugriff auf Finanzministerium, Zentralbank und Behörden werden wirtschaftliche Transaktionen zum Nachteil der eigenen Bevölkerung durchgeführt. Fluchtgelder aus Entwicklungsländern wandern als Kredite hoch verzinst wieder zurück. |
| **Entwicklungsgigantomanie** | Der Versuch, in kürzester Zeit mit Großprojekten Infrastrukturvorhaben zu verwirklichen, führt zu extremer Auslandsverschuldung. |
| **Hohe Auslandskreditaufnahme für militärische Zwecke** | Viele Regierungen von Entwicklungsländern sind Militärregimes. Die Armeen werden verstärkt und mit modernsten Waffen aus Industriestaaten ausgerüstet. Militärhilfekredite werden in beträchtlichem Umfang in Anspruch genommen, wobei nicht bedacht wird, dass die Schulden auch eingelöst werden müssen. |

Kleptokratie (griech.) = „Herrschaft der Plünderer", „Diebesherrschaft".

Die Kredit nehmenden Staaten müssen die ausländischen Mittel so verwenden, dass die **Zahlungsfähigkeit** erhalten bleibt. Außerdem muss das Geld so **produktiv** eingesetzt werden, dass der Gewinn aus den damit finanzierten Projekten und die Wachstumsrate des BIP es ermöglichen, die zum Schuldendienst nötigen Mittel zu erwirtschaften.

Durch Korruption, unsinnige Prestigeprojekte und hohe Rüstungsausgaben wurde das Geld jedoch häufig nicht entwicklungskonform verwendet.

Aber nicht nur viele Entwicklungsländer, sondern auch eine große Zahl von **Industriestaaten** leben seit Jahren über ihre Verhältnisse, Österreich eingeschlossen. Bei **Industriestaaten** gibt es allerdings **andere Ursachen der Verschuldung,** wie man beispielsweise an Griechenland und den USA sieht.

**Beispiele: Ursachen der Verschuldung in Industriestaaten**

- **Griechenland:** Steuerhinterziehung und Schattenwirtschaft, aufgeblähter Staatsapparat, Korruption, mangelhaftes Statistikwesen und Lebensstandard entspricht nicht der Produktivität (Lohnstückkosten sind zu hoch)
- **USA:** Kriegskosten (u. a. für Einsätze in Afghanistan und im Irak), Steuersenkungen aus der Ära George W. Bush, teure Konjunkturpakete, die Bankenrettung in der Wirtschafts- und Finanzkrise sowie die Reform des Gesundheitswesens (unter Barack Obama)

Laut Transparency International hat Griechenland das größte Korruptionsproblem der EU.

**Website für Interessierte**
www.ti-austria.at

## 4.2 Internationale Finanzierungsquellen

*Internationale Finanzgeschäfte gibt es nicht erst seit dem 20. Jahrhundert. Mit Beginn des Kreditgeschäftes schon im späten Mittelalter und in der frühen Neuzeit wurden staatliche Ausgaben mit ausländischen Mitteln finanziert. Der Beginn des 19. Jahrhunderts markiert die noch heute übliche Art der Auslandskreditvergabe: Finanzstarke Länder gewähren Großkredite mit dem Ziel, kurzfristige Gewinne zu erzielen.*

Folgende drei Gruppen treten grundsätzlich als internationale Finanzierungsgeber auf:

**Internationale Finanzierungsquellen**

**Kommerzbanken**

Kapital durch **Bankkredite** (Laufzeit und Verzinsung meist marktkonform) und Emission internationaler **Anleihen**

**Regierungen**

Regierungskredite werden von Staaten anderen Staaten angeboten. Sie weisen in der Regel **günstigere Konditionen** für die Schuldnerländer auf als Bankkredite:

- Längere Laufzeit ist möglich
- Tilgungsfreie Zeit wird bei überfälligen Zinsen eher zugestanden etc.

**Internationale Organisationen**

Organisationen wie der Internationale Währungsfonds (IWF) oder die Weltbank bieten bei Zahlungsbilanzschwierigkeiten **Überbrückungskredite** an.

Mehr zu IWF und Weltbank haben Sie im Kapitel „Wirtschaftliche Integration – internationale Or-ganisationen" erfahren.

## 4.3 Wege aus der Verschuldungskrise

Verschuldungskrisen bis hin zum Staatsbankrott liegen vor, wenn der Staat unter Verletzung der Rechte seiner Gläubiger seinen Verbindlichkeiten als Schuldner gar nicht oder nicht vollständig nachkommt.

### 4.3.1 Umschuldungen

Können Schuldnerländer ihren Verbindlichkeiten zur Zinsenzahlung und/oder Kapitaltilgung nicht mehr nachkommen, kann es zu Umschuldungsverhandlungen kommen. Ziel der Geberländer ist es, Forderungen, so weit es geht, doch noch einbringlich zu machen.

**Ziel** der Schuldnerländer ist der Abbau der Schulden und damit die Verbesserung ihrer wirtschaftlichen Situation. Umschuldungen bedeuten oft einen neuen Anfang für die in Verschuldungskrisen verstrickten Länder.

Wo liegen die Chancen und Risiken einer Umschuldung?

Umschuldungsverhandlungen finden häufig im Rahmen des **„Pariser Klubs"** statt, der eine Koordinierungsstelle für multilaterale Verhandlungen für Regierungskredite ist. Auch unter dem Vorsitz der Weltbank werden Umschuldungsverhandlungen abgewickelt.

**Gegenstand der Umschuldung:**

- Die ursprünglich vereinbarten Kreditbedingungen werden hinsichtlich ihrer Laufzeit und ihrer Verzinsung neuen Vereinbarungen unterworfen.
- Mit Umschuldungskrediten sollen fällige Kapitaltilgungen erstreckt werden. Lange Laufzeit, z. B. acht Jahre, und tilgungsfreier Zeitraum (auch über Jahre hinweg) werden zugestanden.
- Umschuldungsvereinbarungen können auch Zusagen von Neukrediten enthalten.

Mit hoher Verschuldung sinkt die internationale Kreditwürdigkeit. Dadurch wird es für Staaten durch höhere Zinssätze teurer, wenn sie Kredite aufnehmen müssen.

## 4.3.2 Stabilisierungsprogramme

Die Mitwirkung des IWF an der Behebung von Verschuldungskrisen hat deshalb eine besondere Bedeutung, weil Regierungen und Kommerzbanken seiner Beurteilung der wirtschaftlichen Leistungskraft von Defizitländern einen hohen Stellenwert einräumen.

Die Vergabe eines IWF-Kredits kommt einem **„Gütesiegel"** für die künftige Entwicklung des Schuldnerlandes gleich. In der Regel ist damit ein Stabilisierungsprogramm verbunden. Der IWF knüpft an die Vergabe von Bereitschaftskrediten eine Reihe besonderer wirtschaftlicher Bedingungen, denen sich die Regierung des Schuldnerlandes in Form einer Absichtserklärung – nicht immer öffentlich – unterwirft.

**Beispiele: Maßnahmen des IWF**

- **Inflationsbekämpfung:** Ausgelöst durch Nachfrageüberhang (nach Auffassung der IWF-Ökonomen) kommt es zu Preissteigerungen bei Inlandsgütern, sie bewirken einen Importsog, da Importgüter vergleichsweise billiger sind. Import kann nur mit Devisen bezahlt werden, die durch die verteuerten Exportgüter nicht ausreichend beigebracht werden können – die Verschuldung steigt.
  - Die **Abwertung der Währung** des Kredit nehmenden Landes ist daher eine zentrale Forderung des IWF. Die Zahlungsbilanz soll entlastet werden, indem Importe durch Verteuerung gedrosselt, Exporte durch Verbilligung gefördert werden.
- Durch **Begrenzung des inländischen Kreditvolumens,** der Zinsenerhöhung und durch Kontrolle des Geldumlaufs soll Übernachfrage abgebaut werden.
- Das **Budgetdefizit** darf nicht über die Notenpresse, sondern soll über den heimischen Kapitalmarkt finanziert werden.
- **Staatsunternehmen** sollen kostendeckend arbeiten. Ist das nicht möglich, fordert der Fonds häufig ihre Schließung sowie umfangreiche Entlassungen aus dem Staatsdienst.

Inflation trägt entscheidend zur Störung des Gleichgewichts der Zahlungsbilanz bei.

Förderung von Exporten (z. B. Kaffee)

An Regierungen und Kommerzbanken wird immer häufiger der Wunsch nach einem Schuldenerlass herangetragen. Es soll Kapital zum dringend notwendigen Aufbau wirtschaftlicher Kapazität frei werden.

### 4.3.3 Schuldenerlass

Unter einem **Schuldenerlass** versteht man den Forderungsverzicht von Gläubigern.

In den 1990er-Jahren begannen die Weltbank und der IWF mit Überlegungen zu einer gezielten **Entschuldung** für **HIPC**-Länder. 1999 beschloss der Weltwirtschaftsgipfel der G 8 die Einzelheiten eines **Entschuldungsprogramms** für LIC-Länder.

- **HIPC-Länder** (Heavily Indebted Poor Countries): hoch verschuldete arme Länder
- **LIC-Länder** (Low Income Countries): Länder mit niedrigem Einkommen

Aber nicht nur in Entwicklungsländern kommt es zu Schuldenerlässen. Auch für **Griechenland** wurde 2011 ein **Schuldenschnitt** in Höhe von 50 % beschlossen. Das hatte zur Folge, dass Privatgläubiger wie Banken und Versicherungen auf die Hälfte ihrer Anleiheforderungen verzichteten. Dennoch hat das Land immer noch mit der größten Verschuldungsquote in der EU zu kämpfen.

Um an den HIPC-Entschuldungsprogrammen teilnehmen zu können, setzen die Weltbank bzw. die Befürworter der HIPC-Initiative voraus, dass sich die betroffenen Länder nicht nur auf

- die **Tilgung von Schulden,** sondern auf
- **entwicklungspolitische Maßnahmen** wie Infrastruktur-, Sozial- und Bildungsaufgaben konzentrieren.

Grundsätzlich ist die HIPC-Initiative für die ärmsten Länder der Welt gedacht. Ihre (Negativ-)Voraussetzungen sind z. B. hohe Staatsverschuldung, Armut, geringes Pro-Kopf-Einkommen, hohe Analphabetenrate und verschiedene soziale Indikatoren wie medizinische Versorgung der Bevölkerung, Kinder- und Müttersterblichkeit, Lebenserwartung, mangelnde Ernährung.

**Beispiel: Schuldenerlass Nicaragua**
Die Wirtschaft Nicaraguas, die zwischen 1995 und 2000 hohe Wachstumsraten verzeichnete, stagnierte 2002 bis 2003. Die **straffe Haushaltspolitik** der Regierung, die mittels drastischer Sparmaßnahmen vorsah, das Haushaltsdefizit 2004 unter 4 % des BIP zu senken, sowie eine Steuerreform wurden jedoch von internationalen Geberorganisationen honoriert. Ende Januar 2004 gaben der Internationale Währungsfonds und die Weltbank bekannt, Nicaragua bis zum Jahr 2023 73 % **seiner jetzigen Auslandsschulden** in Höhe 6,4 Mrd. USD **zu erlassen.** Zugleich gewährte die Weltbank Nicaragua, das zu den ärmsten Staaten Lateinamerikas und der Karibik zählt, einen Kredit in Höhe von 70 Mio. USD für Entwicklungsprojekte. Der IWF bewilligte eine weitere Kredittranche über 20,7 Mio. USD aus einem Abkommen, das über einen Zeitraum von drei Jahren rund 144 Mio. USD in Aussicht gestellt hat.

In den Ländern, die am Vollendungspunkt angekommen sind, d. h., die umfassend entschuldet wurden, stiegen die Sozialausgaben merklich an.

**Beispiele**

- Tansania schaffte inzwischen die Grundschulgebühren ab, baute 2 500 Schulen und stellte 28 000 zusätzliche Lehrer/innen ein.
- Sambia und Uganda stellen höhere Mittel für den Gesundheitsbereich bereit und strichen die Gebühren für die medizinische Grundversorgung.

## Aufgabenstellungen – „Verschuldungsproblematik der Entwicklungsländer“

1. Recherchieren Sie im Internet, welche Kriterien ein Land erfüllen muss, um an der HIPC-Initiative teilnehmen zu können. Wie viele Länder fallen zurzeit darunter?
2. Überlegen Sie, was es für die Souveränität eines Landes bedeuten kann, wenn es sich bis zur Zahlungsunfähigkeit im Ausland verschuldet.

## WissensCheck – „Entwicklungszusammenarbeit“

1. Erklären Sie, was man unter Entwicklungszusammenarbeit versteht.
2. Nennen Sie die Formen von Entwicklungszusammenarbeit.
3. Nennen Sie drei Organisationen, die sich mit Entwicklungszusammenarbeit beschäftigen. Erläutern Sie dabei auch die Vor- und Nachteile, die durch diese Art der Entwicklungszusammenarbeit entstehen.
4. Charakterisieren Sie die Grundprinzipien der Österreichischen Entwicklungszusammenarbeit (OEZA).
5. Geben Sie an, wie viel Geld die Industriestaaten laut UNO für Entwicklungshilfe ausgeben sollen.
6. Charakterisieren Sie Entwicklungspolitik.
7. Erläutern Sie die Politik auf der Geberseite.
8. Definieren Sie den Begriff „Umschuldung“.
9. Erklären Sie die Maßnahmen des IWF im Rahmen der Stabilitätsprogramme.
10. Kreuzen Sie die richtigen Aussagen zum Thema „Verschuldungskrise in Entwicklungsländern“ an!

| Aussagen | |
|---|---|
| Statt im Export auf ein breites Angebot an Produkten zu setzen, wird auf wenige traditionelle Produkte gesetzt. | |
| Sozialreformen führen zu Einkommensumverteilung und Nachfragesteigerung. Höhere Importe sind die Folge, die über neue Kredite finanziert werden. | |
| Für militärische Zwecke werden von Entwicklungsländern kaum Kredite aufgenommen. | |
| Die Fluchtgelder der Kleptokraten aus Entwicklungsländern wandern als Kredite oft hoch verzinst wieder zurück. | |

## Zusammenfassung – „Entwicklungszusammenarbeit“

Erstellen Sie als Zusammenfassung des Kapitels „Entwicklungszusammenarbeit“ eine Concept-Map.

**Hinweis:**

Eine Concept-Map unterscheidet sich von einer Mind-Map dahingehend, dass die Begriffe, die es zu ordnen gilt, nicht dem freien Lauf der Gedanken entspringen, sondern bereits im Kapitel vorkommen.

## Ziele erreicht? – „Entwicklungszusammenarbeit"

KOMPETENZ-ERWERB

1. Was versteht man unter einem „Entwicklungsland"?

   a) Versuchen Sie, folgende Merkmale, die Entwicklungsländer u. a. gemeinsam haben, den angeführten Kategorien zuzuordnen:

   Verletzung der Menschenrechte, hohe Geburtenrate, unzureichende Bildung, Kinderarbeit, unzureichende Infrastruktur, geringe durchschnittliche Lebenserwartung, Mangel an sauberem Trinkwasser, geringes Pro-Kopf-Einkommen, autoritärer Staat, unzureichende Ernährung.

   **Ökonomische Merkmale**

   **Soziokulturelle Merkmale**

   **Demografische Merkmale**

   **Politische Merkmale**

   **Volksgesundheitliche Merkmale**

   b) Recherchieren Sie, welche weiteren Merkmale Entwicklungsländer aufweisen? Tragen Sie pro Kategorie ein weiteres Merkmal ein.

2. Ein Merkmal von Entwicklungsländern ist auch die extrem ungleiche Vermögens- und Einkommensverteilung. Den Gini-Koeffizienten haben Sie in diesem Buch schon im Kapitel „Einkommensverteilung und -umverteilung" kennengelernt.

   a) Erklären Sie, was man unter dem Gini-Koeffizienten versteht.

   b) Wie hoch ist der Gini-Koeffizient Österreichs im Vergleich zu einem Entwicklungsland? Was bedeutet das konkret?

3. Die folgende Abbildung zeigt die 17 Sustainable Goals, die 2015 von der UNO definiert wurden:

   a) Wählen Sie drei Ziele aus und recherchieren Sie im Internet, welche konkreten Ziele bzw. Schritte dabei verfolgt werden.

   b) Erstellen Sie einen Maßnahmenplan, der dazu beiträgt, eines der drei näher betrachteten Ziele mit seinen Unterpunkten zu erreichen.

**4.** Versuchen Sie zu analysieren, ob folgende Aussage korrekt ist oder nicht: „Die reichen Länder werden immer reicher, die armen Länder immer ärmer. Dabei zeigt sich auch ein Nord-Süd-Gefälle auf der Erde." Begründen Sie Ihre Antwort und suchen Sie mögliche Gründe danach. Sie können hierfür auch im Internet recherchieren.

**5.** Handelt es sich bei folgenden Beispielen um Entwicklungshilfe im Sinne der Definition? Begründen Sie Ihre Antwort.

a) Zählt das Bruttogehalt eines vom Geberland entsandten und bezahlten Experten als geleistete Entwicklungshilfe, auch wenn der Experte vor Ort nur Unheil anrichtet, indem er z. B. die Bauern falsch berät?

b) In welchem Ausmaß zählt ein Entwicklungshelfer, der in einer entlegenen Gegend mit den Leuten Brunnen baut und dadurch die Verhältnisse dort entscheidend verbessert, da seine Leistung für die Deckung der Grundbedürfnisse in der ganzen Region beträchtlich ist, in der Entwicklungshilfestatistik als Entwicklungshilfe?

c) Ist das vom Gastland A gewährte Stipendium für einen Studenten aus dem Entwicklungsland E Entwicklungshilfe des Landes A an das Land E, auch wenn der Student im Gastland nichts lernt, was er später zum Nutzen seines Heimatlandes verwenden könnte?

d) Liegt Entwicklungshilfe vor, wenn das Land B dem Entwicklungsland E über günstige Kredite ein Stahlwerk finanziert, das Land E kaum braucht und dessen Folgekosten die heimische Wirtschaft des Entwicklungslandes schwer belasten?

Einen interaktiven **Safety-Check** finden Sie in der TRAUNER-DigiBox.

**to launch**
einführen, in Betrieb nehmen
**skilled**
gelernt, geschult
**to be laid off**
entlassen werden
**unprecedented**
beispiellos
**prosperity**
Erfolg, Gedeihen
**to accelerate**
beschleunigen
**spread**
verbreiten
**to capitalise**
Kapital aus etwas schlagen
**to outsource**
ausgliedern, outsourcen

## Going international

Now let's use the basics of the chapter "Globale Wirtschaft" in English!

### Globalisation shakes the world

For Santosh, a tour guide in Bangalore, life is good. As a result of the IT boom, he has launched his own web-based travel firm, getoffurass.com, and is doing a booming business selling weekend getaway holidays to stressed-out IT workers.

For Dean Braid, a skilled car engineer in Flint, Michigan, life is not so good. He – and 28,000 other workers – were laid off by Buick City when GM closed the complex in 1999, and hasn't worked since.

Globalisation is blamed for many of the ills of the modern world, but it is also praised for bringing unprecedented prosperity.

The accelerating pace of globalisation is having a profound effect on life in rich and poor countries alike, transforming regions such as Detroit or Bangalore from boom to bust – or vice versa – in a generation. Many economists believe globalisation may be the explanation for key trends in the world economy such as:

- Lower wages for workers, and higher profits, in Western economies
- The flood of migrants to cities in poor countries
- Low inflation and low interest rates despite strong growth

In economic terms, globalisation refers to the growing economic integration of the world, as trade, investment and money increasingly cross international borders (which may or may not have political or cultural implications).

The rapid spread of information technology (IT) and the internet is changing the way companies organise production, and increasingly allowing services as well as manufacturing to be globalised.

Multinationals have become increasingly global, locating manufacturing plants overseas in order to capitalise on cheaper labour costs or to be closer to their markets. Moreover, many service sector jobs are now under threat from outsourcing, as global companies try to save money by shifting many functions that were once done internally.

The key question is whether the growing globalisation of the world economy will lead to a parallel increase in global regulation – and whether that would be good or bad for world economic growth and equality.

*Quelle: Steve Schifferes "Globalisation shakes the world", BBC News, 15. 07. 2012*

**Now answer the following questions (in English, of course):**

1. What is globalisation?
2. What are the main effects (positive and negative) of globalisation?
3. What are multinationals?
4. Why is the confidence of Santosh and Dean the result of globalisation?
5. How did the job market change?
6. What is the key question to which the last paragraph refers?
7. What effects does globalisation have on you?

# Stichwortverzeichnis

## A



## B



## C



## D



## E

## Literaturverzeichnis

Beck, B. (2011). Makroökonomie. Zürich: vdf Hochschulverlag AG
Beck, B. (2011). Mikroökonomie. Zürich: vdf Hochschulverlag AG
Blanchard, O.; Illing G. (2017). Makroökonomie. München: Pearson Education
Büter, C. (2010). Außenhandel. Berlin: Springer Verlag
Güntner, J. (2014), "How Do International Stock Markets Respond to Oil Demand and Supply Shocks?", Macroeconomic Dynamics 18(8), 1657–1682, Dezember 2014.
Halla, M., Pruckner, G. J., & Schober, T. (2016). Cost savings of developmental screenings: Evidence from a nationwide program. Journal of Health Economics, 49, 120-135.
Hüther, M. (Hrsg.) (2007). Klassiker der Ökonomie. Wien: Wirtschaftsblatt Verlag AG
Ichino, A., Schwerdt G., Winter-Ebmer R. & Zweimüller J. (2017). Too old to work, too young to retire? in: The Journal of the Economics of Ageing, 2017/9/14-29.
Mankiw, N. G. (2016). Grundzüge der Volkswirtschaftslehre. Stuttgart: Schäffer-Poeschel Verlag
O. V. „Automatisierung holt ausgelagerte Produktion zurück". derstandard.at, 17. 02. 2018
O. V. „Computer ersetzt Marketing Mitarbeiter bei Zalando". in: IDG Business Media GmbH, 11. 03. 2018
O. V. „Rosenbauer – die vernetzte Feuerwehr". plattformindustrie40.at, 05. 06. 2018
O. V. „Wäre die Flucht in eine Inflation die Lösung des Problems?" in: Focus, 07/2011
Pindyck, R.; Rubinfeld, D. (2015). Mikroökonomie. München: Pearson Education
Sailer, S. „Digitalisierung verändert Berufsbilder". in: OÖ Nachrichten, 02/2018
Schmitt, J. (2013), "Why Does the Minimum Wage Have No Discernible Effect on Employment?," CEPR Reports and Issue Briefs.
Smith, A. (1776). An Inquiry into the Nature and Causes of the Wealth of Nations. Petersfield: Harriman House Ltd
SWR Fernsehen. „Klimaschutz per Mehrwertsteuer? Milch und Fleisch sollen teurer werden". 05. 01. 2017

## Bildnachweis